Beyond
Vibe Coding

바이브 코딩 너머
개발자 상존법

| 표지 설명 |

표지 동물은 나무타기사촌(학명: *Tichodroma muraria*)으로, 유럽, 중동, 아시아의 내륙 절벽 및 산봉우리에 분포하는 종입니다. 나무타기사촌은 비행할 때 큰 나비처럼 보이지만 바위면에서 쉬고 있을 때는 발견하기 어렵습니다. 날개는 짙은 붉은빛에 검은색과 흰색 깃털이 끝에 섞여 있으며, 몸통은 대부분 청회색입니다. 번식기의 수컷은 목이 검게 변합니다. 성체는 길이 약 15 cm, 무게 약 17 g입니다. 해마다 한 번씩만 번식하며, 바위틈에 이끼와 풀로 만든 컵 모양의 둥지를 틀고 3~5개의 알을 낳습니다. 주식은 곤충입니다.

IUCN 적색 목록에 따르면 나무타기사촌의 보전 등급은 '관심 대상'입니다. 오라일리 표지의 동물들은 대부분 멸종위기종입니다. 이 동물들은 모두 우리에게 중요합니다.

표지 삽화는 호세 마잔 주니어(José Marzan Jr.)가 그렸으며, 리데커의 『Royal Natural History』에 수록된 고풍스러운 선화 판화를 바탕으로 했습니다. 이 시리즈의 디자인은 에디 프리드먼, 엘리 볼크하우젠, 카렌 몽고메리가 그렸습니다.

바이브 코딩 너머 개발자 생존법

개발자는 사라지지 않는다, 진화한다

초판 1쇄 발행 2025년 11월 10일

지은이 애디 오스마니 / **옮긴이** 강민혁 / **펴낸이** 임백준
펴낸곳 한빛미디어 / **주소** 서울시 서대문구 연희로2길 62 콘텐츠2부
전화 02-325-5544 / **팩스** 02-336-7124
등록 1999년 6월 24일 제2017-000058호 / **ISBN** 979-11-6921-447-6 93000

책임편집 박지영 / **기획·편집** 김민경
디자인 표지 윤혜원 내지 박정우 / **전산편집** 강창효
베타리더 강찬석, 이석곤, 이문환, 이효성, 정지용, 허균
영업마케팅 송경석, 김형진, 장경환, 조유미, 한종진, 이행은, 고광일, 성화정, 김한솔, 전차은 / **제작** 박성우, 김정우

한빛미디어는 한빛앤(주)의 IT 출판 브랜드입니다.

이 책에 대한 의견이나 오탈자 및 잘못된 내용은 출판사 홈페이지나 아래 이메일로 알려주십시오.
파본은 구매처에서 교환하실 수 있습니다. 책값은 뒤표지에 표시되어 있습니다.

홈페이지 www.hanbit.co.kr / **이메일** ask@hanbit.co.kr

© HANBIT MEDIA INC. 2025
Authorized Korean translation of the English edition of **Beyond Vibe Coding ISBN 9798341634756** © 2025 Addy Osmani.

This translation is to be published and sold by permission of O'Reilly Media, Inc., the owner of all rights to publish and sell the same.

이 책의 저작권은 오라일리와 한빛미디어(주)에 있습니다.
저작권법에 의해 보호를 받는 저작물이므로 무단 전재와 무단 복제를 금합니다.

지금 하지 않으면 할 수 없는 일이 있습니다.
책으로 펴내고 싶은 아이디어나 원고를 메일(writer@hanbit.co.kr)로 보내주세요.
한빛앤(주)는 여러분의 소중한 경험과 지식을 기다리고 있습니다.

Beyond
Vibe Coding

바이브 코딩 너머
개발자 생존법

O'REILLY 한빛미디어

지은이 · 옮긴이 소개

지은이 애디 오스마니 Addy Osmani

구글의 시니어 엔지니어링 리더로 개발자 경험(DX), 업무 효율화, 인공지능 기반 소프트웨어 개발 툴을 담당하고 있습니다. 25년이 넘는 업계 경력을 바탕으로 웹 기술 분야에서 전문성을 쌓았으며, 소프트웨어 엔지니어링 모범 사례에 관한 다수의 저서를 집필하는 등 뛰어난 성과를 이뤘습니다.

인공지능 기반 개발 툴 분야에서 광범위한 경험을 쌓으며 커서, 클라인, 코파일럿, 볼트, v0, 러버블, 클로드 코드 등 새로운 플랫폼의 테스트와 평가 작업을 수행했습니다. AI 보조 소프트웨어 개발 관련 글로 수천 명의 개발자에게 영향을 미쳤으며, 구글 크롬에서 리더십을 발휘하며 웹 성능과 AI 보조 개발자 워크플로의 미래를 설계하는 데 기여했습니다.

이 책은 소프트웨어 공학 분야에서 쌓은 전문 지식과 AI 기반 코딩 어시스턴트를 활용한 실전 경험을 토대로, 개발자가 일상적인 워크플로에 AI를 효과적으로 접목하고 급변하는 소프트웨어 개발 환경에 능동적으로 대응할 수 있는 전략을 제시합니다.

옮긴이 강민혁 teeddub.k@gmail.com

컴퓨터공학과 데이터과학을 전공했습니다. 2010년부터 프리랜서로 웹 개발을 시작해, 서울시 건축문화제, 한강건축상상전 등의 인터랙티브 웹페이지를 제작했고, 다양한 전시 예술 관련 프로젝트를 진행했습니다. 2019년부터 IT 전문 출판기획자로 근무하고 있습니다. 번역한 책으로는 『러닝 랭체인』(한빛미디어, 2025), 『실용 SQL』(영진닷컴, 2023)이 있습니다.

베타리더의 후기

생성형 AI의 발전과 더불어 소프트웨어 개발에도 이를 적극적으로 활용하는 사례가 점점 많아지고 있습니다. 특히 바이브 코딩은 코드를 알지 못하는 사람도 생성형 AI를 활용해 유의미한 결과물을 만들어 낼 수 있다는 점에서 많은 호응을 얻고 다양한 시도가 이어지고 있습니다. 하지만 한편으로는 AI에게 개발자의 의도를 정확히 전달하는 방법, 저작권과 안전성에 대한 고민도 커지고 있습니다.

이 책은 실제로 바이브 코딩을 현업에 적용할 때 검토해 볼 만한 부분과 실제 개발에서 참고할 수 있는 다양한 프롬프트 사례를 포괄적으로 다룹니다. 『바이브 코딩 너머 개발자 생존법』은 AI를 잘 활용할 수 있는 '황금 레시피'라기보다, 소프트웨어 개발의 새로운 패러다임을 받아들일 준비가 된 개발자에게 도움이 될 만한 내용들이 담겨 있습니다. 개인적으로도 바이브 코딩을 적극적으로 활용하는 입장에서 되새겨볼 만한 부분이 많아 추천하고 싶습니다.

강찬석, LG전자

'AI가 코드를 작성하는 시대, 인간은 무엇을 해야 하는가?' 『바이브 코딩 너머 개발자 생존법』은 이 질문에 가장 현실적이고 깊이 있는 답을 제시합니다.

이 책은 단순한 AI 활용서가 아니라, AI와 협업하는 새로운 개발 시대의 '생존 전략서'이자 '성장 로드맵'입니다. 실제 현업에서 AI 코딩 도구를 사용하는 개발자라면, 코드 품질·보안·윤리·협업의 모든 측면에서 어떤 기준과 태도를 가져야 하는지를 명확히 깨닫게 될 것입니다.

AI 보조 엔지니어링의 철학과 실천 방법을 종합적으로 다룬 이 책은 개발자, 기술 리더, 그리고 미래의 창작자 모두에게 필독서로 추천할 만합니다.

이석곤, ㈜아이알컴거니

베타리더의 후기

『바이브 코딩 너머 개발자 생존법』을 읽으며 드라마에서 맷돌을 돌리던 장면이 떠올랐습니다. AI가 코드를 짜고 설계까지 돕는 시대지만, 여전히 무엇을 만들고 왜 만드는가를 결정하는 건 인간입니다.

이 책은 도구가 아무리 발전해도 인간의 통찰력과 방향성이 기술의 본질을 완성한다는 사실을 일깨워 줍니다. AI의 도움 속에서도 자신의 가치를 잃지 않으려는 모든 개발자에게 따뜻한 나침반이 되어줄 것입니다. 변화의 중심에서 자신의 역할을 다시 정의하고 싶은 모든 이들에게 이 책을 권합니다. 이 책의 부제가 참 와닿습니다. "개발자는 사라지지 않는다, 진화한다."

이문환, LG CNS

기술의 변화는 언제나 인간의 사고와 행동을 혁신해 왔습니다. 생성형 AI는 이제 개발자의 사고방식과 역할 자체를 근본적으로 바꾸고 있습니다. 『바이브 코딩 너머 개발자 생존법』은 그 변화 속에서 유능한 개발자로 성장하고자 하는 이들에게 올바른 방향을 제시합니다. 주니어든 시니어든, AI 시대의 위대한 개발자를 꿈꾼다면 반드시 읽어야 할 책입니다. 새로운 개발자 시대의 확실한 길잡이가 되어줄 것입니다.

이효성, 코스콤

개발자는 원래부터 문제를 해결하는 게 직업인 인간이었습니다. 이 책을 통해 바이브 코딩 시대에도 이러한 본질은 변하지 않았다는 점을 깨닫게 되어 기쁩니다. 특히 주니어, 중급, 시니어로 나누어 다가오는 변화에 어떻게 대응해야 할지를 알려주는 부분이 유용했습니다. AI를 활용한 소프트웨어 개발이 앞으로 어떻게 변해갈지를 예측한 11장 내용도 인상적입니다. 우리의 손에 쥐어진 이 어마어마한 도구를 어떻게 잘 써먹을 수 있을지 궁금한 분들에게 적극 추천합니다.

정지용, 우아한형제들

챗GPT의 등장부터 커서, 클로드의 출현까지, 짧은 시간이었지만 AI와 함께 코딩하는 방식은 날이 갈수록 빠르게 진화하고 있습니다. 어쩌면 지금 우리는 인터넷이 처음 등장했던 시기보다 더 빠른 속도로 업계의 변화를 마주하고 있을지도 모릅니다. 빠르게 발전하는 기술만큼 AI에 대한 이야기들도 제각각이고, '바이브 코딩'의 경험 또한 사람마다 다릅니다. 누군가는 불편한 첫 경험으로 AI 활용을 꺼리게 될 수도 있고, 또 누군가는 AI를 활용해 하루에도 수십 개의 기능을 출시할지도 모릅니다.

이 책은 이러한 혼란 속에서 AI와 인간의 협력이라는 새로운 코딩 패러다임을 명확히 보여줍니다. AI의 속도와 인간의 판단이 만나 진정한 창의적 개발이 어떻게 가능한지를 구체적으로 안내합니다. 변화의 최전선에서 AI 시대의 개발을 직접 체감하고 싶은 이들에게, 이 책은 가장 현실적인 나침반이 될 것입니다.

허균, 토스증권

옮긴이의 말

이제는 '생성형 AI가 개발을 바꾼다'라는 말도 너무 식상할 정도로, 하루가 다르게 새로운 모델과 새로운 서비스가 쏟아지고 있습니다. 변화의 속도가 너무 빨라서 뭘 알아야 할지 결정하기도 막막합니다. 이 책의 원서 제목이 집필 과정에서 여러 번 바뀐 사실은, 저자 역시 그 혼란을 온몸으로 겪었음을 보여줍니다.

처음 저자가 집필을 시작했을 2025년 4월의 제목은 '바이브 코딩: 프로그래밍의 미래'였습니다. 하지만 바이브 코딩은 더 이상 '프로그래밍의 미래'가 아니었습니다. '현재'였죠. 그래서인지 부제는 곧 'AI 보조 개발 가이드'로 바뀝니다.

그로부터 며칠이 지나지 않은 2025년 5월, 바이브 코딩 열풍에 힘입어 새로운 프로그래밍 툴인 클로드 코드Claude Code가 공개되었습니다. 저자가 커서Cursor와 윈드서프Windsurf를 사용해 웹 애플리케이션을 만드는 방법을 소개하는 내용이 집필되던 중 개발자들 사이로 새로운 툴이 파고들어왔죠. 저자는 도서의 방향을 틀어 '바이브 코딩 너머: 나의 경험을 최대한 활용하는 법'이란 제목을 붙였고, 바이브 코딩 과정 자체가 아닌 개발자에게 필요한 역량을 강조하는 내용을 쓰기 시작했습니다. 그 내용을 바탕으로 2025년 9월에 '바이브 코딩 너머: 코더에서 AI 시대의 개발자로'라는 제목의 원서가 출간됐습니다.

한국어판 제목은 『바이브 코딩 너머 개발자 생존법』입니다. 이 책이 바이브 코딩을 AI가 아닌 개발자 중심으로 살펴보기 때문입니다. 저자는 바이브 코딩이 '현재'라면, 무슨 툴을 쓰느냐보다 무엇을 만들어내느냐가 더 중요하다고 말합니다. 그렇기에 이 책은 특정 툴의 사용법을 가르치는 대신, 개발자가 빠른 변화에서도 굳게 설 수 있도록 스스로의 기준을 세우고 성장하는 법을 소개합니다. 저자는 개발자에게 다음과 같은 역량이 중요하다고 강조합니다.

- 문제를 분해하는 능력
- 품질 기준을 세우고 지키는 습관
- 리스크를 사전에 관리하는 태도
- 팀의 속도와 일관성을 유지하는 운영 역량

AI가 속도를 책임진다면, 인간은 방향을 책임져야 합니다. 이 균형이 잡히면 생산성만이 아니라 제품의 품질, 팀의 사기, 더 나은 개발 문화까지 함께 끌어올릴 수 있습니다. 그렇기에 이 책은 신입 개발자에게는 성장을 돕는 든든한 길잡이, 중급 이상에게는 워크플로를 재설계하는 체크리스트, 리더에게는 팀 운영에 필요한 가이드라인 초안이 될 것입니다.

이 책을 읽을 오늘도 새로운 AI 툴이 나왔을 겁니다. 그러나 좋은 프롬프트로 의도를 정교하게 표현하는 힘, AI가 생성한 코드를 표준과 테스트로 검증하는 습관, 팀이 함께 지키는 품질 규율은 변함 없이 개발자의 몫으로 남을 겁니다. 이 책은 그 기준을 여러분이 이해하기 쉽게 정리했습니다. 계속해서 변화하는 환경에 대한 두려움을 덜어 드리고, 여러분만의 새로운 기준을 세우는 데 작은 힘이 되길 바랍니다.

강민혁

지은이의 말

소프트웨어의 구축 방식은 지금 엄청난 변화의 소용돌이 한가운데에 있습니다. 전문적인 바이브 코딩(AI와 협력해 소프트웨어를 만드는 기술)은 개발자를 코드 장인에서 프로덕트의 선구자이자 오케스트레이터로 변화시키고 있습니다.

바이브 코딩은 AI의 뛰어난 능력을 활용하여 코딩의 중압감을 대신 처리해 주어 개발자가 아이디어, 디자인, 고차원적인 문제 해결에 더 집중하도록 합니다. 안드레 카파시Andrej Karpathy의 감상(http://bit.ly/4qwSBZG)처럼 "코드가 존재한다는 사실 자체를 잊고" 필요한 것을 설명하면 AI가 모든 세부 사항을 구현합니다. 이로 인해 생산성은 차원이 다르게 높아져 그동안 꿈만 같았던 '10배 뛰어난 개발자'가, 어쩌면 100배 뛰어난 개발자(https://oreil.ly/8UGID)가 될지 모릅니다.

애디 오스마니

이 책에 대하여

이 책은 개발자의 역할이 코드를 작성하는 개발자에서 프로덕트 제작 과정에 밀접하게 관여하는 프로덕트 엔지니어로 변화하는 과정을 살펴봅니다. 개발자가 자신의 판단을 바탕으로 AI를 이끌어 품질, 아키텍처, 사용자의 니즈를 충족하는 소프트웨어를 만드는 방법을 알아봅니다. 아무리 AI가 모든 코드를 작성하더라도 아직 우리는 창의성, 시스템 사고, 사용자의 니즈를 AI에 전달함으로써 훌륭한 프로덕트를 만들 수 있습니다. AI는 우리를 대체하는 것이 아닙니다. 오히려 지혜롭게 활용한다면 우리의 생산성을 극대화할 수 있습니다.

1부에서는 바이브 코딩이 효과를 미치는 영역을 알아보겠습니다. 새로운 프로덕트를 빠르게 출시하고, 기능을 프로토타입 하면서, 표준 CRUD 애플리케이션이나 통합 코드를 빠르게 제작하는 모든 분야에서는 독창성보다 속도와 패턴 매칭이 우선입니다. 반대로, AI에 의존해선 안 되는 부분도 살펴봅니다. 정말 복잡한 프로그램이나 저수준 코드, 새로운 알고리즘에서는 AI도 실수를 할 수 있습니다. AI의 한계를 인지하면 많은 오류를 예방할 수 있습니다. 여전히 인간의 창의력만이 해낼 수 있는 일이 많습니다.

네, 아직도 인간이 중요합니다. 인간은 아키텍처가 견고한지 확인하고, 까다로운 버그를 디버깅합니다. '단순히 실행되는' 프로그램이 아니라 좋은 품질의 코드를 만듭니다. 무엇보다 개발 과정에 사용자 중심의 사고를 도입합니다. 이는 AI가 할 수 없는 일입니다. **사용자에게 의미 있는 소프트웨어를 만드는 건 인간의 몫**입니다. 간단히 말해 개발자는 AI 출력물의 큐레이터이자 편집자가 되어 항상 이를 현실 세계의 요구와 높은 기준에 맞춰야 합니다.

2부는 바이브 코딩의 실제적인 측면을 살펴봅니다. 새로운 워크플로를 수용하는 것은 매우 중요합니다. 바이브 코딩에서는 고치는 대신 버리는 편이 오히려 좋은 방법으로 통합니다. 작동하지 않는 코드를 하나씩 수정하기보다 새로 짜는 게 빠르기 때문입니다. 여러 프롬프트를 병렬로 실행하면 AI는 여러 각도에서 문제를 동시에 해결합니다. 우리는 빠른 이터레이션과 최종 개선의 균형을 조정해야 하며, 혼란에 빠져 작업이 멈추지 않도록 해야 합니다. 모듈화된 AI 코

이 책에 대하여

드, 철저한 테스트, 반복적인 개선 같은 모범 사례는 빠른 개발 속도에도 코드베이스를 깔끔하고 견고하게 유지하는 데 도움을 줍니다.

프로젝트 규모가 커지면 급격하게 늘어나는 코드와 잠재적인 기술 부채를 관리해야 합니다. AI는 방대한 양의 코드를 생성하므로, 엄격한 원칙과 우수한 엔지니어링 관행(경우에 따라 AI 보조 리팩터링)으로 유지보수해야 합니다. 한편, 기업은 AI 툴을 능숙하게 다룰 수 있는 개발자를 채용하고 체계적으로 교육해야 합니다. 이때의 평가 기준은 변화에 적응하는 능력과 우수한 시스템 설계 역량입니다. 물론 AI 활용만 고집해서는 안 됩니다. 기존의 검증된 개발 방식을 적극적으로 활용해야 할 때도 있습니다. 프로덕트를 장기적으로 안정화해야 하거나, 속도보다는 신중함이 중요한 핵심 시스템을 관리해야 할 때에는 신뢰성과 안전성을 최우선으로 삼아야 합니다.

3부는 보안, 신뢰성, 윤리와 오늘날 바이브 코딩을 가능하게 하는 다양한 툴을 소개합니다. AI 증강 IDE인 커서Cursor와 윈드서프Windsurf는 에디터에서 앤트로픽Anthropic, 구글Google, 오픈AIOpenAI의 모델을 통합하여 코드베이스 전체를 이해하고 모든 단계에 관여하는 AI 어시스턴트를 지원합니다. 모든 AI 툴은 각 툴만의 장점이 있습니다. 커서는 인터랙티브 편집에, 윈드서프는 컨텍스트가 많은 작업에, 챗GPT는 아이디어 구상 및 문제 해결에 유리합니다. 상황에 따라 툴과 모델을 선택하는 능력은 이제 개발자의 새로운 역량이 됐습니다.

저는 더욱 추상적인 방법으로 소프트웨어를 구축하는 미래를 꿈꿉니다. GUI와 더 높은 수준의 입력을 통한 '바이브 디자인'이 그 예입니다. 생성형 AI가 맞춤형 코드를 생성함에 따라 일반적인 라이브러리에 대한 의존성이 줄어들고, AI 피드백 반복에 기반하여 스스로 진화하는 소프트웨어도 기대할 수 있습니다. 어쩌면 미래에는 인간의 창의성, 배급에 대한 이해, 네트워크 효과를 활용하는 능력이 소프트웨어의 성공을 평가하는 기준이 될 것입니다. 왜냐하면 코딩의 난이도가 매우 낮아질 것이기 때문이죠. AI의 보편성 덕분에 대화형 인터페이스에서 적응형 UI에

이르기까지 새로운 사용자 경험 패러다임이 나타날 것입니다.

이제부터 소개할 모든 이야기의 주제는 같습니다. 바로 인간과 AI의 강점을 융합해야 한다는 것입니다. 둘의 힘을 합쳐야만 그 효과가 커집니다. AI는 속도와 방대한 지식, 지치지 않는 실행력을 제공합니다. 인간은 방향 설정과 깊이 있는 이해, 가치 판단을 함께합니다. 미래를 이끌 최적의 워크플로는 바로 이러한 공생입니다. 숙련된 장인과 모든 툴이나 참고 자료를 가져올 수 있는 슈퍼 어시스턴트가 완벽한 듀오를 이루는 셈입니다. 진정으로 뛰어난 결과물을 창조하는 데 있어 여전히 장인 정신은 중요합니다.

이 책을 선택한 개발자 여러분께 말씀드립니다. 이제 AI 툴과 바이브 코딩이란 패러다임은 피할 수 없습니다. 이 책을 읽은 후에는 다음 프로젝트에서 AI 어시스턴트를 시험해 보세요. AI가 문제를 해결하도록 서분화하다 보면 프롬프트를 작성하고 그 결과를 선택하는 실력도 늘어날 겁니다. 동시에 여러분만이 가진 고유한 능력을 갈고닦으세요. 시스템을 설계하고, 사용자에게 공감하며, 소프트웨어를 현실에 맞게 조정하는 판단을 내리는 능력을 길러야 그다음 단계로 나아갈 수 있습니다.

대상 독자

이 책은 세 종류의 주요 대상 독자를 위해 작성되었습니다. 첫 번째는 자신의 영향력을 넓히고자 하는 경험 많은 개발자와 엔지니어링 리더입니다. 수년간 코딩을 해오면서 반복적인 작업의 부담을 느꼈다면, 일상의 작업을 AI에 맡기고 아키텍트와 전략가로서의 역량을 높이는 방법을 만날 수 있습니다. 경력과 함께 키워온 품질 기준을 희생하지 않으면서 더 빠르게 구축하는 방법을 만나 보세요.

이 책에 대하여

둘째, 코드가 목적이 아닌 수단으로 보는 프로덕트 중심의 개발자입니다. 이상과 현실의 간극에 불만이 있다면, 바이브 코딩이 그 거리를 극적으로 줄여줄 겁니다. 기존에는 몇 달이 걸릴 프로덕트를 신속하게 프로토타입하고, 반복하며, 출시하는 방법을 확인하세요.

제가 AI 툴을 살펴보며 이상하다고 느낀 점은 초보 개발자보다 경험이 많은 개발자에게 더 많은 도움을 준다는 것입니다. 이상하지 않나요? 원래대로라면 AI가 코딩의 장벽을 낮춰야 하는데 말이죠.

AI는 매우 열정적인 주니어 개발자 같습니다. 코드를 빠르게 작성할 수 있지만, 상사의 지속적 감독과 수정이 필요합니다. 더 잘 아는 만큼 AI를 더 잘 이끌 수 있습니다. 이런 현상을 저는 **지식의 역설**이라고 부릅니다. 시니어는 이미 익숙한 업무를 더 빠르게 진행하기 위해 AI를 활용하고, 주니어 개발자는 AI를 통해 **일하는 방법**을 배우려 하죠. 그러다 보면 결과물은 아주 달라집니다.

제가 만난 시니어 개발자는 AI를 다음과 같은 작업에 사용했습니다.

- 이미 이해한 아이디어의 신속한 프로토타입 제작
- 기본 구현 생성 후 다듬기
- 알려진 문제에 대한 대안 접근 방식 탐색
- 일상적인 코딩 작업 자동화

한편 주니어 개발자는 AI로 이런 실수를 했습니다.

- 잘못되거나 구식인 솔루션을 수용
- 중요한 보안 및 성능 고려사항을 놓침
- AI가 생성한 코드를 디버깅하느라 고생함
- 스스로도 완전히 이해하지 못하는 취약한 시스템 구축

셋째, AI가 팀과 업무 프로세스에 미칠 영향을 고민하는 엔지니어링 관리자와 CTO입니다. 이제는 팀이 담당했던 작업을 개발자 혼자서 해결하는 시대입니다. 이 새로운 시대에 팀을 구성하는 방법과 인재를 평가하는 기준, 코드 품질을 유지하는 방법에 대한 감을 잡을 수 있을 겁니다. 이 책이 소개하는 전략은 개발 문화를 유지하면서 AI로의 전환을 원활하게 진행하는 데 도움을 줄 것입니다.

이 책은 초보자를 위한 프로그래밍 방법은 소개하지 않습니다. AI가 코딩의 진입 장벽을 낮추지만, 이를 효과적으로 활용하려면 여전히 경험에서 오는 판단력이 필요합니다. 기존의 프로그래밍을 벗어나 소프트웨어 개발의 새로운 패러다임을 받아들일 준비가 된 개발자를 위한 고급 실무서라고 생각하면 됩니다.

CONTENTS

지은이 · 옮긴이 소개 ··· 4
베타리더의 후기 ·· 5
옮긴이의 말 ··· 8
지은이의 말 ·· 10
이 책에 대하여 ··· 11

PART 1 바이브 코딩

CHAPTER 1 시작하며: 바이브 코딩이란 무엇인가?

1.1 AI 코딩의 스펙트럼: 바이브 코딩부터 AI 보조 엔지니어링까지 ················· 27
    1.1.1 바이브 코딩: 대화를 통한 코딩 ·· 28
    1.1.2 AI 보조 엔지니어링: AI 파트너와 구조 정하기 ·· 32
    1.1.3 다른 사고방식, 다른 기대치 ··· 36
    1.1.4 스펙트럼에서 자신의 위치 찾기 ··· 37

1.2 코드 라인을 넘어서: 의도 중심 프로그래밍 ·· 40
    1.2.1 프롬프트의 부상: 지시에서 설명으로 ·· 40
    1.2.2 작동 원리: 코드 생성 과정과 AI의 역할 ··· 41

1.3 생산성, 접근성, 프로그래밍의 변화하는 본질 ··· 44

1.4 AI 기반 툴 살펴보기: 새로운 생태계 ·· 46
    1.4.1 VS코드 + 코파일럿: 마이크로소프트의 통합 AI 개발 플랫폼 ·························· 46
    1.4.2 VS코드 + 클라인: 오픈소스 자율 코딩 에이전트 ·· 48
    1.4.3 커서: AI 기반 코드 에디터 ·· 49
    1.4.4 윈드서프: 전체 코드베이스 인덱싱을 갖춘 AI 기반 IDE ································ 52

1.5 AI 모델: 코드 생성의 지형 ·· 54
    1.5.1 모델 범주의 이해 ··· 54
    1.5.2 작업에 적합한 모델 선택 ··· 54

  1.5.3 모든 모델을 위한 실용적인 팁 ··· 55
1.6 주요 모델 ··· 55
  1.6.1 구글 제미나이: 멀티모달 코딩 모델 ··· 56
  1.6.2 클로드: 탁월한 추론 모델 ··· 57
  1.6.3 챗GPT: 다재다능한 코딩 모델 ··· 58
1.7 작업에 적합한 모델 선택 ··· 59
1.8 바이브 코딩의 이점과 한계: 미묘한 관점 ··· 59
  1.8.1 바이브 코딩의 이상적인 사용 사례 ··· 60
  1.8.2 AI가 여전히 어려움을 겪는 영역 ··· 65
  요약 ··· 69

CHAPTER 2 프롬프트 작성의 비법: AI와의 효과적인 소통법

2.1 프롬프트 엔지니어링 기초 ··· 71
2.2 구체성과 명확성: 알아듣기 쉬운 프롬프트 ··· 73
2.3 반복적인 정제: AI와의 피드백 반복 ··· 75
2.4 두 개의 프롬프트 비교 ··· 79
  2.4.1 좋지 않은 프롬프트 ··· 80
  2.4.2 프롬프트 개선 ··· 81
2.5 프롬프트 작성 기법: 효과적인 커뮤니케이션 도구 ··· 82
  2.5.1 제로샷 프롬프트 ··· 83
  2.5.2 원샷 및 퓨샷 프롬프트 ··· 83
  2.5.3 사고의 연쇄(CoT) 프롬프트 ··· 85
  2.5.4 역할 프롬프트 ··· 86
  2.5.5 컨텍스트 프롬프트 ··· 87
  2.5.6 메타프롬프트 ··· 89
  2.5.7 자기 일관성(다수 출력 및 다수결 투표) ··· 89
  2.5.8 ReAct 프롬프트 ··· 91

CONTENTS

   2.6 고급 프롬프트: 기법의 조합 ······ **92**
      2.6.1 모델의 한계를 이해하라 ······ **93**
      2.6.2 상태 유지 채팅과 원샷 프롬프트 ······ **94**
      2.6.3 프롬프트 안티패턴 ······ **95**
   요약 ······ **99**

PART 2 실무에 AI 도입하기

CHAPTER 3 70% 문제: 효과적인 AI 보조 워크플로

   3.1 개발자의 AI 실제 사용법 ······ **104**
      3.1.1 AI 보조 워크플로 안티패턴 ······ **106**
      3.1.2 실용적인 AI 보조 워크플로 패턴 ······ **109**
   3.2 바이브 코딩의 핵심 원칙 ······ **114**
   요약 ······ **115**

CHAPTER 4 70%를 넘어서: 인간 역할의 극대화

   4.1 시니어 개발자: AI를 활용한 경험의 극대화 ······ **118**
      4.1.1 아키텍트 겸 편집자 ······ **118**
      4.1.2 생산성을 증폭하는 AI ······ **119**
      4.1.3 멘토링과 기준 설정 ······ **119**
      4.1.4 도메인 전문성과 통찰력 함양 ······ **120**
      4.1.5 소프트 스킬과 리더십 연마 ······ **120**
   4.2 중급 개발자: 적응과 전문화 ······ **121**
      4.2.1 시스템 통합과 경계 관리 ······ **122**
      4.2.2 도메인 전문성 ······ **122**

		4.2.3 성능 최적화 및 데브옵스 ········· 123

		4.2.3	성능 최적화 및 데브옵스	123
		4.2.4	코드 리뷰와 품질 보증	123
		4.2.5	시스템 사고	125
		4.2.6	적응력을 키우고 학습을 멈추지 말 것	125
		4.2.7	교차 커뮤니케이션 능력	126
		4.2.8	시스템 설계와 아키텍처	126
		4.2.9	AI를 사용할 것	127
		4.2.10	UI 및 UX 디자인에 대한 탐험	127
	4.3	주니어 개발자: AI와 발전하기		129
		4.3.1	'왜'라는 질문을 건너뛰지 말 것	130
		4.3.2	AI 안전망 없이 문제 해결 및 디버깅 연습	130
		4.3.3	테스트와 검증	131
		4.3.4	유지보수를 고려한 설계	132
		4.3.5	프롬프트 작성 및 툴 사용법 연마	132
		4.3.6	피드백과 멘토링 요청	133
		4.3.7	소통 및 협업	134
		4.3.8	소비하는 사용자에서 창조하는 개발자로	135
	요약			135

CHAPTER 5 생성된 코드의 이해: 검토, 수정, 소유

5.1	의도에서 구현으로: AI의 해석 이해하기	139
5.2	'보편적'의 문제: 많이 사용한다고 정답은 아니다	140
5.3	코드 가독성과 구조: 패턴 및 잠재적 문제	141
5.4	디버깅 전략: 오류 확인 및 수정	142
5.5	유지보수를 위한 리팩터링: AI 코드를 자신의 코드로 만드는 방법	144
5.6	테스트의 중요성: 유닛, 통합, 종단 간 테스트	145
	요약	146

CONTENTS

CHAPTER 6 AI 기반 프로토타입 제작: 툴 및 기법

6.1 AI 어시스턴트와 함께하는 신속한 프로토타입 제작 ·········· 149
6.2 AI 프로토타이핑 툴 ·········· 152
6.3 컨셉에서 프로토타입으로: 반복적인 정제 ·········· 154
6.4 프로토타입에서 프로덕션으로 ·········· 157
6.5 AI 프로토타이핑의 함정과 대응법 ·········· 161
　　요약 ·········· 163

CHAPTER 7 AI를 활용한 웹 애플리케이션 구축

7.1 프로젝트 설정: AI를 활용한 기본 구조 구축 ·········· 165
　　7.1.1 AI를 활용한 프런트엔드 개발 패턴 ·········· 167
　　7.1.2 AI를 활용한 백엔드/API 개발 패턴 ·········· 170
7.2 데이터베이스 설계 및 통합 ·········· 176
　　7.2.1 ORM 작업하기 ·········· 177
　　7.2.2 데이터베이스 쿼리 ·········· 177
　　7.2.3 AI가 생성한 쿼리 확인 ·········· 178
7.3 풀스택 통합: 프런트엔드와 백엔드의 결합 ·········· 179
　　7.3.1 API 규약 맞추기 ·········· 179
　　7.3.2 AI와의 실시간 협업 ·········· 180
7.4 AI가 생성한 웹 애플리케이션의 테스트와 검증 ·········· 183
7.5 성공적인 AI 구축 웹 프로젝트의 사례 ·········· 186
　　요약 ·········· 187

PART 3 신뢰와 자율성

CHAPTER 8 보안, 신뢰성, 유지보수성

- 8.1 AI 생성 코드의 일반적인 보안 취약점 ········ 191
  - 8.1.1 부적절한 인증과 권한 부여 ········ 193
  - 8.1.2 패키지 관리 문제 ········ 196
- 8.2 보안 감사 ········ 197
  - 8.2.1 자동화된 보안 스캐너 활용 ········ 197
  - 8.2.2 별도의 AI를 검토자로 활용 ········ 197
  - 8.2.3 보안 체크리스트를 활용한 개발자의 코드 리뷰 ········ 198
  - 8.2.4 침투 테스트와 퍼즈 테스트 ········ 199
  - 8.2.5 보안 중심 단위 테스트 추가 ········ 199
  - 8.2.6 지식 컷오프 이후 정보 추가 ········ 200
  - 8.2.7 로깅 관행 최적화 ········ 201
  - 8.2.8 보안 중심 모델이나 도구 사용 ········ 201
  - 8.2.9 컨텍스트에 경고 전달 ········ 202
  - 8.2.10 속도 늦추기 ········ 202
- 8.3 AI 생성 시스템을 위한 효과적인 테스팅 프레임워크 구축 ········ 202
- 8.4 성능 최적화 ········ 207
- 8.5 AI 가속화 코드베이스의 유지보수성 보장 ········ 210
  - 8.5.1 프롬프트 작성 ········ 210
  - 8.5.2 코드 출력 작업 ········ 212
  - 8.5.3 후속 작업 ········ 213
- 8.6 코드 리뷰 전략 ········ 215
- 8.7 안정적인 배포를 위한 모범 사례 ········ 217
  - 8.7.1 배포 전과 배포 중 ········ 218
  - 8.7.2 지속적인 모범 사례 ········ 219

CONTENTS

요약 ········· 221

CHAPTER 9 바이브 코딩의 윤리적 쟁점

9.1 지적재산권 ········· 223
    9.1.1 결과물이 의심스러울 때 해야 할 일 ········· 227
    9.1.2 그레이존 ········· 228
9.2 투명성과 출처 표시 ········· 229
9.3 편향성과 공정성 ········· 231
9.4 책임감 있는 AI 사용을 위한 원칙 ········· 233
    요약 ········· 238

CHAPTER 10 백그라운드 코딩 에이전트

10.1 코파일럿에서 자율 에이전트로: 백그라운드 코딩 에이전트 ········· 239
10.2 자율 코딩 에이전트의 작동 방식 ········· 241
    10.2.1 계획 ········· 241
    10.2.2 실행 ········· 242
    10.2.3 검증 ········· 243
    10.2.4 보고 ········· 244
10.3 백그라운드 에이전트와 IDE의 AI 어시스턴트 비교 ········· 246
10.4 여러 AI 모델을 결합하여 강점 극대화 ········· 249
    10.4.1 작업 유형별로 모델 구분 ········· 250
    10.4.2 오케스트레이션 시스템 ········· 250
    10.4.3 인간-AI 하이브리드 팀 ········· 251
10.5 주요 자율 코딩 에이전트 ········· 253
10.6 도전과 한계 ········· 255

10.7 AI 코딩 에이전트를 효과적으로 사용하기 위한 모범 사례 · · · · · · 257
    10.7.1 자율 에이전트가 구현할 작업을 전략적으로 선택 · · · · · · 257
    10.7.2 에이전트별 계획 및 감독 기능 활용 · · · · · · 257
    10.7.3 동시 에이전트 작업 관리 · · · · · · 258
    10.7.4 에이전트를 통합하기 위한 팀 관행 · · · · · · 259
    10.7.5 자율 시스템과의 피드백 루프 구축 · · · · · · 259
    요약 · · · · · · 260

CHAPTER 11 코드 생성을 넘어서: AI 보조 엔지니어링이 나아갈 미래

11.1 테스트, 디버깅, 유지보수에서의 AI · · · · · · 261
    11.1.1 자동화된 테스트 생성 · · · · · · 262
    11.1.2 지능형 디버깅 · · · · · · 262
    11.1.3 예측적 유지보수와 리팩터링 · · · · · · 263
11.2 AI 기반 디자인과 사용자 경험 개인화 · · · · · · 264
    11.2.1 생성형 디자인 도구 · · · · · · 264
    11.2.2 UX 리서치를 위한 AI · · · · · · 266
    11.2.3 개인화된 사용자 경험 · · · · · · 266
11.3 AI를 활용한 프로젝트 관리의 미래 · · · · · · 267
11.4 자율 에이전트가 소프트웨어 엔지니어링에 미칠 영향 · · · · · · 270
11.5 프로그래밍 언어의 미래: 자연어 중심 개발? · · · · · · 274
11.6 업계를 변화시키는 바이브 코딩 · · · · · · 278
    요약 · · · · · · 280

    찾아보기 · · · · · · 283

바이브 코딩

PART 1

AI는 이제 프로그래밍의 개념 자체를 바꾸고 있습니다. 1부에서는 새로운 프로그래밍 방식인 바이브 코딩의 개념을 다룹니다. 1장은 프롬프트로 의도를 표현하면 AI가 코드를 구현하는 과정을 소개하며, 개발자의 역할이 명령어 작성에서 의도 전달로 변화하는 모습을 보여줍니다. 이어서 AI 보조 엔지니어링을 통해 계획과 명세를 바탕으로 AI를 조력자로 활용하는 방법을 설명하고, 두 접근 방식의 차이와 보완 관계를 살펴봅니다. 또한 의도 중심 프로그래밍을 제시하며, 결과와 목표에 집중하는 패러다임 전환을 다룹니다. 2장은 바이브 코딩의 핵심인 프롬프트 작성 기법을 설명합니다. 구체적이고 명확한 프롬프트와 반복적 피드백을 통해 AI와 협업하는 방법을 보여주며, AI 시대 개발자의 새로운 역량을 강조합니다.

CHAPTER 1

시작하며: 바이브 코딩이란 무엇인가?

지금 AI는 소프트웨어 개발 방식을 바꾸고 있습니다. 자유로운 프롬프트 작성 방식부터 체계적인 어시스턴트의 보조까지, 코딩 과정에 새로운 패러다임이 등장하고 있습니다. 단순히 **설명**만 해도 소프트웨어가 완성됩니다. 팀원에게 요청 사항을 전달하듯 AI에 원하는 아이디어를 전달하면 코드가 나타납니다. 이것이 **바이브 코딩**의 핵심입니다. 바이브 코딩이란 사용자가 바라는 기능을 설명하는 프롬프트를 작성하면, 대규모 언어 모델(LLM)이 남은 부분을 채워나가는 코딩 방식을 말합니다. 이 용어는 AI 업계의 선구자인 안드레 카파시 Andrej Karpathy (*http://bit.ly/4qwSBZG*)가 만들었습니다. 개발자는 '바이브 vibe'에 몸을 맡긴 채 AI의 지원을 받는다는 의미입니다.

이 책에서는 실무 개발자에게 바이브 코딩이 어떤 의미인지 먼저 살펴보고, 제가 **AI 보조 엔지니어링** AI-assisted engineering이라 부르는 체계적인 증강 코딩 augmented coding과 바이브 코딩이 어떻게 다르고, 어떻게 서로 보완하는지도 살펴봅니다. 또한 AI 중심 시대에 변화하는 개발자의 역할을 면밀하게 탐구하며, 업무 효율을 극대화하기 위한 최적의 툴과 워크플로 활용 방안을 모색합니다. AI를 코드베이스에 도입할 때 직면할 특수한 문제에 대한 해결 방안을 소개하겠습니다. 바이브 코딩이 효과적으로 작동하는 부분과 한계가 드러나는 부분을 명확히 파악해 봅니다. 생성형 AI의 빠른 실행 속도와 인간 감독의 깊은 통찰력 사이에 적절한 균형을 이루는 방법을 모색합니다. 이 책을 다 읽은 후에는 여러분만의 코딩 과정에서 '바이브'를 책임감 있고 효과적으로 활용하는 방법을 알게 될 것입니다. 여러분은 그저 코딩을 빨리하는 개발자가 아니라 창의성과 영향력을 지닌 새로운 시대의 개발자로 변화할 겁니다.

이번 장에서는 개발자의 역할이 기계에 상세한 명령어를 작성하는 업무에서 AI와 협력하여 의도를 표현하는 형태로 변화하는 현상을 살펴봅니다(그림 1-1). 프로그래밍 분야에서 벌어지는 '바이브' 열풍이 왜 중요한지, 어떠한 원리로 작동하는지 그리고 이로 인해 발생하는 기회와 도전은 무엇인지를 차례로 살펴보겠습니다.

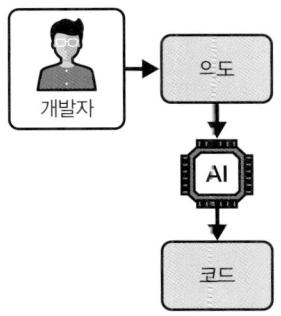

그림 1-1 의도 중심 프로그래밍 개념도: 개발자가 고수준의 명세, 즉 '의도'를 정리해 AI에 전달합니다. 이에 따라 AI는 해당 명세를 바탕으로 코드를 생성합니다. 개발자는 코드를 한 줄씩 직접 작성하는 기존 방식에서 벗어나, 고수준에서 AI가 코드를 생성하는 과정을 안내하도록 변화하고 있습니다.

1.1 AI 코딩의 스펙트럼: 바이브 코딩부터 AI 보조 엔지니어링까지

지난 1년간 AI가 빠르게 발전하면서, 중·고급 개발자가 프로그래밍에 AI를 활용하는 방식은 하나의 스펙트럼을 형성하게 되었습니다. 한쪽 끝에는 즉흥적이고 실험적인 방식인 **바이브 코딩**이, 다른 쪽 끝에는 명확하고 체계적인 **AI 보조 엔지니어링**(명확한 제약 조건을 두고 소프트웨어 개발의 각 단계에 AI를 체계적으로 접목하는 방식)이 있습니다. 두 접근 방식 모두 AI를 많이 활용합니다. 하지만 각 방식이 추구하는 목표, 대상, 기대 사항에 뚜렷한 차이가 있습니다. 이 책에서는 이 두 극단적인 사례를 중심으로, 각각이 현대 웹 개발에 어떤 영향을 미치며 어떤 의미를 가지는지 살펴봅니다.

1.1.1 바이브 코딩: 대화를 통한 코딩

바이브 코딩은 강력한 LLM을 코딩 파트너로 활용합니다. 이 접근법은 LLM이 코드 생성 과정의 복잡한 작업을 대신 수행하는 동안, 사용자는 높은 수준의 목표에 집중하도록 합니다. 비즈니스 인사이더(https://oreil.ly/nvcFW)는 '바이브 코딩'을 "AI 툴을 활용하여 코딩 업무 중 부담이 큰 반복 작업을 대신 처리함으로써 소프트웨어를 신속하게 개발하는 방식"이라 정리했습니다. 엔비디아 최고경영자 젠슨 황은 AI 덕분에 '현재 가장 각광받는 새로운 프로그래밍 언어'는 자바도 파이썬도 아닌 영어가 되었다고 이야기했습니다. 모든 함수 작성과 버그 해결을 직접 손으로 작성하는 대신, 자연어로 요청할 수 있습니다. 먼저 기능을 구상하고 제안 내용을 검토하며, AI가 제공한 결과물을 토대로 여러 번 보완해 나가는 방식입니다.

이 접근 방식은 기존 프로그래밍에서 벗어나 AI 보조 엔지니어링을 활용한 개발 방식으로 급격하게 전환하는 과정을 보여줍니다. 기존 코딩 방식은 철저하게 계획을 세우고, 정확한 문법, 많은 노력이 필요한 디버깅 과정을 거칩니다. 반면, 바이브 코딩은 기존 규칙을 완전히 뒤바꿉니다. "실제로는 코딩이라기보다 보고, 말하고, 실행하고, 복사-붙여 넣기만 하면 되는 수준입니다. 웬만하면 제대로 작동하죠." 카파시는 비즈니스 인사이더에 이와 같이 설명하며, AI가 최소한의 수동 작업만으로 고수준의 명령을 작동 가능한 코드로 전환할 수 있음을 강조했습니다.

지금까지 개발자는 컴퓨터에 지시 사항을 상세하게 작성했습니다. 그러나 이제는 AI의 도움을 받아, **오케스트레이션을 통한 결과 도출** 방식으로 전환하고 있습니다. 카파시는 AI의 제안을 지속적으로 수용하는 방식으로 웹 애플리케이션 제작 과정을 예시로 바이브 코딩을 설명했습니다(https://oreil.ly/Ki6iJ). "저는 항상 [Accept ALL](모두 반영)을 클릭합니다. 이제는 diff로 AI가 수정한 내역을 일일이 확인하지도 않습니다. 오류 메시지가 나타나면 그 내용을 복사해 붙여 넣습니다. LLM이 버그를 해결하지 못하는 경우에는, 해당 버그를 우회하거나 임의의 변경 요청을 반복하여 문제를 해결합니다." 이 과정에서 직접 작성할 때보다 코드가 훨씬 늘어나지만, 반복적인 프롬프트 작성과 수정 덕분에 프로젝트는 빠르게 완성됩니다. 혼자서 문법과 스택 트레이스를 일일이 확인하는 고된 시간은 끝났습니다. 바이브 코딩은 동료 AI와의 상호작용을 통한 협업 과정에 가깝습니다. 최소한의 노력으로 바로 사용할 수 있는 해결책을 마련합니다.

바이브 코딩이 가능해진 데에는 여러 요인이 복합적으로 작용했습니다. 먼저, 최신 AI 코딩 어시스턴트(오픈AI의 코덱스Codex, 챗GPTChatGPT, 앤트로픽Anthropic의 클로드Claude 등)가 코드 생성뿐만 아니라 수정에서 뛰어난 성능을 보였습니다. 앞의 기사에서 카파시는 바이브 코딩이 가능해진 이유로 LLM이 뛰어난 성능을 보였기 때문이라고 덧붙였습니다. LLM은 깃허브에서 방대한 양의 코드를 학습해, 다양한 작업에서 믿을 만한 결과를 내는 능력을 갖추게 되었습니다.

둘째, 코딩 워크플로에 모델을 원활하게 통합하는 새로운 개발자 툴이 등장했습니다. 이 툴은 잠시 후에 추가 설명하겠습니다. 마지막으로, 개발자 사이에서 AI 어시스턴트에 대한 신뢰도가 높아졌습니다. 개발자들은 점점 더 큰 단위의 작업을 AI에 맡기기 시작했습니다. 이제 AI는 단순히 강화된 자동완성만 제공하는 것이 아니라, 전체 함수나 파일을 수정하고 작성하는 방식으로 발전하고 있습니다. 바이브 코딩은 업무를 수행할 열정적인 주니어 개발자가 무한히 배치된 것처럼 느껴집니다. 게다가 이들은 클라우드 컴퓨팅 덕분에 빠른 속도로 작업을 마칩니다.

바이브 코딩의 가장 좋은 장점은 개발자들의 생산성을 높인다는 것입니다. 초기에 바이브 코딩을 시도한 개발자에 따르면 소프트웨어 기능 또는 프로토타입 제작이 이전보다 10배에서 100배 더 빠른 속도로 진행할 수 있음을 확인했습니다. 코디움의 엔지니어 존 후스트예John Hoestje(https://oreil.ly/_nfZn)는 이렇게 말했습니다. "100배 뛰어난 엔지니어가 될 수 있는데 굳이 10배 뛰어난 엔지니어가 되어야 할까요?" 적절한 AI 기능이 탑재된 IDE를 활용하면 엄청난 생산성을 기대할 수 있다는 의미입니다. 윈드서프와 같은 AI 증강 IDE는 개발 시간을 크게 단축해 생산성이 100배에 달하도록 지원합니다. 100배라는 가정은 현실과 다소 극단적인 수치지만, 보수적으로 진행한 연구에서도 생산성이 상당히 높아졌습니다.

개발자는 AI를 활용해 몇 초 만에 기본 구조 코드를 생성하고, 눈 깜짝할 사이에 버그 수정 작업을 완료합니다. 그뿐만 아니라, 테스트나 문서 작성도 AI를 활용해 기존에는 며칠이 걸리던 업무를 단 몇 시간 만에 완성하는 효과를 누릴 수 있습니다. 이제는 타이핑 속도나 기억력 한계에 얽매일 필요 없이, 개발자 혼자서 AI를 활용해 주말 만에 풀스택 애플리케이션 프로토타입 제작이 가능한 시대가 도래했습니다. 절대 과장이 아닙니다. 과거에는 소규모 팀이 몇 주간 걸려 완성해야 할 작업이었습니다. 2025년 1월에 제가 프래그매틱 엔지니어(https://oreil.ly/khEfs)에 정리했듯, 설문 조사 결과에 따르면 개발자의 75%는 어떤 방식으로든 AI를 자신의 워크플로에 통합하였으며, 다수의 기업에서 개발 속도가 두 자리 혹은 세 자리 비율로 높아졌다고 응답했습니다. AI 페어 프로그래밍의 도입으로 전설 같은 '10배 뛰어난 엔지니어'란 개념이 어쩌면 정말 가능할지도 모르는 '100배 뛰어난 엔지니어'라는 개념으로 전환되는 모습을 보여주고 있습니다.

이게 얼마나 혁명적인 일인지 이해할 수 있도록 구체적인 사례를 들어보겠습니다. 한 개발자가 팟캐스트 스크립트에서 단어 수를 계산하고, 시간을 추정하는 간단한 웹 애플리케이션 개발하려 합니다. 처음부터 새로 작업하는 대신, AI가 구동되는 코딩 환경을 열어 아이디어를 **전달**합니다. AI가 몇 분 안에 작동하는 시제품을 제작합니다. 개발자는 AI에 '통계 카운터에 밝은 색상 적용 및 PDF 내보내기 기능 추가'라고 입력합니다. AI는 요청에 따라 코드를 업데이트합니다. 그렇게 단 한 번의 클릭으로 배포해도 좋은 툴이 완성됩니다. 이 모든 과정에 걸린 시간은 무려 10분입니다. 이 사례는 한 개발자가 실제로 리플릿(Replit) 에이전트를 활용해 툴을 개발한 과정을 정리한 내용입니다(`https://oreil.ly/guqFZ`). AI는 원하는 기능을 설명하는 고수준의 요청도 빠르게 구현할 수 있습니다. 그렇기에 엔지니어가 아닌 사람도 적극적으로 이 시류에 뛰어들고 있습니다. 같은 기사에서는 코딩 경험이 전혀 없는 마케터가 AI 코딩 어시스턴트를 활용하여 100개의 간단한 웹 툴을 제작하고, 이 툴을 모아 프로덕트 헌트(Product Hunt)에서 최상위에 오른 사례도 소개합니다. 소프트웨어 제작에 필요한 진입 장벽이 이처럼 낮아지면, 기존에 숙련된 개발자의 업무 생산성이 높아질 뿐만 아니라 근본적으로 소프트웨어 제작에 참여할 대상의 범위가 확대되는 결과로 이어집니다.

하지만 바이브 코딩을 할 때 아주 중요한 주의사항이 있습니다. AI에 지나치게 의존하면 코드가 이상적인 상황에서는 문제없이 작동하는 것처럼 보여도, 다수의 버그나 부실한 설계 결정 같은 위험 요소가 숨어 있을 가능성이 있습니다. AI의 판단은 완벽하지 않으니 반드시 자체적으로 코드를 검증하기 바랍니다. 견고한 계획이나 제약 조건 마련 없이 LLM만 활용하면 오류 처리, 보안 점검, 확장성 확보 같은 필수 조건이 미흡한 결과가 나올 위험이 있습니다. 실제로 AI가 생성한 코드는 불안정한 경우가 있습니다. 겉보기에는 견고해 보여도 사용 중에 문제가 드러나는 경우도 있습니다. 또한, 개발자가 최대한 빠르게 기능을 완성하는 데만 급급해 효율성이 부족하고 유지보수가 어려운 코드를 만든 경우도 많이 봤습니다. 이렇게 '모래성'처럼 불안정한 구조의 코드는 외부 압력이 증가하면 쉽게 붕괴하고 맙니다.

예를 들어 AI에 로그인 시스템을 신속하게 만들어 달라고 요청하는 경우를 상상해 봅시다. AI가 정상적으로 작동하는 인증 흐름을 빠르게 구현할 수 있으나, 단순한 암호화 메서드나 취약점이 있는 라이브러리를 사용할 가능성도 고려해야 합니다. 충분히 검토 없이 배포하는 것은 무작정 아무 문제가 없을 거라고 믿는 거나 다름없습니다. 숙련된 엔지니어는 이런 상황이 위험하다는 사실을 명확하지 인식합니다. 실제 서비스에 사용할 코드는 반드시 충분한 이해와 신뢰를 바탕으로, 직접 확인하고 관리해야 합니다. 사이먼 윌리슨^{Simon Willison}은 "바이브 코딩 방식으로 서비스용 코드베이스를 구축하는 건 분명 위험하다"고 말했습니다(*https://oreil.ly/ppXCf*). 소프트웨어 엔지니어는 보통 기존 시스템의 개선이 주업무입니다. 그렇기에 기존 코드를 제대로 이해하고 그 품질을 유지하도록 노력해야 합니다. 바이브 코딩에 너무 의존하면 이런 검증 절차를 무시하게 됩니다.

또한, 바이브 코딩은 초기 계획 단계를 중요하게 여기지 않는 경향이 있습니다. 원래대로라면 소프트웨어 엔지니어링은 데이터 모델을 통해 명확히 판단하고, 적절한 디자인 패턴을 선택해, 최소한의 명세를 작성하며 제약 조건을 설정합니다. 하지만 바이브 코딩은 진행 순서를 뒤집어 없습니다. **초기 설정 작업을 생략**하고, 프롬프트를 입력해 AI가 완성하는 방식을 채택합니다. 그러면 명확한 방향 설정 없이 산만한 개발로 이어질 위험이 있습니다. 그러다 보면 문제가 발생해 프롬프트를 바꿔가며 AI를 다시 호출하는 경우도 발생합니다. AI가 작성한 코드가 잘못된 상태 관리나 원하지 않는 라이브러리를 사용하는 상황이 발생한다면, 사용자는 이 부분을 원래 의도대로 수정할지 AI가 생성한 결과물을 그대로 받아들일지 선택해야 합니다. 청사진을 먼저 마련해 두지 않으면, 체계적이지 못한 무질서한 최종 아키텍처가 탄생할 위험이 있습니다. 개념 증명이 목표라면 상관없겠지만, 일관성을 지켜야 하는 대규모 코드 작업에서 번거로운 과정이 추가될 수 있으니 신중히 검토해야 합니다.

바이브 코딩이 본질적으로 '나쁘다'고 할 수는 없습니다. 사실 이러한 현상은 프로그래밍의 접근성이 좋아지는 과정의 일부라고 생각합니다. 바이크 코딩은 초기 로우코드 플랫폼이나 스크립트 언어처럼 소프트웨어 제작의 진입 장벽을 낮추고 있습니다. 엔지니어가 아니더라도 강한 의지와 명확한 아이디어만 있다면 간단한 애플리케이션을 개발할 수 있습니다. 경험 많은 개발자에게 바이브 코딩은 빠르게 아이디어를 확인하는 도구입니다. 굳이 코딩을 하지 않더라도 바로 결과물이 나와 아이디어를 실현할 수 있는지 확인할 수 있습니다. 한계를 명확히 인식하는 것이 중요합니다. 규율 없이 속도만 높이면 취약한 소프트웨어가 만들어질 위험이 커집니다. 그러므로 바이브 코딩에서는 사용자가 경계하며 개입해야 합니다. 저는 동료들과 스스로에게 '바이브 코딩은 낮은 품질의 작업에 대한 변명이 될 수 없음'을 자주 이야기합니다. 바이브 코딩이 만든 결과물은 **시작점**입니다. 결코 **최종 결과물이 아닙니다.**

1.1.2 AI 보조 엔지니어링: AI 파트너와 구조 정하기

AI 보조 엔지니어링은 단계마다 AI를 조력자copilot처럼 사용해 소프트웨어 제작에 있어 보다 더 구조적이고 체계적인 방식입니다. 바이브 코딩과 대조적으로 여전히 개발자가 개발 과정을 주도하며 최종 결정을 내립니다. AI 보조 엔지니어링은 기존의 소프트웨어 개발 생명주기software development lifecycle(SDLC) 전 과정에 AI를 적극적으로 활용합니다. 개발 전반에서 AI 기반 자동 완성, 대화, 코드 마이그레이션, 결함 검출, 테스트 생성은 물론 함수, 모듈, 컴포넌트 단위 및 전체 코드를 생성하는 기능까지 AI의 모든 기능을 사용합니다(그림 1-2).

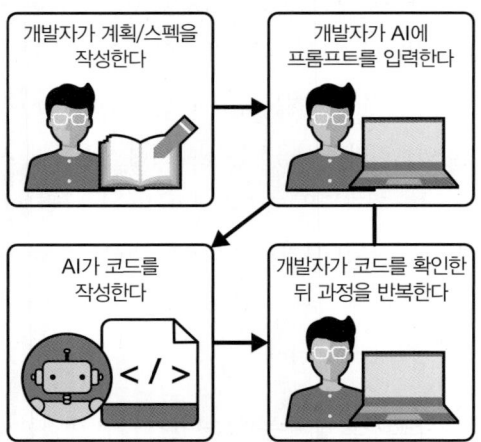

그림 1-2 계획 우선 AI 보조 엔지니어링 워크플로: 엔지니어가 작성한 사양을 AI 시스템에 프롬프트로 제공한 뒤, 생성된 코드 조각을 검토해 솔루션을 프로젝트에 통합합니다.

AI 보조 엔지니어링의 시작 단계에는 간결하더라도 반드시 계획을 수립해 제작할 항목과 제약 조건, 수용 기준을 미리 명확하게 정의하는 편이 좋습니다. 그다음, 그 계획에 따라 AI를 활용합니다. 빠르게 새 기능을 구현하거나 지금 있는 기능을 개선하는 과정에서 AI를 조력자로 활용합니다. 바이브 코딩이 프롬프트를 우선으로 삼는다면, AI 보조 엔지니어링은 계획을 우선으로 삼습니다. 여기선 계획이란, 기능을 정리한 짧은 프로덕트 요구사항 문서product requirements document(PRD)나 상세 명세서 또는 작업 항목 체크리스트가 될 수 있습니다. 이렇게 미리 의도와 제약 조건을 마련해 두면, AI가 만들어내는 결과물도 명확한 목표에 맞게 다듬어집니다.

다음 예시를 살펴봅시다. 리액트React 개발자가 새로운 인터랙티브 대시보드 컴포넌트 제작 업무를 담당해야 합니다. AI 보조 엔지니어링 방식을 활용하면 작업에 앞서 컴포넌트의 책임과 API를 명시합니다.

> 대시보드 컴포넌트는 분석 카드 목록을 제공하며, 날짜 범위 기준 데이터 필터링 기능을 지원합니다. 또한 새로고침과 내보내기 버튼으로 필요한 정보를 손쉽게 관리할 수 있습니다. API에서 데이터를 가져오는 기능은 적절한 오류 처리를 반드시 포함하여 구현해야 하며, 스타일링은 내부 디자인 시스템의 가이드라인을 철저히 준수해야 합니다.

이 내용을 명세서로 잡을 수 있고, 개발자는 간단한 데이터 모델을 구상하거나 재사용 가능한 기존 유틸리티 함수를 확인할 수도 있습니다. 이후 단계에서 AI를 도입합니다. 예를 들어 AI 기능이 탑재된 IDE(AI 통합 IDE)나 코딩 어시스턴트를 활용하여, 앞선 설명을 기반으로 컴포넌트의 기본 구조를 생성할 수 있습니다. AI는 데이터 수신용 플레이스홀더와 임시 이벤트 핸들러를 포함한 리액트 컴포넌트의 초기 구현을 제공합니다. 개발자가 명확한 지침을 제공할수록 결과물이 프로젝트 요건에 부합할 가능성이 높습니다. 예를 들어 적절한 디자인 시스템 클래스를 사용하거나 올바른 API 엔드포인트를 호출하는 등의 결과가 나올 수 있다는 의미입니다. 이 코드는 놀라운 결과물이 아니라 요청을 지킨 기본적인 결과물일 뿐입니다.

AI 보조 엔지니어링은 코드 생성뿐만 아니라 다양한 개발 단계(기획, 설계, 구현, 테스트, 운영)에 체계적으로 AI를 활용합니다. 일상적인 코딩 작업에서는 깃허브 코파일럿GitHub Copilot 같은 AI 자동완성 툴이 다음 코드를 제안하거나 익숙한 패턴을 자동으로 완성합니다. 단위 테스트를 작성한다면 AI는 함수 이름을 참고해 자동으로 어서션assertion을 추천합니다. 테스트 이야기가 나온 김에 같이 이야기하면, AI를 활용해 테스트 케이스를 작성할 수 있습니다. 이때 컴포넌트의 명세나 코드를 프롬프트에 입력하여 확인이 필요한 엣지 케이스를 추천받을 수 있습니다. AI 보조 엔지니어링은 엔지니어를 대체하는 대신 **보완**하여 효율을 높입니다. 개발자는 계속 논리를 검토하고 정확성을 확인합니다. AI는 개발자의 감독하에 단순 반복 업무를 대신 처리해 효율적인 작업 환경을 조성합니다.

AI는 코드 마이그레이션이나 리팩터링 작업에 큰 도움을 줍니다. 클래스 기반의 리액트 컴포넌트를 리액트 훅을 활용하는 함수형 컴포넌트로 변경해야 하는 상황을 예로 들겠습니다. 모든 작업을 수동으로 진행하는 대신, AI 어시스턴트에 코드 변환을 요청하거나 최소한 틀만 잡아달라고 요청합니다. LLM은 기존 패턴과 최신 패턴을 충분히 숙지한 상태에서 리팩터링한 코드 초안을 작성합니다. AI가 초안을 작성하면 개발자는 코드를 직접 확인하고 보완합니다. 이런 체계적인 AI 활용 방식은 '리덕스^{Redux}에서 리액트 컨텍스트 API로 상태 관리 방식 전환' 같이 명확하게 정의한 작업을 하나씩 수행합니다. AI에 '이런 거 만들어' 같은 명확하지 않은 명령을 내리기보다 구체적인 작업 목표를 설정하는 편이 좋습니다.

AI 보조 엔지니어링의 가장 좋은 사례는 상세하게 작성된 사양서를 바탕으로 AI가 하나의 미니 애플리케이션이나 기능 전체를 생성하는 방식입니다. 많은 툴이 애플리케이션에 대한 설명을 짧은 PRD 형식으로 입력하면 곧바로 작동하는 코드베이스나 프로토타입을 생성하는 기능을 지원합니다. 예를 들어 개발자가 다음과 같이 애플리케이션의 스펙을 작성한다고 가정해 봅시다.

> *리액트 프런트엔드와 노드JS 백엔드를 활용한 할 일 목록 애플리케이션. 사용자 인증과 실시간 업데이트를 지원함.*

AI 툴은 프로젝트의 기본 골격 구성, 핵심 구성 요소 제작, 데이터베이스 스키마 설정 등 필요한 작업을 진행하여 전체적인 환경을 마련합니다.

마법이 아닙니다. 이는 새로운 프로젝트를 위해 성실한 엔지니어가 준비하는 디렉터리 구성, 라이브러리 선택, 기본 구조 코드 작성 같은 작업에 소요되는 시간과 절차를 단축한 결과물입니다. 이 결과가 놀라운 이유는 AI가 **사양서에 제시된 제약 조건을 준수하며 창의력을 발휘하기 때문**입니다. 이 결과물은 요구사항을 바탕으로 직접 개발한 최소 기능 프로덕트$^{minimum\ viable\ product}$(MVP)입니다. 경험이 풍부한 개발자는 처음 생성된 코드를 바로 서비스에 투입해도 좋다고 판단하지 않고 초안 정도로 생각합니다. 애플리케이션을 실행하고, 테스트를 작성하거나 생성해 각 기능을 검증합니다. 또한 새로 만들어진 코드가 기존 코드와 일치하는지, 보안상으로 문제가 없는지 확인하고 수정합니다. 요컨대, AI는 청사진에서 대량의 코드를 생산하고 개발자는 몸에 녹아 있는 엔지니어링 기준을 그대로 적용하며 효율적으로 작업할 수 있습니다.

AI 보조 엔지니어링과 바이브 코딩은 목표가 다릅니다. AI 보조 엔지니어링의 목표는 **작동하는** 코드를 빠르게 작성하는 것이 아니라, **고품질**의 코드를 보다 효율적으로 작성하는 것입니다. 생산성 향상과 결과물의 신뢰성 유지(혹은 강화)가 목적입니다. '기능을 기존보다 두 배 빠르게 완성하고 싶지만 품질에는 한 점도 타협할 수 없다'는 팀에는 AI 보조 엔지니어링이 더 적합합니다.

AI 보조 엔지니어링은 이미 체계적인 프로세스(코드 리뷰, 테스트, 배포 파이프라인)가 있고 그 체계를 그대로 유지하려는 팀에 적합합니다. 즉, 시니어 엔지니어 수준의 개발자에게 적합한 방법입니다. 이들은 AI를 기존 도구 전체를 대체하는 요소로 보지 않고, 보조 수단이자 강력한 새 툴로 활용하는 관점에서 접근합니다. 무리하게 절차를 생략했을 때 어떤 문제가 생기는지 잘 알기 때문에, 유지보수 가능한 코드를 중요하게 여깁니다. 한편, 바이브 코딩은 데모를 직접 제작하는 단독 개발자나 프로덕트 개발에 관심을 가진 어느 정도 코딩 지식을 보유한 분, 그리고 부족한 실무 지식을 AI로 보완하려는 신입 개발자에게 추천합니다.

AI 보조 엔지니어링에서 AI는 제안자과 가속기 역할을 맡고 인간은 결정자 역할을 맡습니다. 인간은 코드 품질과 성능 및 보안을 최우선 기준으로 삼아야 합니다. 따라서 AI가 생성한 결과물은 주니어 개발자의 코드와 동일한 기준으로 철저하게 검증합니다. AI를 당신을 대체할 존재가 아닌 인턴 정도로 여기세요. AI에 업무를 위임할 수는 있겠지만, 그 결과물은 반드시 직접 확인하기 바랍니다. 인턴이 작성한 코드를 코드 리뷰도 거치지 않고 배포하지 않는 것처럼, AI가 생성한 코드 역시 충분히 이해하지 않고 배포해서는 안 됩니다. 이러한 사고방식은 개발 과정에서 엔지니어링 원칙을 최우선 과제로 삼아 그 중요성을 명확히 강조합니다.

1.1.3 다른 사고방식, 다른 기대치

바이브 코딩과 AI 보조 엔지니어링의 바탕에 깔린 사고방식은 서로 다릅니다. 바이브 코딩은 추상적인 아이디어를 바탕으로 단계적 접근법과 실험적 방법론을 결합해 구현을 구체화합니다. 즉흥 재즈를 생각해 보세요. 미니멀한 구조의 음악을 연주하면서 중간중간에 창의적인 리프를 넣어 자연스럽게 곡을 완성합니다. AI 보조 엔지니어링은 체계적이고 반복적인 방식을 채택합니다. 클래식 음악처럼 초기 요구사항(주제 또는 모티프)을 토대로 시작하여 다양한 메서드를 적용해 차근차근 발전시킵니다. 또한 작성된 악보에 명시한 규칙을 따라 약간의 즉흥 요소(AI의 제안)를 혼합합니다. 두 방법 모두 '음악'을 만들지만, 워크플로와 결과물에서 뚜렷한 차이가 드러납니다.

중급 이상의 웹 개발자라면 원하는 수준에 따라 접근법을 선택하면 됩니다. 뜻밖의 결과를 경험하고 싶다면 바이브 코딩을 진행하세요. 기존에 구현하지 않은 방식이나 낯선 라이브러리나, 프로그래밍 기법을 만날 가능성이 있습니다. 바이브 코딩은 뜻밖의 상황에서 학습의 기회를 찾거나, 불필요하고 지루하다고 판단되는 단계를 신속하게 건너뛴다는 매력이 있습니다. 그러나 문제가 발생할 가능성을 미리 생각해야 합니다. 바이브 코딩 애호가는 그 마지막 구간까지 전적으로 책임을 져야 합니다. 마법은 실재하지만, 모든 일을 해결해 주지는 않습니다.

AI 보조 엔지니어링은 장기 프로젝트에 대한 기대치를 보다 신중하고 현실적으로 설정할 수 있습니다. 개발자는 AI가 작업 시간을 단축하고 한두 가지 문제의 실마리를 제공해 주기를 기대할 뿐, 업무 전반을 대신 처리하기를 바라지는 않습니다. 실제로 AI 보조 엔지니어링을 잘하는 개발자는 더 넓은 작업 과정에서 바이브 코딩 스타일의 프롬프트를 **조금씩** 적절히 활용할 수 있습니다. 예를 들어 명세가 완벽히 마련된 모듈을 구현하는 과정에서 엔지니어는 잠시 '바이브 모드'로 전환해 "안녕 AI, 이 날짜들의 형식을 위한 간단한 유틸리티 함수를 생성해"라고 요청한 후, 즉시 다시 엔지니어 모드로 복귀해 해당 함수의 통합 및 검증 작업을 수행합니다. 해당 방식은 AI를 사용자의 지시에 따라 함께 작업하는 협력자로 취급합니다. 개발 도구가 강점을 보이는 분야(기본 구조 코드, 반복적인 코드, 대략적인 구현 작업 등)는 AI에 맡기고, 핵심 로직, 통합, 최종 검토 등 중요한 기능은 개발자가 구현하는 식입니다.

또한 생산성 향상, 반복적인 오류 감소(예: AI가 변수 이름의 오타를 내지 않음), 폭넓은 해결책 탐색(예: AI가 미처 고려하지 않은 알고리즘을 제시할 수 있음)등의 부가적인 효과를 기대할 수 있습니다. 하지만 검증에 소요되는 시간도 고려해야 합니다. AI가 작성한 코드를 고치는 것도 디버깅입니다. 필요하면 테스트를 시행하고, 디버거를 활용해 코드를 단계별로 점검하세요. 기존 디버깅과 다른 점은 확인하는 코드를 AI가 생성했다는 사실뿐입니다. 이 새로운 경험에는 학습 곡선이 존재합니다. 5장에서는 이에 대해 자세히 살펴보겠습니다.

바이브 코딩과 AI 보조 프로그래밍은 목표가 다릅니다. 바이브 코딩은 **단기적인 속도**에 집중하고, AI 보조 엔지니어링은 **지속 가능한 속도와 신뢰성**에 집중합니다. 바이브 코더의 프롬프트가 "아이디어가 작동하는지 확인하려면 오늘 밤까지 작동하는 애플리케이션을 만들어야 해"라면, AI 보조 엔지니어의 프롬프트는 "해당 기능은 신속하게 개발해야 하며, 우리 코드베이스에서 수년간 안정적으로 운영될 수 있도록 견고하게 설계해야 해"입니다. 바이브 코더의 목표는 기본 기능을 올바르게 수행하는 코드를 얻는 것입니다. AI 보조 엔지니어의 목표는 타인이 추가 개발하는 데 불편함이 없는 깔끔한 코드를 얻는 것입니다.

이러한 차이로 인해 바이브 코딩과 AI 보조 프로그래밍을 사용하는 개발자의 유형은 서로 다릅니다. 경험이 부족한 개발자나 엔지니어링 외 분야에서 활동하는 이들은 진입 장벽이 낮고 즉각적인 만족을 제공하는 바이브 코딩을 선호하는 경향이 있습니다. 제가 만나본 일부 프로덕트 매니저나 디자이너는 바이브 코딩에 사용하는 프롬프트로 코드를 확인하며, AI를 완벽한 솔루션을 제공하는 성능 좋은 스택 오버플로우 정도로 취급했습니다. 반면에, 숙련된 개발자와 엔지니어링 팀은 AI 보조 엔지니어링을 선호했습니다. 취약한 코드때문에 어려움을 겪은 경험이 한 번쯤은 있는 만큼, 새로운 툴을 사용해 속도를 높이더라도 제대로 하자는 원칙을 세웠습니다. 또한 장기적으로 좋은 결과물을 얻기 위해, 초기 단계에서 짧은 PRD를 작성하거나 프로젝트 구조 설정 등 준비 작업에 더 투자하였습니다.

1.1.4 스펙트럼에서 자신의 위치 찾기

이제 이런 의문이 들 겁니다. 어느 방식이 더 좋을까요? 사실 바이브 코딩과 AI 보조 엔지니어링은 배타적이지 않습니다. 두 방식은 AI를 프로그래밍에 도입하는 대표적인 방법이며, 실제

워크플로에서는 두 방식의 특성을 동시에 결합하는 경우가 많습니다. 개발자는 프로젝트를 진행할 때, 초기에는 바이브 코딩을 적극 활용하여 새로운 토대를 구성하고, 이후에는 엔지니어 모드로 전환하여 구조를 견고하게 다듬습니다. 아니면 생성형 AI 어시스턴트를 활용한 AI 보조 엔지니어링 원칙에 따라 체계적인 개발을 진행하는 경우도 있습니다. 다만, 하찮은 일회용 스크립트나 프로토타입에는 '바이브 코딩'을 통해 결과를 직접 검토하기도 합니다. 핵심은 트레이드오프를 이해하고, 컨텍스트마다 적합한 접근 방식을 채택하는 것입니다.

바이브 코딩은 고속 탐험 차량 같습니다. 기존 경로를 벗어나 신속하게 새로운 가능성을 탐색하도록 도와주며, 창의적인 시도를 할 수 있습니다. AI 보조 엔지니어링은 정해진 궤도 위를 달리는 안정성이 보장된 열차 같습니다. 우선 철저한 계획에 따라 선로를 마련하면, 사전에 정해진 목적지에 탈선 없이 도달할 가능성이 높으므로 바이브 코딩보다 안전한 선택지입니다. 중급 이상의 개발자라면 두 차량 모두를 운전할 지식을 익히고, 업무의 특성에 따라 적합한 차량을 선택하세요. 해커톤이나 아이디어의 실현 가능성을 검증해야 하는 상황처럼 빠르게 혁신적인 기능 구현하거나 아이디어를 떠올리는 게 목표라면, 바이브 코딩이 작업에 추진력을 더할 겁니다. 대신 나중에 코드를 재사용할 계획이 있다면, 미흡한 부분을 꼼꼼하게 보완해야 합니다. 만약 업무의 일환으로 유지보수가 용이한 프로덕트의 기능 구축이 목표라면, AI 보조 엔지니어링을 활용해 코드베이스에 그 누구도 명확히 이해하지 못하는 코드가 쌓이는 상황을 방지할 수 있습니다.

AI 툴을 처음 사용하는 개발자는 주로 바이브 코딩을 시도한 뒤, 사용 경험이 쌓일수록 활용 방식을 AI 보조 엔지니어링으로 옮겨갑니다. 처음에는 프롬프트 하나로 AI가 코드 블록을 전체를 생성하는 경험이 매우 짜릿하게 다가옵니다. 대화를 통해 애플리케이션을 창조하는 경험은 한 번쯤은 체험해 보길 권합니다.

하지만 짜릿한 순간도 잠시뿐, 점점 아쉬운 점이 보이기 시작합니다. 개발자는 AI가 잘하는 일과 못하는 일을 명확히 평가하게 될 겁니다. 그리고 한 번에 전체 해결책을 요청하는 대신, 문제를 여러 단위로 세분화하여 각 단위를 AI에 개별적으로 제공하는 방법을 익힙니다. 그렇게 개발자는 '프롬프트 아티스트'에서 나아가 'AI 오케스트라 지휘자'로 진화합니다. AI의 창의력을 최대한 활용하면서 화려한 손짓으로 AI를 지도하고 명확한 지침으로 조율합니다. 저는 실무에서 프롬프트를 보다 더 신중히 작성하게 되었습니다. 무작정 요청하는 대신 짧은 의사코드나 주석을 작성한 후 AI에 해당 내용을 완성하라고 지시합니다. 이러면 원하는 구조 안에서 바이브 코딩 특유의 유동성을 활용할 수 있습니다.

또한 도구 역시 모든 스펙트럼을 지원하는 방향으로 발전하고 있다는 점도 주목해야 합니다. 기본적으로 AI 프로그래밍 도구는 바이브 코딩을 위해 채팅 기반 인터페이스와 자연어 코딩 환경을 제공합니다. 이 환경에서는 요청하기 전까지 코드가 나오지 않는 경우가 많습니다. 또한, 통합 개발 환경integrated development environment(IDE)은 AI를 기존 코딩 방식에 원활하게 접목할 수 있도록 다양한 기능을 도입하고 있습니다. 예를 들어 코드 개선을 제안하는 AI 린터, 코드 설명을 작성하는 문서 생성기, 풀 리퀘스트를 자동 생성하여 리뷰 단계에서 변경 사항을 제안하는 버전 관리 봇 등이 있습니다. 이 툴들은 AI를 활용하면서, 일반적인 개발 워크플로(편집, 코드 리뷰, 테스트 등)에 자연스럽게 녹아들어 개발자가 엔지니어의 사고방식을 갖추도록 도와줍니다.

시간이 흐르며 계속해서 훌륭한 사례가 등장하면, 바이브 코딩과 AI 보조 엔지니어링 간의 경계가 흐려질 것입니다. 앞으로 '바이브 코딩'은 조금씩 규제가 생기고, '구조적인 엔지니어링'은 조금씩 유연한 형태로 바뀔 거라 예상합니다. 사실 개발자가 이 스펙트럼에서 자유롭게 이동하며 활동할 수 있는 환경이 가장 이상적인 미래라고 생각합니다. 필요할 때 AI를 활용하여 창의적인 솔루션을 모색하고, 소프트웨어를 완성 및 배포할 때는 견고한 소프트웨어 엔지니어링 방식을 적용해 안정성과 완성도를 확보하는 환경말이죠.

이 스펙트럼에서 오늘날 개발자가 AI 툴과 작업하는 방식의 진화 과정을 볼 수 있습니다. 빠른 바이브 코딩이든 구조적인 엔지니어링이든 AI와 협업하는 기술은 더 나은 방법을 찾아가며 계속 변화하고 있습니다. 변화는 프로그래밍의 본질입니다. 우리는 개발자가 아이디어를 명시적인 지시어로 번역하는 기존 패러다임에서 벗어나, 원하는 결과를 직접 표현해 AI가 아이디어를 코드로 번역하도록 하는 미래로 나아가고 있습니다.

이 변화가 개발자의 가장 기본적인 정의를 뒤흔듭니다. 몇 세대에 걸쳐 개발자의 가치는 기계처럼 사고하는 능력에 있었습니다. 해결할 문제를 컴퓨터가 실행할 수 있는 구체적이고 논리적인 단계로 분해하는 것이 개발자의 능력이었습니다. 하지만 기계가 우리가 시키는 대로만 하지 않고 **원하는 것**을 파악해 알아서 해결하게 되면 어떤 일이 벌어질까요? 개발자의 역할을 근본적으로 재구성하는 **의도 중심 프로그래밍**이 등장합니다.

1.2 코드 라인을 넘어서: 의도 중심 프로그래밍

지금까지 프로그래밍은 코드를 직접 한 줄씩 작성하여 컴퓨터가 어떻게 행동할지 지시하는 작업이었습니다. 개발자는 모든 함수와 반복문, 조건문을 세심하게 설계하고 구현해야 했습니다. 의도 중심 프로그래밍은 기존 고정관념을 완전히 뒤집습니다. 세부 구현에 매몰되지 않고, 프로그램이 달성해야 하는 결과나 목표에 집중합니다. 자연어로 의도를 표현하면, AI 시스템은 그 의도를 만족하는 코드를 생성합니다.

기존의 프로그래밍은 원하는 목적지로 가기 위해 단계별로 지시를 내린다면, 의도 중심 프로그래밍은 목적지를 전달하고 최적의 경로는 AI가 직접 찾도록 맡깁니다. 개발자는 **어떻게**보다는 **무엇**에 집중해, 높은 수준의 추상화로 작업할 수 있습니다. 의도 중심 프로그래밍이 완전히 새로운 접근 방식은 아닙니다. 시각적 프로그래밍, 로우코드 플랫폼, 코드 생성기 같은 툴은 오랜 기간 동안 더 높은 수준의 추상화를 바라왔습니다. 하지만 이제 AI 기술 발전으로 평이한 언어로 복잡한 행동을 작성해 실행 가능한 코드로 변환하는 실용적인 방법이 생긴 것입니다.

1.2.1 프롬프트의 부상: 지시에서 설명으로

이러한 변화의 핵심에는 프롬프트가 있습니다. 개발자가 AI 코딩 시스템에 입력하거나 질문하는 텍스트를 **프롬프트**prompt라고 부릅니다. 프롬프트는 실행 방법에 관한 지시가 아니라, 프로그램이 수행할 기능에 대한 설명입니다. 해당 작업은 코드 작성과는 본질적으로 다릅니다. 파일을 파싱하는 반복문을 직접 작성하는 대신 프롬프트를 작성할 수도 있습니다.

 이 CSV 파일을 열람한 후, 18세 이상 사용자에 해당하는 모든 이메일 주소를 추출하세요.

AI는 해당 설명에 부합하는 코드를 생성하려 합니다. 왜 이런 변화가 지금 일어났을까요? LLM

이 발전해 프로그래밍 언어를 포함한 다양한 텍스트를 이해하고 생성하는 능력을 얻은 덕분입니다. LLM은 방대한 양의 코드와 자연어 텍스트 데이터를 활용해 학습했습니다. 그렇기에 프롬프트에 포함된 소프트웨어 실행 방식 설명을 분석하여, 이를 기반으로 실제 작업을 구현하는 코드를 작성할 수 있습니다. 즉 AI는 인간이 작업을 서술하는 방식을 분석하여, 해결할 작업을 코드로 전환하는 패턴을 학습한 것입니다.

프롬프트 기반 개발의 등장은 개발자가 문법적으로 올바른 코드를 작성해야 한다는 부담을 AI에 넘기고 점점 더 자연어 혹은 의사코드로 기능과 논리를 설명하는 횟수가 많아졌다는 의미입니다. 프롬프트는 이제 개발자의 새로운 사고 단위가 되었습니다. 프롬프트는 의도를 간결하게 표현합니다. 과거에는 컴퓨터에 '먼저 X, 그다음 Y, 이어서 Z를 수행하세요'라고 명령했다면 이제는 'X, Y, Z 작업을 끝내 주세요'라고 요청하고 AI가 빈 부분을 채우길 기다립니다.

좋은 프롬프트는 작업 결과가 아니라 업무 능력임을 유념하기 바랍니다(3장에서 이에 대해 자세히 설명합니다). 인간 개발자가 모호한 요구사항 때문에 혼란에 빠지듯, 모호한 프롬프트를 받은 LLM은 부정확하거나 비효율적인 코드를 만들어냅니다. 프롬프트에 의도를 명확하게 담으면, AI는 정확도가 높은 코드를 생성합니다. 그렇기에 개발자 사이에서 프롬프트 작성 능력을 새로운 프로그래밍 소양으로 인식되기 시작했습니다.

1.2.2 작동 원리: 코드 생성 과정과 AI의 역할

그렇다면 AI는 사용자가 작성한 설명을 어떻게 작동하는 코드로 만들까요? LLM은 컨텍스트를 정확하게 해석하고 텍스트를 생성하는 능력을 발휘해 뛰어난 코드를 생성합니다. 대규모 언어 모델의 '**대규도**'는 모델을 구성하는 파라미터가 많음을 의미합니다. LLM은 일반적으로 수십억 개 이상의 파라미터를 보유하여 자연어 및 프로그래밍 언어의 복잡한 구조를 효과적으로 분석합니다. 공개 코드 리포지터리, 포럼, 문서 및 Q&A 사이트를 학습한 AI 모델은 프로그래밍 언어의 구문과 문제 해결에 활용되는 코드를 모두 이해합니다. AI를 사용하면 이 지식을 모두 활용할 수 있습니다.

- **프롬프트 이해**

  프롬프트를 입력하면(예: '소수를 판별하는 함수를 생성하세요'), AI 모델은 해당 프롬프트의 텍스트를 분석합니다. 구글, 오픈AI, 앤트로픽 등이 공개하는 최신 AI 모델은 수많은 언어와 코드 예시를 학습해 얻은 통계적 패턴을 활용해 프롬프트의 의도를 추론합니다. AI는 프롬프트에 가장 합리적인 코드 완성 결과를 **예측**하려 노력합니다.

- **컨텍스트 활용**

  AI 시스템은 한 줄짜리 프롬프트 정보에만 의존하지 않습니다. 다른 컨텍스트 정보를 함께 반영해 종합적인 판단을 내립니다. IDE에서 AI 어시스턴트를 사용한다면 현재 파일의 내용과 코딩 스타일, 주석, 관련 파일 등을 함께 분석합니다. 이 모든 컨텍스트는 프로젝트에 부합하는 코드를 생성하는 AI를 돕습니다. 마치 인간 개발자가 주변 코드와 문서를 참고해 작업 수행 방식을 결정하는 과정과 유사합니다.

- **코드 생성**

  모델이 사용자의 의도를 파악하거나 최선의 추정을 마친 후 코드를 생성합니다. 모델 내부에서는 토큰(토큰은 단어나 코드 기호의 일부 구성)을 하나씩 순차적으로 처리하며, 학습 과정에서 획득한 확률 정보를 토대로 이 과정을 수행합니다. AI는 우리처럼 '사고'하지 않습니다. 컴파일러나 실행 시 코드 검증 기능 역시 마련되어 있지 않습니다. AI는 다수의 예시를 통해 축적한 학습 데이터를 바탕으로, 텍스트를 이어 작성하여 높은 정확도의 코드를 생성하는 데 탁월한 능력을 보입니다. 프롬프트와 컨텍스트를 명확히 입력하면, AI가 생성하는 코드는 높은 정확도를 보이며 훈련 데이터에서 학습된 모범 사례를 반영합니다.

- **인간 감독을 통한 검증**

  AI는 개발자를 대신해 애플리케이션을 배포하지 않습니다. 여러분의 개입이 필요합니다. 생성된 코드를 리뷰한 후, 테스트를 진행하고 수용할지 수정할지 결정할 수 있습니다. AI는 대부분의 경우 결과를 명확하게 이해할 수 있도록 코드에 대한 설명을 덧붙입니다. AI는 개발자에게 코드 초안을 제공하는 조수 역할을 맡습니다. 단, 코드의 정확성과 프로젝트의 요구사항 충족 여부에 대한 최종 결정은 개발자가 내려야 합니다.

가장 인상적인 점은 이 모든 과정이 몇 초 안에 결과가 나올 정도로 빠르게 진행된다는 사실입니다. 작성한 설명(프롬프트)을 엔진(LLM)에 전달하면, 엔진은 높은 확률로 실행 가능한 코드를 완성합니다. LLM 모델은 복잡한 수학적 연산과 인공 신경망 계층 등 정교한 구성 요소로 이루어져 있으나, 사용자 관점에서는 모든 구현 방법을 즉시 떠올리는 전문가와 협업하는 듯한 경험을 제공합니다.

바이브 코딩(의도 중심 프로그래밍)은 인간과 AI가 긴밀하게 협력하는 반복적인 프로세스라는 점을 기억해야 합니다. 단순히 완벽한 프롬프트 하나만 작성해, 다른 추가 작업 없이 AI가 전체 프로그램을 완벽하게 구현하도록 맡기는 방식은 적절하지 않습니다. 실제 상황에서는 모호한 아이디어를 점진적으로 완성도 높은 코드로 변환하기 위해 상호 피드백을 주고받는 과정을 반복합니다. 전형적인 과정은 다음과 같습니다.

- **1단계: 원하는 바를 설명합니다.**
  초기 프롬프트 혹은 초기 도청입니다.

   원금, 이자율, 기간을 입력하면 월별 대출 상환금을 계산하는 함수를 작성해 주세요.

- **2단계: AI가 초기 코드를 제안합니다.**
  AI가 함수에 필요한 코드를 생성합니다. 매개변수를 설정하고 월별 대출 상환금을 계산합니다. 경우에 따라 수식을 설명하는 주석을 추가하기도 합니다.

- **3단계: 코드 리뷰와 테스트를 진행합니다.**
  코드를 살펴봅니다. 적절한가요? 엣지 케이스를 제대로 처리하나요? 빠른 테스트를 진행합니다. 이자율이 0이면 어떻게 될까요? 정상적으로 작동할까요? 해당 상황에서 올바르게 작동하지 못할 수 있습니다.

- **4단계: 요청이나 코드를 개선합니다.**
  코드가 완벽하지 못하다면(첫술에 배부를 수는 없습니다) 개선합니다. AI에 다시 프롬프트를 입력하 '이자율이 0%인 경우도 처리할 수 있게 함수를 수정하세요'라고 요청할 수도 있고, 직접 코드를 수정한 뒤 이해가 되지 않는 부분이 있다면 '이 부분을 설명해 주세요'라고 물어볼 수도 있습니다. 이 지침으로 어떠한 오해도 바로잡을 수 있습니다.

- **5단계: AI가 설루션을 개선합니다.**
  AI에 피드백이나 새 프롬프트를 입력하면 AI가 코드를 조정합니다. 이제 함수는 이자율이 0인 경우를 확인해 적절히 처리합니다.

- **6단계: 필요한 만큼 반복합니다.**
  원하는 수준의 코드가 완성될 때까지 반복합니다. 다음에는 AI에 이 함수에 대한 단위 테스트도 생성하도록 요청하여 올바르게 작동하는지 확인할 수도 있습니다. AI가 단위 테스트를 생성하면 여러분은 테스트를 실행해 결과만 확인하면 됩니다.

이런 협업 방식은 페어 프로그래밍pair programming과 비슷합니다. 대신 이 경우는 인간과 AI 어시스턴트가 파트너를 맺어 진행합니다. 인간은 고수준 요구사항을 파악해 방향을 설정하고, AI는 구현을 제안하고 기본 구조 코드를 작성하며 지루한 작업을 빠르게 정리합니다. 인간이나 AI나 혼자서 복잡한 작업을 효과적으로 처리하지 못합니다. AI는 방향을 설정하고 검증하는 데 인간의 도움이 필요하고, 인간은 더 빠른 속도를 위해 AI에 일을 맡길 수 있습니다.

중요한 사실은 반복의 목적이 오류의 수정이 아니란 점입니다. 반복은 설루션을 발전시키기도 합니다. 명확하지 못한 프롬프트를 입력했을 때 AI가 생성한 코드를 보며 의도를 다듬을 수 있습니다. 몇 번 반복하다 보면 어느새 실험 정신이 자극될 겁니다. 첫 번째 시도가 실패하더라도 많은 시간을 쏟지 않았기 때문에 바로 프롬프트를 개선하거나 코드를 살짝 수정해 다시 시도하면 됩니다. 직접 작성한 코드였다면 모듈을 그냥 지우는 게 매우 아쉬웠겠지만, AI가 생성한 코드는 실패 비용이 낮아 다양한 접근을 시도할 수 있습니다.

1.3 생산성, 접근성, 프로그래밍의 변화하는 본질

의도 중심 프로그래밍이 왜 중요한지 이유를 알아보겠습니다.

- **개발자의 생산성 향상**

    가장 즉각적인 효과를 보는 건 속도일 겁니다. AI가 반복적인 작업을 처리하면 개발자는 작업을 더 빨리 마칠 수 있습니다. 반복적인 작업(데이터베이스, API 엔드포인트, 데이터 처리 스크립트 설정 등)은 손으로 작성하면 몇 시간이 걸리지만, AI는 몇 분 만에 완성합니다. AI 코딩 어시스턴트에 대한 초기 연구에 따르면 깃허브 코파일럿GitHub Copilot과 같은 도구를 사용하는 개발자는 작업을 훨씬 더 빠르게 완료하는 것으로 나타났습니다. 한 연구(https://oreil.ly/4Ksmy)에서는 코파일럿의 지원을 통해 작업 시간을 55% 단축했습니다. 이 비율을 전체 프로젝트에 적용하면 소프트웨어 개발 주기가 급격히 단축되고 팀이 더 빠르게 반복할 수 있습니다.

- **개발자의 집중력 유지**

    단순히 속도만이 아니라 심리적인 이점도 있습니다. 기본 구조 코드를 작성하거나 문법을 확인하면 개발자의 집중력이 흐트러질 수 있습니다. AI를 활용하면 이런 방해 요소를 처리해, 중요한 문제에만 계속 집중할 수 있습니다. 많은 사용자의 응답에 따르면(https://oreil.ly/inQHR) AI가 지루한 작업을 처리하면 좌절감이 줄어들고 창조적이고 설계적인 작업에 집중할 수 있다고 합니다. 다시 말해, 개발자는 지루한 작업을 내려놓고 코딩을 더욱 즐기게 되어, 결과물의 품질을 높일 수 있습니다.

- **진입 장벽 축소**

    기존의 프로그래밍은 코드를 작성하는 데 필요한 정확한 문법과 다양한 라이브러리 및 프레임워크의 특징을 알아야 했습니다. 의도 중심 프로그래밍은 그 짐을 AI가 나눠 짊어집니다. 초심자는 파일을 여는 코드의 정확한 문법이나 그래프 함수의 매개변수를 기억하지 못할 수 있지만, 원하는 것을 설명하면 AI가 그런 세부 사항을 완성할 수 있습니다. 그렇다고 아무 지식도 없는 사람이 복잡한 시스템을 코딩할 수 있다는 뜻은 아니지만 (프로그램이 무엇을 해야 하는지는 여전히 이해해야 합니다), 유용한 결과를 만들어내는 데 필요한 기본 과정에 드는 시간이 더 짧아진다는 의미입니다. 특정 분야의 실무자(생물학자, 경제학자 등)가 코딩 지식이 없더라도 자신이 원하는 사항을 설명해, 해당 분야의 기능을 구현한 프로토타입을 작성할 수 있을 것입니다. 그렇게 생각할 때 아이디어와 의도가 있다면, 코딩 지식이 깊지 않은 사람도 프로그래밍에 더 쉽게 접근할 수 있습니다.

- **개발자의 역할과 기술의 변화**

    AI가 더 많은 코드를 생성하면, 인간 개발자의 역할도 변화해야 합니다. 아키텍처 설계, 문제 분해, 검증 같은 기술이 더욱 중요해집니다. 여러분은 문법을 타이핑하는 시간을 절약해 **무엇을** 구축할지 결정하고 코드가 **왜** 작동하는지(또는 작동하지 않는지) 확인하는 데 더 많은 시간을 쓸 수 있습니다. '코딩하는 방법'의 본질이 'AI가 코딩하도록 하는 방법'으로 바뀔 것입니다. 이는 소프트웨어 개발을 대중화하는 동시에 실무의 작업 수준을 높입니다. 시간이 흐를수록 AI를 효과적으로 움직이는 새로운 모범 사례가 계속 나타날 것입니다(이 내용은 3장에서 소개한 뒤 책 전반에 걸쳐 계속해서 다룰 주제입니다).

- **생산성 vs 창의성**

    흥미롭게도 AI가 반복 작업을 처리하면서, 인간 개발자는 사용자 경험 개선, 새로운 기능 브레인스토밍, 까다로운 알고리즘 문제 해결처럼 AI가 어려워할 고수준의 창의적 작업에 집중할 수 있습니다. 이상적인 시나리오에서는 AI가 코딩의 반복적인 80%를 처리해 생산성을 높여, 여러분은 창의적인 나머지 20%에 정신력을 쏟을 수 있습니다. 이 변화로 우리가 집중할 곳을 옮길 수 있습니다.

하지만 꽃길만 있는 건 아닙니다. 이 새로운 개발 방식에는 다음과 같은 어려움도 존재합니다

- **신뢰와 정확성**

    AI가 생성한 코드를 믿을 수 있나요? 모든 코드를 확인하지 않으면, 실수를 놓칠 수도 있습니다. 개발자는 AI가 생성한 코드를 철저하게 테스트하고 확인해야 합니다. 결과물이 올바른지, 안전한지, 효율적인지 확인하는 것은 인간의 역할입니다. AI를 무작정 믿는 건 위험합니다. 이에 대해서는 뒤에서 다루겠습니다.

- **저수준 기술의 망각**

    반복적인 코딩 작업을 AI에게 모두 맡기면, 아무것도 없을 때 이런 코드를 작성하거나 깊이 숨어있는 문제를 디버깅하는 능력을 잃게 되지 않을까요? 계산기에 과하게 의존하면 암산 능력이 떨어진다는 우려와 비슷합니다. 개발자는 편리함과 기본기의 균형을 의식적으로 유지해야 할 것입니다.

- **변화하는 취업 시장**

    의도 중심 프로그래밍이 보편화되면, 업계에선 다른 능력을 평가하게 될 것입니다. 단순히 기본 로직을 잘 만들어내는 개발자에 대한 수요는 줄고, 시스템 설계, 컴포넌트 통합, 정확성 검증 같은 능력을 가진 개발자를 찾는 수요가 늘어날 수 있습니다. 소프트웨어 관련 직업의 본질이 바뀔 수 있습니다. AI가 더 많은 구현을 처리하고 인간은 설계와 감독에 집중하게 될 것입니다.

또한 '바이브 코딩'에서 중요한 요소 중 하나는 컨텍스트 윈도의 크기입니다. 제미나이는 모든 AI 모델 중 가장 긴 컨텍스트 윈도를 제공해 대규모 프로젝트를 진행할 때 혁신적인 변화를 가져올 수 있습니다. 현재 일부 모델은 100만 토큰 이상을 지원하는 컨텍스트 윈도를 제공하여 전체 애플리케이션에 대한 인식을 유지할 수 있습니다. 개발자는 AI가 전체 코드베이스를 포괄적으로 이해하도록 전달할 수 있습니다.

이런 트레이드오프에 대해서는 이 장의 끝에서 더 자세히 다루겠습니다. 하지만 먼저 이런 새로운 코딩 방식을 가능하게 하는 AI 기반 툴을 알아보겠습니다.

1.4 AI 기반 툴 살펴보기: 새로운 생태계

바이브 코딩이라는 철학을 가능케 하는 건 새롭게 등장하는 AI 기반 툴입니다. 숙련된 개발자라면 AI 지원 코딩을 효과적으로 만들 핵심 플랫폼과 모델에 익숙해져야 합니다.

이번 절은 바이브 코딩 개발자의 필수적인 툴을 간략하게 소개합니다. 지속적으로 발전하는 AI 기능과 확장 기능을 갖춘 비주얼 스튜디오 코드^{Visual Studio Code}(VS코드), 커서와 윈드서프와 같은 차세대 AI 통합 IDE, 다양한 AI 모델을 소개합니다. 백그라운드 코딩 에이전트는 이번 절에서 다루지 않지만, 10장에서 자세히 살펴봅니다.

환경이 빠르게 변화하기 때문에 특정 툴의 이름이나 기능을 외울 필요는 없습니다. 이렇게 다양한 도구가 있다고 이해하면 됩니다.

1.4.1 VS코드 + 코파일럿: 마이크로소프트의 통합 AI 개발 플랫폼

VS코드(*https://code.visualstudio.com*)는 세계에서 가장 인기 있는 코드 에디터로 깃허브 코파일럿과의 통합을 통해 AI 보조 엔지니어링 개발 플랫폼으로 변화하였습니다. 수백만의 개발자가 매일 사용하는 친숙한 VS코드에서 AI 기능을 제공하려는 마이크로소프트의 비전을 보여줍니다.

코파일럿은 VS코드에 통합된 AI 기반 코딩 어시스턴트입니다. 자연어 프롬프트와 기존 코드 컨텍스트를 기반으로 코드 제안, 설명, 자동 구현 같은 AI 기능을 제공합니다. 놀라운 점은 별도로 설치한 추가 기능이 아니라 에디터 기능처럼 자연스럽게 지원한다는 것입니다.

VS코드에서 코파일럿이 제공하는 핵심 기능은 세 가지 주요 상호작용 모드입니다. 첫째, **인라인 코드 자동완성**이 있습니다. 코파일럿이 입력하는 줄을 완성하는 것부터 함수 전체를 구현하기까지 여러 방식으로 인라인 코드를 제공합니다. 코드를 작성하면 코파일럿의 제안이 흐릿한 색으로 나타납니다. [Tab] 키로 이 제안을 수락하거나 단어별로 부분 수락할 수 있습니다.

둘째, **채팅 인터페이스**가 사이드바에 있습니다. 코드에 대해 대화하거나, 질문을 하거나, 특정 구현을 요청할 수 있습니다. 셋째, **에이전트 모드**입니다. 툴 호출을 사용하여 VS코드 내부의 다양한 기능에 접근할 수 있습니다. 목표가 주어지면, 단계별로 적합한 툴을 선택하고 실행합니다. 에이전트 모드는 코드베이스를 분석하고, 여러 파일에서 편집을 제안하며, 터미널 명령을 실행하고, 빌드 오류에 응답하며, 작업이 완료될 때까지 '반복'하여 '자체 보정'을 수행합니다.

VS코드의 코파일럿이 특히 매력적인 이유는 모델 컨텍스트 프로토콜Model Context Protocol(MCP)을 지원하기 때문입니다. MCP는 AI 모델이 외부 툴, 애플리케이션, 데이터셋을 발견하고 상호작용하는 표준화된 방법을 제공합니다. 즉 코파일럿은 데이터베이스에 연결하고, API를 호출하며, 문서에 접근하고 개발 생태계 전체와 통합할 수 있습니다. 예를 들어 깃허브 MCP 서버를 활성화한 상태에서 코파일럿에 '우리가 논의한 각 버그에 대해 이슈를 생성해 주세요'라고 요청하면, 코파일럿은 깃허브의 API와 직접 상호작용하여 해당 이슈를 생성합니다. 코파일럿은 MCP를 통한 확장성을 통해 단순한 코드 생성기를 넘어, 전체 워크플로를 이해하는 종합적인 개발 어시스턴트로 변모합니다.

VS코드를 실무 개발에서 코파일럿과 효과적으로 활용하려면 작업의 복잡성에 따라 다양한 상호작용 모드를 탐색하길 권합니다. 간단한 코드 완성과 리팩터링은 인라인 제안과 오류 근처에 나타나는 별표 아이콘(AI 기반 수정 기능)을 이용하기 바랍니다.

더 복잡한 작업은 채팅 패널을 열어 드롭다운에서 [Agent](에이전트)를 선택하여 에이전트 모드로 전환하세요. 에이전트 모드는 프로젝트의 여러 파일에서 자율적인 수정하는 데 최적화되어 있습니다. 코드 수정뿐 아니라 툴 및 터미널 명령어 호출이 필요한 복잡한 작업에 특히 유용합니다. VS코드가 가진 익숙한 인터페이스와 코파일럿이 제공하는 AI 기능의 조합은 익숙한 툴을 떠나지 않고도 AI 어시스턴트의 도움을 원하는 팀에 매력적인 선택지를 제공합니다.

1.4.2 VS코드 + 클라인: 오픈소스 자율 코딩 에이전트

AI를 위해 제작된 IDE를 탐색하기 전에 클라인[Cline](https://cline.bot)(전 클로드 데브[Claude Dev])이 VS코드를 AI 보조 엔지니어링 개발 에디터로 변화시킨 과정을 살펴보겠습니다. 클라인은 마이크로소프트의 코파일럿과는 다른 철학을 가지고 있습니다. 클라인은 긴밀하게 통합된 어시스턴트 역할보다는 자율적인 코딩 에이전트 역할을 맡아 복잡하고 다단계적인 개발 작업을 처음부터 끝까지 수행합니다. 이 오픈소스 확장 프로그램은 VS코드에 기능을 추가하여 독점 AI 에디터에서 제공하는 것보다 더 뛰어난 성능을 발휘하기도 합니다. 또한 VS코드 사용자들이 기대하는 유연성과 확장성을 유지합니다.

클라인의 특징은 소프트웨어 개발에 대한 진정한 자율적인 접근 방식입니다. 사용자가 '사용자 관리 및 인증을 위한 REST API 생성'과 같은 고수준 요청을 하면, 클라인은 기본 구조 코드만 생성하지 않습니다. 프로젝트 구조를 분석하고, 여러 파일에 걸쳐 구현 계획을 수립하며, 적절한 폴더 계층 구조를 생성하고, 필요한 종속성을 설치하며, 구현을 검증하기 위해 테스트를 실행합니다. 클라인은 이 과정 전반에 걸쳐 파일 생성, 수정 및 터미널 명령과 같은 계획된 각 작업을 보여주며, 각 단계를 승인하거나 수정할 기회를 제공합니다. 이 **사용자 개입**[human-in-the-loop] 방식의 디자인은 자동화와 제어의 완벽한 균형을 유지합니다. 개발자는 AI의 능력을 활용하면서 코드베이스에 대한 감독을 유지할 수 있습니다.

클라인의 기술 능력은 코드 생성의 범위를 넘어섭니다. **브라우저 자동화**를 사용하여 API 문서를 조사하고, 여러 파일에서 오류 추적을 분석하여 복잡한 문제를 디버깅하며, MCP 지원을 통해 외부 서비스와 상호작용합니다. 디버깅을 위해 오류 메시지를 붙여 넣으면, 클라인은 코드베이스를 추적하여 근본 원인을 파악하고, 해결책을 제시하며, 구현한 다음 유사한 문제를 방지하기 위한 적절한 오류 처리를 추가합니다. 이런 MCP 통합 기능 덕분에 클라인은 데이터베이스에 연결하여 쿼리를 생성하기 전에 스키마를 이해하고, 프로젝트 관리 툴에 접근하여 요구사항에 맞게 구현을 조정하며, 다른 MCP 호환 서비스와 상호작용합니다. 이 확장성은 클라인을 코드 생성기에서 전체 기술 생태계를 이해하는 개발 파트너로 만들었습니다.

클라인은 팀에도 여러 가지 매력적인 장점을 제공합니다. 오픈소스인 덕분에 팀은 코드를 검사하고, 개선 사항을 기여하거나 포크해 필요에 따라 수정할 수 있습니다. 특정 보안 또는 컴플라이언스 요구사항이 있는 조직에 매우 유용합니다. 클라인은 앤트로픽의 클로드, 오픈AI의 모델, 구글의 제미나이, 심지어 올라마(Ollama)로 설치한 로컬 모델 등 다양한 AI 모델을 지원합니다. 성능, 비용, 데이터 저장 요구사항에 따라 적절한 모델을 선택할 수 있습니다.

클라인을 효과적으로 사용하려면 프로젝트의 컨텍스트와 제약 조건을 포함한 상세한 프롬프트를 작성하고, 변경하기 전에 전체 코드베이스를 분석하는 능력과 반복 개발 기능을 최대한 활용해야 합니다. 기능을 구현한 후, 같은 컨텍스트에서 즉시 테스트하고 개선 요청도 할 수 있습니다. VS코드의 성숙한 생태계와 클라인의 자율적 기능의 결합은 팀에게 기존의 툴과 워크플로를 포기하지 않고도 AI 코조 엔지니어링을 통한 강력하고 유연하며 비용 효율적인 개발 경로를 제공합니다.

1.4.3 커서: AI 기반 코드 에디터

커서는 바이브 코딩의 흐름을 주도하는 대표적인 도구입니다. AI 증강 IDE로 유연한 코딩 경험을 추구하는 개발자 사이에서 빠르게 인기를 얻고 있습니다. 커서는 AI 우선 코드 에디터(VS코드의 포크)로 개발 환경에 최첨단 코드 생성 기능과 코드 이해 기능을 구축했습니다.

'AI 코드 에디터' 커서는 자연어로 작성한 지시 사항으로 코드를 작성하고 수정하도록 디자인했습니다. 예를 들어 함수를 드래그한 후 커서에 '이 함수를 최적화해 주세요'나 '오류 핸들링을 추가해 주세요'라고 요청하면 바로 수정 사항을 제안합니다. 커서의 AI는 프로젝트 인식할 수 있어 코드베이스를 인덱싱하고 파일의 컨텍스트를 파악해, (단순한 자동완성을 넘어) 관련성 높은 코드를 제안합니다. 커서는 여러분이 선호하는 LLM(GPT, 클로드, 제미나이 등)을 IDE에 통합해 코드베이스를 이해하도록 설정했습니다.

커서에는 AI와 대화하는 채팅 사이드바가 있습니다. 이때 사용할 모델과 AI가 작동하는 방식을 선택할 수 있습니다. 커서는 다단계로 코드 생성을 진행하는 '에이전트(Agent)' 모드, 작업의 단계를 설정하는 '계획(Plan)' 모드, 추가적인 작업 없이 질문만 하는 '질문(Ask)' 모드를 지원합니다. 안드레 카파시는 기존의 컴포저 모드[1]에서 클로드의 소넷 모델을 사용해 바이브 코딩을 실험했습니다. 이 설정을 통해 그는 말 그대로 에디터와 대화해(슈퍼위스퍼SuperWhisper를 통한 음성-텍스트 변환), 코드가 생성되면 이를 수락하거나 개선했습니다.

커서는 코드를 생성할 뿐 아니라 지시에 따라 **있는 코드를 수정**하기도 합니다. 다음과 같은 요청을 할 수 있습니다.

> 전송 리스너에 인증서를 전환하는 과정을 더 쉽게 만들어 주세요.

커서는 코드와 관련된 내용을 이해하고 해당 파일에서 직접 수정하거나 관련 파일, 예를 들어 사양 마크다운 파일(그림 1-3)에서 읽습니다. 무료 버전은 채팅에서 diff를 제공해 승인을 요청하고, 프로 버전에서는 작업 공간에 변경 사항을 자동으로 적용합니다.

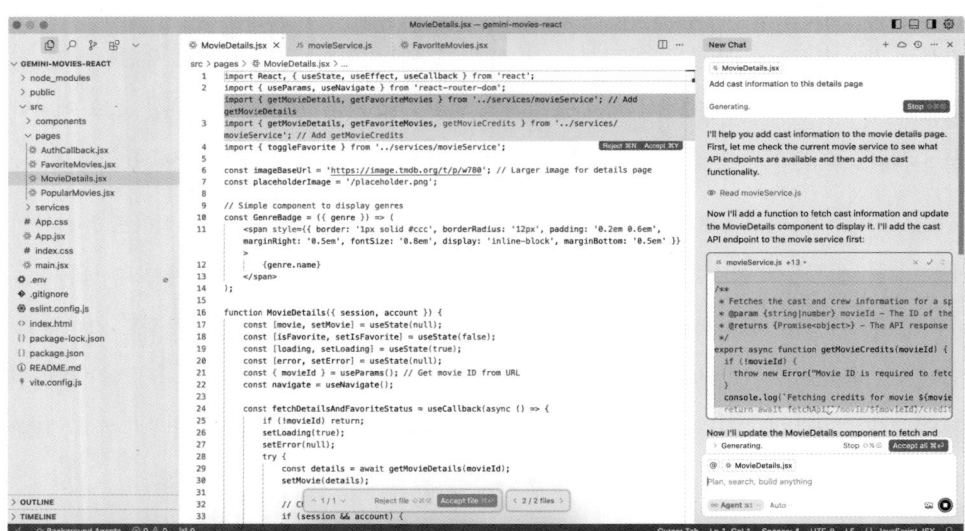

그림 1-3 새로운 AI 통합 IDE를 대표하는 커서의 인터페이스: 프로젝트를 인덱싱하고 프롬프트를 반복해, 커서 같은 도구는 '에디터를 실행해 두고, 커피를 마시고 돌아오면, 완전히 작동하는 기능을 완성'해 생산성을 기하급수적으로 높입니다.

---

1 옮긴이_ 카파시가 바이브 코딩을 실험하던 당시, 커서는 채팅 모드와 코드를 작성하는 컴포저 모드를 별도로 제공했습니다. 그러나 현재는 사용자가 원하는 작업을 완료할 때까지 코드를 작성하고 직접 실행, 검증하는 에이전트 모드로 통합되었습니다.

실무 워크플로에서 커서를 효과적으로 사용하려면 모든 기능을 체계적으로 활용해야 합니다. 채팅창을 열고 원하는 기능이나 수정 사항을 설명하는 것부터 시작하세요. '이메일과 비밀번호를 포함한 사용자 로그인 폼을 추가해 주세요. 검증과 오류 메시지도 포함하세요.' 같은 메시지를 입력하면, 커서는 필요한 코드를 (새 파일을 만들거나 기존 파일을 수정하여) 초안 상태로 생성합니다. 이런 변경 사항(diff나 미리보기)을 확인하고 [Apply](적용)를 눌러서 코드베이스에 머지합니다. 많은 개발자가 프롬프트 → 검토 → 적용을 반복합니다. 제안이 완벽하지 않다면, 프롬프트를 개선하거나(예: '폼에 테일윈드 CSS를 사용하세요') 발견한 문제를 수정하도록 요청할 수 있습니다(예: '이메일이 이미 등록된 경우를 처리하세요'). 코드가 좋아 보일 때까지 코드와 대화를 나누는 것입니다.

커서는 오류와 로그를 이해하는 데도 뛰어납니다. 코드를 실행해서 역추적이나 오류 메시지가 나오면, 이를 채팅에 붙여 넣을 수 있고, 종종 AI가 이를 분석해서 수정 사항을 제안합니다. 개발자가 직접 구글Google이나 스택 오버플로Stack Overflow를 검색하는 대신, AI가 문제를 정확히 찾아내고 패치를 작성해 줄 수도 있습니다. 물론 AI가 언제나 한 번에 문제를 해결하는 건 아니기 때문에 개발자가 수정 사항을 확인하는 것이 현명합니다.

또 다른 팁을 드리자면 커서는 여러 파일을 참고할 수 있습니다. 여러 파일을 선택하거나 프롬프트에서 프로젝트 컨텍스트를 알려주면 코드 생성 시 전체 코드베이스를 고려합니다. 예를 들어 '로그인 양식을 지원하기 위해 백엔드에 새로운 API 엔드포인트를 추가해, 방금 만든 프런트엔드 양식에 연결하세요'라고 지시할 수 있습니다. 커서는 앞서 작성한 프런트엔드 코드를 기억하고 해당하는 백엔드 로직을 만드는 데 도움을 줍니다. 이런 프로젝트 전체의 컨텍스트를 파악하는 능력은 파일별로만 작업했던 이전의 코딩 어시스턴트를 앞서는 게임 체인저입니다.

요약하면, 커서는 IDE 내부에 24시간 내내 상주하는 AI 페어 프로그래머와 같습니다. 직관적이고(평이한 언어로 대화) 코드를 직접 업데이트할 수 있습니다. 작업을 분해해 명확한 지시 사항으로 프롬프트를 전달하는 연습을 많이 할수록 짧은 시간에 많은 것을 성취할 수 있습니다. 커서는 특히 조금씩 구축하고, 실행해서 결과를 보고, 즉시 코드를 조정하거나 확장하도록 요청하고, 반복하는 개발에 뛰어납니다.

1.4.4 윈드서프: 전체 코드베이스 인덱싱을 갖춘 AI 기반 IDE

윈드서프는 떠오르는 또 다른 바이브 코딩 도구입니다. 윈드서프는 AI 기반 IDE로 코드 이해 기능을 다음 단계로 끌어올렸습니다. 코디움 개발 팀이 구축한 윈드서프(https://windsurf.com)는 전체 코드베이스를 인덱싱하고 검색 기법을 사용해서 작업하면서 관련된 부분을 AI 모델에 제공하는 방식으로 차별화했습니다. 답이 여러 파일에 걸쳐 분산되어 있을 수 있는 대형 프로젝트를 다루는 데 극도로 뛰어나다는 뜻입니다. 그 비밀에는 **검색 증강 생성**retrieval-augmented generation(**RAG**)이라는 기술이 있습니다. 프롬프트와 관련된 코드 부분을 찾아서 AI에 컨텍스트로 제공해, 제안이 기존 코드와 일치하도록 유도합니다.

개발자에게는 어떻게 보일까요? 처음 접한 큰 코드베이스에 기능을 추가해야 한다고 가정해 봅시다. 윈드서프를 사용하면 자연어로 질문할 수 있습니다.

코드베이스에서 사용자 인증 로직은 어디에서 처리하나요?

윈드서프는 인덱스를 통해 검색하여 올바른 파일이나 함수로 안내합니다. 그러면 챗을 열어 (맥: ⌘ + L / 윈도: Ctrl + L로 [Cascade] 창 활성화) 요청을 할 수 있습니다.

로그인에 전화 기반 2단계 인증을 추가하세요.

윈드서프가 인증 로직에 대한 컨텍스트를 갖고 있기 때문에, 시스템 구조와 일치하는 정보에 기반한 선택을 하면서 이를 구현하기 위해 여러 파일(데이터베이스, API, 프런트엔드)에 걸친 변경 사항을 생성합니다.

윈드서프의 쓰기 모드는 대담하게도 변경 사항을 적용할 수 있습니다. 사이드바에서 diff를 보여주는 대신 새로운 파일을 생성하거나 기존 파일을 자동으로 편집하기까지 합니다. 많은 시간을 절약할 수 있습니다. 제안사항을 하나씩 복사하여 붙여 넣는 대신, 프로젝트가 그 자리에서 발전하는 모습을 볼 수 있습니다. 윈드서프는 제안 사항을 스스로 확실하다고 판단하면 직접 반영하는 방식으로 작동하며, 코드베이스 전반에 기능을 구현하는 자율적인 주니어 개발자의 역할을 맡습니다(커서의 철학은 좀 더 보수적이어서 확인을 요청하지만, 프로 버전에는 '자동 적용' 기능도 있습니다).

윈드서프를 효과적으로 활용하려면 그 강점을 이해하는 것이 좋습니다.

- **코드베이스 기반 Q&A**
  코드베이스에 대한 내용을 질문할 수 있습니다. 프로젝트를 위한 맞춤형 스택 오버플로라고 볼 수 있습니다. 대규모 레거시 프로젝트에서 특정 요소가 정의된 위치를 찾는 데 몇 시간이 걸릴 수 있는 상황에 매우 유동합니다. 윈드서프는 코드를 인덱싱해 몇 초 안에 응답합니다.
- **글로벌 컨텍스트 제안**
  윈드서프는 관련 파일을 모델에 제공해 '우리가 작성한 새로운 로깅 유틸리티를 사용하도록 결제 모듈을 리팩터링하세요' 같은 작업을 매우 잘 처리할 수 있습니다. 결제 모듈과 로깅 유틸리티 전체에 대한 내용을 알고 있기 때문입니다.
- **작동 모드**
  윈드서프는 여러 가지 모드를 지원합니다. 여기에는 자동완성, 채팅, 명령, 캐스케이드가 포함됩니다.
  - 캐스케이드: 더 넓은 컨텍스트를 고려하는 슈퍼 채팅입니다.
  - 작성 모드(채팅 내 제공): 실제로 변경 사항을 적용합니다. 엔지니어는 시스템에 얼마나 많은 자율성을 부여할지 결정할 수 있습니다.

팀에서 실무에 사용한다면 커서처럼 윈드서프를 일상 개발에 통합할 수 있습니다. 개발자 일부는 속도와 대담함 때문에 윈드서프를 선호합니다. 변경 사항을 생성하고 적용하는 과정이 더 빠르게 느껴지고, 대규모 프로젝트에서 인덱싱으로 작업할 수 있기 때문입니다. 반면, 커서의 인터페이스는 VS코드 사용자에게 더 친숙하게 느껴질 수 있습니다. 반드시 어느 하나를 선택해야 하는 것은 아닙니다. 일부 엔지니어는 두 가지 모두를 손쉽게 사용하기도 하며, 팀이 한 가지에 맞춰 표준화할 수도 있습니다.

요약하면 코드/문서를 정말로 '읽은' 후에 작성하는 AI 코딩 어시스턴트를 원한다면 윈드서프는 훌륭한 도구입니다. 코드베이스를 찾아볼 수 있기 때문에 존재하지 않는 함수나 잘못된 변수명을 사용할 가능성을 최소화합니다. 큰 작업에는 명확한 지시 사항을 전달해 작성 모드에서 마음껏 사용하도록 하고, 민감한 변경 사항에는 더 통제된 방식으로 사용하면 윈드서프의 성능을 최대한 발휘할 수 있습니다. (에디터에 나오는) 수정 사항을 항상 검토하세요. 중요한 코드라면 더욱 주의해야 합니다. 윈드서프는 똑똑하지만 완벽하지는 않습니다. 현명하게 사용하면, 전체 프로젝트를 이해하고 아이디어를 구현해 작업 효율성을 크게 높이는 초지능적 통합 개발 환경이 됩니다.

1.5 AI 모델: 코드 생성의 지형

AI 코딩의 지형도는 크게 변화했습니다. 현재는 클로드, 제미나이, 오픈AI의 여러 강력한 모델들이 개발자들의 관심을 끌기 위해 경쟁하고 있습니다. 한때 단일 모델이 지배적이었던 분야에서, 오늘날의 생태계는 각기 다른 코딩 시나리오에 적합한 독특한 강점을 가진 다양한 선택지를 제공합니다.

1.5.1 모델 범주의 이해

오늘날의 코딩 모델은 접근 방식과 강점에 따라 분류할 수 있습니다.

- **속도 최적화**: 빠른 응답을 우선시하며 실시간 코드 완성과 신속한 반복에 이상적입니다. 복잡한 작업에서 약간의 정확도를 낮추는 대신 대기 시간이 짧습니다.
- **심층 추론**: 문제를 '고민하는' 데 더 많은 시간이 들지만 복잡한 디버깅, 아키텍처 결정, 다단계 문제 해결에 뛰어납니다. 고급 추론 기능을 가진 모델은 복잡한 버그를 단계별로 분석할 수 있습니다.
- **멀티모달 시스템**: 코드와 텍스트뿐만 아니라 이미지, 도표, 심지어 비디오 콘텐츠도 처리합니다. 시각적 문서 이해나 UI/UX 요소 작업에 특히 유용합니다.
- **오픈소스 모델**: 딥시크DeepSeek는 결제나 회원가입 없이 폐쇄형 모델과 유사한 수준의 AI 성능을 제공하며 인기를 끌고 있습니다. 하지만 이미지 생성이나 웹 브라우징 기능과 같은 일부 기능이 부족할 수 있습니다.

1.5.2 작업에 적합한 모델 선택

뛰어난 개발자는 최고의 모델 하나를 찾기보다는 특정 작업에 따라 모델을 선택합니다.

- 빠른 프로토타이핑 및 일반적인 코딩을 위해 속도와 폭넓은 언어 지원에 최적화된 모델이 효과적입니다.
- 복잡한 디버깅 및 시스템 설계의 경우, 체계적으로 로직을 추적할 수 있는 심층 추론 모델이 좋습니다.
- 대규모 코드베이스에서 작업할 때는 프로젝트 전반에 대한 인식을 유지할 수 있는 광범위한 컨텍스트 윈도를 가진 모델이 좋습니다.
- 예산이 제한된 팀은 구독 비용 없이도 훌륭한 성능을 내는 오픈소스 모델을 추천합니다.

지금은 여러 툴이 오픈AI, 클로드, 제미나이를 포함한 여러 AI 모델을 지원하며, 독점 모델도 함께 제공합니다. 개발자는 작업에 따라 이들 모델 간이 전환할 수 있습니다.

1.5.3 모든 모델을 위한 실용적인 팁

어떤 AI 모델을 선택하든, 특정한 관행은 결과를 일관되게 개선합니다. 먼저, 컨텍스트를 풍부하게 제공하기 바랍니다. 그냥 '결제 처리 기능'만 요청하지 마세요. 대신, 데이터 모델, 기존 코드 패턴, 오류 처리 방법, 특정 요구사항을 공유하는 것이 좋습니다. 제공하는 컨텍스트가 많을수록 출력이 코드베이스와 더 잘 일치합니다.

대부분의 현대 코딩 모델은 자신의 결과물을 검토하는 데 뛰어납니다. 생성된 코드를 받은 후 모델에 잠재적인 문제를 확인하고, 개선점을 제안하거나 그 이유를 설명하도록 해 보세요. 모델은 자가비판을 하며 미세한 버그를 발견하거나 최적화를 제안하기도 합니다.

모델이 컨텍스트를 유지하는 능력을 활용하기 바랍니다. 기본 구현으로 시작한 후, 후속 요청을 통해 점진적으로 거설하세요. 반복적인 접근법은 모든 것을 미리 지정하려고 하는 것보다 더 나은 결과를 제공합니다.

각 모델은 문제를 접근하는 방식에서 미세한 차이가 있습니다. 설명이 장황한 모델이 있는가 하면, 더 간결한 모델도 있습니다. 일부는 최신 구문으로 기본 설정되며, 다른 일부는 안전한 방식으로 진행합니다. 이러한 경향을 이해하면 더 나은 프롬프트를 작성하는 데 좋습니다.

1.6 주요 모델

AI 코딩 환경은 매달 진화하며, 새로운 모델이 정립된 선두 모델에 도전하고 있습니다. 경쟁이 매우 치열해져 개발자는 전례 없이 다양한 선택지와 뛰어난 능력을 경험하고 있습니다. 중요한 것은 '완벽한' 모델을 선택하는 것이 아니라, 사용할 수 있는 툴의 강점을 활용하는 방법을 이해하는 것입니다.

많은 개발 팀은 이제 포트폴리오 접근 방식을 사용합니다. 반복적인 작업에는 빠른 모델을 활용하고, 복잡한 문제에는 강력한 모델을 사용하며, 데이터베이스 최적화나 프런트엔드 개발과 같은 특정 도메인에는 전문화된 모델을 적용합니다. 일부 IDE는 작업 중에 모델을 원활하게 전환하도록 지원합니다.

선택할 수 있는 각 모델이 가진 특성을 이해해 필요에 맞는 모델을 전략적으로 선택하면 빨라진 개발 워크플로를 바탕으로 성공의 길에 다가설 수 있습니다.

1.6.1 구글 제미나이: 멀티모달 코딩 모델

구글의 제미나이(https://gemini.google.com)는 고유한 멀티모달 기능으로 AI 보조 엔지니어링에 근본적인 변화를 일으켰습니다. 텍스트와 코드를 위주로 훈련한 다른 모델과 달리 제미나이는 처음부터 텍스트, 코드, 이미지, 비디오 등 다양한 형식의 데이터를 원활하게 이해하고 작업할 수 있도록 설계되었습니다. 이 덕분에 시각적 컨텍스트가 텍스트 정보만큼 중요한 현대 개발 워크플로에서 매우 강력한 성능을 자랑합니다.

제미나이의 멀티모달 능력은 웹 개발에서 특히 유용합니다. 개발자가 디자인 목업의 스크린샷을 공유하면 제미나이는 그에 맞는 디자인을 픽셀 단위로 구현합니다. 또한 차트, 다이어그램, UI 요소를 이해하는 데 뛰어난 능력을 발휘하는 등 시각적 디자인을 기능적 코드로 변환할 때 이상적입니다. 멀티모달 기능은 이미지 인식을 넘어섭니다. 제미나이는 시각 요소를 바탕으로 추론하고, 디자인 패턴을 이해하고, 전체 프로젝트의 미적 일관성을 유지합니다.

에디터(VS코드, 커서, 윈드서프 등)에 플러그인(클라인, 코드 어시스트 등)을 통해 제미나이를 통합하면 개인의 성향부터 팀 전체의 기준까지 반영한 강력한 맞춤 설정을 제공할 수 있습니다. 개발자는 반복 작업을 처리하는 명령을 생성하고, 모든 코드 생성에 적용되는 규칙을 설정하며, 대규모 코드베이스에서 일관된 코딩 패턴을 유지할 수 있습니다. 제미나이는 학생, 취미 개발자, 스타트업이 접근할 수 있도록 관대한 무료 요금제를 제공합니다. 기업 대상 기능은 복잡한 조직의 요구사항을 지원합니다.

제미나이는 코딩 환경에서 문제에 대해 깊이 생각하면서 실용적인 속도를 유지하는 능력이 있습니다. 모델은 간단한 작업에 대한 빠른 응답과 복잡한 문제에 대한 확장된 추론을 번갈아 가며 수행하며, 문제에 따라 접근 방식을 조정합니다. 이런 유연성은 시각적 이해 능력과 결합되어 백엔드 로직과 프런트엔드 미적 요소가 동일하게 중요한 풀 스택 개발에 특히 효과적입니다.

1.6.2 클로드: 탁월한 추론 모델

앤트로픽 클로드(https://anthropic.com/claude)의 코딩 접근 방식은 투명성과 깊이 있는 추론 능력에 중점을 둡니다. 클로드 모델, 특히 소넷은 문제를 면밀하게 분석하고 단계별로 해결하는 소프트웨어 엔지니어링 작업에 뛰어난 능력을 발휘합니다. 클로드를 다른 AI와 구분 짓는 요소는 사고 과정을 보여주는 능력입니다. 개발자는 클로드의 추론을 따라가고, 해결책을 구현하기 전에 그 논리를 검증할 수 있습니다.

클로드의 아티팩트artifact 기능은 개발자가 AI 코딩 어시스턴트와 상호작용하는 방식을 뒤집었습니다. 채팅 인터페이스에 코드를 제공하는 대신 실시간으로 코드를 보고, 수정하며, 결과물도 미리 보는 전용 작업 공간을 생성합니다. 이 인터랙티브 환경은 프런트엔드 개발, 데이터 시각화 등 즉각적인 시각적 피드백이 중요한 모든 개발 시나리오에 유용합니다. 개발자는 한 대화 안에서 디자인을 반복하고, 기능을 테스트하며, 구현을 다듬을 수 있습니다.

클로드는 실제 소프트웨어 엔지니어링 벤치마크에서 뛰어난 성능을 보여주며, 버그 수정, 기능 구현, 리팩터링과 같은 작업에서 항상 상위에 랭크됩니다. 클로드는 코드를 생성하는 데 그치지 않고 프로젝트의 넓은 컨텍스트를 이해한다는 장점이 있습니다. 기존 코드베이스를 분석하고, 패턴과 안티패턴을 식별하며, 아키텍처 개선을 제안하고, 확립된 코딩 스타일과의 일관성을 유지합니다. 그 덕에 신규 프로젝트 개발은 물론 기존 시스템 유지보수에도 없어서는 안 될 존재가 되었습니다.

클로드의 메모리 및 컨텍스트 관리 접근 방식은 코딩 세션이 길어질수록 프로젝트에 대한 이해를 깊어지게 만듭니다. 규모가 큰 프로젝트에서는 코드베이스 구조, 설계 결정, 프로젝트 특화 패턴을 파악하고 기억합니다. 이렇게 쌓인 경험을 바탕으로 개발이 진행할수록 더 적절하고 상황에 맞는 제안을 제공합니다. 마치 프로젝트를 진행하며 성장하는 팀원처럼 느껴집니다. 매번 처음부터 시작하는 어시스턴트와는 차원이 다릅니다.

1.6.3 챗GPT: 다재다능한 코딩 모델

챗GPT(https://oreil.ly/hZdNC)는 AI 어시스턴트의 만능 칼 같은 존재가 되었습니다. 특정 분야에 전문적이지는 않지만 놀랍도록 다재다능하고 지식의 폭도 넓기 때문입니다. 챗GPT는 개발자 툴킷에서 독특한 위치를 차지합니다. 다른 모델은 IDE에 직접 통합되거나 특화된 코딩 환경을 제공할 수 있지만, 개발자는 작업하는 동안 챗GPT를 프로그래밍 컨설턴트처럼 브라우저에서 항상 열어둡니다.

챗GPT의 대화형 인터페이스는 실험적인 문제 해결 및 학습에 효과적입니다. 개발자는 챗GPT와 자연스러운 대화를 통해 문제의 코드와 이슈를 생각하는 고무 오리 디버깅 기법을 사용합니다. 챗GPT는 광범위한 훈련을 통해 거의 모든 프로그래밍 언어, 프레임워크를 비롯해 다양한 툴의 패턴을 인식할 수 있습니다. 정규 표현식을 디버깅하거나, 불명확한 오류 메시지를 이해하거나, 익숙하지 않은 라이브러리 문서를 탐색하는 동안 챗GPT는 포괄적인 지식 기반에서 얻은 통찰을 제공합니다.

챗GPT는 인간의 의도를 코드로 구현한다는 강점이 있습니다. 자연어 설명을 작동하는 코드로 변환하고 복잡한 코드를 쉽게 설명하는 **양방향 번역**에서 뛰어납니다. 이 능력은 문서화, 코드 리뷰, 팀 내 지식 공유에 매우 중요합니다. 개발자는 익숙하지 않은 코드를 붙여 넣어 기능에 대한 명확한 설명을 받을 수 있으며, 원하는 실행 방식을 설명해 여러 프로그래밍 패러다임에서 적절한 구현을 받을 수 있습니다.

모델의 다재다능함은 기존 프로그래밍 언어를 넘어 구성 파일, 스크립트, 데이터 형식, 도메인 특화 언어까지 포괄합니다. 전문화된 코딩 툴은 특정 영역에서 뛰어난 성능을 발휘하고, 챗GPT는 소프트웨어 개발 작업의 전반에 유용한 어시스턴트를 제공합니다. 이런 포괄성은 서로 다른 기술 간의 경계에서 작업할 때나 여러 영역에 걸친 문제를 해결하는 데 특히 유용합니다. 또한, 연속적인 대화에서 컨텍스트를 유지하는 능력은 개발자가 복잡한 문제를 반복적으로 탐구할 수 있게 하며, 협업 대화를 통해 해결책을 다듬도록 합니다.

1.7 작업에 적합한 모델 선택

강력한 AI 코딩 어시스턴트의 등장으로 소프트웨어 개발 관행에 근본적인 변화가 찾아왔습니다. 뛰어난 개발자들은 여러 모델을 경쟁 관계로 보기보다는, 모델마다 개발 프로세스의 서로 다른 영역에서 고유한 강점을 발휘한다는 점을 알고 있습니다. 구글 제미나이는 UI/UX 개발 및 디자인 사양 작업에서 시각적 컨텍스트와 멀티모달 이해가 중요한 경우에 뛰어난 성능을 발휘합니다. 앤트로픽 클로드는 깊은 추론, 복잡한 리팩터링, 그리고 투명한 문제 해결 접근 방식이 필요한 상황에서 빛을 발합니다. 오픈AI의 다양한 모델은 비할 데 없는 다재다능성과 폭넓은 지식을 제공해 학습, 디버깅, 다양한 분야의 문제 해결에 이상적입니다.

많은 개발 팀이 한 프로젝트 내에서 작업에 따라 서로 다른 모델을 활용합니다. 예를 들면 제미나이로 디자인 목업을 초기 구현으로 변환하고, 클로드로 복잡한 아키텍처 결정과 코드 리뷰를 진행하며, 챗GPT로 일반적인 문제 해결과 문서 작성을 처리할 수 있습니다. 이 멀티모달 접근 방식은 개발 과정에 따라 각 툴의 강점을 활용해 운영성을 극대화합니다.

모델들이 계속 발전함에 따라, 효과적인 AI 보조 엔지니어링의 핵심은 단일 '최고의' 옵션을 선택하는 것이 아니라 소프트웨어 개발 생명주기의 모든 단계를 가속화하고 완화하기 위해 여러 AI 어시스턴트를 어떻게 오케스트레이션할지를 이해하는 데 있습니다.

이 생태계는 초기 단계이며 빠르게 변화하고 있습니다. 몇 개월마다 새로운 플레이어와 기능이 등장합니다. 가장 중요한 점은 의도 중심 프로그래밍을 위해 자신만의 AI를 처음부터 끝까지 구축할 필요가 없다는 것입니다. 손끝에서 강력한 힘을 주는 다양한 툴이 존재합니다. 이 책에서는 다양한 플랫폼과 이들이 바이브 코딩 워크플로에 어떻게 적합한지에 대해 논의합니다.

1.8 바이브 코딩의 이점과 한계: 미묘한 관점

AI 보조 엔지니어링이 진정으로 효과적인 상황과 여전히 한계를 가진 상황도 알아둬야 합니다. 바이브 코딩이 높은 효과를 내는 사례를 탐구하고, 오늘날의 AI가 여전히 어려움을 겪거나 많은 사용자 개입이 필요한 상황도 살펴보겠습니다.

1.8.1 바이브 코딩의 이상적인 사용 사례

특정 아키텍처가 특정 문제에 적합하듯이 바이브 코딩은 소프트웨어 개발에서 '전문 분야'가 있습니다.

- **제로 투 원 프로덕트 개발**

    바이브 코딩은 새로운 프로젝트를 시작하는 혁신적인 방법입니다. **제로 투 원**zero to one이란 완전히 새로운 것을 창조하는 행위를 의미합니다(피터 틸에 의해 대중화됨). AI를 사용하면 맨땅에서 시작해 작동하는 프로토타입을 빠르게 만들 수 있습니다. 이전에 존재하지 않았던 웹 애플리케이션을 구축해야 하나요? 프런트엔드, 백엔드, 데이터베이스 스키마, 배포 스크립트에 대한 기본 구조 코드를 프롬프트 한 번으로 생성할 수 있습니다. 아이디어를 신속하게 검증해야 하는 스타트업이나 해커톤 프로젝트에 완벽합니다. 프로젝트의 '기초 구조' 설정(모든 반복적인 설정 코드를 포함하는 작업)에 몇 주를 소비하는 대신, AI를 활용하여 몇 분 만에 완료할 수 있습니다.

    많은 개발자가 AI 페어 프로그래머의 도움으로 주말 동안 최소 기능 프로덕트(MVP)를 구축한 경험을 공유했습니다. 보통 이런 작업은 이전에는 혼자서 작업하면 한 달이 걸리기도 했습니다. 아이디어를 신속하게 실체화하여 작업 가능한 프로덕트로 만들어내면, 사용자나 이해관계자가 더 일찍 테스트할 수 있습니다. 생성형 AI는 일반적인 작업(라우팅 설정, 기본 UI 구성 요소, 표준 CRUD 작업)에 매우 뛰어나므로, 프로덕트의 다른 역할에 집중할 여유를 제공합니다.

    하지만 MVP가 시장에서 반응을 얻고 프로덕션 단계로 나아가면 접근 방식이 변화해야 합니다. 이때부터는 AI 보조 엔지니어링이 필수가 되어야 합니다. 바이브 코딩으로 빠르게 탐색하고 검증을 마쳤지만 이제는 더 신중해져야 합니다. 빠르게 생성된 코드를 적절한 오류 처리와 함께 리팩터링하고, 포괄적인 테스트 커버리지를 추가하고, 명확한 아키텍처 경계를 설정해야 합니다. 프로토타입에서 프로덕트로의 전환은 바이브 코딩의 실험적인 자유에서 엔지니어링의 구조적 규율로 자연스럽게 진화하는 것을 의미합니다. 영리한 팀은 이 성찰의 순간을 인식하고 AI 사용 방식을 조정해 지속 가능한 성장을 도모하는 데 필요한 안전장치를 도입하면서 개발 속도를 유지합니다.

■— 기능 프로토타이핑 및 CRUD 애플리케이션

대부분의 소프트웨어 엔지니어링, 특히 비즈니스 애플리케이션에 데이터 중심의 CRUD (생성Create, 읽기Read, 업데이트Update, 삭제Delete) 기능이 포함됩니다. AI가 수없이 많은 게시를 접했기 때문에 이러한 형식의 작업을 매우 잘 수행할 수 있습니다. 시스템에 CRUD 화면과 API를 갖춘 새로운 '재고' 모듈을 추가해야 하는 경우, 바이브 코딩이 이를 매우 효과적으로 처리합니다. 데이터베이스 마이그레이션, ORM 모델, API 엔드포인트, UI 폼과 같은 유효성 검사 기능을 포함하여 전체 스택을 거의 오류 없이 생성할 수 있습니다. 이러한 패턴은 학습 데이터에서 매우 일반적이기 때문입니다. 애플리케이션에 사용자가 정의한 규칙이 있을 경우, 이를 프롬프트에 명시하여 괜찮은 초기 결과를 얻을 수 있습니다. 1주 정도 소요되던 지루한 작업이 프롬프트 작성과 테스트로 오후 시간만 사용하면 되는 정도의 일로 변모하거나 내부 툴이나 관리 패널(본질적으로 대규모 CRUD 애플리케이션인 경우)은 일반적으로 간단하면서도 시간 소모가 큰 작업이기 때문에 생성형 AI를 활용하여 전체를 생성할 수도 있습니다.

CRUD 작업에 복잡한 비즈니스 논리, 데이터 검증 규칙, 기존 시스템과의 통합이 추가되면 AI 보조 엔지니어링 방식이 중요해집니다. 바이브 코딩은 기본 구조를 빠르게 생성하지만, AI 보조 엔지니어링은 재고 모듈의 동시 업데이트 같은 엣지 케이스를 적절히 처리하고, 참조 무결성을 유지하며, 조직의 확립된 패턴을 따르도록 보장합니다. 예를 들어 바이브 코딩으로 초기 CRUD의 토대를 생성한 후, 엔지니어 모드로 전환하여 재고 임계값 알림, 다중 창고 할당 로직, 기존 인증 및 권한 부여 시스템과의 통합 같은 도메인별 규칙을 구현할 수 있습니다. 빠른 생성에서 신중한 정제 단계로 전환할 시점을 아는 게 중요합니다.

■— 코드 통합

서비스나 API를 통합해야 하나요? 경우에 따라 문서를 읽고 데이터를 한 형식에서 다른 형식으로 변환하는 코드를 작성해야 합니다. AI 모델은 종종 API 문서와 코드 예시를 학습하여 신속하게 통합 작업을 진행할 수 있습니다. 챗GPT에 서비스 A의 API를 언어 B에서 호출하는 방법을 요청하면, 올바른 엔드포인트와 인증 예시가 포함된 예시 코드를 생성할 가능성이 높습니다. 결제 게이트웨이를 주문 시스템에 연결하거나 서드파티 분석 SDK를 연결하는 것 같은 여러 시스템을 결합하는 작업은 AI가 기본 구조 코드와 엣지 케이스를 처리할 예제와 상황을 제안해 구현이 더 쉬워집니다. AI는 표준 통합 패턴에서 뛰어난 성능을 발휘합니다.

현대 프레임워크 활용

AI 코딩 어시스턴트는 모든 주요 프레임워크의 매뉴얼을 사실상 모두 숙지한 상태입니다. 리액트React, 앵귤러Angular, 장고Django, 레일즈Rails, 노드/익스프레스Node/Express, 플러터Flutter 등 어떤 프레임워크든 사용할 수 있습니다. 잘 알려진 프레임워크를 사용한다면, 생성형 AI가 해당 프레임워크에 맞는 관용적인 코드를 생성할 수 있습니다. 예를 들어 새로운 리액트 컴포넌트를 훅과 상태 관리를 사용하여 생성하거나 적절한 관리자 클래스와 시리얼라이저를 포함한 새로운 장고 모델을 만들 수 있습니다. 이때 모든 세부 사항을 기억할 필요가 없습니다. AI가 빈틈을 메워줍니다. 바이브 코딩은 현대 웹 개발 작업에서 특히 뛰어난 성능을 발휘합니다. 적절한 클래스가 포함된 HTML/JSX를 생성하고, 컨트롤러 엔드포인트를 연결하는 등의 작업은 반복적으로 수행한 경험이 있기 때문입니다. 프레임워크 전문가가 항상 곁에 있어 기본 구조 코드를 작성하는 동안 기능이 수행해야 할 구체적인 사항을 결정할 수 있는 것과 같습니다.

반복적인 코드 생성

때로는 많은 유사한 엔드포인트나 스키마의 각 유형에 대한 클래스처럼 유사한 코드를 여러 개 생성해야 할 때가 있습니다. 이 과정은 사람이 하기엔 번거롭고 오류가 발생하기 쉽습니다. 반면 AI는 반복적인 구조를 선호합니다. 한두 개의 예시를 보여주면 나머지를 일관되게 생성할 수 있습니다. 대량 코드 생성으로 많은 시간을 절약할 수 있습니다. 예를 들어 50종의 레코드에 대한 데이터 모델 클래스를 작성한다면, 예시를 한 개 제시하고 AI에 해당 패턴을 따르는 모든 클래스를 생성하도록 요청할 수 있습니다. 하루 종일 똑같은 코드를 작성하는 일을 피할 수 있습니다.

▪ AI 보조 엔지니어링이 우선인 상황

바이브 코딩이 특정 상황에서 뛰어난 성능을 발휘하듯, AI 보조 엔지니어링이 필수인 상황도 있습니다. 이러한 상황을 이해하면 처음부터 올바른 접근 방식을 선택하여 비용이 많이 들어 재작업하거나 기술 부채가 쌓이는 일을 피할 수 있습니다. 복잡한 알고리즘 구현에는 AI 보조 엔지니어링이 필요합니다. 정교한 데이터 구조를 구축하거나 성능이 중요한 알고리즘을 구현하거나 새로운 계산 문제를 해결할 때, 구현의 모든 과정에 정확한 제어가 필요합니다.

이때 AI는 코드 생성기가 아닌 지식을 가진 어시스턴트로 기능해야 합니다. AI에 알고리즘적 접근 방식에 대해 설명하도록 요청하거나 구현의 정확성을 검토하도록 요청해도 좋지만, 아키텍처와 최적화 결정은 직접 내리는 편이 좋습니다. AI는 문제를 대신 풀어주기보다는 개발자가 깊이 있게 사고하도록 돕습니다.

조직의 핵심 업무에 중대한 미션 크리티컬 시스템은 개발 초기부터 철저한 엔지니어링 원칙을 적용해야 합니다. 금융 거래, 의료 시스템, 보안 인프라 같은 고위험 영역에는 바이브 코딩의 실험적 접근 방식이 허용되지 않습니다. 이런 상황에는 코드 한 줄 한 줄이 면밀한 검토와 철저한 테스트, 각종 규제 요구사항을 만족해야 합니다. AI는 최선의 관행을 제안하고 잠재적인 취약점을 식별하며, 표준 준수를 돕습니다. 그러나 최종 구현에 대한 완전한 통제권은 개발자가 가져야 합니다.

이러한 시스템은 장애가 발생하면 빠른 개발로 얻는 이익을 압도하는 손실이 생깁니다. 레거시 시스템 통합은 엄격한 엔지니어링 접근법이 왜 중요한지 보여주는 특별한 난제입니다. 오래된 코드베이스나 독점적인 프로토콜, 기술 부채가 쌓인 시스템을 건드릴 때는 바이브 코딩의 패턴 인식 능력도 한계를 드러냅니다. 이런 환경에서는 기존 시스템의 제약을 완전히 파악하고, 통합 지점을 면밀히 설계해, 단계적으로 리팩터링해야 합니다. AI가 기존 코드의 패턴을 해석하거나 시스템 현대화 방향을 제시할 수는 있어도, 실제 구현 작업에는 체계적인 엔지니어링만의 정확성이 필요합니다.

성능 최적화는 AI 보조 엔지니어링이 바이브 코딩을 능가하는 또 다른 분야입니다. AI는 작동하는 코드를 신속하게 생성하지만, 성능이 중요한 경로에는 최적의 솔루션을 제공하지 않습니다. 메모리 관리, 캐시 최적화, 병렬 처리, 지연 시간 감소와 같은 작업은 하드웨어, 운영 체제, 알고리즘 복잡성에 대한 깊은 이해가 필요합니다. 이때는 AI가 연구 보조 역할에서 진가를 발휘합니다. 최적화 방법을 알아보거나 여러 접근법의 성능을 비교하는 데 도움을 주지만, 실제 구현 방향에 대한 판단은 개발자가 충분한 검토를 거쳐 결정해야 합니다.

이러한 상황에서는 AI의 패턴 인식 능력과 속도가 작업과 완벽하게 일치합니다. AI는 학습한 데이터를 기반으로 작동하기 때문에 바이브 코딩은 프로그래밍 과정에서 많이 구현하는 CRUD 또는 일반적인 웹 애플리케이션 구조와 같은 빠른 시행착오가 필요한 작업(프로토타입, 새로운 아이디어)에 효과적입니다. AI는 모든 깃허브 리포지터리를 읽은 주니어 개발자와 비슷합니다. 특정 작업을 어떻게 진행하는지 즉시 기억하여 작성한 뒤 여러분의 검사를 받는 겁니다. 작업을 빠르게 만드는 매우 강력한 기능입니다.

전환 시점

AI 보조 엔지니어링의 핵심은 한 가지 접근 방식을 선택하는 것이 아니라 **어느 시점에 접근 방식을 전환하는가**에 있습니다. 이런 전환 시점을 판단하는 직관을 키우면 뛰어난 개발자가 될 수 있습니다. 새로운 기능을 만들어야 하나요? 바이브 코딩으로 빠르게 가능성을 실험하세요. 코드가 복잡해지거나 중요한 시스템을 수정하고 있나요? AI 보조 엔지니어링으로 전환하세요. 클라이언트 데모를 위한 개념 증명이 필요한가요? 바이브 코딩으로 빠르게 마칠 수 있습니다. 개념 증명을 프로덕션 시스템으로 바꿔야 하나요? AI 보조 엔지니어링을 시작할 시간입니다.

빠른 실험과 치밀한 설계 사이를 상황에 맞게 자유자재로 전환하는 유동성이 AI를 제대로 활용하는 AI 증강 엔지니어를 만듭니다. AI 증강 엔지니어는 바이브 코딩과 AI 보조 엔지니어링을 상호 보완하는 도구로 인식하며, 개발 과정의 단계별로 각 방식의 장점을 활용합니다. 한 방식만 선택하는 대신 두 가지 접근 방식을 전략적으로 활용하여 소프트웨어 개발 과정 전반에 걸쳐 속도와 품질을 극대화하는 것입니다.

1.8.2 AI가 여전히 어려움을 겪는 영역

현재의 AI 코딩 툴은 인상적이지만, 마법을 부리진 못 합니다. AI가 안정적으로 처리하기 어려운 문제 유형들이 있습니다. 이럴 때는 인간의 통찰력이나 기존 코딩이 필요합니다. 이러한 한계를 알면 올바른 기대치를 설정하고 언제 AI에 의존할지, 언제 주도권을 다시 가져와야 할지 계획할 수 있습니다.

제한 사항은 다음과 같습니다.

- **매우 복잡한 시스템**
  매우 복잡한 알고리즘이나 AI가 경험하지 못한 새로운 문제를 다룰 때 AI는 어려움을 겪습니다. 연구 논문에서 완전히 새로운 알고리즘을 작성하거나 컴파일러나 고도로 동시성을 다루는 시스템을 작성할 때는 진정한 이해와 종종 창의적 도움이 필요합니다. AI가 시도를 하더라도, 미묘하게 잘못된 결과를 생성할 수 있습니다.

  이러한 복잡한 분야에서 AI는 대략적으로는 올바르지만 정확하지 않은 코드를 생성하는 경향이 있어 많은 반복 작업이 발생할 수 있습니다. 3장과 4장에서 논의하겠지만, 마지막 30% 정도는 AI가 확실히 파악하기 매우 어렵습니다. 이는 저가 '70% 문제'라고 부릅니다. AI는 대부분의 과정을 신속하게 수행하지만, 마지막 부분은 어려워합니다. 숙련된 개발자는 복잡한 작업을 위해 생성형 AI를 활용하여 스켈레톤이나 헬퍼 함수를 생성하더라도, 핵심 로직은 스스로 구현합니다.

- **저수준 최적화 및 시스템 프로그래밍**
  현재 AI 모델들은 주로 고수준 언어와 추상화를 중심으로 학습했습니다. 저수준 비트 조작, 특정 마이크로컨트롤러를 위한 고도로 최적화된 C 코드 작성, 또는 벡터화된 SIMD 명령어 등이 필요한 상황에서는 AI의 신뢰성이 떨어질 수 있습니다. 그럴듯해 보이지만 실제로는 최적이 아니거나, 심지어 하드웨어 수준에서 올바르지 않은 코드를 생성할 수 있습니다.

  메모리 관리나 실시간 제약 같은 것들에 대해서는 AI가 실제 개념을 갖고 있지 않습니다(사람처럼 머릿속으로 CPU 캐시를 시뮬레이션하지 않기 때문입니다). 따라서 성능이 중요한 코드의 경우, AI 제안을 철저히 테스트하거나 해당 부분을 수동으로 작성하고 싶을 것입니다. AI는 시작 템플릿을 제공하거나 어셈블리를 설명하는 데 여전히 도움이 될 수 있지만, 이런 시나리오에서는 맹목적으로 신뢰할 수는 없습니다.

- **독특하거나 생소한 프레임워크**
  AI가 훈련하지 않은 다소 새롭거나 생소한 프레임워크를 사용한다면, AI는 관련 지식을 모를 것입니다. 이런 경우, 생성형 AI는 일반화하려 하거나 그럴싸한 코드를 생성하기도 합니다. 그렇기에 실제로는 존재하지 않는 함수를 생성하거나(환각) 구버전 API를 사용하는 경우가 발생합니다. 예를 들어 웹 프레임워크의 새로운 버전이 지난달에 출시되었고, 그 버전에 호환되지 않는 변경 사항breaking change이 포함됐다면, AI는 이러한 변경 사항을 알지 못할 수 있습니다. 이 경우 AI는 구버전의 코드를 생성합니다. 이를 해결하기 위해 문서를 확인해 필요한 부분을 AI에 컨텍스트로 제공하여 AI를 훈련할 수도 있습니다(AI를 즉석에서 가르칩니다).

- **창의적인 UI/UX 디자인**
  AI에 완전히 새로운 사용자 인터페이스나 경험을 디자인하라고 요청할 경우, AI는 창의적인 도약을 이루지 못하기에 실패하고 맙니다. AI는 기존 패턴(예: 표준 양식이나 대시보드)에 대한 UI 코드를 생성할 수 있으나, 명확한 전례가 없는 혁신적인 UI를 원할 경우, 영감을 주는 결과를 내지 못합니다. 그저 익숙한 구성 요소를 결합할 뿐입니다. 새로운 사용자 경험을 상상해 내는 데에는 여전히 인간 디자이너와 프론트엔드 개발자가 필요합니다. AI는 표준적인 인터페이스를 빠르게 만들 수 있지만, 특별한 맞춤형 느낌을 원할 경우 가이드를 제공하거나 수동으로 조정해야 합니다.

- **의도와 요구사항 해석**
  AI는 요구사항이 암묵적이거나 모순적일 때 어려움을 겪기도 합니다. 명확하게 지시한 내용을 제외하고는 최종 목표를 이해하지 못합니다. 요구사항이 애매할 경우('효율적으로 만드세요'는 무슨 의미일까요?), AI는 사용자가 중요하게 여기는 사항(예: 메모리 vs 속도)을 잘못 추측할 수 있습니다. 인간은 상대방의 의도를 명확히 하는 능력이 뛰어납니다. 이 능력은 특히 이해관계자가 실무자가 아닐 때 빛을 발합니다. AI는 특정 도메인에 대한 컨텍스트(예: 비즈니스 규칙)의 지식이 부족해 지시 사항을 오해하기도 합니다. 지시를 이해하더라도 그 미묘한 뉘앙스를 잡아내지 못하면, 논리적으로는 맞아도 실제 문제는 전혀 해결하지 못하는 코드를 생성하게 됩니다.

이런 상황의 좋은 예시는 러스트(시스템 수준, 성능에 중요)로 새로운 3D 그래픽 엔진(복잡한 시스템)을 개발하는 것입니다. 인간은 렌더링(독특한 문제)을 위한 새로운 알고리즘을 떠올릴 수 있습니다. 하지만 AI는 기본 구조 코드를 작성하는 데 도움을 줄 뿐, 핵심 부분에서는 인간의 창의력에 의존해야 합니다. AI는 창을 설정하고 기본 반복(일반적인 작업)을 시작하는 데 도움을 줄 수 있으나, 새로운 기능을 구현할 때는 기존의 신중한 코딩을 진행하고, AI는 의사 코드 형태의 알고리즘적 도움만 줄 수 있습니다. 만약 어셈블리에서 오래 실행되는 반복문을 최적화해 달라고 AI에 요청했다면, 여러분은 결과물을 한 줄씩 직접 확인해야 할 겁니다.

AI는 진정한 문제 해결 통찰력도 부족합니다. 결국 AI는 패턴 매칭을 할 뿐입니다. 문제 해결에 **새로운 통찰**이 필요하다면, AI는 비틀거리며 코드 비슷한 것들을 뱉어낼 뿐 문제를 해결하지 못할 수 있습니다. 이때는 인간이 한 발 물러서서 추상적으로 사고하거나 실제 경험을 활용해, 상황을 해결할 수 있습니다. 통찰을 얻으면 AI를 활용해 신속하게 구현할 수 있습니다.

AI의 강점과 약점을 이해하면 올바른 상황에 바이브 코딩 기법을 적용할 수 있습니다. 성공 횟수를 높이려면 AI가 잘하는 일(알려진 패턴)에 AI를 활용하고, 애플리케이션의 독특한 부분에 창의성을 적용하세요. AI가 어려움을 겪는 부분에는 직접 개입하세요. 예를 들어 보안에 민감한 코드는 엣지 케이스를 놓치지 않도록 신중하게 검토해야 합니다.

AI를 인간의 강점을 보완하는 데 사용하세요. AI에 양(많은 코드, 기본 구조 코드)을 맡기고 여러분은 질(복잡한 로직, 아키텍처)을 맡으세요. AI가 잘하는 일로는 속도를 높이고, 험난한 구간에서는 직접 주도권을 잡는 걸 두려워하지 마세요. 이 방식은 AI와 사람의 장점을 극대화하여 최상의 결과를 도출합니다. AI를 사용할 때와 인간의 기술을 사용할 때를 판단하는 능력이 새로운 시대의 개발자가 갖춰야 할 소양입니다.

모든 신기술은 장점과 단점이 함께 존재합니다. AI 보조 엔지니어링으로 생산성과 창의성을 높이고 싶다면 언제나 한계와 트레이드오프에 대한 섬세한 이해를 가지고 접근해야 합니다. AI 보조 엔지니어링이 갖는 장점은 다음과 같습니다.

- **더 빠른 개발 주기**
  프로젝트를 개념에서 프로토타입으로, 완성된 프로덕트로 더 빠르게 변환할 수 있습니다. AI는 새로운 프로젝트를 위한 기본 구조 코드를 신속하게 생성할 수 있어, 애플리케이션의 고유한 부분에 더 많은 시간을 투자할 수 있습니다.

- **프로토타입 제작과 실험의 강화**
  무언가를 시도하는 데 드는 비용이 낮기 때문에(원하는 내용을 AI에 설명하는 것만으로 빠른 샘플을 받을 수 있으므로), 개발자는 더 자유롭게 실험할 수 있습니다. 프롬프트를 통해 문제에 대한 여러 접근 방식을 프로토타이핑할 수 있으며 이후 가장 적합한 방법을 선택할 수 있습니다. 아이디어 고안을 반복하다 보면 더 창의적인 해결책으로 이어질 수 있습니다.

- **손끝에 닿는 지식**
  LLM은 방대한 프로그래밍 지식이 담긴 말뭉치로 훈련했습니다. 그렇기에 종종 잘 알려지지 않은 API나 오류 메시지의 해결 방법을 알고 있습니다. 실제로는 여러분이 생각하지 못했을 해결책이나 아이디어를 지시할 수 있고, 더 효과적으로 문제를 해결하게 해 줍니다.

- **일관성과 표준화**
  팀 환경에서 AI 어시스턴트는 일관된 스타일로 코드를 생성함으로써 코딩 표준과 모범 사례를 준수하도록 도울 수 있습니다. 프로젝트의 스타일 가이드에 따라 구성되면, 모든 코드가 유사한 패턴을 따르도록 보장할 수 있습니다. 명시적으로 훈련하지 않아도 AI 모델은 수백만 개의 예시에서 학습한 덕분에 관용구적인 코드를 많이 생성합니다. AI가 생성하는 함수가 친숙해 보이고 일반적인 관례를 따라 코드 리뷰에 필요한 노력을 줄일 수 있습니다.

고려해야 할 제한 사항과 트레이드오프는 다음과 같습니다.

- **변수 출력 품질**
  이 모델들은 완벽하지 않습니다. 코드가 올바르게 보이더라도, 미세한 버그나 비효율적인 부분이 존재할 수 있습니다. 데이터셋에 포함된 오래된 코드를 참고해 구식 접근 방식을 선택할 수 있기 때문입니다. 개발자는 항상 경계해야 합니다. 인터넷에서 코드를 복사하여 붙여 넣을 때 이해 없이 진행하지 않듯, AI 코드를 무턱대고 반영해서는 안 됩니다. 2부에서는 생성형 AI가 생성한 코드를 철저히 검증하고 테스트하는 기법을 논의합니다.

- **코드를 모호하게 만드는 프롬프트의 모호함**

  프롬프트가 모호하면 사용자의 의도를 추측해야 하는 AI는 잘못된 추측을 할 수도 있습니다. 예를 들어 이름 목록을 길이에 따라 정렬하기 위해 '이름의 목록을 정렬하라'고 지시했는데, AI는 알파벳 순으로 정렬할 수 있습니다. AI는 명확히 설명하지 않으면 차이를 모릅니다. 그렇기에 프롬프트의 구체성(2장의 주제)이 중요합니다. 2장에서 어떤 세부 사항을 명확히 해야 하는지 예상하는 법을 소개합니다.

- **과도한 의존에 따른 기술 퇴화**

  신입 개발자들이 항상 AI에 의존해서 코드를 작성한다면, 알고리즘과 디버깅에 대한 이해를 깨달을 수 있을까요? GPS에만 의존해 길을 찾았다면 방향 감각이 약해지는 것처럼 기술이 퇴화할 위험이 존재합니다. 이 문제를 완화하려면 AI를 학습 툴로 활용해야 합니다. 제공하는 코드에 주의를 기울이고 그 이유를 물어야 합니다. 때때로 AI 없이 코딩을 연습하며 기본적인 기술을 유지하는 것도 중요합니다.

- **프라이버시와 보안 문제**

  클라우드 기반 AI 툴을 이용하는 경우, 소스 코드를 서드파티 서비스에 분석을 위해 전송하는 경우가 많습니다. 이때 코드에 독점적이거나 민감한 정보가 담길 수 있으므로 주의가 필요합니다. 기업은 이 점을 유념해야 합니다. 많은 툴이 온프레미스 모델을 허용하거나 코드를 저장하지 않는다는 보장을 제공함으로써 이를 해결하고 있지만, 여전히 고려해야 합니다. 또한, 생성형 AI가 훈련 데이터에 포함된 오픈소스 라이선스(예: GPL)에 해당하는 코드와 매우 유사한 코드를 실수로 생성할 위험이 존재합니다. 비록 가능성은 낮지만(정확한 긴 출력을 방지하기 위한 조치가 마련되어 있지만), AI가 생성하는 내용을 반영하기 전에 검토하고 확인할 필요가 있습니다. 8장에서는 보안 및 신뢰성에 대한 질문을 다룹니다.

- **AI 결과의 편향**

  AI 모델은 훈련 데이터에 존재하는 편향을 반영할 수 있습니다. 코딩에서는 특정 변수명을 선호하는 것처럼 무해할 수도 있고, 특정 사용자 속성을 가정하는 예제를 사용하는 것처럼 중요할 수도 있습니다. 예를 들어 모든 예제 변수에 foo/bar를 사용할 수도 있고(많은 예제가 그랬기 때문에서), 또는 사용자 로케일에 대해 가정할 수도 있습니다. 다른 AI 애플리케이션에 비해 코드 생성에 있어 큰 문제가 아니지만, 이런 가능성을 인식해 두면 좋습니다. AI는 자주 접한 코드에 편향될 수 있으며, 여러분이 바라는 최선의 코드가 아닐 수도 있습니다. 9장에서는 편향과 기타 윤리적 고려 사항에 대해 논의합니다.

- **인간적 요소와 신뢰**

  모든 개발자가 이러한 작업 방식에 바로 적응하는 건 아닙니다. 코딩에는 특정한 즐거움과 예술성이 있고, AI의 등장으로 그게 줄어든다고 느낄 수 있습니다. 초기에는 '정말 제대로 작동하는 거 맞나?' 의심할 수 있습니다. 오직 좋은 경험과 시간만이 의심을 거둘 수 있습니다. AI를 도입하는 팀은 조정 기간을 두고 경험과 팁을 공유하도록 장려해야 합니다. 모든 툴이 그렇듯, 시간이 지나면서 AI의 코드가 가치 있게 여겨지고 인간의 전문성이 인간이 가장 잘하는 것에 집중하는 형태로 균형을 찾게 될 것입니다.

요약

의도 중심 프로그래밍으로의 전환은 소프트웨어 개발을 더 빠르고, 더 접근 가능하게 하며, 여러 면에서 더 즐겁게 만들 수 있는 엄청난 잠재력을 제공합니다. 하지만 이 잠재력을 사용하려면 AI와 효과적으로 소통하는 방법, AI의 출력을 검증하는 방법, AI를 개발 프로세스에 책임감 있게 통합하는 방법을 이해해야 합니다.

툴을 사용하며 많은 프로젝트를 관찰한 경험에서, AI를 가장 적절하게 활용하는 방법은 창의적인 바이브 코딩과 견고한 AI 보조 엔지니어링 기법을 결합하는 것이라고 생각합니다. AI가 제공할 수 있는 대담한 아이디어와 빠른 초안을 긍정적으로 생각하세요. 이 모든 것이 앞으로 사용할 새로운 초능력입니다. 소프트웨어 개발이 수십 년간 쌓아온 지혜(계획의 중요성, 테스트, 구축하는 방법 등)를 바탕으로 잘 활용해야 합니다.

균형을 잡으면 양쪽의 장점을 모두 이용할 수 있습니다. 어쩌면 더 창의적인 소프트웨어를 더 빠르게 개발할 수 있으며, 오류 없이 계속 키워나갈 수 있는 소프트웨어를 얻을 수 있습니다. 결국, AI 시대에 기술을 연마하는 방법은 바이브 코딩과 AI 보조 엔지니어링 중 하나를 선택하는 것이 아니라 그 사이의 전체 스펙트럼을 마스터해야 합니다.

2장에서는 프롬프트 작성의 기술과 AI와의 협업을 탐구합니다. 이 장에서 다룬 기초 개념을 바탕으로, 새로운 프로그래밍 시대의 실용적인 측면을 탐구할 것입니다. 이는 이후 장에서 다룰 실습 예시와 더 깊은 프롬프트 작성 기법을 위한 기초가 될 것입니다.

CHAPTER 2

프롬프트 작성의 비법: AI와의 효과적인 소통법

바이브 코딩에서 프롬프트는 소스 코드와 같습니다. AI에 의도를 어떻게 전달하느냐에 따라 코드 품질이 달라집니다. 좋은 프롬프트를 작성하는 것을 **프롬프트 엔지니어링**prompt engineering이라고 부르며, 기술이자 과학처럼 취급합니다. 2장에서는 AI 어시스턴트를 최대한 활용하는 기법을 소개합니다. 프롬프트가 왜 중요한지와 기본부터 고급까지 다양한 프롬프트 작성 기법을 살펴보겠습니다. 효과적인 프롬프트를 작성하고 이를 반복적으로 개선하는 방법을 배우면, AI와의 협업을 더 효율적이고 정확하게 진행할 수 있습니다(그림 2-1).

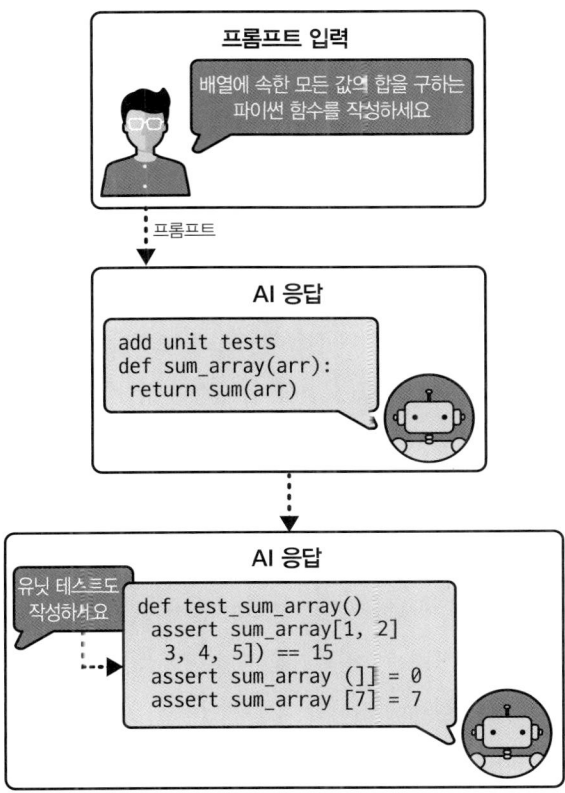

그림 2-1 코딩을 지원하는 어시스턴트 챗봇: 개발자와 AI가 대화하며 코드를 작성합니다. 개발자는 프롬프트(지시 사항이나 질문)를 입력하고 AI는 코드나 답변으로 응답합니다. 프롬프트를 정교하게 작성해야 AI가 정확하고 유용한 코드를 생성합니다.

2.1 프롬프트 엔지니어링 기초

바이브 코딩이 사용자와 AI 모델의 대화라면, **프롬프트 인지니어링**은 AI의 언어를 완벽하게 구사하는 기술입니다. 덕분에 AI는 최상의 결과를 낼 수 있죠. 프롬프트가 제대로 구성되었는지가 작동하지 않는 코드와 완벽한 설루션의 차이를 가릅니다. 프롬프트 엔지니어링을 정복하려면 AI를 효과적으로 이끄는 방법과 컨텍스트를 제공하는 방법, 첫 답변이 완벽하지 않을 때 AI에 반복해서 요청하는 방법을 이해해야 합니다.

우리는 계속 AI와 프로그래밍한다고 말하지만 사실은 **AI를 사이에 두고 자연어로 프로그래밍**하는 것입니다. 여러분이 입력하는 프롬프트는 고급 프로그래밍 언어고, AI 인터프리터가 이 프롬프트를 실제 코드로 번역하는 셈입니다. 컴파일러의 출력물은 입력된 소스 코드의 품질에 따라 다르듯이, AI의 출력물도 프롬프트의 품질에 따라 달라집니다.

프롬프트가 왜 그렇게 중요할까요? 그건 LLM이 아무리 복잡한 일을 해내더라도 사람의 마음을 읽는 능력까지는 없기 때문입니다. LLM은 주어진 입력에만 반응합니다. 프롬프트가 애매하거나 잘못된 표현을 사용하면 관련 없거나 잘못된 코드를 출력합니다. 반면에 명확하고 구체적인 프롬프트는 한 번에 정확한 해결책을 도출할 수 있습니다. 기존의 코딩 과정은 알고리즘을 생각하고 코드를 작성하는 데 시간을 소비하지만, 바이브 코딩은 AI에 요구사항을 어떻게 전달할지 고민하는 데 시간을 할애합니다. '코드 작성'이란 표현의 의미 자체가 변화하고 있습니다. 함수 대신 지시 사항을 작성하지만, 정확하고 논리적이어야 한다는 점은 변함이 없습니다.

프롬프트는 주니어 개발자에게 세세한 지시를 정리한 문서처럼 작성해야 합니다. 이 개발자는 명시된 지시 사항만 정확히 수행하며, 아는 건 많지만 반복적인 패턴을 넘어선 일반적인 상식은 전혀 없습니다. 지시(프롬프트)에 해석의 여지가 있다면, AI는 의도하지 않은 방식으로 여지를 채울 수 있습니다. 따라서 AI와 **소통**하는 능력은 프로그래밍 언어의 문법만큼이나 중요합니다.

프롬프트가 중요한 또 다른 이유는 재현성을 확보하고 미래에 대비하기 위함입니다. 특정 패턴이나 작업에 대해 신뢰할 수 있는 좋은 코드를 생성하는 프롬프트를 발견하면, 그 프롬프트는 귀중한 지식이 됩니다. 특정 역할을 하는 짧은 코드나 템플릿을 따로 정리하듯 이 지식도 저장해 두었다가 유사한 상황에서 재사용할 수 있습니다. 개발자는 팀 내에서 마치 코딩 모범 사례를 공유하듯, 효과적인 프롬프트 패턴을 공유할 수 있습니다.

모델이 더욱 발전하고 통합됨에 따라, 보다 복잡한 상호작용이 가능해집니다. 프롬프트 작성을 잘하면 새로운 기능을 신속하게 활용할 수 있습니다. 예를 들어, 일부 고급 시스템은 매우 긴 지시사항을 입력하거나 공식 문서 전체를 모델에 컨텍스트로 제공할 수 있도록 합니다. 입력을 구조화하는 방법을 알면 AI의 힘을 제대로 사용할 수 있습니다.

따라서 프롬프트 작성 능력은 새로운 능력으로 여겨야 합니다. 프롬프트 작성은 여러 면에서 프로그래밍과 비슷합니다. 큰 차이점이라면 자연어(영어, 한국어 등)로 작성된 내용을 AI가 코드로 변환한다는 점입니다. 하지만 명확하고 논리적이며, 엣지 케이스를 고려해 작성해야 한다는 것은 항상 같습니다.

2.2 구체성과 명확성: 알아듣기 쉬운 프롬프트

프롬프트 작성의 중요한 규칙 중 하나는 원하는 내용을 구체적이고 명확하게 나타내는 것입니다. 이는 3장에서 더 자세히 설명하겠습니다. AI는 인간 동료와 달리 지시를 넘어서는 목표를 이해하지 못합니다. 많은 사람이 AI에 '웹사이트를 만들어주세요' 같은 매우 포괄적인 프롬프트를 입력하고 마법처럼 원하는 웹사이트가 나오길 기대하는 실수를 합니다. AI는 구체적인 세부 정보를 입력해야 더 잘 작동합니다.

항상 AI는 프로젝트에 대해 아무것도 모르고 여러분이 제공하는 내용만 안다고 생각하세요. 따라서 모든 관련 정보를 세세하게 작성해야 합니다. 프로그래밍 언어, 프레임워크, 라이브러리, 함수, 코드 조각을 포함해야 합니다. 오류가 발생했다면 정확한 오류 메시지를 입력하고 수행해야 하는 작업을 설명하세요. 모호하거나 해석의 여지가 있으면 의도치 않은 출력이 발생할 수 있습니다.

예를 들어 '정렬 함수를 작성하세요' 같은 막연한 프롬프트보다는 다음과 같은 명확한 프롬프트가 좋습니다.

> 고객 기록 목록을 받아 sort_by_lastname(customers)라는 파이썬 함수를 작성하세요. 각 고객 기록엔 first_name과 last_name 필드가 있으며, 이 함수는 last_name을 기준으로 알파벳 순서대로 정렬한 목록을 반환합니다. 간단한 독스트링을 작성하고, last_name이 누락된 경우 빈 문자열로 처리합니다.

이 프롬프트는 사용할 언어(파이썬), 함수의 이름과 목적, 입력 구조, 정렬 키, 추가 요구사항(독스트링), 엣지 케이스에 대한 명확한 기대치를 설정합니다. 그러면 AI가 정확하거나 매우 유사한 코드를 생성할 가능성이 높습니다. 사양을 작성하듯 작업을 정확하게 명시할수록 AI의 추측이 줄어들고, 수정이 필요하지 않게 됩니다. 프롬프트를 구체적으로 만드는 조건은 다음과 같습니다.

- **사용 언어 또는 환경에 대한 언급**
  자바스크립트 솔루션이 필요하면 직접 언급하세요. 그저 '함수를 작성하세요…'보다 '자바스크립트 함수를 작성하세요…'가 좋습니다. 특정 프레임워크나 버전이 필요하다면 반드시 포함합니다('리액트 훅 사용해…' 또는 '파이썬 3에서…').

- **결과 범위**
  함수 하나만 필요한가요? 아니면 전체 파일이나 모듈이 필요한가요? 테스트도 포함해야 할까요? 예를 들어 '함수 구현만 제공하세요'와 '완전한 실행 가능한 스크립트를 제공하세요'는 서로 다른 결과를 생성합니다.

- **요구사항 및 제약 조건**
  로그인 예시에서는 비밀번호 길이와 시도 제한을 지정했습니다. 엣지 케이스나 제약 조건을 생각하고 프롬프트에 포함하세요. 성능을 최적화하거나 특정 알고리즘을 사용해야 한다면, '시간복잡도는 $O(n)$, 공간복잡도는 $O(1)$', '이진 검색 방식을 사용하세요.'와 같이 명시하는 게 좋습니다.

- **모호한 참조 피하기**
  명확한 선행사가 없는 **그거** 같은 단어는 사용하지 않아야 합니다. '그거 처리하고 결과를 반환하세요' 대신 '배열을 처리하고 결과 배열을 반환하세요'라고 입력하세요.

- **원하는 출력 형식**
  AI가 코드만 출력하거나 주석이 포함된 코드 또는 설명을 출력하도록 지시할 수 있습니다. '코드만 제공하세요, 설명은 필요하지 않습니다'나 '단계마다 간단한 주석을 추가해서 코드를 작성하세요'라고 입력하면 됩니다.

프롬프트가 명확하면 AI는 명확한 답변을 내놓습니다. AI 답변이 많은 수정을 필요로 한다면, 프롬프트가 충분히 구체적이지 못한 건 아닌지 검토해야 합니다. 다음과 같은 행동은 피하세요.

- **소설 쓰기**
  불필요한 정보가 포함된 장황한 프롬프트는 오히려 모델을 혼란에 빠뜨리거나 잘못된 사항에 집중하게 만들 수 있습니다. 간결하면서도 완전한 설명을 제공하세요. 예를 들어, 코딩 작업에서는 '당신은 세계적인 수준의 개발자입니다…'라는 식으로 시작할 필요가 거의 없습니다. 일부 사용자는 챗GPT로 일반 작업을 할 때 그렇게 시작하지만, 코딩 작업에서는 필요하지 않으며 불필요한 혼란만 생길 수 있습니다.

- **AI가 세부 사항을 제대로 채울 것이라는 가정**
  중요한 사항(예: 스레드 안전성, 특수 문자 처리 등)이 있다면 반드시 언급하세요. AI는 언급되지 않은 문제를 처리하지 못할 수도 있습니다.

- **개방적인 '창의적' 프롬프트(원하는 결과가 명확한 경우)**
  예를 들어 '데이터를 분석하는 코드를 작성하세요'라고 말하면 사용자가 원하는 분석을 AI가 추측해야 합니다. '숫자 목록의 평균과 표준편차를 계산하는 코드를 작성하세요'처럼 명시하는 편이 좋습니다.

요약하면 **정확히 의미하는 바를 말하세요.** AI가 사용자가 진정으로 원하는 바를 더 잘 이해할수록, 보다 나은 결과를 제공합니다. AI의 결과물을 여러 번 수정해야 한다면, 초기 프롬프트를 좀 더 명확하게 만들어야 하는 건 아닌지 돌아보세요.

2.3 반복적인 정제: AI와의 피드백 반복

프롬프트가 명확하더라도 항상 단번에 완벽한 답변이 나오는 건 아닙니다. AI와의 상호작용을 반복적인 개발 과정이라 생각하세요. 1장에서 언급한 피드백 루프를 생각해 보세요. AI가 제공한 코드도 인간이 작성한 코드처럼 비판적인 코드 리뷰를 거쳐야 합니다. 요구사항을 충족하나요? 그렇지 않다면, 부족한 점이나 잘못된 점을 확인하세요. 그다음 피드백을 제공하거나 프롬프트를 고쳐보세요. 대화형 AI에서는 계속 대화를 하며 고쳐나갈 수 있으며, 에디터에서는 AI가 응답할 또 다른 주석을 작성해 진행할 수 있습니다.

AI에 피드백을 제공해 원하는 결과에 더욱 가깝게 맞출 수 있습니다. 어떻게 보면, 특정 문제에 대해 실시간으로 **훈련**하는 것입니다. 고급 프롬프트 엔지니어링은 결국 프롬프트 입력 → AI의 출력 → 검토 → 프롬프트 수정 → AI 출력 → … 만족할 때까지 반복의 연속입니다. 반복마다 변경 사항을 적게 유지하는 것이 좋습니다. 프롬프트를 너무 많이 수정하면 이전 출력의 좋은 부분을 잃을 수 있습니다.

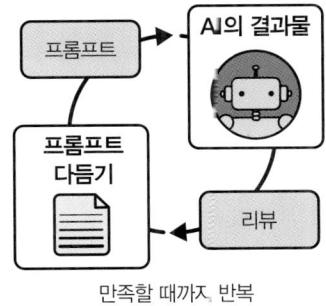

그림 2-2 고급 프롬프트 엔지니어링의 반복

예를 들어 다음과 같은 프롬프트를 작성했다고 합시다.

정수 목록을 받아 그 합계를 반환하는 함수를 작성하세요.

AI는 함수를 반환하지만, 비어 있지 않은 리스트만 가정하고 코드를 작성해 비어 있는 리스트를 제대로 처리하지 못하는 문제점이 있습니다. 이 경우 다음과 같이 답변할 수 있습니다.

 좋아 보이네요. 그런데 리스트가 비어 있을 경우 0을 반환하도록 수정해 주세요.

AI는 그에 따라 함수를 업데이트합니다. 이러한 방식으로 프롬프트를 처음부터 작성할 필요 없이, AI에 조정을 요청하기만 하면 됩니다. AI는 이미 이전에 제공한 코드의 컨텍스트를 알고 있습니다.

인라인 어시스턴트를 사용하는 경우 수정 작업은 코드를 편집하거나 '`# TODO: 빈 리스트 처리`' 같은 주석을 작성해 진행할 수 있습니다. 그 후 AI가 이를 수정할 방법을 제안하는지 확인하세요.

또 다른 수정 방식은 출력이 올바르지 않은 경우 프롬프트에 추가 정보를 포함해 다시 작성하는 것입니다. '이름 목록 정렬'이라고 했을 때, AI가 대소문자를 구분하여 정렬하는 코드를 작성했지만, 필요한 코드는 대소문자를 구분하지 않아야 한다고 가정합시다. 이때 프롬프트를 다시 작성할 수 있습니다.

 이름 목록을 대소문자 구분 없이 정렬하세요.

혹은 다음과 같은 경우도 있습니다.

 이전 코드는 대소문자를 구분하여 정렬합니다. 대소문자를 구분하지 않도록 수정하세요.

디버깅에서 복잡한 논리 버그(명확한 오류 메시지가 발생하지 않지만 출력이 잘못된 경우)는 AI가 코드 실행 과정을 안내하도록 요청할 수 있습니다. 다음과 같이 지시할 수 있습니다.

이 함수를 한 줄씩 따라가며 각 단계에서 총합의 값을 추적하세요. 값이 정확하게 누적되지 않는데 어디에서 잘못되었을까요?

앞선 프롬프트는 고무 오리 디버깅 프롬프트의 예시입니다. 인간이 출력문이나 디버거를 사용하여 수행하는 디버깅 과정을 AI가 시뮬레이션하도록 요청하는 프롬프트입니다. 이런 프롬프트는 AI를 단계마다 상태를 명확히 설명하게 만들어 변수를 초기화하지 않는 경우나 조건문이 잘못된 경우 같은 미묘한 문제를 찾아냅니다. 코드의 특정 부분이 의심된다면 자세히 살펴볼 수 있습니다.

 이 코드에서 `filter` 호출이 수행하는 작업을 설명하고 의도한 것보다 더 많은 항목을 제외하는지 확인하세요.

AI가 설명하는 역할을 맡으면 버그를 찾아낼 수 있습니다. 설명 후에는 필요한 수정을 직접 요청하는 것이 효과적입니다.

 이 문제를 유발하는 원인은 무엇이며, 어떻게 해결해야 할까요?

AI는 스스로 진단해 이 질문에 해결책을 제안합니다. AI의 첫 번째 답변이 불분명하거나 일부만 좋다면 주저하지 말고 후속 질문을 하기 바랍니다.

 그 설명은 이해가 되네요. 코드를 수정하는 방법을 보여줄래요? 수정한 코드를 보고 싶어요.

채팅 설정에서 AI는 대화 기록을 저장하므로 직접 수정한 코드를 출력합니다. 코파일럿과 같은 인라인 툴이나 커서를 대화 없이 사용한다면 코드에 주석을 작성하세요.

```
// 버그: NaN을 반환합니다. 이 함수를 수정하세요.
```

보통 대화형 채팅은 보다 철저한 설명을 제공합니다. AI가 수정 사항을 제안했지만 이해하지 못할 수도 있습니다. 그럴 땐 질문하면 됩니다.

 이렇게 변경하면 문제가 해결되는 이유를 설명해 줄래요?

이렇게 배운 지식을 바탕으로 다음에는 AI의 추론이 타당한지 검토할 수 있습니다. LLM은 예시와 수정을 바탕으로 성장합니다. 문제가 무엇인지 지적하거나 간단한 예시를 제공하면 AI는 이를 반영할 수 있습니다.

 입력이 []인 경우 0을 반환해야 하지만, 현재는 오류가 발생합니다.

이 반복 과정은 흔합니다. 사실 모든 세부 사항을 하나의 프롬프트에 집어넣으려는 노력은 몇 번의 상호작용보다 효과적이지 않을 수 있습니다. 이를 이점으로 활용하세요. 피드백을 줄 때는 인내심을 가지고 구체적으로 전달해야 합니다. '아니요, 그건 틀렸습니다'라고 말하는 대신, 무엇이 잘못되었는지 또는 무엇이 필요한지를 말하세요.

 이 코드는 음수를 올바르게 처리하지 않네요. 합계에서 0으로 처리해야 합니다.

또한 AI가 잘못된 방향으로 나아가면 방향을 잡아줄 수 있습니다. 때로는 매우 잘못된 시도를 고치려 하기보다는 재설정하거나 표현을 바꾸는 것이 더 쉽습니다. 여러분의 판단력을 발휘하세요. AI의 출력 결과가 지시 사항을 완전히 오해하고 있다면 프롬프트를 처음부터 명확히 설명해야 합니다.

프롬프트를 정교하게 다듬는 과정에서 AI가 프롬프트를 어떻게 해석했는지 깨달을 수도 있습니다. 이를 바탕으로 미래의 프롬프트를 개선할 수 있습니다. '아, AI는 로그인 시스템을 전체 UI로 이해했구나. 다음에는 백엔드만 지정해야겠어' 같은 깨달음을 얻을 수 있습니다.

코드를 디버깅한다고 생각해 보세요. AI의 출력이 잘못됐다면, '버그'는 AI가 아니라 프롬프트에 있을 가능성이 있습니다. 코드가 잘못된 결과를 출력하면 이를 점검하고 수정하는 것처럼, 생성형 AI가 예상치 못한 결과나 잘못된 출력을 생성하면 프롬프트를 다듬어야 합니다. AI와의 대화는 디버깅 세션과 유사하여, 각 대화가 문제를 정확히 파악하고 수정하는 데 도움을 줍니다.

2.4 두 개의 프롬프트 비교

사용자 객체의 리스트를 사용자 ID를 기준으로 조회 맵$^{lookup\ map}$으로 변환하는 간단한 노드JS 함수를 작업하고 있습니다. 그러나 오류가 발생합니다. 버그가 발생한 전체 코드는 다음과 같습니다.

```javascript
// 버그가 발생한 코드: 사용자 배열을 ID 기반 맵으로 변환
function mapUsersById(users) {
  const userMap = {};
  for (let i = 0; i <= users.length; i++) {
    // 주의: <= 를 사용하면 마지막 반복에서 범위를 벗어남
    const user = users[i];
    userMap[user.id] = user;
  }
  return userMap;
}

// 사용 예시:
const result = mapUsersById([{ id: 1, name: "Alice" }]);
```

지금은 사용자 배열을 반복해 사용자 ID가 키인 객체를 구축합니다. 그러나 버그가 있습니다. 반복에서 `i < users.length` 대신 `i <= users.length`를 사용합니다. 이로 인해 `users[i]`의 반복이 정의되지 않은 사용자까지 접근해 `undefined`인 속성 ID에 접근해 런타임 오류가 발생할 가능성이 높습니다. 이 문제를 해결하기 위해 두 가지 다른 프롬프트를 작성하고 각 프롬프트에 AI 어시스턴트가 어떻게 응답하는지 살펴보겠습니다(그림 2-3).

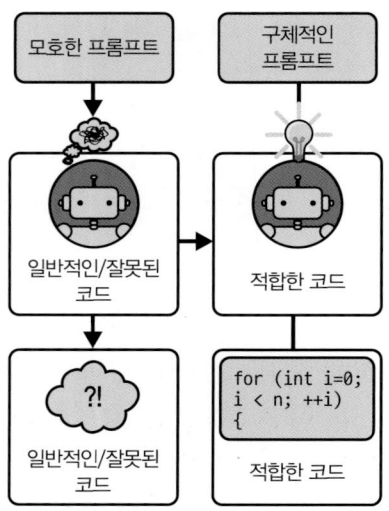

그림 2-3 프롬프트 품질 영향 비교: 모호한 프롬프트는 일반적이거나 잘못된 코드를 생성하는 반면, 구체적이고 잘 구성된 프롬프트는 정확하고 컨텍스트에 적합한 솔루션을 생성합니다.

2.4.1 좋지 않은 프롬프트

다음은 잘못 쓴 프롬프트를 살펴보겠습니다.

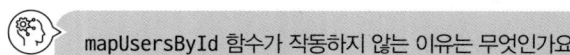

> 정확한 답변을 드리기엔 정보가 부족합니다. 함수가 올바른 users 배열을 호출하나요? 아마 users가 비어 있거나 배열이 아닐 수 있으며, 이로 인해 반복이 제대로 실행되지 않을 수 있습니다. userMap의 속성을 설정할 때도 오류가 발생할 수 있습니다. 각 사용자가 id 속성을 갖추고 있는지 확인하기 바랍니다. 사용자(users)가 정의되지 않았거나 null인 경우, 작동하지 않습니다.

이 답변은 모호합니다. 프롬프트는 함수 이름 외에 어떤 세부 정보도 제공하지 않아 AI는 일반적인 원인을 추측합니다('배열이 비어 있거나 배열이 아닐 수 있습니다', '각 사용자에게 ID가 있는지 확인하십시오'). 결국 실제 버그를 식별하지 못했습니다.

질문이 불명확하면 이런 답변을 받습니다. 모델은 일반적인 디버깅 팁만을 되풀이할 겁니다.

실제로 문제를 제대로 파악하지 못하기 때문에 개발자에게 그리 도움이 되지 않습니다. 프롬프트에 컨텍스트와 구체성이 부족하면 '껐다 켜보실래요?' 수준의 뻔한 답변을 생성합니다. 커뮤니티에도 프롬프트가 모호하면 AI는 관련 없거나 뻔한 답변을 한다는 의견이 있습니다.

2.4.2 프롬프트 개선

앞에서 살펴본 프롬프트를 개선해 보겠습니다.

자바스크립트 함수 `mapUsersById`는 사용자 객체 배열을 사용자 ID를 키로 하는 `map (object)`로 변환해야 합니다. 그런데 실행하면 오류가 발생합니다. `[ {id: 1, name: "Alice"} ]`를 입력하면 `TypeError: Cannot read property 'id' of undefined` 오류가 발생합니다. 함수 코드는 다음과 같습니다.

```javascript
function mapUsersById(users) {
  const userMap = {};
  for (let i = 0; i <= users.length; i++) {
    const user = users[i];
    userMap[user.id] = user;
  }
  return userMap;
}
```

제대로 실행한 결과는 `{ "1": {id: 1, name: "Alice"} }`입니다. 어디에 버그가 있고 어떻게 고치나요?

`Cannot read property 'id' of undefined` 에러는 어느 시점에서 `user`가 `undefined`가 되었는데, 그 상태에서 `user.id`에 접근하려고 했다는 뜻입니다. 루프를 보면 문제는 반복 범위에 있습니다. 함수에서 `i <= users.length`를 사용합니다. `users.length`가 1이라면 (배열에 사용자가 한 명일 경우), 루프는 `i = 0`과 `i = 1`에서 실행됩니다. `i`가 1일 때 `users[1]`은 `undefined`입니다(배열의 유일한 인덱스는 0). 따라서 해당 반복에서 `user`가 `undefined`가 되고, `user.id`에서 `TypeError`가 발생합니다. 해결 방법은 루프 조건을 `i < users.length`로 변경해서 `i`가 0부터 `users.length-1`까지 돌도록 하는 것입니다.
예시:

```javascript
for (let i = 0; i < users.length; i++) {
  const user = users[i];
```

```
    userMap[user.id] = user;
  }
```

이렇게 하면 i는 첫 번째(그리고 유일) 요소에 대해 0이 되며, 그 후 루프가 종료됩니다. 이 변경으로 함수는 더 이상 undefined에 접근하지 않고 예상대로 작동하여, 주어진 입력에 대해 {"1": {id: 1, name: "Alice"}}를 반환할 것입니다.

이 응답은 버그를 정확히 집어내며(반복문에 <= 사용) 왜 user 변수가 undefined가 되는지 명확히 설명합니다. 이어서 정확한 해결책(i < users.length)을 제시하고 예상 출력 결과까지 확인해 줍니다. 개선된 프롬프트는 핵심 원칙들을 지켜 효과적인 결과를 얻었습니다. 프로그래밍 언어(자바스크립트) 명시, 함수 역할 설명, 정확한 오류 메시지와 테스트 입력값, 문제 코드까지 직접 제공했죠.

여기서 주목할 점은 AI가 오류 메시지를 실마리 삼아 루프 범위 문제에 바로 집중했다는 것입니다. 명확한 프롬프트가 AI로 하여금 진짜 문제 해결에 나서게 했고, 마치 숙련된 개발자가 디버깅할 때의 사고 과정을 그대로 따랐습니다. 'undefined는 보통 뭐 때문에 생기지? 루프 인덱스 문제겠네.' 구체적이고 상세한 프롬프트가 얼마나 중요한지 보여주는 증거입니다.

2.5 프롬프트 작성 기법: 효과적인 커뮤니케이션 도구

이번에는 프롬프트 작성 기술을 강화할 수 있는 구체적인 기법에 대해 알아보겠습니다. 간단한 지시로는 부족할 때나 특정한 방향으로 AI를 안내하고자 할 때 사용할 수 있는 패턴이나 레시피와 같습니다.

이러한 기술을 마스터하면 다양한 상황을 처리할 수 있습니다. AI에 평범한 언어로 지시하기, 예시를 제공하기, AI가 출력 내용을 설명하거나 구조화하도록 요청하기, AI를 다양한 사고방식이나 역할로 설정하기 등이 가능합니다. 이 모든 요소는 여러분이 필요한 것을 AI가 정확하게 생성하도록 안내하는 데 도움이 됩니다.

프롬프트 작성 기법은 상호 배타적이지 않으며, 복잡한 작업에서는 최상의 결과를 위해 여러 기법을 함께 사용하는 경우가 많습니다.

> **NOTE** 스타일 참고 사항
> 이러한 기법을 사용할 때, 모델에 맞게 어투를 조절해야 합니다. 많은 모델이 정중하거나 중립적인 지시에 잘 반응합니다. 고풍스럽거나 지나치게 격식 있는 언어를 사용할 필요는 없습니다. 'X를 해 주십시오' 또는 'Y를 하세요'처럼 직접적이지만 정중한 방식이 종종 효과적입니다. 예를 들어, 인기 있는 사고의 연쇄 기법은 '단계별로 생각하세요'라는 표현을 사용합니다. GPT와 같은 모델은 이 신호를 인식하여 추론을 진행합니다.

2.5.1 제로샷 프롬프트

제로샷Zero-shot 프롬프트는 모델에 지시 사항 외에 예시나 추가적인 안내 없이 작업을 요청하는 프롬프트입니다. 본질적으로 모델은 예시가 0 (제로)인 상황에서 과제를 해결합니다.

- **사용 시기**: 가장 일반적인 상황은 원하는 작업을 간단한 말로 요청하는 것입니다. 표준적인 작업을 명확한 프롬프트로 요청하면 충분히 해결되기도 합니다.
- **예시**: 다음과 같은 프롬프트를 입력하면 AI는 반복문이나 나눗셈을 활용한 소수 판별 함수를 작성합니다.

 숫자가 소수인지 확인하는 파이썬 함수를 작성하세요.

- **장점**: 빠르며 모델이 학습한 지식에 의존합니다. 현대 모델은 소수 판별, 정렬, 문자열 조작 같은 일반적인 프로그래밍 작업에 제로샷 응답 능력이 뛰어납니다.
- **단점**: 작업이 비정상적이거나 출력 형식이 정해진 경우, 제로샷 방식으로 얻은 결과가 처음 시도에서 필요로 하는 것과 정확히 일치하지 않을 수 있습니다. 이는 모델이 해석할 방향이 여러 가지 방법이 있기 때문입니다.

일반적으로 간단한 작업에는 제로샷을 먼저 시도하는 편이 좋습니다. 결과가 원하는 대로 나오지 않는 경우, 프롬프트를 다듬거나 다른 기법으로 전환할 수 있습니다.

2.5.2 원샷 및 퓨샷 프롬프트

원샷One-shot 프롬프트는 원하는 것에 대한 정확한 예시(입력 및 원하는 출력)를 프롬프트의 일부로 제공합니다. **퓨샷**Few-shot 프롬프트는 모델에 새로운 입력에 대한 작업을 수행하도록 요청하기 전에 몇 가지 예시(약 2~5가지)를 제공합니다.

모델에 '사례 하나를 해결하는 방법은 이렇습니다. 다음 작업을 비슷하게 처리하세요'라고 알려주는 셈입니다.

- **사용 시기**: 모델이 필요로 하는 형식이나 스타일을 정확히 알지 못하거나 작업이 다소 특이한 경우 사용합니다. 예시를 제공함으로써 모호성을 줄일 수 있습니다.
- **예시(원샷)**: 여러분이 사용하는 언어나 코딩 스타일을 모델이 그다지 많이 경험하지 않은 상황을 생각해 봅시다. 이때 특정 형식의 의사 코드가 필요합니다. 다음과 같이 프롬프트를 작성할 수 있습니다.

> 다음 지침을 파이썬과 유사한 의사코드로 변환하세요.
>
> 지침: n의 팩토리얼을 계산하세요.
>
> 의사코드: 팩토리얼 함수는 n이 1 이하일 경우 1을 반환합니다. 그외의 경우에는 n과 n-1의 팩토리얼을 곱해 반환합니다.
>
> 지침: 리스트에서 가장 큰 수를 찾으세요.

하나의 예시(팩토리얼)와 원하는 형식을 제공했습니다. 이제 이 모델은 '가장 큰 수'라는 지침을 예시와 유사한 형식으로 생성할 겁니다.

- **예시(퓨샷)**: 특정한 알고리즘을 원한다고 가정해 봅시다. 그 알고리즘의 작동 예시를 몇 개 제시할 수 있습니다. 작업에 여러 개의 정답이 있지만 특정한 정답을 선호하면, 예시가 다음 답변을 같은 방향으로 유도할 수 있습니다. 퓨샷 프롬프트는 특히 데이터 형식을 정리하는 데 유용합니다.

> 다음 문장을 SQL 쿼리로 변환하세요.
>
> '2020년 이후에 채용된 모든 직원을 가져오기' → Select * From Employees Where Hire_Date > '2020-01-01';
>
> '지난 한 달 동안 구매를 한 고객 이름 목록 조회' → Select Name From Customers Join Purchases On ... Where Purchase_Date > ...;
>
> '재고가 없는 제품의 수' →

여기에서 문장-SQL의 예시를 두 가지 제시하면, AI는 패턴을 따라 세 번째 쿼리에 대해 올바르게 응답할 가능성이 높습니다. 퓨샷 예시는 코딩에도 적용할 수 있습니다. 원하는 스타일을 작은 예시로 AI에 보여준 후, 더 많은 것을 요청하면 됩니다. 프롬프트에 소규모 훈련용 데이터셋을 제공하는 셈입니다.

- **장점**: 원하는 스타일로 결과를 얻을 수 있습니다. 이 기술은 모델이 패턴을 따르거나 개념을 반복적으로 적응하는 작업을 처리하는 데 도움을 줍니다.
- **단점**: 특히 퓨샷 프롬프트는 프롬프트를 더 길게 만들어 컨텍스트 윈도를 소모합니다. 매우 크고 복잡한 예시의 경우, 모델의 용량을 상당 부분 소모할 수 있다. 그러나 보통은 예시 한두 개면 충분합니다.
- **팁**: 모델이 특정 출력 형식을 엄격하게 준수하도록 하려면, 예시를 제공하는 것이 좋습니다. 따로 파싱이 필요한 자유 형식의 응답보다 해당 형식에 거의 일치하는 예시가 더 효과적입니다.

> **NOTE 컨텍스트 윈도**
> 컨텍스트 윈도context window는 언어 모델이 단일 상호작용에서 처리할 수 있는 최대 텍스트 양(토큰으로 측정됨)을 의미합니다. 입력 프롬프트와 생성된 응답이 모두 포함됩니다. 이는 현재 AI 모델의 한계를 나타냅니다. 이 기준에 도달하면, 모델이 추가 정보를 처리하지 못합니다. 프롬프트를 작성할 때 필요한 모든 것(지시 사항, 예시, 데이터, 응답에 필요한 공간)은 이 고정된 용량 안에 갖춰야 합니다.

2.5.3 사고의 연쇄(CoT) 프롬프트

사고의 연쇄 Chain-of-thought(CoT) 프롬프트는 모델에 단계별로 생각하고 최종 답변을 제공하기 전에 그 이유를 보여달라고 요청합니다. 다시 말해, 모델이 문제를 분해하도록 유도합니다.

- **사용 시기**: 추론, 다단계 계산이 포함되거나 모델이 바로 답변으로 이동할 경우 실수 할 가능성이 있는 복잡한 문제에 사용합니다. 출력에 설명도 포함하고 싶을 때 유용합니다.

> **NOTE 경우의 수**
> **조합론**Combinatorial Math은 특정 규칙이나 제약에 따라 객체를 세고, 배열하고, 선택하는 방법을 다루는 수학 분야입니다. 대표적으로 순열(순서가 중요한 배치), 조합(순서가 중요하지 않은 선택)등의 계산법을 다룹니다. 핵심적인 표기 중 하나는 'nCk' 또는 '$C(n, k)$'로, 전체 n개 중에서 k개를 선택하는 방법의 수를 의미하며, 계산식은 $n! / (k!(n-k)!)$입니다. 이러한 계산은 확률, 통계, 이산수학 등에서 자주 활용합니다.

- **예시**: 단순히 '12개의 선택지에서 4개를 선택하는 방법의 수는 몇 개인가요?'라는 조합 수학 문제 (https://oreil.ly/vI3V5)를 질문하고 답변을 받는 대신, 다음과 같이 입력할 수 있습니다.

 12개 중에서 4개를 선택하는 방법의 수를 단계별로 알려주세요.

12를 4개 선택하는 방법은 12!/(4!*8!)입니다. …(중략)… 따라서 495입니다.

코딩에서 사고의 연쇄는 복잡한 알고리즘 작업에 유용합니다. 코드를 요청할 때 단계별 사고를 유도하면 코드를 작성하기 전에 해결책을 올바르게 정리했는지 먼저 확인합니다.

 정렬된 리스트 두 개를 병합하는 방법을 단계별로 설명하세요. 그리고 파이썬 코드를 출력하세요.

 각 리스트의 시작 부분에서 두 개의 포인터를 사용하여 요소를 비교하고, 더 작은 값을 결과 리스트에 추가한 후 해당 포인터를 이동시키는 방식으로 진행합니다.

출력을 이해하거나 디버깅하기 위해 사용할 수도 있습니다. 만약 소수를 확인하라고 하면 확인 방법을 설명한 후, 소수인지 아닌지 결론을 내립니다.

 숫자 19가 소수인지 확인하기 위한 논리를 살펴본 후, 결과를 제시하세요.

- **장점**: 추론이 필요한 작업의 정확도를 높입니다. 모델에 '소리 내어 생각하라'는 프롬프트를 작성하면 수학 및 논리 작업에서 더 나은 결과를 가져온다는 연구 결과(https://oreil.ly/t7flF)가 있습니다. 모델의 과정에 대한 통찰력을 제공하여, 교육적이며 답변에 대한 신뢰를 높입니다.
- **단점**: 출력은 더 길어집니다(최종 코드에서 원하는 결과는 아닐 수도 있습니다). 또한, 일부 인터페이스(일반적인 코드 완성)는 코드와 별개로 추론을 보여줄 수 있도록 설정되어 있지 않습니다. 이러한 기법은 질문과 답변(Q&A) 또는 채팅 시나리오에서 더 일반적입니다. 그러나 모델에 코드를 생성한 이유를 주석으로 포함하도록 지시할 수 있습니다. 주석이 꼼꼼하게 달린 코드를 받는 가장 간단한 방법입니다.

2.5.4 역할 프롬프트

역할 프롬프트 Role prompt는 AI가 특정한 정체성이나 역할을 맡도록 요청해 AI의 응답 방식에 영향을 미칩니다.

- **사용 시기**: 답변의 스타일이나 세부 사항에 영향을 주거나 특정 관점을 얻고자 할 때 사용합니다. 예를 들어, AI가 '전문가' 역할을 수행할 경우 고급 솔루션이나 더 많은 설명을 제공할 수 있으며, '초보자' 역할을 수행할 경우 보다 기본적인 개념을 설명하게 됩니다.
- **예시**: 역할 프롬프트는 응답에 상당한 영향을 미칩니다. AI에 보안 분석가 역할을 부여하면 데이터 검증, 보안 코딩 관행 또는 잠재적 취약성처럼 언급하지 않을 사항에 집중하게 만듭니다. 강사 역할을 부여하면 명확한 설명을 제공하고 이전 지식에 대한 가정을 하지 않도록 합니다. 전문가 역할을 부여하면 아마도 더 고급

C++ 기능을 활용하는 코드와 그 이유를 설명하는 내용이 출력될 것입니다. 아주 정교한 코드를 이해하기 쉽도록 균형 있고 조화롭게 설명할 겁니다.

> 당신은 파이썬 강사입니다. 다음 코드를 설명한 후, 더 파이썬답게 수정하세요.

> 보안 분석가처럼 대답하세요. 여기 코드가 있습니다. 보안 취약점을 식별하세요.

> 코드의 스타일 문제를 체크하는 린터처럼 행동하세요.

> 당신은 최적화에 능숙한 C++ 프로그래밍 전문가로서 주니어 개발자를 지도하고 있습니다.

- **장점**: 대답의 톤과 깊이를 조절합니다. 특정 수준의 본질적 복잡성이나 우발적 복잡성에 맞춰 조정할 수 있습니다. 매우 간단한 형식을 원할 경우에는 초보자로 행동하도록 지시하면 복잡한 방법을 피할 수 있고, 반대로 매우 최적화된 솔루션을 원할 경우 성능 전문가로 행동하도록 지시할 수 있습니다.
- **단점**: 모델이 필요 이상으로 인물에 집중할 수 있습니다. 예를 들어 '강사'는 이미 알고 있는 내용을 설명할 수 있습니다. 또한 일부 AI 안전 시스템은 특정 역할 설명에 더 민감합니다. 특히 속임수, 권한 위조 또는 잠재적으로 해로운 활동을 암시할 수 있는 역할 설명에 대해 더욱 그러합니다. 반면 '데이터 분석가'나 '소프트웨어 엔지니어'와 같은 간단한 기술적 및 전문적 역할은 큰 문제가 없습니다.

2.5.5 컨텍스트 프롬프트

컨텍스트 프롬프트 Contextual promp 는 AI에 필요한 작업 설명 외에 추가적인 컨텍스트나 정보를 제공하는 것을 의미합니다. AI 모델은 프롬프트에서(또는 고급 IDE 통합에서 통합된 컨텍스트 윈도를 통해) 제공하지 않으면 프로젝트 전체에 대해 지속적으로 기억하지 못합니다. 따라서 AI가 기존 코드베이스에 맞는 코드를 작성하도록 하려면, 그에 대한 컨텍스트를 제공해야 합니다. 관련 데이터나 배경을 프롬프트의 일부로 제공합니다.

- **사용 시기**: 문제를 해결하는 데 필요한 특정 데이터 정의를 모델이 알지 못하거나 학습 과정에서 정확하게 기억하지 못할 때 사용합니다. 또 외부 정보(예: API 사양이나 대화의 이전 부분)와 일관성을 유지하고자 할 때 사용합니다.
- **예시**: 특정한 데이터 구조가 있고 그에 맞게 작업하는 코드를 원한다면, 해당 정의를 붙여 넣습니다. 다음과 같이 클래스 정의를 포함하면 AI가 코드에 `Node.value`와 `Node.next`를 제대로 사용할 가능성이 높아집니다.

다음과 같은 클래스에서 함수를 작성하세요.

```
class Node:
    def __init__(self, value, next=None):
        self.value = value
        self.next = next

# 현재 헤드에서 시작하여 연결 리스트의 노드를 세는 함수를 작성하세요.
```

특정 API를 사용하려면, 프롬프트에 문서의 일부를 포함합니다. 문서에서 API 사용의 간단한 예시를 포함하면, AI가 이를 모방합니다.

requests 라이브러리를 사용하여 API에서 데이터를 가져옵니다. (API는 JSON 형식으로 응답을 반환합니다. {...})

프롬프트에서 용어를 명확하게 만들 수도 있습니다. 만약 기존 코드에서 **student**란 단어가 지칭하는 대상이 모호하다면 컨텍스트에서 명확히 정리합니다.

고등학생을 student라는 용어로 지칭하여 ...하는 함수를 작성하세요.

- **장점**: AI를 사용자가 중요하게 여기는 컨텍스트에 맞춰 설정합니다. 사실을 제공하면 잘못된 가정을 할 가능성이 줄어듭니다. AI가 특정 사용 사례의 세부 정보를 기억하지 못하거나 알지 못할 경우, 매우 유용합니다.
- **단점**: 이 기법은 프롬프트를 길게 만듭니다. 또한, 모델은 제공된 컨텍스트를 답변에 가끔 반영할 수 있습니다. 주의하지 않으면 문서에 적힌 코드를 복사할 수도 있습니다. 그렇지만 보통은 적절한 코드를 복사합니다.
- **팁**: 대규모 컨텍스트(예: 방대한 스키마 또는 많은 코드 라인)가 있는 경우, 모든 내용을 그대로 포함하기보다는 모델을 위해 주요 요소를 요약해 전달하는 편이 더 낫습니다. 이 접근 방식은 컨텍스트 제한을 유지하는 데 도움을 주며, 모델이 가장 관련성 높은 정보를 얻도록 보장합니다. 그러나 제공하는 양이 충분히 적다면, 원본 그대로 포함하면 됩니다.

제약 사항을 언급하는 것도 유용합니다. 성능 제약('$O(n \log n)$ 또는 그 이상의 최적화'), 호환성 제약('파이썬 3.8에서 실행'), 라이브러리 선택('표준 라이브러리만 사용하며 외부 종속성 없음')과 같은 제한 사항을 전달하면 이를 지킵니다. 제약 사항은 가드레일처럼 작용하여 AI가 범위를 벗어난 답을 제안하지 않도록 합니다.

2.5.6 메타프롬프트

메타프롬프트Metaprompt는 해결책이 수행해야 할 작업뿐만 아니라 출력 자체에 대한 지침을 제공합니다. AI가 해결책을 어떻게 형식화하거나 접근해야 할지 알려줍니다.

- **사용 시기**: 특정 형식이나 스타일로 답변이 필요하거나, 문제를 해결하는 AI의 작동 방식을 제어하고자 할 때 유용합니다.
- **예시**: AI가 바로 코드를 생성하지 않도록 하거나(①) 결과물에 제약을 둘 수 있습니다(②). 코드가 아닌 데이터를 생성할 때도 유용합니다(③). 기존 코드를 유지하고 함수만 작성하게도 지시할 수 있습니다(④). 최종 출력 형식을 설명하지 않지만, 특정 상황에서 AI가 어떻게 작동할지 지시할 수 있습니다(⑤).

> 우선, 접근 방식을 두 문장으로 설명한 뒤, 코드를 보여주세요. ①

> 어떤 라이브러리도 사용하지 않아야 합니다. ②

> 출력을 JSON 형식으로 작성하세요. ③

> 함수의 정의 없이 본체만 작성하세요. ④

> 입력이 유효하지 않으면 오류 대신 None을 반환하세요. ⑤

- **장점**: 필요한 것을 정확히, 필요한 방식으로, 추가 편집 없이 제공합니다. 일부 상황에서 매우 중요합니다. AI의 출력을 파이프라인에서 자동으로 사용하려는 경우, 일관된 형식이 매우 중요합니다.
- **단점**: 모델의 기본 스타일과 지침이 충돌하는 경우, 때때로 지침을 부분적으로 따르거나 강조해야 할 수도 있습니다. 예를 들어, '코드만; 설명은 필요 없다'라고 입력해도 모델이 아주 작은 주석을 포함할 수 있습니다. 직접적인 명령형 표현도 도움이 됩니다. GPT 같은 모델은 이런 지시를 잘 따릅니다.

> 다른 설명은 덧붙이지 마세요. 코드 블럭 하나에 코드만 작성하세요.

2.5.7 자기 일관성(다수 출력 및 다수결 투표)

자기 일관성 Self-consistency은 프롬프트 스타일보다 전략에 가깝습니다. 동일한 프롬프트에 대해 여러 출력을 생성한 후, 가장 좋거나 가장 일반적인 출력을 선택합니다. 샌더 슐호프$^{Sander\ Schulhoff}$가 프롬프트 작성법(https://oreil.ly/fHABW)에서 언급한 바와 같이 모델에 여러 번(약간의 무작위성을 포함하여) 질문을 하고 그 답변 중 다수가 일치하는 경우, 그 합의가 올바르다고 판단할 수 있습니다.

- **사용 시기**: 문제가 복잡해서 모델이 내놓은 첫 번째 답변이 정확한지 확신이 서지 않거나, 직접 검증하기 어렵다면 같은 질문을 반복하는 것도 유용합니다. 이렇게 하면 AI가 같은 답을 일관되게 제시하는지 확인할 수 있어, 신뢰도를 점검하는 데 도움이 됩니다.
- **수동 사용법**: 일부 플랫폼에서는(예: 챗GPT) [다시 시도하기]를 클릭할 수 있습니다. 아니면 직접 프롬프트를 새 세션에 복사하여 동일한 결과가 나오는지 확인할 수 있습니다. 정답이 하나인 문제에서 3개의 답변을 받았고 이때 2개가 동일하고 1개가 다르다면, 2번 답한 답변의 신뢰도가 높습니다.

AI에 프로그래밍 방법이 거의 정해진 코드를 요청한다면, AI는 보통 유사한 코드를 제공하며(변수 이름이나 스타일이 약간 다름) 일관성을 유지합니다. 하지만 알고리즘 관련 질문(예: '이 코드의 출력은 무엇인가요?')이라면 여러 번 실행하여 확인하는 게 좋습니다. 자기 일관성은 비코딩 작업(논리 퍼즐과 같은 분야)에 더 강력하지만, 좋은 방법입니다.

앙상블 프롬프트는 하나의 프롬프트로 여러 가능성을 고려하도록 요청합니다.

이 문제에 대한 두 가지 해결책을 제시하세요.

그 뒤 두 가지 해결책 중 어떤 것이 마음에 드는지 살펴보거나 모두 테스트하기 바랍니다. 여러 답변을 얻을 수 있기 때문에, 한 번에 자기 일관성을 확인할 수 있습니다.

- **장점**: 여러 번의 시도가 수렴할 경우 결과에 대한 신뢰를 높일 수 있습니다. 또한 다양한 결과를 확인할 수 있습니다(여러 선택지 중에서 가장 우아한 설루션을 선택할 때 좋습니다).
- **단점**: 여러 번의 호출을 수행하고 출력 결과를 비교하는 데 시간이 많이 소요됩니다.

답변이 확실하지 않으면, 질문을 다른 방식으로 다시 묻는 경우가 많습니다. 이렇게 해도 같은 답변이 나오는지 확인하면 됩니다. 같은 답변이 나온다면 그 답변이 올바르다는 것을 더 확신할 수 있습니다.

2.5.8 ReAct 프롬프트

ReAct(Reason + Act) 프롬프트는 더 발전된 기법으로, **추론**reasoning과 **행동**acting을 결합합니다 (`https://arxiv.org/abs/2210.03629`). 모델이 CoT 기법을 사용하듯 사고할 뿐만 아니라 계산 수행, API 호출 또는 툴 사용과 같은 행동을 취합니다. 자세한 내용은 ReAct 프롬프트 작성 가이드(`https://oreil.ly/P_KIV`)를 참조하세요. 현재는 종종 랭체인과 같은 프레임워크와 함께 사용합니다. 이 경우 AI는 프로그램이 실행할 명령이나 실행할 쿼리와 같은 행동으로 해석할 수 있는 특별한 형식을 출력하며, 그 결과를 다시 피드백합니다.

실행 환경이 없는 경우에도, AI에 먼저 계획을 작성한 후 결과를 출력하도록 지시하여 리액트 프롬프트를 천천히 구현할 수 있습니다. 사고의 연쇄와 유사하지만, 도구를 사용하거나 하위 작업을 수행하는 데 특히 초점을 맞춘 방식입니다.

이때, AI가 브라우징 기능이 없다면, 현재 날씨를 정확히 알 수 없습니다. ReAct 프롬프트는 AI가 문제를 먼저 이성적으로 추론합니다.

파이썬을 사용하여 파리의 현재 날씨를 확인하고 출력하세요.

파리의 현재 날씨 데이터에 접근해야 하며, 이를 위해 날씨 API를 호출해야 합니다.

AI는 사용 가능한 툴을 이용하여 이 API 호출을 시도합니다. 성공할 경우 실제 날씨 데이터를 수신하게 되며, 이러한 툴이 없는 경우에는 한계를 인지하거나 가상 데이터로 작업할 수 있습니다. 마침내 AI는 날씨 정보를 표시하는 파이썬 코드를 작성합니다. 이 과정에서 얻은 모든 데이터를 활용하여 추론 및 행동 과정을 통합합니다.

외부 툴에 접근할 수 없다면 ReAct 프롬프트는 유용하지 않습니다. 간단한 작업에서는 오히려 유용하지 않습니다. 그러나 조직에서 AI 툴을 평가할 때, 인터넷으로 현재 정보에 접근할 수 있는지는 중요한 판단 기준입니다. 많은 AI 모델은 지식 컷오프를 가지고 있습니다. 훈련 데이터가 특정 날짜까지밖에 확장되지 않음을 의미하며, 빠르게 변화하는 주제에 구식 정보를 가져올 수 있습니다.

AI가 코드를 실행할 수 있는 환경(예: 주피터 또는 유사 플랫폼)을 사용하는 경우, 시스템에 지시해 ReAct 패턴을 구현할 수 있습니다.

 먼저 이 함수에 대한 테스트를 작성하고, 실행한 후 코드를 그에 맞게 조정하세요.

이때 AI는 ReAct 패턴을 통해 테스트 작성이라는 '추론' 단계를 보여준 후, 테스트 실행이라는 '행동'을 이어가고, 결과에 따라 코드 조정을 수행하는 과정을 설명합니다. 그러나 순수한 프롬프트를 통해 이러한 워크플로를 구성하려면 더 복잡한 프롬프트 작성 기술과 적절한 기술적 아키텍처가 필요합니다.

- **더 간단한 사용법**: AI는 중간 단계에서 행동을 모방하는 Q&A를 시뮬레이션할 수 있습니다. 사고의 연쇄로 작동하지만, 보다 명령형입니다.

 단계별로 생각하고 필요할 경우 계산을 수행하세요.

- **장점**: 가능한 경우, 외부 정보나 반복적인 시도를 요구하는 문제를 해결할 수 있습니다. 예를 들어, AI가 실제로 코드를 실행해 스스로 보정할 수 있습니다. 디버깅이 필요할 때 코드를 실행하여 테스트할 수 있는 AI는 훌륭합니다.
- **단점**: 이 기술은 특정 툴 없이 접근이 어렵습니다. 챗GPT에 ReAct 프롬프트를 작성하면, 행동을 상상하거나 사고의 연쇄를 진행합니다.

일반적인 프롬프트는 주로 사고의 연쇄를 사용하며, 코드 실행이나 테스트와 같은 작업을 직접 수행합니다. ReAct는 특정 시스템(오픈AI의 에이전트 SDK나 랭체인 등)에서만 사용할 수 있습니다.

2.6 고급 프롬프트: 기법의 조합

프롬프트 작성 기법은 조합할 수 있습니다. 예를 들어, CoT를 시연하는 퓨샷 프롬프트를 작성할 수 있거나 역할 프롬프트와 CoT를 결합할 수도 있습니다.

시니어 엔지니어의 입장에서 문제를 단계별로 생각한 다음, 코드를 제공하세요.

지금까지 다양한 프롬프트 작성 기술을 탐구했으니 이 기술들이 실제 상황에서 어떻게 적용되는지 몇 가지 시나리오를 통해 살펴보겠습니다. 그런 다음 생성형 AI의 출력을 검토하고 개선하는 방법을 알아보겠습니다. 이에 대한 내용은 다음 장에서 생성된 코드를 이해하고 소유하는 방법으로 이어집니다.

- **예시**: 작동하지 않는 함수가 있다면 역할 프롬프트와 퓨샷 프롬프트를 조합할 수 있습니다.

당신은 파이썬 디버거입니다. 다음 코드를 단계별로 살펴보며 버그를 찾으세요.

[코드]

AI는 코드의 각 줄을 차례로 분석하고 버그를 정확히 지적합니다.

조금 복잡한 알고리즘에 대한 코드를 생성하려 합니다. 이때 자세한 주석과 테스트 케이스도 함께 얻고자 합니다. 다음과 같이 프롬프트를 조합할 수 있습니다.

파이썬 전문 개발가입니다. 다음 문제를 단계별로 해결하세요.

두 개의 정렬된 리스트를 하나의 정렬된 리스트로 병합하는 merge_sorted_lists(list1, list2)라는 함수가 필요합니다. 먼저 접근 방식을 설명하고 주석이 포함된 파이썬 코드를 작성하세요. 그 다음 함수의 작동을 확인하는 2–3개의 예시 테스트를 작성하세요.

상당히 많은 기법을 조합한 프롬프트입니다. 첫 문장은 역할을 설정합니다. 두 번째는 단계별 이유 설명(CoT)을 요구합니다. 세 번째 문장은 주요 작업을 설정합니다. 네 번째 문장은 설명적인 주석이 포함된 코드를 요구하고, 마지막 문장에서는 테스트를 요청합니다.

AI는 설명을 출력한 다음, 인라인 주석이 포함된 코드와 마지막에 몇 가지 테스트 케이스를 제공합니다. 고급 기법이지만, AI를 통해 다각적인 반응을 유도할 수 있습니다.

2.6.1 모델의 한계를 이해하라

프롬프트 엔지니어링을 할 때는 무엇을 **요청하지 말아야** 하는지 알고, 함정에 빠지지 않아야 합니다. 프롬프트가 너무 길어지거나 지시 사항이 너무 많아지면 모델이 혼란에 빠지거나 일부 내용을 누락할 수 있습니다. 모델이 프롬프트의 일부를 무시하기 시작하면, 프롬프트를 간단하게 정리하거나 여러 부분으로 나누는 편이 좋습니다. AI 모델이 때때로 잘못된 사실이나 코드를 생성하는 경우(환각), 사실적 예측으로 사용하지 않도록 항상 재검토해야 합니다. 코드가 쓸 데 없이 장황해지는 경향이 있다면, '가능한 한 간결하게 만들어 주세요'라고 미리 요청하는 것도 좋습니다. 때때로 존재하지 않는 함수를 사용하면 '아래에 나열된 API 함수만 사용하세요'라고 제한하면 됩니다. AI의 행동을 더 잘 이해할수록, 약점을 피하기 위해 프롬프트를 더욱 효과적으로 조정할 수 있습니다.

작업이 매우 복잡하면 AI를 위해 작업을 하위 작업으로 나누는 방법도 있습니다. 예를 들어 첫 프롬프트를 다음과 같이 작성합니다.

 간단한 산술 표현 언어를 위한 기본 컴파일러를 구현하는 단계 목록을 작성하세요.

AI가 단계를 제시하면 각 단계를 별도의 프롬프트로 처리해야 하며, 별도의 파일이나 세션에서 진행할 수 있습니다.

 1단계: 토큰화를 구현하세요.

AI를 활용한 시스템 설계와 유사합니다. 개요를 작성한 후 각 요소를 세부적으로 다듬을 수 있습니다. AI의 능력을 활용하여 계획 수립에 도움을 줍니다(단순히 코딩에 국한되지 않습니다).

2.6.2 상태 유지 채팅과 원샷 프롬프트

채팅 환경에서 대화 기록은 **상태**state로 부릅니다. AI와의 대화 기록이 모두 컨텍스트가 됩니다. 한편, 자동완성 기능을 사용하는 에디터 환경에서는 파일 내용과 주석이 컨텍스트가 됩니다. 채팅과 에디터는 서로 다른 방식으로 컨텍스트를 누적합니다. AI가 채팅 내용을 기억해야 할 경우, 채팅 기능을 사용하여 답변을 다듬는 등의 작업을 수행할 수 있습니다. 만약 지금 보고 있는 내용만 집중해야 한다면, 채팅을 새로 시작하거나 해당 파일을 컨텍스트에 제공할 수 있습니다. 때로는 모델이 이전에 내린 잘못된 가정에 매몰되지 않도록 컨텍스트를 제거하는 것도 좋습니다.

이러한 기술을 다양한 예시에 적용하여 연습하면, 언지 어떤 접근 방식을 사용해야 하는지 능숙하게 알게 됩니다.

- 출력 형식이 중요할 경우, 계시나 명시적인 형식 지침을 제공하세요.
- 논리가 복잡하면 CoT나 단계별 접근법을 사용합니다.
- 해결책의 품질이 다양할 수 있는 경우, 더 나은 스타일을 얻기 위해 '시니어 엔지니어'와 같은 역할을 설정하는 것이 좋습니다.
- 모델이 준수하지 않는 경우, 프롬프트를 여러 부분으로 나누거나 간단하게 만들거나 제약 조건에 대해 더 강한 표현을 사용하는 것이 좋습니다.

2.6.3 프롬프트 안티패턴

모든 프롬프트가 동일하지 만들어지지는 않습니다. 지금까지 우리는 효과적인 프롬프트의 수많은 예시를 보았습니다. 하지만 안티패턴을 아는 것도 학습에 중요합니다. 여기서 안티패턴이란 AI가 좋지 않은 응답을 내게 만드는 흔히 하는 실수를 의미합니다. 프롬프트가 실패하는 경우와 이를 수정하는 방법을 소개하겠습니다.

▪— 모호한 프롬프트

'작동하지 않습니다. 수정해 주세요' 또는 'X를 하는 A를 작성하세요' 같은 프롬프트는 세부 사항이 부족한 표현입니다. '함수가 작동하지 않는 이유는 무엇인가요?'라는 질문에는 보통 쓸모없는 답변이 나옵니다. 모호한 프롬프트는 AI가 컨텍스트를 추측하게 만들어, 뻔한 조언이나 관련 없는 코드를 생성하게 만듭니다.

해결책은 간단합니다. 컨텍스트와 구체적인 내용을 추가하세요. 질문을 했는데 AI가 너무 뻔한 답('X를 확인해 보셨나요?')을 내놓는다면, 잠시 멈춰서 더 많은 세부 사항(오류 메시지, 코드 발췌, 예상 결과 vs 실제 결과 등)을 프함해서 다시 질문해 보세요. 좋은 방법은 프롬프트를 읽고 '이 질문이 수십 가지 다른 시나리오에 적용될 수 있을까?' 자문하는 것입니다. 답이 '예'라면, 프롬프트가 너무 모호한 겁니다. 여러분이 해결하려는 상황에만 적용할 수 있을 정도로 구체적으로 작성하기 바랍니다.

과부하 프롬프트

아까와는 정반대의 안티패턴입니다. 다음과 같이 AI가 한번에 너무 많은 일을 하도록 지시하는 경우, AI는 과부하에 빠집니다.

> 사용자 인증이 포함된 완전한 노드JS 애플리케이션을 생성하고, 프런트엔드는 리액트로 구성하며, 배포 스크립트를 작성하세요.

더 작은 규모에서도 과부하는 발생합니다.

> 이 5개의 버그를 수정하고 3개의 기능을 한 번에 추가하세요.

AI는 시킨 대로 시도할 수는 있지만 결과가 엉망이거나 불완전할 가능성이 높고 시킨 일 전체를 못 할 수도 있습니다. 지시받은 모든 일을 하더라도, 응답이 길어지고 확인하기 어려워집니다.

해결책은 작업을 분할하는 것입니다. 우선순위를 정하세요. 앞서 강조한 것처럼 한 번에 한 가지 일만 하기 바랍니다. 이렇게 하면 실수를 잡기 쉽고 모델은 집중력을 유지합니다. 프롬프트에서 '~하고'란 표현을 여러 번 사용한다면 별도의 프롬프트나 순차적인 단계로 나누는 편이 좋습니다.

누락된 질문

때때로 사용자는 많은 정보를 제공하면서 질문이나 필요한 내용을 구체적으로 제시하지 않는 경우가 있습니다. 예를 들어 긴 코드만 붙여넣고 '여기 코드입니다'라고만 말하는 경우가 있습니다. AI는 혼란에 빠질 수 있습니다. 사용자가 무엇을 원하는지 모르기 때문입니다.

항상 요청을 명확하게 작성하기 바랍니다.

> 위 코드를 검토하여 버그를 식별하세요.

> 이 코드는 무엇을 하는지 설명하세요.

> 코드에서 TODO 부분을 작성하세요.

프롬프트는 목적을 가져야 합니다. 텍스트만 제공하고 질문이나 지시가 없으면, AI는 잘못된 가정을 합니다(예: 코드를 수정하지 않고 요약하는 등). AI가 여러분이 코드를 보여 준 이유를 확실히 이해하도록 지시 사항을 작성하세요. '이 코드에 무엇이 잘못되었나요?' 나 '이 함수를 이어서 구현해 주세요' 같은 간단한 문장 하나가 방향성을 제공합니다.

모호한 성공 기준

때때로 AI에 최적화나 개선을 요청하는데, 성공의 기준이 애매한 경우가 있습니다. '이 함수를 더 빠르게 만드세요'란 지시를 생각해 보죠. '빠르다'의 기준이 뭔가요? AI가 성능 제약을 알지 못하는 경우, 중요하지 않은 부분을 세세하게 최적화하거나 이론적으로는 빠르더라도 실제로 효과가 미미한 접근 방법을 사용할 수 있습니다. '코드를 더 깔끔하게 작성하세요'란 지시도 있습니다. '깔끔하다'는 표현은 주관적입니다. 앞에서는 '중복 줄이기' 또는 '변수 이름 개선하기'처럼 목표를 명확히 언급하여 처리했습니다.

개선 사항을 정량화하거나 정성화하세요.

> 이 함수를 최적화하여 선형 시간에 실행되도록 하세요(현재 시간복잡도는 n^2입니다).

> 전역 변수를 제거하고 대신 클래스를 사용하도록 리팩터링하세요.

리팩터링이나 기능으로 해결하려는 문제를 명확히 설명하는 습관을 들이세요. 너무 막연하게 두면, AI는 여러분이 신경 쓰는 문제와는 전혀 다른 문제를 해결할 수 있습니다.

AI의 설명이나 출력 무시

AI는 때때로 질문의 세부 사항을 되묻거나 가정을 내려 응답할 수 있습니다.

 리액트 클래스 컴포넌트를 사용하고 계신가요, 아니면 함수형 컴포넌트를 사용하고 계신가요?

 입력값은 문자열이라고 가정했습니다. 확인해 주시기 바랍니다.

이런 응답을 무시하고 요청만 반복한다면, 프롬프트를 개선할 기회를 놓치게 됩니다. 더 많은 정보가 필요하다고 AI가 보내는 신호입니다. 항상 질문에 답변하거나 해당 세부 사항을 포함하도록 프롬프트를 수정하세요.

추가로 AI가 명백히 잘못된 출력을 한다면(예: 질문을 오해한 경우) 동일한 프롬프트를 반복해서 입력하지 마세요. 표현을 조정하세요. 아마도 여러분이 입력한 프롬프트가 모호하거나 필수 조건이 빠졌을 수 있습니다. 대화를 한다고 생각하세요. 상대가 잘못 이해하면 설명을 바꾸듯 AI에도 같은 방식으로 설명하세요.

일관성 부족

질문하는 방식을 계속 바꾸거나 한 번에 여러 형식을 섞어서 요청하면 모델이 혼란에 빠질 수 있습니다. 흔한 예로는 설명할 때 '나는'(1인칭)과 '사용자는'(3인칭)을 번갈아 쓰거나, 가상 코드와 실제 코드를 구분 없이 섞어서 제시하는 경우가 있습니다.

한 번의 프롬프트에는 일관된 스타일을 유지하세요. 예시를 들 때는 확실히 구분하세요(코드는 마크다운 코드 블록으로, 입출력 예시는 따옴표로 감싸는 식으로). 일관성을 유지하면 모델은 여러분의 의도를 제대로 읽어냅니다. 또한 선호하는 스타일(예: ES6 구문과 ES5 구문)이 있다면 계속 명시하세요. 그렇지 않으면 모델이 프롬프트마다 다른 방법을 제안할 수 있습니다.

▪ 모호한 참조

채팅을 사용할 때 '위의 함수'나 '이전 출력'이라고 입력한다면, 참조가 명확한지 확인하세요. 긴 대화에서 '위 코드를 리팩터링하세요'라고 입력하면, AI가 어떤 코드를 말하는 건지 헷갈리거나 엉뚱한 코드를 수정할 수도 있습니다.

코드를 다시 붙여 넣거나 리팩터링할 메서드를 직접 언급하는 편이 더 안전합니다. 모델은 컨텍스트 윈도 때문에 기억할 수 있는 범위가 한정되어 있습니다. LLM은 대화의 이전 부분을 참조할 수는 있지만, 다시 필요한 컨텍스트를 제공하면 실수를 줄일 수 있습니다. 특히 대화에서 코드가 언급된 지 한참 지났거나 그 사이에 다른 얘기를 많이 했다면 추가 제공은 더더욱 중요합니다.

요약

프롬프트 작성의 기술은 반복적이며 창의적입니다. 모델이 발전함에 따라 프롬프트 작성에 대한 모범 사례가 변화할 수 있습니다. 예를 들어, 미래의 모델은 더 적은 단어로도 의도를 더 잘 이해할 수 있을 것입니다. 기본 원칙은 여전히 중요합니다. 효과적인 소통 방법은 AI가 더 나은 서비스를 제공하도록 만듭니다.

프롬프트 엔지니어링은 AI를 위한 새로운 프로그래밍 언어입니다. 테크니컬 라이팅, 계측, 프롬프트 자체를 실시간으로 개선하는 능력이 필요합니다. 이 기술을 제대로 익히면, AI를 사고를 확장하는 도구로 사용할 수 있습니다. AI를 사용하면 내가 떠올리지 못하는 해결책도 어려움 없이 찾아낼 수 있을 겁니다. 프롬프트 엔지니어링도 언젠가 구글 검색이나 디버거 사용법처럼 개발자의 기본기가 될 가능성이 높습니다. AI 시대의 개발자가 갖춰야 할 기본 소양인 셈입니다.

AI가 문제의 약 70%를 해결할 수 있다면, 여러분은 코딩 파트너로서 어떻게 접근해야 할까요? 3장에서는 개발자가 실제로 AI를 어떻게 활용하는지 살펴보고, 바이브 코딩에 필요한 핵심 원칙을 알아보겠습니다.

실무에
AI 도입하기

PART **2**

AI를 활용한 개발은 빠르고 편리하지만, 그 자체로 완전하지는 않습니다. 2부에서는 실제 개발 과정에 AI를 어떻게 적용할 수 있을지를 살펴봅니다. 속도와 편의는 AI에 맡기더라도, 완성도를 위해서는 인간의 통찰력과 책임이 필요합니다. 3장은 소위 '70% 문제'를 소개하며 AI가 반복 작업은 잘하지만 나머지 30%의 복잡한 설계와 예외 처리에는 한계가 있음을 보여줍니다. 4장은 이를 극복하기 위한 개발자의 역량을 살펴보며, 각 단계의 개발자가 성장할 방향을 제시합니다. 5장은 AI가 만든 코드를 그대로 쓰지 않고 검토, 수정, 테스트하여 완전히 소유해야 한다는 원칙을 다룹니다. 6장은 AI 기반 프로토타이핑으로 아이디어를 빠르게 구현하고 개선하는 과정을 설명하면서, 실제 서비스로 발전하려면 추가 설계가 필요함을 강조합니다. 7장은 프런트엔드, 백엔드, 데이터베이스를 잇는 풀스택 웹 애플리케이션 구축 과정을 소개하며, 인간과 AI가 협력하는 최적의 패턴을 제시합니다.

CHAPTER 3

70% 문제: 효과적인 AI 보조 워크플로

AI 기반 코딩 툴은 특정 작업에서 놀라운 수준의 성과를 보입니다. 기본 구조 코드[boilerplate] 생성, 자주 쓰는 함수 작성 같은 기능은 프로젝트를 **완성에 가까이 만들 정도로** 역량이 탁월합니다. 실제로 많은 개발자의 의견에 따르면 AI 어시스턴트로 요구사항의 70%를 만족하는 초기 솔루션을 구현할 수 있습니다.[1]

피터 양[Peter Yang]은 제가 현장에서 관찰하며 느낀 점을 똑같이 포착해 X(전 트위터)에 이런 글을 올렸습니다(https://oreil.ly/i9qwq).

> 비개발자가 AI로 코딩을 하며 느낀 솔직한 감상:
> AI가 전체의 70% 정도는 해결하지만, 남은 30%를 완성하기가 상당히 어렵다. 한 걸음 전진할 때마다 새로운 버그와 이슈가 생겨 제자리걸음만 반복하게 된다.
> 코드의 작동 원리를 면밀히 이해하면, 아마도 직접 수정할 수 있을 거라 생각한다. 하지만 완전히 이해를 하지 못한 입장에서 실제로 기대한 수준의 학습 효과를 얻는지 의문이다.

개발자가 아니지만 AI를 활용해 코딩을 하는 사람은 결국 난관에 부딪혀 좌절하고 맙니다. 원하는 목표의 70% 정도는 의외로 빠르게 달성하더라도 남은 30%에는 효율을 보이지 못합니다.

이런 '70% 문제'는 AI 보조 엔지니어링이 가진 중대한 문제점을 드러냅니다. 초기 성과는 마치

---

[1] 이 장의 내용은 저자가 운영하는 서브스택 뉴스레터 'Elevate with Addy Osmani'에 게재된 2024년 12월 4일자 에세이 'The 70% Problem: Hard Truths about AI-Assisted Coding'를 바탕으로 작성했습니다(https://oreil.ly/aRKIJ).

마법과도 같이 신비롭게 느껴집니다. v0나 볼트Bolt 같은 AI 툴에 원하는 내용을 입력하면, 언 상적인 프로토타입이 생성됩니다. 그러나 현실은 지금부터 시작입니다.

전체 작업의 70%는 보통 정형화된 부분으로, 이미 확립된 개발 방식과 일반적인 프레임워크를 따릅니다. 해커뉴스Hacker News의 어느 댓글 작성자가 지적하였듯(https://oreil.ly/Ff3Ts) AI는 소프트웨어 개발 과정에서 반복적이고 기계적인 작업의 '우발적 복잡성'을 탁월하게 처리하지만, 문제 자체가 가진 복잡성을 파악하고 관리하는 **본질적 복잡성**을 처리하는 건 여전히 사람입니다. 프레드 브룩스Fred Brooks의 표현을 빌리자면, AI는 개발 과정에서 발생하는 부수적인 어려움은 해결하지만, 본질적인 난관은 해결하지 못합니다.[2]

AI 툴은 어디에서 어려움을 겪을까요? 경험 많은 개발자들은 AI가 만든 결과물을 실제 사용자들에게 제공하려면 처리할 사항이 많다고 이야기합니다. AI가 그럴듯한 해결책을 제시하더라도 마지막 30%에 해당하는 엣지 케이스 대응, 아키텍처 개선 및 유지보수성 확보에는 반드시 인간의 심층적인 전문 지식이 필요하다는 말입니다.

예를 들어 AI가 기본 시나리오에 맞는 함수를 제공하더라도 특이한 입력값, 경쟁 상태, 성능 제약, 향후 요구사항에 대해서는 명확하게 지시하지 않는 한 자동으로 반영되지 않습니다. AI는 대부분의 작업을 수행할 수 있지만 본질적인 마지막 30%(엣지 케이스, 유지보수, 견고한 아키텍처 구축)에는 전문적인 인간의 도움이 필요합니다.

AI는 그럴싸하지만 정확하지 못한 결과를 생성하는 경향이 있습니다. 이로 인해 미세한 버그가 생기거나 '환각'을 일으켜 존재하지 않는 함수나 라이브러리를 추가할 수 있습니다. 스티브 예그Steve Yegge는 오늘날의 LLM을 '생산성이 뛰어난 주니어 개발자'(https://oreil.ly/7jv8f) 같다고 비꼬았습니다. 속도와 열정이 뛰어난 한편, '약물에 취한 듯' 엉뚱하거나 실행이 불가능한 아이디어를 내놓는 경우가 많다는 뜻입니다.

예그의 말(https://oreil.ly/yPMP0)에 따르면 LLM이 생성하는 코드는 얼핏 세련돼 보입니다. 다만, 경험이 부족한 개발자가 '문제가 없어 보이네!'라는 안일한 판단으로 그대로 사용하

---

2 옮긴이_ "모든 소프트웨어 제작에는 두 가지 일이 수반된다. 추상적인 소프트웨어 개체를 구성하는 복잡한 개념적 구조를 만드는 본질적인 일, 그리고 이러한 추상적 개체를 프로그래밍 언어로 표현하여 시공간적 제약 안에서 기계의 언어로 대응시키는 부수적인 일이 그것이다." – 『맨먼스 미신』(인사이트, 2015)

면, 이후 몇 주 동안 웃음거리가 되거나 심각한 재앙을 일으킬 수 있습니다. AI는 문제를 완전히 **이해**하지 못합니다. 그저 **그럴듯한** 패턴을 조합하여 결과를 도출할 뿐입니다. 당장은 괜찮아 보이는 해결책이 장기적으로 어떤 문제를 숨기고 있는지는 오직 인간만이 판단할 수 있습니다. 사이먼 윌리슨 또한 AI는 매혹적이며 기발한 설계를 선보이지만 **문제를 깊이 이해한 개발자**가 해당 설계를 자세히 보면 결함을 간파할 수 있다는 의견(https://oreil.ly/sLzFY)을 냈습니다. AI는 자신감에 비해 완전히 믿긴 어렵습니다.

무엇보다 현재의 AI는 학습하지 않은 완전히 새로운 추상화나 전략은 만들지 않습니다(https://oreil.ly/HkwVF). 새로운 알고리즘이나 혁신적인 아키텍처를 새로 만들기보다는, 이미 알려진 개념을 재구성할 뿐입니다. AI는 결정에 대한 책임을 지지 않습니다. 한 개발자에 따르면 'AI는 학습한 내용을 넘어서는 독특한 아이디어를 제시하지 못합니다. 뿐만 아니라 업무 수행 결과에 어떠한 책임도 지지 않습니다.'

무엇을 만들고, **어떻게** 구성할지, **왜** 그렇게 해야 하는지 결정하는 창의적이고 분석적인 사고는 여전히 인간의 몫입니다. AI는 개발자를 강화하는 도구로, 반복적인 작업의 약 70%를 대신 처리하여 운영 효율을 높입니다. 그러나 인간의 판단을 대체할 수 있는 만능 해결책은 **아닙니다**. 소프트웨어 엔지니어링의 남은 30%에 해당하는 어려운 부분은 오직 체계적인 훈련을 받고 깊이 있는 사고를 할 수 있는 개발자만이 가진 전문적인 역량이 필요합니다. 이런 역량은 장기적으로 유효합니다. 자세한 내용은 4장에서 설명하겠습니다. 누군가는 "AI는 강력한 툴이지만, 만능 해결책으로 볼 수는 없다. 여전히 인간의 판단력과 우수한 소프트웨어 엔지니어링 관행은 중요하다"라고 말했습니다(https://oreil.ly/QXYsj).

3.1 개발자의 AI 실제 사용법

팀 단위로 개발 과정에 AI를 도입하면 뚜렷하게 나타나는 패턴이 두 가지 있습니다. 여기서는 '부트스트래퍼bootstrapper'와 '이터레이터iterator'라 부르겠습니다. 두 부류 모두 아이디어를 실현하거나 MVP를 만드는 과정에서 AI를 활용하여 간극을 줄입니다.

우선 새로운 프로젝트를 무(無)에서 시작하여 최소 기능 프로덕트(MVP)까지 완성하는 **부트스트래퍼**를 살펴보겠습니다. 볼트, v0, 스크린샷 투 코드screenshot-to-code 같은 툴은 신규 프로젝트를 시작하는 방식을 혁신적으로 변화시키고 있습니다. 부트스트래퍼 방식의 팀은 다음과 같은 순서로 일합니다.

- 디자인이나 대략적인 개념으로 시작한다.
- AI를 사용하여 완전한 초기 코드베이스를 생성한다.
- 기존에는 몇 주가 걸려야 완성하는 프로토타입을 이제는 몇 시간 또는 며칠 만에 만들 수 있다.
- 신속한 검증과 반복에 집중한다.

꽤 완성도 높은 결과물이 나올 겁니다. 최근 한 개발자가 볼트를 사용하여 피그마 디자인을 거의 즉시 작동하는 웹 애플리케이션으로 구현하는 과정을 지켜보았습니다. 운영 준비는 되어 있지 않았지만 초기 사용자 피드백을 받기에는 충분했습니다.

두 번째 부류인 **이터레이터**는 커서, 클라인, 코파일럿, 윈드서프 같은 툴을 활용해 일상적인 개발 워크플로를 수행합니다. 이들은 눈에 띄게 화려하지는 않으나 잠재적으로 더 큰 변화를 가져올 수 있습니다. 이터레이터 방식의 팀은 다음과 같은 순서로 일합니다.

- 코드 완성과 제안에 AI를 활용한다.
- 복잡한 리팩터링 작업에 AI를 활용한다.
- 테스트와 문서를 생성한다.
- 문제 해결에 AI를 '페어 프로그래머pair programmer'로 활용한다.

하지만 주의할 점이 있습니다. 두 접근 방식 모두 개발 속도를 크게 높일 수 있지만 바로 드러나지 않는 숨은 비용이 존재합니다.

시니어 개발자가 커서나 코파일럿 같은 AI 툴을 사용하는 모습을 보면 마치 마법을 보는 것 같습니다. 모든 기능을 몇 분 안에 완성하며, 테스트와 문서는 덤입니다. 하지만 주의 깊게 살펴보면 중요한 점을 눈치챌 수 있습니다. 바로 AI가 제안하는 내용을 비판 없이 수용하지 않는다는 점입니다. 생성된 코드를 더 구체적인 역할을 가진 작은 모듈로 재구성합니다. 포괄적인 오류 처리와 AI가 놓친 엣지 케이스 처리를 추가하고, 타입 정의와 인터페이스를 강화하며, 아키텍처에 의문을 제기합니다. 즉 개발자가 수년간 쌓아온 귀중한 경험을 바탕으로 AI의 출력을 조정하고 제한하는 겁니다. AI가 기능을 빠르게 구현하지만, 전문성이 코드를 안정적으로 유지하는 데 중요한 역할을 합니다.

3.1.1 AI 보조 워크플로 안티패턴

주니어 개발자는 이러한 중요한 단계를 자주 놓치곤 합니다. AI의 결과물을 쉽게 받아들이다 보니, 겉으로는 완성된 것처럼 보이지만 실제 환경에서는 쉽게 무너지는 이른바 '모래성 코드'가 만들어집니다.

■── 제자리걸음

이 상황 이후에는 보통 제가 '제자리걸음Two steps back'이라고 부르는 패턴이 이어집니다(그림 3-1).

- 작은 버그의 수정을 요청한다.
- AI가 그럴싸한 변경 사항을 제안한다.
- 이 수정으로 인해 다른 문제가 발생한다.
- AI에 새로운 문제를 해결하라고 요청한다.
- 이로 인해 두 가지 문제가 추가로 발생한다.
- 위 과정이 계속 반복된다.

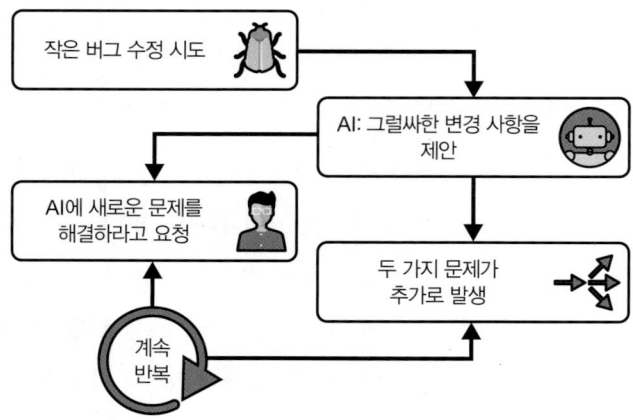

그림 3-1 '제자리걸음' 안티패턴

개발자가 아닌 사람에게는 이 과정이 특히 괴로울 겁니다. 진짜 문제가 무엇인지 이해할 수 있는 사고 체계가 부족하기 때문입니다. 경험이 풍부한 개발자라면 버그 발생 시 다년간 경험한 패턴을 바탕으로 원인과 해결책을 추론할 수 있습니다. 이런 배경 지식이 없으면, 코드를 완전히 이해하지 못한 채 두더지 잡기를 하는 상황이 벌어집니다. 이것이 바로 제가 앞에서 언급한 '지식의 역설'입니다. 시니어 개발자는 이미 익숙한 업무를 더 빠르게 진행하기 위해 AI를 활용하고, 주니어는 AI를 통해 일하는 방법을 배우려 합니다.

이런 상황은 부트스트래퍼 방식을 사용하는 비개발자에게 큰 어려움을 줍니다. 그들은 MVP를 만들 때 문제를 파악하고 해결할 수 있는 경험이 부족하기 때문입니다. 하지만 경험이 풍부한 이터레이터도 AI의 제안을 제대로 검증하지 않고 지나치게 의존하면 이런 함정에 빠지게 됩니다.

개발자가 아니어도 쉽게 이용할 수 있는 AI 코딩 툴은 복잡한 문제를 대신 해결해 준다는 장점이 있지만, 오히려 문제 해결 방법을 배우는 데 방해가 될 수 있습니다. 코드가 단순히 '나타난다고' 해서 그 기본 원리를 이해하지 않고 사용한다면, 디버깅 능력이 높아지지 않습니다. 기본적인 패턴을 배울 기회를 놓치는 셈입니다. 아키텍처에 대한 합리적인 판단을 내리지 못해, 코드의 유지와 발전이 어려워집니다. 결국 스스로 문제를 해결하는 능력을 기르기보다 AI에 계속 의존하게 됩니다.

과도한 의존으로 발생하는 문제점은 자율형 AI 코딩 에이전트가 등장하며 새로운 차원의 문제로 발전했습니다. 이 내용은 10장에서 심도 있게 다룹니다. 새롭게 등장한 에이전트는 소프트웨어 개발 자체를 근본적으로 바꿔놓고 있습니다. 이전까지의 도구가 코드 일부를 제안하는 수준이었다면, 24년부터 사람의 개입을 최소화하면서 개발 작업 전체를 스스로 계획하고 실행하고 개선해 나가는 시스템이 실제로 보급되기 시작했습니다.

보조 역할에서 자율 실행 수준까지 발전한 AI는 개발자의 전문성과 주도권에 대한 심각한 질문을 던집니다. AI 시스템이 초기 구현부터 테스트, 배포까지 개발 과정 전체를 혼자서 처리하게 되면 개발자의 실력이 떨어질 위험은 없을까요? 기본기를 소홀히 한 채 이런 에이전트에만 의존하는 개발자는 AI가 엉뚱한 방향으로 갈 때 제대로 검토하거나 방향을 잡아주거나 개입할 능력을 잃을 수 있습니다.

이런 자율 시스템이 내리는 결정이 도미노처럼 이어져 프로젝트 전반에 영향을 미치면서 문제는 더욱 복잡해집니다. 각각의 선택지는 그럴듯해 보이더라도 코드 전체가 원하지 않는 방향으로 끌려갈 겁니다. 이런 흐름의 변화를 일찍 알아채고 바로잡을 안목이 없다면, 팀의 누구도 완전히 이해하지 못하는 토대 위에 점점 더 복잡한 시스템이 올라가게 됩니다.

뒤에서 더 자세히 살펴보겠지만, 자율 코딩 에이전트의 등장이 소프트웨어 엔지니어링 기본기의 중요성을 줄여주는 것은 아닙니다. 오히려 그 중요성을 더욱 부각합니다. AI가 강력해질수록, 우리는 단순히 기계를 다루는 사람이 아니라 시스템을 설계하는 사람으로 남기 위해 전문성을 지켜야 합니다. 소프트웨어의 본질을 깊이 이해해야만 AI 툴을 정말 유용한 방향으로 사용할 수 있습니다.

데모 품질의 함정

이제는 AI로 인상적인 데모를 신속하게 제작할 수 있습니다. 원하는 순서대로는 아주 원활하게 작동합니다. 투자자와 소셜 네트워크는 감탄합니다. 하지만 실제로 서비스를 시작하고 사용자가 여기저기를 클릭하면 어떻게 될까요? 생각도 못한 오류가 발생합니다.

모두가 경험했을 겁니다. 일반 사용자는 이해하기 어려운 오류 메시지, 애플리케이션이 중단되는 엣지 케이스, 정리되지 않아 혼란스러운 UI, 접근성이 전혀 고려되지 않은 요소, 느린 기기에서 발생하는 성능 문제 등 많은 문제가 있습니다. 이러한 문제는 우선순위가 낮은 버그 정도로 보이겠지만, 소프트웨어 자체에 대한 평가에 매우 부정적인 영향을 미칩니다. 작은 차이 하나가 사람들이 억지로 사용하는 소프트웨어와 애용하는 소프트웨어를 구분 짓습니다.

사용자가 지원 센터에 문의하지 않고도 이용할 수 있는 소프트웨어를 만들려면, 전혀 다른 과정이 필요합니다. 바로 세심한 마무리입니다. 오류 메시지에 신경을 기울이고, 느린 연결 환경과 실제 비전문가 사용자를 대상으로 테스트해 기능을 쉽게 찾을 수 있도록 개선하며, 모든 엣지 케이스를 원활하게 처리해야 합니다. 이런 세심한 마무리는 공감, 풍부한 경험, 장인 정신에서 나옵니다. AI는 만들어낼 수 없을지도 모릅니다.

3.1.2 실용적인 AI 보조 워크플로 패턴

현대 개발 관행과 AI 어시스턴트가 팀의 워크플로에 어떻게 맞춰지는지에 대해 이야기해 보겠습니다. 소프트웨어 개발은 단순히 코드를 작성하는 것만이 아니라, 계획 수립, 협업, 테스트 배포, 유지보수 등 여러 과정을 포함하는 전반적인 워크플로입니다. 바이브 코딩을 애자일 방법론과 데브옵스 실무에 통합하여 팀의 생산성을 높이고 품질과 신뢰성을 유지할 수 있습니다.

이 절에서는 팀원들이 바이브 코딩 툴을 함께 활용하는 방법, AI의 제안과 인간의 통찰력을 조절히 조율하는 방법, CI/CD 파이프라인에 AI 또는 AI가 생성한 코드를 반영하고 적용하는 방법을 알아보겠습니다. 또한 버전 관리 전략과 같은 중요한 사항에 대해서도 함께 살펴보겠습니다. 개발 과정에서 AI를 효과적으로 사용하는 여러 팀의 사례를 정리한 결과, 개인 워크플로와 팀 워크플로 모두에서 꾸준히 효과를 나타내는 세 가지 패턴을 발견했습니다.

- **AI의 초안 작성**: AI 모델이 초기 코드를 생성한 후, 개발자가 이를 정제하고 리팩터링 및 테스트합니다.
- **AI와 페어 프로그래밍**: 개발자와 AI가 끊임없이 대화하며 긴밀한 피드백과 빈번한 코드 리뷰, 그리고 최소한의 컨텍스트만을 주고받습니다.
- **AI를 사용한 검증**: 개발자가 초기 코드를 직접 작성한 후 AI를 활용해 코드의 검증, 테스트 및 개선 작업을 진행합니다.

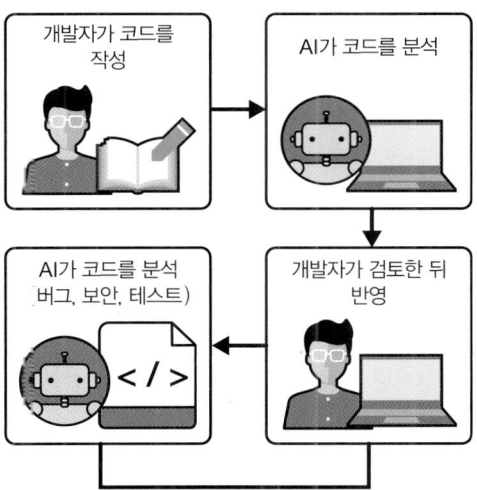

그림 3-2 **AI 검증 워크플로**: 개별자가 초기 코드를 작성합니다. AI 시스템이 버그와 보안 문제를 분석한 후 개선 사항을 제안하고 개발자가 추천된 변경 사항을 검토해 적용합니다.

각 패턴을 차례대로 소개하며 워크플로와 성공을 위한 팁을 살펴보겠습니다.

AI의 초안 작성

AI 모델에 코드 초안을 요청하기 전에 팀원 모두가 프로젝트에 대해 공통된 내용을 이해했는지 꼭 확인하기 바랍니다. 원활한 소통을 통해 개발자 여러분이 AI 어시스턴트에 불필요한 작업을 요청하거나 상반되는 구현을 생성하지 않도록 합니다.

애자일 워크플로의 기본 절차인 데일리 스탠드업 미팅에서는 진행 중인 업무뿐만 아니라 특정 업무에 AI를 사용할 계획이 있는지 논의하는 것이 좋습니다. 예를 들어, 두 개발자가 날짜 형식을 위한 유틸리티 함수와 관련된 서로 다른 기능을 작업할 수 있습니다. 이때 두 사람이 모두 AI에 `formatDate` 헬퍼를 생성해 달라고 요청하면, 같은 기능을 하는 두 개의 함수가 생성될 수 있습니다. 사전에 누군가 '공동으로 사용할 날짜 유틸리티를 만들게요'라고 합의하면 중복 작업을 방지할 수 있습니다.

AI 툴을 효과적으로 활용하는 팀은 보통 코딩 표준과 프롬프트 작성 방식을 먼저 합의합니다. 예를 들어, 팀에서는 일관된 스타일(린팅 규칙과 프로젝트 관례)을 정하고, 그 가이드라인을 AI 툴에 반영할 수 있습니다. 일부 어시스턴트는 스타일 선호도나 예시 코드를 제공하여 출력 결과를 유도하도록 허용합니다.[3] 코다시(Codacy)의 블로그(`https://oreil.ly/FeEN_`)에 따르면, AI에 팀의 코딩 기준을 전달하면 모두가 함께 작업하기 쉬운 균일한 형식의 코드가 생성됩니다. 실무적으로는 프로젝트 README에 'AI 활용 팁' 섹션을 만들면 좋습니다. 예를 들어 노트에 '함수형 컴포넌트만 사용' 또는 '액시오스(Axios) 대신 페치(Fetch) API를 사용' 같은 내용을 작성해 다른 개발자가 프롬프트를 작성하는 데 참고하도록 유도하세요.

또 다른 방법은 사용 가능한 경우 툴의 **협업 기능**을 활용하는 것입니다. 일부 AI 보조 IDE에서는 사용자가 AI 세션이나 사용한 프롬프트를 공유할 수 있습니다. 복잡한 컴포넌트를 구현하는 프롬프트가 좋은 결과를 냈다면, 해당 프롬프트를 이슈 트래커나 팀 채팅 등을

---

[3] 옮긴이_ 2025년 8월, 오픈AI는 AI 코딩 에이전트가 프로젝트에서 작업할 때 필요한 컨텍스트와 지침을 정리하는 AGENTS.md라는 문서 표준을 발표했습니다(`https://agents.md`).

통해 다른 개발자와 공유하면 시간 절약과 일관성 유지에 도움이 됩니다.

버전 관리를 활용하면 기본 원칙은 그대로 유지되지만 약간의 변화가 생깁니다. 현대 개발 환경에서는 깃이나 기타 버전 관리 시스템의 사용이 반드시 필요합니다. 바이브 코딩을 하더라도 이 원칙은 그대로 유지됩니다. 실제로 AI가 빠르게 코드를 생성할수록 버전 관리의 중요성이 더욱 커집니다. 커밋은 AI 오류를 잡기 위한 안전망 역할을 합니다. AI가 생성한 변경 사항으로 문제가 발생하면 이전 커밋으로 복구할 수 있습니다.

AI 보조 코딩을 할 때는 자주 커밋하는 것도 하나의 전략입니다. 매번 AI가 기능 추가나 대대적 리팩터링 등 유의미한 코드 청크를 생성하면, 이를 적용할 때마다 명확한 메시지로 커밋합니다. 빈번한 커밋은 자세한 기록이 남아 이슈를 이분 탐색하거나 AI가 도입한 코드 일부를 되돌리는 데 좋습니다.

또한 AI가 도입한 변경 사항을 구분해 보세요. AI가 다양한 분야에서 여러 가지 변경 사항을 한꺼번에 적용하도록 허용하면, 문제가 발생했을 때 각 변경 사항이 어떤 영향을 미치는지 분리해서 파악하기 어려워집니다. 이로 인해 문제의 원인을 분석하는 과정이 복잡해질 수 있습니다. 예를 들어 성능 최적화를 위해 에이전트를 사용하고 UI 텍스트를 수정하는 경우, 각 작업을 구분하여 따로 커밋하는 것이 좋습니다. 커밋 메시지는 '리스트 렌더링 성능 최적화 [AI 사용]', '운동 완료 메시지 UI 문구 업데이트 [AI 사용]'처럼 작성합니다. 자세한 커밋 메시지는 기록 관리의 신뢰성을 높이는 데 중요합니다. 일부 팀은 추적성을 위해 AI가 많이 사용된 커밋에 태그를 추가하기도 합니다. 핑계를 대는 것이 아니라 코드의 기원을 이해하기 위한 것입니다. '[AI]' 태그가 붙은 커밋은 엣지 케이스에 대해 더 세밀한 검토가 필요합니다.

본질적으로 팀에서는 AI 사용을 개발 방향 설정에 있어 자연스러운 부분으로 취급해야 합니다. 팀에서는 AI를 잘 활용할 수 있도록 개발자들의 사용 사례, 효과적인 기법, 주의 사항(예: '코파일럿이 X 작업에 구식 라이브러리 사용을 제안하니 조심합시다') 등을 공유하는 것이 좋습니다.

이 패턴에서는 꼼꼼한 검토와 신중한 개선 과정이 필수입니다. 개발자는 직접 코드를 확인하고 리팩터링해 모듈성을 확보해야 합니다. 포괄적인 오류 처리를 추가하며, 철저한 테스트를 작성하고 코드 정제 과정의 주요 결정 사항을 문서화해야 합니다. 다음 장에서 이런 과정을 자세히 살펴보겠습니다.

AI와 페어 프로그래밍

페어 프로그래밍은 하나의 작업 공간을 활용하여 두 명이 협력하는 프로그래밍 방식을 말합니다. AI의 등장으로 인간 개발자가 어시스턴트와 함께 업무를 수행하는 하이브리드 접근 방식이 탄생했습니다. 이 구성은 인간의 직관과 기계의 효율성이 조합되어 효과를 발휘합니다. 인간의 직관은 경험을 바탕으로 개발에 필요한 판단을 내리고, 기계의 효율성은 인간의 판단을 따라 빠르고 정확하게 코드를 구현하는 방식입니다.

인간과 AI가 짝을 이루어 협업하는 상황에서 개발자는 AI가 코드를 추천하도록 지시하고 출력 결과를 검토해 코드를 개선합니다. 이 메커니즘은 AI의 빠른 처리 능력을 활용하여 기본 구조 코드 작성이나 테스트 생성 등 반복 작업을 효율적으로 수행하게 하는 동시에, 코드 품질과 관련성을 보장하기 위한 관리 역할을 실행합니다.

예를 들어 새 라이브러리를 연동할 때 개발자가 AI에 기본 연동 코드를 짜달라고 요청할 수 있습니다. 그러면 개발자는 AI가 제안한 내용을 살펴보고 공식 문서와 비교해서 맞는지 확인합니다. 이런 방식은 개발 속도를 올려줄 뿐 아니라 학습에도 도움이 됩니다. 개발자는 AI 결과물과 라이브러리 내용을 모두 꼼꼼히 들여다보게 되기 때문입니다.

이제 기존의 인간끼리 하는 페어 프로그래밍과 비교해 보죠.

- **인간-AI 페어 프로그래밍**: 코드를 빠르게 만들어내고 지루한 작업들을 효율적으로 처리합니다. 혼자 개발할 때나 팀 인력이 부족할 때 특히 도움이 됩니다.
- **인간-인간 페어 프로그래밍**: 복잡한 문제를 풀 때 진가를 발휘합니다. 미묘한 부분까지 이해하고 함께 아이디어를 내야 하는 상황에서 유용합니다. 코드에 대한 오너십과 팀 차원의 이해도 높여줍니다.

두 방법 다 나름의 장점이 있으므로 프로젝트가 얼마나 복잡한지, 어떤 자원을 쓸 수 있는지, 개발의 구체적인 목표가 무엇인지에 따라 선택하면 됩니다.

AI 페어 프로그래밍의 모범 사례

AI 보조 엔지니어링의 효과를 최대화하려면 다음과 같은 방법을 추천합니다.

- **작업별로 새 AI 세션 시작**: 컨텍스트가 명료해져 AI가 같은 작업에 적합한 제안을 합니다.
- **명확하고 간결한 프롬프트**: 뭘 원하는지 구체적으로 말하면 AI가 더 좋은 결과를 내놓습니다.
- **많은 확인과 커밋**: AI가 생성한 코드를 주기적으로 확인하고 테스트하면 문제를 빨리 찾을 수 있고 프로젝트가 늦춰지지 않습니다.
- **긴밀한 피드백 루프 유지**: AI의 코드를 계속 확인하면서 잘못된 부분은 고쳐주고 다음번에 더 잘할 수 있도록 가이드하세요.

AI를 사용한 검증

AI는 코드를 생성할 뿐 아니라, 코드를 검토하고 품질을 체크하는 검사관 역할도 잘합니다. AI 툴은 코드를 분석하여 잠재적인 버그, 보안 취약점, 모범 사례 준수 여부를 확인할 수 있습니다. 예를 들어 딥코드DeepCode나 스닉Snyk같은 플랫폼이 제공하는 AI 기반 코드 검사기는 입력 값 검증 누락이나 보안 취약 구성 등과 같은 문제를 식별해 개발 과정에서 바로 적용할 수 있는 구체적인 대응 방안을 제공합니다. 쿠도Qodo 및 테스트GPT TestGPT와 같은 플랫폼은 테스트 케이스를 자동으로 생성하여 더 넓은 테스트 범위를 확보하고 수동 작업을 줄여줍니다. 많은 AI 툴이 애플리케이션의 성능을 모니터링하고, 근본적인 문제를 나타낼 수 있는 이상 징후를 감지하는 데 도움을 줍니다.

개발 워크플로에 AI 검증 도구를 통합하면 코드 품질을 높이고, 결함 발생 가능성을 줄이며, 보안 표준을 준수할 수 있습니다. 이렇게 선제적으로 검증하는 접근법은 인간의 감독을 보완하여 더욱 견고하고 신뢰할 수 있는 소프트웨어를 만드는 데 기여합니다. 이 툴은 반복적이고 시간을 잡아먹는 작업을 처리해 QA 프로세스의 효율성과 효과성을 높입니다. 이를 통해 인간 테스터는 QA의 더 복잡하고 미묘한 측면에 집중할 수 있습니다.

AI를 개발 프로세스에 통합해 페어 프로그래머나 검증 역할을 맡기면 생산성과 코드 품질을 개선할 기회가 됩니다. 이러한 툴을 신중하게 통합함으로써 개발자는 인간과 AI의 강점을 활용할 수 있습니다.

AI와 인간의 능력을 QA에서 최대한 활용하기 위해 몇 가지 모범 사례를 추천합니다.

- AI를 활용하여 초기 평가 및 사전 스캔을 수행하여 명백한 문제를 식별합니다.
- 복잡한 기능, 사용자 경험, AI의 한계가 있을 수 있는 영역 등과 같은 중요한 분야에 대해서는 인간 검토를 우선시해야 합니다.
- AI 툴과 인간 테스터가 함께 일하는 환경을 만들고, 서로 피드백을 주고받으면서 AI 성능도 높이고 사람의 판단력도 개선할 수 있도록 하세요.

3.2 바이브 코딩의 핵심 원칙

바이브 코딩은 소프트웨어 개발에 전에 없던 속도와 창의적 자유를 가져다주지만, 바로 그 유연함 때문에 일정한 품질과 팀워크를 유지하려면 체계적으로 접근해야 합니다. 빠르고 직관적인 AI 보조 엔지니어링은 창의적인 실험과 엔지니어링 원칙 사이의 균형을 잡아주는 확실한 가이드라인이 없으면 쉽게 혼돈에 빠질 수 있습니다.

워크플로에 바이브 코딩을 성공적으로 녹여낸 여러 팀의 경험을 정리한 핵심 원칙을 소개하겠습니다. AI가 잘하는 일과 못하는 일, 과정 전체에서 인간의 판단이 여전히 중요한 이유에 대한 값진 깨달음이 담겨 있습니다. 이 원칙들은 창의성을 억누르기보다는 팀이 실제 서비스에 필요한 기준을 지키면서도 마음 놓고 시도할 틀을 만들어 줍니다.

이 법칙들은 바이브 코딩의 세 가지 핵심을 다룹니다. 사람과 AI가 효과적으로 협업하는 방법, AI 코드를 기존 시스템에 안전하게 통합하는 방법, AI 개발을 지속가능하게 만드는 팀 문화를 만드는 방법을 제시합니다. 이런 가이드라인을 따르면 기술 부채나 보안 허점, 유지보수성 상실 같은 흔한 문제들을 피하면서도 바이브 코딩이 가진 혁신적인 힘을 제대로 활용할 수 있습니다.

- **원하는 내용을 구체적이고 명확하게 전달한다**: AI와 상호작용할 때 요구사항, 작업, 결과를 명확하게 설명하세요. 정확한 프롬프트는 정확한 결과를 낳습니다.
- **항상 AI의 출력을 원래 의도와 맞는지 검증한다**: AI가 생성한 코드는 항상 원래 목표와 비교하여 검토해야 합니다. 기능과 논리 및 관련성을 확인한 후 수용합니다.
- **AI를 주니어 개발자처럼 감독한다**: AI의 출력은 신중한 확인이 필요한 초안으로 고려해야 합니다. 피드백을 제공하고, 개선하면서 품질과 정확성을 보장합니다.

- **AI에 생각을 맡기지 않는다. 자신의 능력을 확장하는 데 사용한다**: AI를 활용하여 반복적이거나 복잡한 작업을 자동화할 수 있으나, 문제 해결과 의사 결정에는 항상 적극적으로 참여해야 합니다.
- **코드를 생성하기 전에 미리 규칙을 정한다**: AI 기반 개발을 시작하기 전에 팀과 함께 AI 사용 기준, 코드 기대치 및 관행을 미리 정해야 합니다.
- **AI 사용을 개발 관련 소통의 자연스러운 부분으로 생각한다**: 팀과 함께 AI 사용 경험, 기술, 성공 사례 및 문제점에 대해 정기적으로 논의하세요. AI를 집단적 개선을 위한 또 다른 툴로 활용하세요.
- **AI 변경 사항을 분리할 수 있도록 별도의 커밋을 수행한다**: 버전 관리 내에서 AI가 생성한 변경 사항을 명확히 식별하고 분리하여 검토, 롤백, 추적을 간소화합니다.
- **인간이 작성했든 AI가 생성했든 모든 코드는 반드시 리뷰를 거친다**: 모든 코드는 동일하게 엄격한 코드 리뷰를 거쳐 일관된 기준을 유지하며, 코드 품질과 팀의 이해도를 높입니다.
- **이해하지 못하는 코드는 머지하지 않는다**: AI가 생성한 코드는 그 기능과 함의를 철저히 이해하지 않은 상태로 통합해서는 안 됩니다. 유지보수와 보안에 있어 매우 중요합니다.
- **문서, 주석, 아키텍처 결정 기록 architecture decision record (ADR)을 우선시한다**: AI로 생성한 코드의 논리, 기능 및 컨텍스트를 명확히 문서화해야 합니다. 적절한 문서화는 장기적인 명확성을 보장하고, 미래의 기술적 부채를 줄이는 데 기여합니다.
- **효과적인 프롬프트를 공유하고 재사용한다**: 고품질 AI 출력을 이끌어내는 프롬프트는 문서화하세요. 미래의 상호작용을 간소화하고 일관성을 높이기 위해 검증된 프롬프트를 저장하는 편이 좋습니다.
- **정기적으로 성찰하고 이터레이터를 개선한다**: AI 개발 워크플로를 정기적으로 검토하고 개선해야 합니다. 과거 경험에서의 정보를 활용하여 팀의 접근 방식을 지속적으로 개선합니다.

이러한 핵심 원칙을 준수함으로써 팀은 AI를 효과적으로 활용하여 생산성을 높이며, 명확성, 품질, 통제를 유지할 수 있습니다.

요약

70% 문제는 AI 보조 엔지니어링의 현재 상황을 보여줍니다. AI 툴은 기본 구조 코드나 정형화된 함수 생성에 탁월하지만 엣지 케이스와 아키텍처 결정, 프로덕션 준비 같은 마지막 30%에 어려움을 겪습니다. 두 가지 주요 사용 패턴을 확인했습니다. 하나는 빠르게 MVP를 구축하는 '부트스트래퍼'고, 다른 하나는 AI를 일상 워크플로에 통합하는 '이터레이터'입니다. 또한 AI가 버그를 해결하지 못하는 '제자리걸음' 안티패턴과 인상적인 프로토타입이 실환경에서 실패하는 '데모 품질의 함정'을 확인했습니다.

검증된 워크플로 패턴 세 가지도 알아봤습니다. AI의 초안 작성(생성 후 정제)와 AI와 페어 프로그래밍(지속적 협업), AI를 사용한 검증(사람이 작성한 코드에 대한 AI 분석)입니다. 바이브 코딩의 핵심 원칙은 필수적인 가드레일을 제공합니다. 이 원칙들은 프로그래밍 과정에 명확한 소통과 철저한 검증, 팀의 협업, 코드 리뷰가 중요하다고 강조합니다.

개발자라면 워크플로 패턴 중 하나를 선택해 일상 업무에 적용하면서 체계적으로 실험해 보세요. 4장에서 다루는 지속적인 역량(시스템 설계와 디버깅, 아키텍처 지식)을 기르는 데 집중하세요. 코드 생성에서 AI와 경쟁하기보다는 이러한 역량을 기르는 데 중점을 두기 바랍니다.

팀에서는 AI 사용에 대한 기준을 마련하고, 효과적인 프롬프트를 공유해야 합니다. 또한 기존 애자일 프로세스에 AI 관련 사항을 통합해야 합니다. 성공 사례와 시행착오 사례를 정기적으로 공유하면, 팀이 흔히 겪는 문제를 피하고 AI의 이점을 적극적으로 사용할 수 있습니다.

자율적인 AI 코딩 에이전트가 등장함에 따라 개발자는 아키텍처 설계와 전략적 의사결정에 더 집중하게 됩니다. 다음 장에서는 대체할 수 없는 인간의 기여를 극대화하는 방법을 다룹니다. 모든 개발자가 점점 더 뛰어난 AI 시스템과 경쟁자가 아니라 협력 파트너로서 성장할 수 있도록 지원하는 방안을 살펴보겠습니다.

CHAPTER 4
70%를 넘어서: 인간 역할의 극대화

커서, 클라인, 코파일럿, 윈드서프 같은 AI 코딩 어시스턴트가 소프트웨어 개발 방식을 변화시키는 모습을 보았습니다. 이 어시스턴트들은 약 70%의 반복적인 작업과 기본 구조 코드를 담당합니다.[1] 그렇다면 장난감 수준의 솔루션과 운영을 앞둔 시스템을 구분 짓는 마지막 '30%'의 작업은 어떻게 해야 할까요? 이 차이에는 복잡한 요구사항 이해, 유지보수가 용이한 시스템 아키텍처 설계, 엣지 케이스 처리, 코드의 정확성 보장 등 어려운 작업이 포함됩니다. 다시 말해, 생성형 AI는 **코드**를 생성할 수 있지만, **엔지니어링**에서는 종종 어려움을 겪습니다.

팀 오라일리^{Tim O'Reilly}는 수십 년간의 기술 변화에 대해 성찰하며, 자동화는 프로그래밍 **방식**에 변화를 가져왔지만 수련된 개발자가 필요한 **이유**는 변하지 않았다고 말했습니다(`https://oreil.ly/BYrNh`).[2] 이는 프로그래밍의 종말이 아니라 '우리가 알고 있던 프로그래밍의 종말'을 맞이하고 있다는 의미입니다. 즉 개발자의 역할이 사라지는 것이 아니라 진화하고 있음을 뜻합니다.

오늘날 개발자들이 직면한 과제는 AI가 가장 잘하는 70%를 활용하면서, 나머지 30%에 필요한 핵심 역량과 통찰력을 더욱 강화하는 것입니다. 이번 장에서는 전문가의 통찰력을 통해 인간의

---

1 4장의 내용은 저자가 운영하는 서브스택 뉴스레터 'Elevate with Addy Osmani'에 게재된 2024년 3월 13일자 에세이 'Beyond the 70%: Maximizing the Human 30% of AI-Assisted Coding'(`https://oreil.ly/PMFsp`)과 2024년 12월 23일자 에세이 'Future-Proofing Your Software Engineering Career'(`https://oreil.ly/1EoW8`)를 바탕으로 작성했습니다.

2 옮긴이_ 한국어 번역본은 다음 링크에서 볼 수 있습니다. `http://bit.ly/47H28Wo`

어떤 기술이 여전히 중요한지 알아봅니다. 시니어 및 중급 개발자가 AI와 함께 잘 성장하기 위해 갖춰야 할 자세와 주니어 개발자가 길러야 하는 역량을 알아보겠습니다. 이번 장의 목표는 대체할 수 없는 30%의 가치를 극대화하는 실용적인 지침을 제공하며, 모든 수준의 개발자가 활용할 방법을 소개하는 것입니다.

4.1 시니어 개발자: AI를 활용한 경험의 극대화

시니어 개발자는 AI 코딩 툴의 등장을 자신의 영향력을 확대할 기회로 여기고 지금까지의 경험을 활용해야 합니다. 시니어 개발자는 일반적으로 깊은 도메인 지식과 문제 발생 가능성에 대한 직관, 높은 수준의 기술적 결정을 내리는 능력을 갖추고 있습니다.

이러한 강점이 AI만으로 해결할 수 없는 30%에 속합니다. 이번 절에서는 숙련된 개발자가 자신의 가치를 극대화하는 방법을 살펴봅니다.

4.1.1 아키텍트 겸 편집자

AI가 코드의 초안을 작성하고 여러분은 아키텍처 설계와 AI 출력을 세련되게 만듭니다. 스티브 예그(https://oreil.ly/QtJ7_)가 언급한 바와 같이, 많은 조직이 '중간 관리직만' 채용하게 될 수도 있습니다. 중간 관리직은 '수행해야 할 작업을 설명하고(프롬프트 작성), 결과물의 정확성을 검토하는' 역할을 맡게 될 겁니다. 이 변화를 받아들이세요. 시니어 개발자는 복잡한 요구사항을 효과적인 프롬프트나 사양으로 변환할 수 있습니다. 그다음 생성된 모든 코드를 한 줄씩 신중하게 검토하는 작업이 필요합니다. 여러분은 AI와 함께 효율적인 페어 프로그래밍을 하는 겁니다. AI가 코드를 아무리 빠르게 작성하더라도 이걸 반영할지 결정하는 건 여러분입니다. 기준을 높게 잡으세요. 코드가 조직이 원하는 품질, 보안, 성능 기준을 충족하는지 확인하세요. 이렇게 해야 검토할 코드가 쌓이지 않고 아키텍트 겸 편집자로서 업무량을 잘 관리할 수 있습니다.

또한, 주니어 개발자가 생성형 AI의 출력을 그대로 가져오지 말고 먼저 확인해 보도록 지시하세요. AI가 생성한 코드는 주니어 개발자가 먼저 검증하는 절차를 세우는 것을 추천합니다. 조직에서 만들어지는 모든 코드를 시니어 개발자 혼자서 확인하는 일은 없어야 합니다.

4.1.2 생산성을 증폭하는 AI

시니어 개발자는 주니어가 혼자서는 접근하기 어려운 대규모 프로젝트를 주도하거나 복잡한 리팩터링을 수행해야 하는 경우가 많습니다. 이때 AI는 많은 기계적 변화를 처리하거나 사용자의 안내에 따라 대안을 탐색해 작업을 편하게 만들 수 있습니다. 스티브 예그는 '프롬프트 반복 개선을 통한 코딩'을 AI와 협력하는 **채팅 지향 프로그래밍**Chat Oriented Programming(CHOP)이라고 명명했습니다(https://oreil.ly/QtJ7_).

AI 어시스턴트 덕분에 프로젝트에 투자할지 판단하는 기준은 낮아졌습니다. 예전에는 며칠이 걸리던 작업이 이제는 몇 시간 안에 완료되기 때문입니다. 덕분에 시니어 이상의 개발자라면 항상 '이러면 좋겠는데...'하고 생각만 하던 프로젝트에 도전할 수 있게 되었습니다.

핵심은 스스로 어떤 툴이나 접근 방식을 선택할지 결정하고, 각 요소를 통합해 전체적인 일관성을 유지하는 것입니다. 여러분이 가진 경험을 바탕으로 AI의 제안을 평가하세요. 적합한 제안은 수용하고 부적합한 제안은 거부하도록 합니다.

4.1.3 멘토링과 기준 설정

시니어 개발자의 또 다른 중요한 역할은 경험이 적은 팀원들에게 효과적인 AI 사용법과 변치 않는 모범 사례를 코칭하는 것입니다. 주니어 개발자는 놓칠 수 있는 메모리 누수, 오프 바이 원 오류, 동시성 위험과 같은 함정에 대한 경험이 있을 겁니다.

주니어 개발자가 생성형 AI를 통해 코드를 작성할 수 있는 상황에서 직접 코드를 검토하고 테스트하는 방법을 가르치는 것이 중요합니다. AI의 코드를 철저히 테스트하는 방법을 시연하여 모범을 보이고, 출력된 코드를 의심하고 검증하는 문화를 장려하세요. 일부 조직(심지어 법률 사무소까지)은 누군가가 AI를 사용하여 코드나 글을 생성하면, '**이를 공개하고 결과를 스스로 검증**

해야 한다'는 규칙을 도입하였습니다. 단순히 시니어 동료가 실수를 잡아줄 것이라고 가정해선 안 됩니다.

시니어 개발자라면 팀에서 이러한 규범을 앞장서서 지켜야 합니다. AI를 사용하는 것도 좋지만 성실함도 필요합니다. 이런 내용을 바탕으로 주니어를 멘토링하면 결과물을 검토할 부담을 어느 정도 덜 수 있고 주니어가 30%의 기술력을 더 빨리 기르도록 도울 수 있습니다.

4.1.4 도메인 전문성과 통찰력 함양

여러분의 폭넓은 경험과 지식이 그 어느 때보다 중요해졌습니다. 시니어 개발자는 회사의 시스템이 특정 방식으로 구축된 이유나 산업의 운영 방식에 대한 역사적 지식을 보유하고 있습니다. 신규 입사자가 놓칠지 모르는 AI의 실수를 도메인 전문성 덕분에 알아낼 수 있습니다.

문제 도메인을 깊이 이해하도록 지속적으로 투자해야 합니다. 비즈니스 요구사항, 사용자 피드백, 소프트웨어에 영향을 미치는 새로운 규정을 최신 상태로 유지하는 것도 투자입니다. AI는 명시하지 않는 한 이러한 고려 사항을 자동으로 통합하지 않습니다. AI의 속도에 도메인 통찰력을 결합하면 최상의 결과를 얻을 수 있습니다.

또한 자신의 선견지명으로 AI를 조정해야 합니다. 예를 들어 간단한 수정이 나중에 유지보수에 있어 어려움을 일으킬 것 같다면, AI에 지속 가능한 솔루션을 구현하도록 지시할 수 있습니다. 수년간 갈고닦은 자신의 본능을 믿으세요. 코드가 '이상하다'거나 '너무 좋다' 싶다면 깊이 파고들어야 합니다. AI는 열 번 중 아홉 번은 고려하지 못할 특정 경우를 여러분의 본능이 발견할 것입니다. 시니어 개발자는 코드의 2차, 3차 효과를 예측할 능력이 있습니다. AI의 편리함에 젖어 이러한 습관이 무뎌지지 않도록 주의해야 합니다. 그 통찰력을 바탕으로 AI가 만들어내는 모든 결과물을 평가하세요.

4.1.5 소프트 스킬과 리더십 연마

AI가 일부 코딩 작업을 담당하면, 시니어 개발자는 엔지니어링의 인간적인 측면에 더 많은 에

너지를 쏟을 수 있습니다. 이해관계자와의 소통, 설계 회의 리드, 기술과 비즈니스 전략을 조율하는 판단 등 핵심 업무에 집중할 수 있습니다. 팀 오라일리는 단순한 코딩이 더 쉬워짐에 따라 **무엇**을 구축할지와 복잡한 시스템을 **어떻게 오케스트레이션할지** 결정하는 작업이 더 중요해질 것이라 예상했습니다(https://oreil.ly/rbIKm).

시니어는 종종 전체 그림을 구상하고 이를 조율하는 역할을 맡습니다. 아키텍처 로드맵 작성, 채택할 툴(AI든 아니든)의 평가, 조직의 AI 코딩 가이드라인 정의 같은 작업에 참여하세요. 이는 AI가 수행하지 못하는 작업입니다. 경험과 인간의 재량이 필요하며, 때로는 팀 간의 합의 형성이 필요합니다. 리더로서의 존재감을 키워 당신이 (다른 도구로 대체 가능한) 코드 생성기가 아니라 팀을 이끄는 데 없어서는 안 될 기술 리더임을 어필하는 편이 좋습니다.

숙련된 개발자는 가장 잘하는 일을 계속해야 합니다. 나무를 보느라 숲을 놓치지 마세요. AI가 더 많은 나무를 베는 데 도움을 줄 테지만, **어떤** 나무를 베고 **어떻게** 안정적인 집을 지을지 결정할 사람이 필요합니다. 판단력, 전략적 사고, 멘토링은 이제 더욱 중요해졌습니다. AI를 효과적으로 활용하는 시니어 개발자는 그렇지 않은 개발자보다 생산성을 크게 높일 수 있습니다. 그러나 진정으로 뛰어난 개발자는 단순히 AI를 방치하지 않고 AI의 출력을 높이기 위해 자신의 인간적인 강점을 활용합니다.

한 레딧 사용자는 AI를 '시니어 개발자의 생산성을 크게 높이는 프로그래밍 생산성 증폭기'로 표현했습니다(https://oreil.ly/HulC9). 개발 프로세스의 중심에서 전문성을 잃지 말고 계속해서 연마하세요.

4.2 중급 개발자: 적응과 전문화

중급 개발자는 변화해야 한다는 큰 부담을 느낄 수 있습니다. 기존에는 시간을 소모하던 많은 작업(기능 구현, 테스트 작성, 간단한 문제 디버깅 등)이 점점 더 자동화되고 있습니다.

이건 도태가 아닌 도약의 기회입니다. 엔지니어링의 중심이 코드 작성에서 전문적인 지식을 쌓고 활용하는 방향으로 옮겨가고 있습니다.

4.2.1 시스템 통합과 경계 관리

시스템이 점점 더 복잡해짐에 따라 구성 요소의 경계를 이해하고 관리하는 것이 매우 중요해집니다. API 설계, 이벤트 스키마, 데이터 모델을 비롯해 모든 비즈니스 요구사항과 미래의 유연성까지 신중하게 고려해야 합니다. 컴퓨터 과학 기초를 깊이 있게 다지세요. 다음과 같은 중요 분야에는 깊은 이해가 필요합니다.

- 데이터 구조와 알고리즘
- 분산 시스템 원칙
- 데이터베이스 내부 및 쿼리 최적화
- 네트워크 프로토콜과 보안

이러한 지식은 AI가 생성한 코드의 의미를 이해하고 더 나은 아키텍처 결정을 내리는 데 도움이 됩니다.

엣지 케이스와 모호한 부분을 처리하는 방법도 배우세요. 실제 소프트웨어는 이상한 상황과 변화하는 요구사항으로 가득 차 있습니다. AI는 기본적으로 일반적인 경우를 해결하는 경향이 있습니다. 개발자는 '만약...' 같은 질문을 던지고 약점을 파악해야 합니다.

여기서 지속가능한 기술은 비판적 사고와 통찰력입니다. 엣지 케이스를 나열하고, 실패를 예상하며, 이를 코드나 디자인에서 해결하는 것이 필요합니다. 널 입력, 네트워크 장애, 비정상적인 사용자 행동 또는 다른 시스템과의 통합 문제 등이 있습니다.

4.2.2 도메인 전문성

비즈니스의 배경 정보나 사용자 환경을 이해하면 일반적인 AI가 알지 못하는 엣지 케이스가 드러납니다. 경험이 풍부한 개발자는 습관적으로 이러한 시나리오를 확인합니다. 경계를 체계적으로 테스트하고 가정을 의심하는 연습을 하세요. 인간의 이해가 여전히 중요한 복잡한 도메인에서 전문성을 키우세요.

- 규제 요건이 있는 재무 시스템
- 프라이버시 우려가 있는 의료 시스템

- 엄격한 성능 요구사항을 가진 실시간 시스템
- 머신러닝 인프라스트럭처

소프트웨어 엔지니어링의 특정 분야로는 프런트엔드와 백엔드 엔지니어링, 모바일 개발, 데브옵스, 보안 엔지니어링 등이 있습니다. 도메인 전문 지식을 바탕으로 현재 AI 툴이 익히지 못한 배경 정보를 파악해 어디에 어떻게 AI를 적용할지 결정할 수 있습니다.

4.2.3 성능 최적화 및 데브옵스

LLM은 기본적인 최적화를 제안할 수 있지만 시스템 전반의 성능 문제를 식별하고 해결하기 위해서는 데이터베이스 쿼리 패턴부터 프런트엔드 렌더링 전략에 이르기까지 전체 스택에 대한 깊은 이해가 필요합니다. 코드 생성이 자동화됨에 따라 시스템이 운영 환경에서 어떻게 실행되는지를 이해하는 것이 더욱 중요해집니다. 다음과 같은 영역에 집중하세요.

- 모니터링 및 가시성
- 성능 프로파일링 및 최적화
- 보안 관행 및 준수
- 비용 관리 및 최적화

4.2.4 코드 리뷰와 품질 보증

AI가 생성하는 코드가 늘어날수록 코드를 철저히 리뷰하고 테스트하는 능력이 더욱 중요해집니다. '모두가 코드 테스트와 리뷰에 대해 훨씬 더 중요하게 생각해야 한다'고 스티브 예그가 강조합니다(https://oreil.ly/QtJ7_). AI가 생성한 코드는 주니어 개발자가 작성한 코드처럼 다루어야 합니다. 코드 검토자에겐 버그, 보안 결함 또는 부실한 구현을 잡아내는 책임이 있습니다. 단위 테스트, 통합 테스트, 디버깅 기술을 강화해야 합니다.

좋은 테스트 작성은 사양을 이해하고 정확성을 검증하도록 강요하는 지속적인 기술입니다. 우선 모든 것이 제대로 돌아가지 않을 수 있다고 마음을 먹고, 하나씩 검증해 그렇지 않음을 확인하는 편이 현명합니다. AI는 먼저 실행은 가능한 코드를 생성하지만, 최적화된 결과를 얻으려면 코드를 개선하도록 반복해서 지시해야 합니다. 이러한 현상에는 여러 이유가 있습니다. 하나는 학습 데이터와 이를 기반으로 학습한 코딩 모델이 모범 사례를 완벽하게 반영하지 못하기 때문입니다.

테스트하는 마인드를 기르세요. 모든 중요한 논리 경로를 검증하고 정적 분석이나 린터를 사용해 보세요. 품질 기준에 맞지 않는 AI 제공 코드는 주저하지 말고 재작성해야 합니다. 이전 장에서 논의한 'AI를 사용한 검증' 패턴을 따르더라도 품질 보증은 AI에 맡겨선 안 됩니다. 품질 보증에는 인간의 세심한 주의가 빛을 발합니다. 소프트웨어가 기대한 대로 작동하지 않을 경우, 이를 진단하고 해결하는 데에는 실제적인 문제 해결 능력이 필요합니다. AI는 디버깅을 할 수 있습니다(예: 가능한 원인을 제시). 그러나 애플리케이션이 실행되는 특정 상황에 대한 진정한 이해는 부족합니다. 인간 테스터는 현재 AI가 부족한 도메인 전문 지식과 사용자 기대에 대한 이해를 보유하고 있습니다. 이 인사이트는 잠재적인 문제의 관련성과 영향력을 평가할 때 중요합니다. 복잡한 버그를 진단하는 데에는 창의적인 문제 해결 능력과 다양한 요소를 고려하는 능력이 필요합니다. 이러한 능력은 본질적으로 인간적인 특성입니다. 그리고 공정성과 접근성 같은 소프트웨어의 윤리적인 요소를 평가하려면 인간의 민감성과 판단력이 필요합니다.

복잡한 버그를 다루는 능력은 시대를 초월한 엔지니어링 역량입니다. 버그를 재현하고 원인을 분리하며 OS나 데이터베이스나 라이브러리 같은 기저 시스템을 이해해야 하기 때문입니다. 이를 위해서는 메모리와 상태가 어떻게 작동하는지나 동시성이 어떻게 구현되는지 같은 기초 개념에 대한 확실한 이해가 필요합니다. 주니어 개발자는 이런 기초를 직접 실습하며 배워야 합니다. AI를 도구로 활용하세요(오류 메시지를 설명하거나 수정 방안을 제안할 수 있습니다). 하지만 **무턱대고 의존하지 마세요**. 문제를 체계적으로 추적하고 근본 원리에 따라 접근하는 능력이 훌륭한 개발자를 돋보이게 합니다. AI가 생성한 코드를 디버깅하는 경험은 다음 번에 AI에 더 좋은 프롬프트를 입력하거나 특정 패턴을 피하는 법을 배우는 기회가 됩니다. 피드백 루프인 셈이죠.

4.2.5 시스템 사고

소프트웨어 프로젝트는 단순히 구분된 코딩 작업이 아니라 사용자 요구, 타임라인, 레거시 코드 및 팀 프로세스라는 더 큰 배경 정보가 존재합니다. AI는 프로젝트의 역사나 특정 결정의 근거와 같은 전체적인 배경을 내재적으로 이해하지 못합니다. 이러한 정보는 프롬프트에 명시적으로 입력하지 않는 한 제공되지 않으며, 비현실적일 수 있습니다. 인간은 배경 정보를 파악해야 합니다.

여기에서 시스템 사고가 중요합니다. 시스템의 한 부분에서 일어난 변화가 다른 부분에 어떤 영향을 미칠지, 소프트웨어가 비즈니스 목표에 어떻게 기여하는지, 그리고 모든 구성 요소가 어떻게 연결되는지를 이해해야 합니다.[3] 이러한 전체적인 관점은 AI가 생성한 코드를 적절하게 활용할 수 있게 합니다. 예를 들어 AI가 규제나 회사 규칙에 어긋나는 영리한 지름길을 제안할 경우 여러분은 배경 정보를 알고 있기 때문에 이를 쉽게 파악할 수 있습니다. 프로젝트의 배경을 배우고 디자인 문서를 읽어 무엇이 적합하고 무엇이 적합하지 않은지 판단력을 기를 수 있습니다.

4.2.6 적응력을 키우고 학습을 멈추지 말 것

새로운 툴을 배우고 변화에 적응하는 능력을 메타스킬이라고 합니다. AI 보조 엔지니어링 분야는 빠르게 발전하고 있습니다. 개방적인 사고를 가진 개발자는 새로운 AI 기능을 효과적으로 사용하는 방법을 배우면 항상 앞서 나갈 수 있습니다. 팀 오라일리는 '새로운 기술을 배우고자 하는 열망이 있는' 개발자가 AI로 생산성이 가장 높아질 것이라고 예상했습니다(https://oreil.ly/BYrNh). **기초**를 깊이 배우고 새로운 기법에 대한 호기심을 유지하는 데 시간을 투자하세요. 이 둘의 조합은 AI에 의존하지 않고 툴로 활용하도록 도와줍니다.

지금은 균형을 맞춰야 합니다. AI를 활용하여 성장 속도를 높이는 것도 중요하지만, 핵심 학습을 놓치지 않기 위해 가끔은 AI 없이 연습하는 것도 필요합니다. 몇몇 개발자들은 기본 코딩 기술을 유지하기 위해 주기적으로 'AI 디톡스(https://oreil.ly/XFPqu)'를 시행합니다. 개발자

---

3 시스템 사고를 더 알아보려면 『ESG와 세상을 읽는 시스템 법칙』(세종서적, 2022)과 『학습하는 조직』(에이지21, 2014)을 참고하세요.

로서 끊임없이 배우세요. 이는 어떤 시대에서도 경력에 큰 도움이 되는 기술입니다.

4.2.7 교차 커뮤니케이션 능력

비즈니스 요구사항을 기술적 솔루션으로 번역하는 능력은 구현 시간이 줄어들수록 가치가 높아집니다. 프로덕트 매니저, 디자이너 및 기타 이해관계자와 효과적으로 소통할 수 있는 개발자는 점점 더 좋은 평가를 받을 것입니다. 다음과 같은 역량이 중요합니다.

- 요구사항 수집 및 분석
- 기술 문서 작성 및 문서화
- 프로젝트 계획 및 추정
- 팀 리더십 및 멘토링

4.2.8 시스템 설계와 아키텍처

중급 개발자는 새로운 기능을 구현하는 데 며칠을 소비하는 대신, 시스템 규모를 고민하거나 오류가 발생할 경우 멈추지 않고 처리하는 시스템을 설계하는 데 그 시간을 활용할 수 있습니다. 이를 위해 분산 시스템 원리, 데이터베이스 내부 구조, 클라우드 인프라스트럭처에 대해 깊이 이해해야 합니다. 이러한 분야는 LLM이 응답하는 데 제한적입니다.

실제 문제를 대규모로 해결하는 시스템을 설계하는 연습을 하세요. 이러한 기술은 코드가 어떻게 생성되는지에 관계없이 여전히 중요합니다. 비즈니스 요구사항과 엔지니어링 트레이드오프에 대한 이해를 요구하기 때문입니다.

일관적인 시스템을 설계하기 위해서는 트레이드오프와 제약 조건, 그리고 몇 가지 함수 작성을 넘어서는 '전체적인 그림'을 이해해야 합니다. AI는 코드를 생성할 수 있지만 복잡한 문제에 대해 최적의 아키텍처를 자동으로 선택하지는 않습니다.

전체 설계(구성 요소 간의 상호작용, 데이터 흐름, 확장성과 신뢰성을 보장하는 방법 등)는 인간의 통찰력이 필요한 30%에 해당합니다. 이외에도 다음과 같은 작업이 있습니다.

- 로드 밸런싱 및 캐싱 전략
- 데이터 파티셔닝 및 복제
- 고장 모드 및 복구 절차
- 비용 최적화 및 자원 관리

시니어 개발자는 오랜 시간 동안 이 기술을 익혔습니다. 중급 및 주니어 개발자는 이 기술을 적극적으로 길러야 합니다. 패턴과 원칙(예: 관심사의 분리, 모듈화)을 기준으로 사고해야 합니다. 이러한 원칙은 AI가 생성한 솔루션을 유지보수하기 쉽게 안내합니다. 기억하세요. **견고한 아키텍처는 우연히 나타나지 않습니다**. 숙련된 사람이 방향을 잡아야 합니다.

4.2.9 AI를 사용할 것

AI는 워크플로의 중요한 부분이 되어야 합니다. 저항해야 할 존재가 아닙니다. 일상 업무에 AI를 효과적으로 통합하는 방법은 다음과 같습니다.

- 초기 코드 구조 설정
- 신속한 프로토타입 및 개념 증명
- 더 빠른 디버깅과 문제 해결을 위한 페어 프로그래밍
- 최적화 및 대체 접근 방식 제안
- 아키텍처 및 설계 결정에 집중하는 동안 반복적인 코드 패턴 처리

4.2.10 UI 및 UX 디자인에 대한 탐험

중급 소프트웨어 개발자는 '그냥 그만둬야 한다'는 주장이 점점 퍼지고 있습니다. AI가 구현 세부 사항을 처리함에 따라 순수한 엔지니어링 기술이 구식이 될 것이라는 우려가 커지고 있습니다. 결론이 극단적이긴 하지만, 공학을 넘어서는 기술의 중요성에 대한 논의는 충분히 재고할 만합니다. 2024년 12월 X에서 이를 주제로 논의가 벌어졌습니다. 프랑소와 숄레François Chollet는 다음과 같은 글을 작성했습니다(http://bit.ly/473MHGg).

추론 시 연산량$^{test-time\ compute}$을 바로 역량으로 전환할 수 있는 시대가 곧 도래합니다. 소프트웨어 역사상 처음으로 한계 비용이 매우 중요한 요소로 자리 잡게 될 겁니다.

여기에 개리 탄(@garrytan)이 답했습니다(https://oreil.ly/BokTH).

> 이제는 UX, 디자인, 장인 정신이 중심에 설 겁니다. 실제로 사람들이 원하는 것을 만드세요. 소프트웨어와 코딩은 이제 장벽이 아닙니다. 여러 분야에서 다재다능하고 똑똑하며 효과적이어야 훌륭한 소프트웨어를 창조합니다.

성공적인 소프트웨어를 만드는 데는 단순한 코딩 능력 이상이 필요합니다. 엔지니어링이 죽는 것이 아니라 구현의 장벽이 낮아지는 것입니다. 이 변화로 오히려 개발자의 판단력과 디자인 사고는 더욱 중요해질 것입니다.

피그마, 노션, VS 코드 같은 애플리케이션이 성공하는 이유를 생각해 보세요. 기술적 우수성만이 아닌 사용자 요구, 워크플로, 문제에 대한 깊은 이해가 중요합니다. 이해를 높이려면 다음과 같은 역량이 필요합니다.

- 사용자 경험 디자인 사고
- 깊은 도메인 지식
- 인간의 심리와 행동에 대한 이해
- 성능, 신뢰성, 확장성을 고려한 시스템 설계
- 비즈니스 모델 정렬

최고의 개발자는 단순한 프로그래밍을 넘어서야 합니다. 문제 해결 능력을 갖춘 전문가는 기술적 제약과 인간의 요구를 모두 이해합니다. AI 툴이 구현의 마찰을 줄임에 따라, 이러한 포괄적인 이해는 더욱 가치 있어집니다.

그렇다고 모든 개발자가 UX 디자이너가 되어야 한다는 의미는 아닙니다. 오히려, 프로덕트 관점에서의 사고 능력을 견고하게 다지고 디자이너 및 프로덕트 매니저가 함께하는 협업 능력을 키워야 한다는 의미입니다. 사용자에 대해 더 깊이 생각하고, 그들의 심리와 행동 패턴을 이해하며 사용자 경험 목표를 지원하는 기술적 결정을 내리는 방법을 배워야 합니다. 중급 개발자라면 이제 불필요한 복잡도를 줄이고, 명확하며 유지보수하기 쉬운 설계와 코드를 갖출 수 있습니다. 이제는 사용자의 실용적인 요구에 세심한 주의를 기울여 균형을 맞춰야 합니다. 탄의 트윗을 다시 봅시다.

> 이제는 UX, 디자인, '장인' 정신이 중심에 설 겁니다. 실제로 사람들이 원하는 것을 만드세요. 소프트웨어와 코딩은 더이상 장벽이 아닙니다. 여러 분야에서 다재다능하고 똑똑하며 효과적이어야 훌륭한 소프트웨어를 창조합니다.

인간의 필요를 기술적 솔루션으로 바꿀 수 있는 개발자가 미래를 주도할 것입니다. 더 나은 디자인 감각을 개발하거나 열정적인 디자이너와의 효과적인 협업으로 이루어질 수 있습니다.

4.3 주니어 개발자: AI와 발전하기

주니어 또는 경험이 적은 개발자는 AI를 보고 흥분과 불안을 동시에 느낄 것입니다. AI 어시스턴트는 사용자가 스스로 작성하지 못할 수도 있는 코드를 작성할 수 있으며, 이를 통해 학습 속도를 높일 수 있습니다. 그럼에도 불구하고 '주니어 개발자의 죽음(https://oreil.ly/QtJ7_)' 이란 제목은 초급 코딩 직업들이 위험에 처해 있다고 공포를 안깁니다. 대중의 일반적인 추측과는 달리, AI가 초기 경력 경험을 상당히 변화시키고 있지만, 주니어 개발자는 **여전히 필요한 인재입니다**.

AI가 생성할 수 있는 이상의 가치를 기여할 능력을 기르는 데 적극적으로 임해야 합니다. CRUD 애플리케이션이나 간단한 기능을 구현하던 기존의 학습 방식도 변화할 것입니다. 주니어가 일반적으로 담당하던 업무에는 새로운 API 엔드포인트를 기존 패턴에 따라 구현하는 일이 있습니다. 이전에는 하루 정도의 코딩과 테스트가 필요했던 일이지만 AI 어시스턴트를 활용하면 한 시간으로 줄어들었습니다. 시간이 줄어든 대신 중요한 부분을 더 살펴볼 수 있습니다.

- 기존 시스템 아키텍처를 충분히 이해하여 요구사항을 정확하게 명시하는 것
- 생성된 코드의 보안 문제와 엣지 케이스 검토
- 기존 패턴과 일관성을 유지하는 구현 보장
- 비즈니스 로직을 검증하는 포괄적인 테스트 작성

이 기술은 튜토리얼을 따라 하거나 AI 프롬프트를 작성한다고 배울 수 없습니다. 운영 시스템에서의 실무 경험과 시니어 개발자의 멘토링이 필요합니다.

이러한 변화는 새로이 시작한 개발자에게 걸림돌이자 기회입니다. 먼저, 직무에 대한 진입 장벽이 높아질 수 있습니다. 생성형 AI로 만든 코드를 효과적으로 검토하고 검증하려면 더 깊이 있는 기초 지식이 필요하기 때문입니다. 하지만 주니어 개발자가 이런 지식을 갖추면 경력 초기부터 흥미로운 문제를 해결할 수 있는 기회가 됩니다. 이제 주니어 개발자가 30%의 격차를 효과적으로 해소하는 방법을 알아보겠습니다.

4.3.1 '왜'라는 질문을 건너뛰지 말 것

모든 질문에 대한 답을 AI에 맡기고 싶은 마음이 들 수 있습니다(예: '파이썬에서 X를 어떻게 하나요?'). 하지만 계속 그러면 기초 개념을 제대로 이해하지 못합니다. 바로 답을 찾겠다는 마음은 잠시 내려놓고 AI를 단순한 답변 기계가 아닌 튜터로 활용하세요. 예를 들어, AI가 코드를 제공할 때, **왜** 그런 방식을 선택했는지 질문하거나, 코드를 줄 단위로 설명하도록 요청할 수 있습니다.

데이터 구조, 알고리즘, 메모리 관리, 동시성 같은 개념을 이해하는 데 노력하며, 항상 AI에 의존하지 않도록 해야 합니다. 이유는 간단합니다. AI의 출력이 잘못되었거나 불완전할 경우, 이를 인식하고 수정하기 위해서는 자신만의 정신 모델이 필요합니다. AI가 특정 코드를 생성하는 이유에 대해 적극적으로 참여하지 않으면 배우는 것이 줄어들 수 있고, 이는 성장에 방해가 됩니다. 공유 문서를 읽고, 작은 프로그램을 처음부터 작성하며, 핵심 지식을 확고히 하는 데 시간을 투자하세요. 기본 원칙들은 견고합니다. 사용하는 툴이 변화하더라도 여전히 유용하게 활용될 것입니다.

4.3.2 AI 안전망 없이 문제 해결 및 디버깅 연습

자신감을 키우려면 혼자서 문제를 해결하는 경험도 필요합니다. 많은 개발자에 'AI 없는 날'을 갖거나 주기적으로 AI 사용을 제한할 것을 권합니다. 이렇게 하면 자신의 기술만으로도 문제를 해결할 수 있고, 실력 저하를 예방합니다. 문제의 논리를 깊이 고민하고, AI를 더 영리하게 활용하는 능력이 길러집니다.

그리고 AI가 생성한 코드에서 버그(오류)를 발견할 경우, AI에 수정을 요청하기 전에 직접 디버깅하는 것이 좋습니다. 디버거를 단계별로 실행하거나 출력문을 추가하면 문제 원인을 쉽게 파악해 많은 것을 배울 수 있습니다.

AI의 제안은 최종 답변이 아니라 힌트로 생각하세요. 어려운 부분을 직접 뚫고 나갈수록 AI가 놓치는 문제까지 해결할 정도로 역량이 좋아질 것입니다. 그만큼 여러분의 가치도 높아집니다.

4.3.3 테스트와 검증

자신이 작성한 코드에 대해 테스트를 작성하는 습관을 기르세요. 코드를 생성하는 데 생성형 AI를 사용한다면 무조건 테스트를 작성합니다.

LLM이 코드를 한 번에 작성하면, 잘 돌아갈 거라 가정하지 말고 꼭 확인해야 합니다. 요구사항과 엣지 케이스를 제대로 처리하는지 확인하기 위해 유닛 테스트를 작성하거나 수동 테스트를 수행합니다. 이렇게 하면 AI가 작성한 코드에서 문제를 포착하고, 원하는 방식으로 작동하는지 확인하도록 훈련할 수 있습니다.

AI를 사용하여 테스트를 작성하는 데 도움을 받을 수도 있지만, **테스트할 항목은 직접 정의해야 합니다**. 스티브 예그는 모든 개발자가 테스트와 코드 리뷰를 진지하게 받아들여야 한다고 조언합니다(`https://oreil.ly/QtJ7_`). (AI 사용 여부에 관계없이) 작업을 신중하게 검증하면 시니어의 신뢰를 얻고, 의심스러운 코드를 단순히 '끼얹는' 상황을 피할 수 있습니다.

테스트는 개발의 중요한 부분으로 후순위에 두면 안 됩니다. 테스트 프레임워크 사용 방법, 탐색적 수동 테스트 수행 방법, 버그를 체계적으로 재현하는 방법을 배우세요. 이 기술은 30%의 작업을 더 잘 수행하게 해주며, 코드가 실제로 어떻게 작동하는지를 이해하는 데도 많은 도움이 됩니다.

명심하세요. AI가 만든 버그를 발견하면, AI가 하지 못한 일을 여러분이 해낸 것입니다.

4.3.4 유지보수를 고려한 설계

주니어 개발자는 종종 '작동하게 만드는' 데에만 집중합니다. 하지만 AI 시대에 작동만 하게 만드는 것은 쉽습니다. 정말 어려운 부분은 코드의 가독성, 유지보수 용이성, 깔끔함을 갖추는 것입니다. 주니어 개발자라면 이 점에 더 집중해야 합니다.

좋은 코드 구조와 스타일을 개발하는 안목을 기르세요. AI의 출력을 여러분이 아는 최선의 관행과 비교하세요. AI가 짠 코드가 복잡하거나 이해하기 어렵다면 직접 리팩터링해 보세요. 예를 들어 LLM이 짠 50줄의 함수 코드가 너무 많은 작업을 수행하면 이 코드를 작은 함수 여러 개로 나누세요. 변수 이름이 명확하지 않으면 이름을 변경하세요.

본질적으로 동료의 코드를 리뷰한다고 생각하고 AI의 코드를 개선해 보세요. 좋은 디자인 원칙을 내면화하는 데 도움이 될 겁니다. 시간이 지나면 원하는 스타일에 맞춰 프롬프트를 작성하는 방식을 익혀 AI가 더 깔끔한 코드를 생성하도록 유도할 수 있을 겁니다. 몇 달 또는 몇 년 후에 다른 개발자가 여러분의 코드를 보면 감사함을 느낄 겁니다. 그리고 여러분은 단순히 '작동하게 만드는' 것에 그치지 않고, 개발자처럼 사고하게 될 것입니다. 소프트웨어를 유지보수하기 쉽게 만드는 것은 바로 인간의 노력으로 이뤄지는 30%에 해당합니다. 그러니 경력 초반부터 이를 유념하기 바랍니다.

4.3.5 프롬프트 작성 및 툴 사용법 연마

이제 AI 툴과 효과적으로 상호작용하는 '프롬프트 엔지니어링'이 유용하다는 사실은 부인할 수 없습니다. 주니어 개발자는 AI에 질문하는 방법과 적절한 컨텍스트를 제공하는 방법, 출력을 개선하기 위해 프롬프트를 수정하는 방법(2장)을 배워야 합니다. 이 기술들은 지금 경력이 많은 개발자도 배우고 있는 기술입니다.

프롬프트를 잘 작성하려면 문제를 잘 이해해야 한다는 점을 기억하기 바랍니다. AI가 원하는 대로 작동하지 않는다면, 먼저 **내가** 이해를 명확히 했는지 확인해야 합니다. AI의 오류를 자신의 이해를 되돌아볼 신호로 생각하세요.

AI에 구현을 요청하기 전에 원리를 스스로 간단한 언어로 풀어보는 것도 좋은 방법입니다. 또한 클로드와 같은 다양한 AI 툴을 실험하여 각 툴의 강점과 약점을 확인하세요. 어시스턴트에 대한 이해가 높아질수록 생산성이 증가하지만, 결과물을 무조건적으로 믿어선 안 됩니다. AI는 응답을 잘하는 스택 오버플로 정도로 생각하세요. 보조 역할을 할 뿐, 반드시 지킬 필요는 없습니다.

AI를 활용해 개인 프로젝트를 진행하며 한계를 극복할 수 있습니다('AI의 도움으로 간단한 웹 애플리케이션을 구축할 수 있을까?'). AI를 개발 워크플로에 통합하는 방법을 배우면 팀에 큰 도움이 되는 유용한 기술이 됩니다. 대신 앞서 말한 것처럼, 때때로 '안전망 없이' 스스로만 작업하는 시간도 적당히 가지기 바랍니다.

4.3.6 피드백과 멘토링 요청

마지막으로 성장 속도를 높이려면 피드백을 적극적으로 요청하고 다른 사람에게서 배워야 합니다. AI는 뒤끝이 없습니다. 하지만 인간 팀원과 멘토의 조언은 개인의 발전에 매우 큰 도움이 됩니다. 특히 소프트 스킬, 리더십, 의사소통, 사내 정치에 관한 조언은 더욱 중요합니다.

AI의 제안과 다른 조언을 받으면 시니어 개발자에게 이 방법을 선호하는 이유를 꼭 물어보세요. 경험이 풍부한 동료들과 디자인 결정 및 트레이드오프에 대해 논의하세요. 이러한 대화는 시니어 개발자들이 어떻게 사고하는지를 드러내며 여러분의 매우 소중한 자산이 됩니다. 코드 리뷰에서는 AI가 생성한 코드에 대한 의견에 더욱 귀 기울여야 합니다. 검토자가 '이 기능은 스레드 면에서 안전하지 않다' 또는 '이 접근 방식은 확장성 문제가 생길 것이다'라고 지적하면, 근본적인 문제를 이해하는 데 시간을 투자해야 합니다. 이러한 것들은 AI가 놓치기 쉬운 부분으로, 이를 포착하는 방법을 배우는 것도 중요합니다. 그렇게 경험이 쌓이면 고려할 사항들의 정신적 체크리스트가 구축됩니다.

추가로 원격으로 페어 프로그래밍을 할 수 있는 기회를 찾아보세요. 아마도 AI를 워크플로에 사용하는 시니어와 '페어링'을 하게 될 것입니다. 이를 통해 시니어가 AI에 프롬프트를 어떻게 작성하고, 어떻게 자체 보정을 하는지 관찰할 수 있습니다. 그러나 그보다 더 중요한 것은 시니어가 소통하는 방식과 토론을 이끄는 방법, 섬세한 팀 역학을 어떻게 다루는지를 알게 될 것이라는 점입니다. 피드백을 열린 마음으로 받아들이고 적극적으로 안내를 요청하면 AI가 할 수 있는 작업에서 인간만이 할 수 있는 작업으로 나아갈 수 있습니다. 이렇게 하면서 경험에서 오는 지혜를 보다 효율적으로 습득할 수 있습니다. 이런 점이 여러분을 단순한 코더가 아닌, 팀에서 원하고 승진시키고 싶은 개발자로 만듭니다.

4.3.7 소통 및 협업

소프트웨어 구축에는 팀워크가 중요합니다. AI는 회의에 참석하지 않습니다. 정말 다행스럽게도 말이죠. 사람들은 여전히 다른 사람과 대화하여 요구사항을 명확히 하고, 트레이드오프를 논의하며, 작업을 조정해야 합니다. 강력한 의사소통 능력은 지금도 매우 중요합니다. (동료나 AI 모두에게) 질문을 잘하고 문제를 명확하게 설명하는 연습을 하세요.

흥미롭게도 AI에 프롬프트 작성하는 것도 의사소통의 한 형태입니다. 원하는 바를 정확하게 표현해야 하기 때문입니다. 질문 능력은 핵심 엔지니어링 역량으로 언급한 **요구사항 분석**과 맞닿아 있습니다.[4] 명확한 프롬프트나 사양을 작성할 수 있다면, 문제를 깊게 고민한 것입니다.

또한, 지식을 공유하고 문서를 작성하며 다른 사람의 코드를 리뷰하는 능력은 AI가 대체할 수 없는 협업 기술입니다. 미래에는 개발자가 AI와 함께 작업하면서 팀 내 인간 간의 협력이 여전히 중요할 겁니다. 문제를 해결하고 있는지 확인하는 것이 필수적입니다. 최근의 한 가지 트렌드는 개발자가 고수준 설계 논의에 더 집중하고, 작업 조정을 통해 지휘자 역할을 더 많이 맡는 것입니다. 이러한 논의에는 AI도 자주 참여합니다. 소통과 리더십 능력은 지휘자의 자리에서 큰 도움이 됩니다.

---

[4] 이 주제에 대한 자세한 내용은 『소프트웨어 아키텍처 The Basics』(한빛미디어, 2025) 및 『헤드 퍼스트 소프트웨어 아키텍처』(한빛미디어, 2025)를 참조하세요.

4.3.8 소비하는 사용자에서 창조하는 개발자로

AI 시대에 주니어들이 변화해야 할 사고방식이 있습니다. 단순히 설루션을 소비하는 것을 넘어 **이해를 다져나가야** 합니다. 과거에는 문서를 보며 힘들게 기능을 작성해야 했지만, 이제 AI가 손쉽게 완성할 수 있습니다. 단순히 소비만 하고 넘어간다면 큰 성장을 이루지 못한 것입니다.

대신 각 AI의 코드를 학습 사례로 활용하세요. 자세히 분석하고, 실험하며, 스스로 도달할 수 있는 방법을 고려하세요. AI의 출력을 모든 질문에 대한 최종 답변이 아닌 상호작용하는 학습 자료로 취급함으로써, 인간은 지속적으로 발전할 수 있습니다. 이런 방식으로 AI는 성장을 대체하지 않고 오히려 성장을 더욱 빠르게 이끌어냅니다.

많은 전문가는 AI가 단순 반복 작업을 수행하는 대규모 주니어 개발자 팀의 필요성을 줄일 수는 있지만, 동시에 '주니어 개발자'가 되기 위한 기준 자체는 **더 높아질 것**이라고 보고 있습니다. 주니어 개발자의 역할은 AI와 효과적으로 협력해 더 높은 가치를 창출할 수 있는 방향으로 변화하고 있습니다. 앞서 언급한 습관을 채택하면, AI가 제공할 수 있는 것 이상의 역량을 갖춘 주니어 개발자로 자리매김할 수 있습니다. 어떤 회사든 구독을 통해 AI의 기능을 활용할 수 있지만, 개발자만이 통찰력과 신뢰성, 그리고 지속적인 개선을 통해 시니어 개발자의 특성을 갖춘 인재로 성장할 수 있는 것입니다.

요약

AI가 개발 업계를 바꾸는 가운데서 성공하려면 모든 개발자는 AI가 아직 복제할 수 없는 지속적인 기술과 관행에 더욱 집중해야 합니다. 이러한 역량은 우리의 툴이 아무리 발전하더라도 여전히 매우 중요합니다. 특히 다음 영역에 집중하기 바랍니다.

- 시스템 설계 및 아키텍처 전문성 강화
- 시스템 사고를 연습하고 전체적인 배경 정보에 대한 이해 유지
- 비판적 사고, 문제 해결 능력, 미래 예측 능력을 연마
- 전문 도메인에서의 전문성 구축
- 코드 리뷰, 테스트, 디버깅 및 품질 보증

- 커뮤니케이션 및 협업 기술 향상
- 변화 적응력
- 지속적인 학습과 기본기를 탄탄히 하면서 새로운 기술 습득과 지식 업데이트
- AI 사용

이러한 기술은 소프트웨어 엔지니어링에서 인간의 이점을 형성합니다. 이 기술이 오래가는 이유는 차세대 프레임워크나 도구의 변화에 영향을 받지 않기 때문입니다. 오히려 AI의 발전으로 이러한 특성이 더욱 두드러질 것입니다. 사이먼 윌리슨은 AI 어시스턴트가 강력한 프로그래밍 기술을 더욱 가치 있게 만든다고 주장했습니다(https://oreil.ly/5F307). 전문 지식을 지닌 사람들은 이러한 툴을 활용하여 훨씬 더 큰 효과를 낼 수 있기 때문입니다.

숙련되지 않은 사람이 강력한 도구를 손에 넣으면 위험하거나 비효율적으로 사용할 수 있습니다. 하지만 유능한 손에 쥐어지면 큰 변화를 이끌어낼 수 있습니다. AI 시대에서 경험이 풍부한 개발자는 새로운 뛰어난 부조종사와 함께하는 숙련된 조종사와 같습니다. 여정은 더 빠르고 먼 거리를 갈 수 있지만, 조종사는 여전히 폭풍을 헤치고 안전한 착륙을 해야 합니다.

소프트웨어 엔지니어링은 항상 변화가 끊이지 않는 분야입니다. 어셈블리 언어에서 고급 프로그래밍으로, 온프레미스 서버에서 클라우드로, 그리고 현재는 수동 코딩에서 AI 보조 엔지니어링으로 발전하고 있습니다. 각 도약은 프로그래밍의 일부를 자동화했습니다. 하지만 개발자는 매번 적응하면서 새로운 영역의 일을 찾아냈습니다. 팀 오라일리에 따르면, 과거의 혁신은 개발자에게 '늘 더 많은 작업과 성장, 기회'를 가져왔습니다. AI의 발전 또한 다르지 않습니다. 개발자를 무의미하게 만들지 않고, 성공을 위해 필요한 새로운 기술을 구성하고 있습니다. 코딩의 평범한 70%는 점점 쉬워지고 있으며, 도전적인 30%는 우리의 가치에서 더욱 큰 부분을 차지하게 됩니다.

인간이 담당하는 30%를 극대화하기 위해서는 시간이 지나도 변하지 않는 핵심에 집중해야 합니다. 문제를 깊이 이해하고, 깔끔한 설루션을 설계하며, 코드 품질을 면밀히 확인하고, 사용자와 배경 정보를 고려하는 것이 중요합니다. 경험이 풍부한 개발자는 AI를 어떻게 안내하고, AI가 오작동할 때 어떤 조치를 취해야 하는지를 알고 있기 때문에 AI로부터 더 많은 혜택을 얻고 있습니다. 이러한 기술을 AI 툴과 결합하는 사람들은 단독으로 하나의 기술이나 툴만 사용하는

사람들보다 더 뛰어난 성과를 보일 것입니다. 실제로 전문가들 사이에는 AI가 숙련된 사용자를 위한 툴이라는 인식이 형성되고 있습니다(https://oreil.ly/5gfvc). 즉 'LLM은 파워 유저를 위한 파워 툴'입니다. 모든 개발자는 '파워 유저'가 되어야 합니다.

결국 소프트웨어 엔지니어링은 단순히 작동하는 코드를 작성하는 것 이상의 의미를 갖습니다. 코드는 **실제 환경**에서 잘 작동하며, 시간이 지나면서 변화하는 요구사항에 맞추어 나가는 것을 목표로 합니다. 현재의 AI 모델은 코드 작성을 도와줄 수 있지만, 모든 방식에서 코드가 제대로 작동하는 것을 보장하지는 않습니다. 그건 개발자의 몫입니다.

시니어 개발자는 앞서 언급한 기술을 강화하여 리더십을 발휘하고 혁신을 지속할 수 있습니다. 중급 개발자는 전문성을 심화할 수 있으며, 주니어 개발자는 숙련도를 빠르게 높일 수 있습니다. AI는 점점 더 많은 일상 업무를 처리할 것입니다. 하지만 창의성, 직관, 심사숙고한 엔지니어링이 있어야 초기에 출력된 코드를 진정으로 가치 있는 소프트웨어로 만들 수 있습니다. AI는 강력한 도구지만, 어떻게 활용하느냐가 중요합니다. 우수한 엔지니어링 관행과 인간의 판단력, 학습 의지는 여전히 필요합니다.

실질적으로, 페어 프로그래밍을 하면서 '열정적인 주니어' AI가 함수를 작성하더라도, AI가 생성한 코드의 차이를 감안하더라도 항상 독특한 인간의 시각을 잊지 말아야 합니다. '이것이 **올바른** 문제를 해결하나요?' '다른 사람이 이 내용을 이해하고 관리할 수 있을까요?' '어떤 위험과 어떤 엣지 케이스가 있나요?' 이런 질문은 여러분의 몫입니다. 프로그래밍의 미래에는 세미콜론을 손으로 입력하는 일이 사라지고, 개발 방향을 제시하며 필요한 정보를 선별하는 작업이 더 많아질 것입니다. 하지만 이를 올바르게 수행할 지혜를 가진 개발자가 필요합니다.

결국, 소프트웨어 엔지니어링은 단순히 코드를 작성하는 것이 아니라 문제를 해결하는 것이 중요합니다. AI는 상황을 바꾸지 않습니다. 단지 문제 해결 능력을 다음 단계로 끌어올릴 것을 요구합니다. 그 도전을 받아들이면, 우리가 종사하는 산업의 새로운 장에서 성공적으로 성장할 수 있습니다.

CHAPTER 5
생성된 코드의 이해: 검토, 수정, 소유

앞에서 생성형 AI가 원하는 코드를 생성하도록 프롬프트를 작성하는 방법을 배웠습니다. 여러분도 AI 기술을 사용해 코드를 만들어 봤을 겁니다. 이제 중요한 시점이 찾아왔습니다. 코드를 정확하고 안전하며 유지보수하기 쉽게 만들어야 합니다.

개발자로서 AI의 출력 결과를 아무런 생각 없이 그대로 배포해서는 안 됩니다. 검토하고, 테스트하며, 개선하고, 나머지 코드베이스와 통합해야 합니다. 이번 장에서는 프로젝트에서 AI가 제공한 내용을 이해하고, 반복적으로 수정 및 디버깅하며, 코드를 완전히 여러분의 것으로 만드는 방법을 설명합니다.

이 장에서는 AI가 생성한 코드를 원래 의도에 맞게 해석하는 방법부터 시작해, 생성형 AI가 만들어낸 코드가 흔히 일반적인 해결책처럼 보이는 이유를 설명합니다. 이어서 코드를 검토해 명확성을 높이고 잠재적인 문제를 찾아내는 과정, 바라는 대로 작동하지 않을 때 효과적으로 디버깅하는 방법을 다룹니다. 또한 스타일이나 효율성을 개선하기 위한 리팩터링 과정과 코드의 실행 과정을 확실히 검증하기 위해 테스트를 작성하는 방법까지 살펴봅니다. 이러한 기술을 습득하면 AI의 기여를 자신 있게 프로젝트에 통합할 수 있습니다.

5.1 의도에서 구현으로: AI의 해석 이해하기

AI가 생성한 코드를 보면 가장 먼저 의도(입력한 프롬프트)와 비교해야 합니다. 코드가 설정한 요구사항을 충족하나요? AI가 요청한 내용을 잘못 해석하거나 부분적으로만 이행하는 경우도 있습니다. 코드를 주의 깊게 읽어보세요. 머릿속이나 종이에 단계별로 값을 계산해 보세요.

- 일반적인 값을 입력하면 어떤 작업을 수행하는지 확인합니다.
- 프롬프트에 여러 작업을 요청했다면(예: 'X와 Y를 수행하라'), AI가 모든 작업을 수행했는지 확인합니다.
- AI가 요청하지 않은 기능을 추가하지 않도록 해야 합니다. 때때로 AI는 로깅이나 매개변수 같이 유용하다고 생각하는 추가 기능을 넣기도 합니다. 이러한 추가 기능은 유용할 수도, 그렇지 않을 수도 있습니다.

AI가 생성한 코드도 동료가 작성한 코드도, 불명확한 부분이 있다면 기록해 두세요. 그 위치에 그 코드가 있는 합당한 이유가 있다면 금방 알아낼 수 있습니다. 만약 이유를 찾지 못했다면 다시 확인하거나 삭제하세요.

예를 들어, 소수를 확인하는 함수를 요청했는데 AI가 생성한 코드가 모든 숫자에 대해 '7을 확인 중…' 같은 출력을 한다면, 프롬프트 작성 방식이나 학습한 데이터셋의 패턴 때문에 발생한 일일 수 있습니다. 원하지 않는다면, 이를 제거할 계획을 세우거나 AI에 제거를 요청하세요.

엣지 케이스에서 예상한 대로 처리되는지 확인하세요. 빈 입력을 처리하도록 명시했다면 제대로 처리하나요? AI는 입력이 None이거나 음수인 경우를 고려했나요?

프롬프트에 대한 모호한 부분이 있었고 AI가 해석을 해야 했다면 그 지점을 찾아내세요. 아마도 출력을 위한 형식을 지정하지 않아 결과를 반환하는 대신 출력했을 수 있습니다. 이제 수용할지 또는 코드를 수정할지를 결정해야 합니다.

이렇게 코드를 이해하는 단계는 매우 중요합니다. 결대 건너뛰어서는 안 됩니다. 코드를 테스트할 예정이라도 읽고 이해하는 것이 중요합니다. 테스트가 모든 케이스를 다 다루지 않을 수 있고, 직접 읽어서 빠르게 파악할 수 있는 문제도 있기 때문입니다.

마지막으로, AI가 어떤 점을 가정했는지 잘 살펴보아야 합니다. AI는 종종 '보편적'이거나 가장 일반적인 해석을 선택합니다.

5.2 '보편적'의 문제: 많이 사용한다고 정답은 아니다

많은 코드를 학습한 AI 모델은 종종 해당 학습 데이터에서 가장 많이 나타나는 해결책이나 가장 간단한 해결책을 따라 코드를 생성합니다. 저는 이 현상을 '**보편적 해결책**majority solution' 효과라고 부릅니다. 보편적인 경우에는 맞겠지만, 엣지 케이스에는 아닐 수 있습니다.

예를 들어 다른 컨텍스트 없이 그냥 검색 알고리즘만 요청하면, AI는 기본적인 선형 검색을 추천합니다. 가장 간단하고 일반적이기 때문입니다. 이진 검색이 필요했을 수도 있지만, AI는 효율성이 중요하다는 사실을 알지 못합니다. 여러분이 그렇게 말하지 않아서 그렇습니다. 선형 검색은 많은 중간 케이스에서 유용하게 작동하지만, 성능이 중요한 상황에 적합하지 않습니다.

비슷하게 AI는 많은 간단한 예시에서 그렇듯 전역 변수를 사용할 수 있지만, 프로젝트에서는 그러한 사용이 바람직하지 않을 수 있습니다.

AI가 생성한 코드가 일반적인 시나리오에 맞추어 최적화될 수 있다는 점을 유념해야 합니다. 인간 개발자는 AI가 부족한 컨텍스트에 대한 통찰력을 가지고 있습니다. 이를 해결하는 방법은 다음과 같습니다.

- 코드 내 가정을 식별합니다. 리스트가 정렬되어 있거나 입력이 유효하다고 가정했다면, 그 가정이 적절했나요? 명시했나요? 그렇지 않다면, 아마도 확인 과정을 포함해야 했을 것입니다.
- 대안을 고려하세요. 문제를 해결하는 데 여러 방법(예: 다양한 알고리즘)이 있다면, AI는 그중 하나를 선택했나요? 그 방법이 원하는 방법인가요? 대안이 필요하다면, 프롬프트를 작성하거나 그냥 변경할 수 있습니다.

AI가 생성한 코드가 '일반적인' 경우에서는 작동하지만, 작동하지 않는 엣지 케이스가 있다면 수정해야 합니다. 예를 들어, 일부 수학 연산에서 정수 오버플로를 고려하지 않았을 수 있습니다. 많은 예시가 정수 오버플로를 다루지 않았을 수 있지만, 여러분의 상황에는 중요할 수 있습니다.

AI가 일반적인 해결책을 지향한다는 사실을 이해하면 코드 리뷰 능력도 높아집니다. AI가 마법을 부리는 것도 아니고, 딱 필요한 코드를 생성하는 것도 아닙니다. 그저 데이터에서 수많은 코드를 학습한 결과입니다. 여러분이 원하는 대로 맞추는 건 여러분의 할 일입니다.

5.3 코드 가독성과 구조: 패턴 및 잠재적 문제

AI가 생성한 코드는 몇 가지 뚜렷한 패턴을 보입니다.

- 평소보다 많거나 내용이 이상한 주석(튜토리얼 코드에서 학습해 주석이 많음)
- 불명확한 변수명(예: 반복문이라면 i, j, k 등) 사용
- 쉬운 작업에 다소 장황한 스타일로 코드 배치

이런 패턴을 확인하고 프로젝트의 스타일과 맞는지 고려하세요. 코드가 기능적으로는 괜찮지만 가독성 측면에서 수정해야 한다면 수행할 수 있는 작업은 다음과 같습니다.

- 변수명을 더 명확하거나 코드베이스에 일관되도록 변경하세요.
- 주석을 제거하거나 변경합니다. 자기 설명적인 if 문에 '# 숫자가 소수인지 확인' 같은 주석이 있다면 제거할 수 있습니다. 하지만 복잡한 로직을 설명하는 주석이 있다면 유지하거나 개선하세요.
- 린터나 포매터(파이썬의 블랙Black이나 고Go의 gofmt 같은)를 통해 코드를 실행하여 원하는 간격과 괄호 스타일에 맞게 일관된 포매팅 보장하세요.

비정상적인 구조도 찾아보세요. 하나만 만들 줄 알았는데 AI가 클래스나 함수를 여러 개 정의했나요? 때로는 훈련 예제가 그렇게 했기 때문에 문제를 함수 여러 개로 나눌 수도 있습니다. 그것이 과도하다면 인라인으로 만들 수도 있습니다(반대도 가능합니다). AI는 가끔 고할 정도로 간단한 설루션을 제시하거나 복잡한 한 줄짜리 코드를 제공하기도 합니다. 팀이 선호하는 방법인가요? 아니라면 조정해야 합니다. 이 외에도 주의할 사항이 있습니다.

- **오프 바이 원 오류**: A 도 이런 실수를 합니다. 반복문 처리는 어려우니까요. 시간 여유가 있다면, 머릿속에서 간단한 사례를 반복해 테스트하세요.
- **처리되지 않은 예외**: 코드가 파일이 성공적으로 열리거나 모든 입력이 올바른 형식이라고 가정하진 않았나요? 오류 처리를 추가하세요.
- **성능 문제**: AI가 대규모 데이터셋에서 회원 여부를 검사한다고 반복문을 사용하진 않나요? 이때는 집합 연산을 사용하는 편이 성능에 좋습니다. AI의 코드는 작동하더라도 적합하지 못한 방법을 택할 수 있습니다.
- **라이브러리 사용**: 코드에서 라이브러리를 사용하는 경우, 해당 라이브러리가 꼭 필요한지, 사용할 수 있는지 점검해야 합니다. 때때로 간단한 합계에 넘파이numpy 같은 라이브러리를 사용할 수 있습니다(학습 데이터의 예시에서 봤을 가능성이 높습니다). 굳이 넘파이까지 쓸 이유가 없다면, 파이썬 코드나 원하는 라이브러리로 전환할 수 있습니다.

- **불일치**: AI가 생성한 코드끼리도 사소한 불일치가 발생할 수 있습니다. 예를 들어, 함수의 독스트링에서 설명한 내용과 다르게 작동할 수 있습니다. 로직은 수정했지만 주석은 그대로 남겨둔 경우에 발생합니다. 꼭 수정하세요.
- **사소한 문법 오류**: 테스트를 잘 한 모델에서는 드물지만, 많이 학습하지 못한 일부 언어에서는 문법 오류가 발생할 수 있습니다.
- **구식 API 사용**: AI는 변경된 라이브러리 함수의 이전 버전을 사용할 수 있습니다. 알 수 없는 함수를 호출한다면, 신속하게 라이브러리 문서를 확인해 사용 중인 버전에 맞는지 확인하세요.
- **플레이스홀더**: AI가 출력한 코드에서 '여기에 코드 입력' 같은 플레이스홀더를 사용하는 경우가 있습니다(드물지만 일반 템플릿에서 발생할 수 있습니다). 해당 플레이스홀더를 채워야 합니다.

AI가 생성한 코드는 그냥 인턴이 작성한 코드라고 생각하세요. 품질을 검토하고 적절하게 통합해야 합니다.

5.4 디버깅 전략: 오류 확인 및 수정

코드를 실행하거나 테스트를 작성한다고 가정했을 때, 예상과 다르게 작동하는 경우가 있을 수 있습니다. AI가 생성한 코드를 디버깅하는 것은 자신이 작성한 코드나 다른 사람이 작성한 코드를 디버깅하는 것과 다르지 않습니다.

디버깅을 위한 여섯 단계는 다음과 같습니다.

1. **문제를 재현합니다.**
   오류가 발생하는 함수나 코드를 실행합니다. 출력 또는 오류를 관찰합니다.

2. **문제의 원인을 찾아봅니다.**
   늘 통하는 디버깅 기법인 단계별 출력문을 사용하거나 디버거를 이용해 각 단계를 확인합니다. 논리적 오류(잘못된 출력)인 경우, 로직을 수동으로 추적하거나 출력문을 사용하여 기대와 다른 부분을 확인합니다.

3. **코드를 프롬프트와 대조해 확인해 봅니다.**
   코드가 요구사항을 완전히 구현하지 않아서 발생하는 버그도 있습니다. 예를 들어 결과를 정렬해야 한다고 요청했지만 제대로 정렬되지 않는 경우가 있습니다. AI가 설계한 로직에 결함이 있거나 엣지 케이스(예: 빈 리스트)에 대응하지 않았음을 의미합니다.

4. **AI를 활용하여 디버깅을 진행합니다.**

   문제가 있는 코드를 AI에 다시 입력하여 '이 코드는 X를 입력하면 잘못된 결과를 줍니다. 버그를 찾는 걸 도와주세요'라고 요청할 수 있습니다. AI는 종종 코드 리뷰 같은 방식을 사용해 문제를 지적합니다. 예를 들어 len(arr)만큼 진행해야 하는 반복이 len(arr)-1까지만 반복할 수 있습니다. AI는 더 빠르게 찾아낼 것입니다. 완전히 신뢰할 수는 없지만, 동료에게 디버그를 도와달라고 요청하는 것과 비슷합니다.

5. **코드를 수정합니다.**

   이제 수동으로 수정할지 AI에 수정된 버전을 요청할지 선택할 수 있습니다. 수정 사항이 명확한 경우, 그냥 수정하면 됩니다. 그렇지 않다면, 다른 프롬프트를 입력해도 좋습니다. '위 함수는 X를 입력하면 실패합니다 (나와야 하는 값 Y, 실제로 나온 값 Z). 수정해 주세요.' AI는 그에 따라 함수를 업데이트합니다.

6. **다시 테스트합니다.**

   버그가 해결되었는지 확인하고, 새로운 문제가 발생하지 않았는지 확인합니다.

그림 5-1 AI 생성 코드 디버깅 사이클: AI가 생성한 코드를 실행합니다. 오류를 확인해, AI에 오류 관련 컨텍스트를 제공하여 분석하도록 합니다. 제안된 수정 사항을 구현하고, 해결될 때까지 반복합니다.

테스트 주도 디버깅을 권장합니다. 가능하다면 핵심 기능에 대한 몇 가지 테스트를 작성하는 편이 좋습니다. 이에 대한 자세한 내용은 이 장의 테스트 절에서 다룰 예정입니다. 실패한 테스트는 무엇이 잘못되었는지를 직접적으로 보여줍니다. 아주 간단한 함수가 아닌 경우, 수동 리뷰보다 더 빠릅니다.

마지막으로, 디버깅을 할 때는 단순히 **무엇이** 잘못됐는지 질문하는 대신 **왜** 문제가 발생했는지 물어야 합니다. AI가 실수를 한 이유를 이해해 보세요. 어떤 점에서 프롬프트가 불명확했나요? 이 내용은 다음 프롬프트를 작성하는 데 도움이 되거나 AI 출력에서 해당 부분을 항상 이중 확인해야 하는지를 판단하는 데 유용합니다. 예를 들어, AI가 빈 입력을 자주 처리하지 않는다면 프롬프트에서 이를 항상 명시하고 확인해야 합니다.

5.5 유지보수를 위한 리팩터링: AI 코드를 자신의 코드로 만드는 방법

코드가 기능적으로 올바르게 작동하면, 프로젝트 기준에 맞춰 리팩터링을 고려하고, 앞으로 작업을 더 쉽게 할 수 있습니다. AI가 신속하게 코드를 제공한다면 개발자는 이를 다듬어야 합니다. 리팩터링은 다음과 같이 여섯 단계를 거칩니다.

1. **스타일 가이드라인에 맞추기**
   코드에서 포매터나 린터를 실행합니다. '변수 이름은 소문자로 작성해야 합니다' 또는 '줄이 너무 깁니다'와 같은 경고를 따라 수정합니다. 코드가 코드베이스의 나머지 부분과 일치하도록 맞춥니다. 많은 AI 툴이 스타일 작업을 괜찮게 수행하지만 약간의 조정은 필요합니다.

2. **이름과 구조 개선**
   AI가 클래스의 메서드로 _helper1와 _helper2라는 이름을 사용했는데, 여러분은 의미 있는 이름을 선호한다면 각 메서드의 이름을 변경해야 합니다. 또한 작업에 한 번만 사용하는 작은 함수가 많다면, 명확성을 더하지 않는 이상 인라인으로 처리하도록 수정하는 편이 좋습니다.

3. **불필요한 부분 제거**
   아마도 AI가 요청하지 않았던 주요 블록이나 테스트 코드를 출력에 포함했을 수 있습니다. 필요하지 않다면 제거하세요. 반대로, 모든 내용을 하나의 함수로 작성했을 수도 있지만, 명확성을 위해 더 작은 조각으로 나눌 수 있다면 바로 나누세요.

4. **문서 추가**
   이 코드를 다른 분들이 사용할 라이브러리나 모듈로 만들 계획이라면, 적절한 곳에 독스트링이나 주석을 추가하는 것이 좋습니다. AI가 주석을 달 수 있으나, 여러분의 기준에 부합하는지 확인하세요. 예를 들어 프로젝트에 매개변수와 반환값이 문서화된 특정 형식의 독스트링이 필요할 수 있습니다.

5. **최적화(필요시)**
   코드가 이제 작동하므로 효율적인지 확인해야 합니다. 반복적으로 호출하거나 대량의 데이터를 처리할 수 있으므로, 복잡도를 확인해야 합니다. AI가 최적의 접근 방식을 사용하지 않았을 수도 있습니다. 다시 말해,

보편적인 방법은 더 최적화된 방식이 아니라 단순히 반복만 하는 방식일 수 있습니다. 성능이 문제라면 더 나은 알고리즘으로 리팩터링하세요. 다시 AI를 활용해도 좋습니다. '조회에 리스트 대신 집합을 사용하여 실행 속도를 높이세요' 같은 프롬프트로 변경을 요구해 보세요. 물론 개발자라면 자신이 원하는 패턴을 알고 있는 경우가 많으므로, 직접 구현해도 좋습니다.

6. 간소화(필요시)

때때로 AI가 생성한 코드가 너무 장황해질 수 있습니다. 예를 들어 조건이 하나만 있어도 충분한 경우에도 if-else 문을 사용할 수 있습니다. 명시적인 코드가 반드시 나쁜 것은 아니지만, 명확성을 잃지 않고 가독성을 높이도록 코드를 줄이는 편이 좋습니다.

다른 개발자가 나중에 이 코드를 보았을 때 'AI가 생성한 사실'이 드러나지 않도록 하는 것을 리팩터링의 목표로 삼으세요. 그저 좋은 코드처럼 보여야 하니 코드를 깔끔하게 다듬으세요. 리팩터링을 할 때는 아무것도 고장 나지 않았는지 확인해야 합니다. 이제 테스트로 넘어가겠습니다.

5.6 테스트의 중요성: 유닛, 통합, 종단 간 테스트

테스트는 항상 중요하지만 AI로 생성한 코드에서 테스트가 특히 중요한 이유가 두 가지 있습니다. 우선 개발자가 직접 작성하지 않은 코드가 모든 경우에 잘 작동할 것이라는 확신이 필요하기 때문입니다. 둘째, AI로 변경을 요청하거나 추가로 AI가 생성한 코드를 통합할 때, 기존 기능에 문제를 일으키지 않으려면 테스트가 필요하기 때문입니다. 다양한 종류의 테스트를 빠르게 살펴보겠습니다.

- 유닛 테스트

  AI로부터 받은 각 함수나 모듈에 대해 테스트를 작성하세요. 특히 엣지 케이스를 잘 다루어야 합니다. 주요 예시로는 소수와 비소수, 1(엣지 케이스)과 0, 음수(원하는 방식을 정의하는 경우), 큰 소수 등이 있습니다. 모든 테스트를 통과하면 코드엔 문제가 없을 가능성이 높습니다. AI에 이러한 테스트를 생성해 달라고 요청합니다. '위 함수에 대해 다양한 경우를 포함한 PyTest 유닛 테스트를 작성해 주세요' 같은 프롬프트를 사용하면 괜찮은 결과가 나오겠지만 유효성을 확인하고 필수적인 사항을 모두 포함하고 있는지 검토해야 합니다.

- 통합 테스트

  AI 생성 코드가 데이터베이스를 사용하는 함수 같은 다른 코드베이스와 상호작용할 때는 해당 함수가 올바른 컨텍스트에서 호출되는지 확인하는 테스트를 작성해야 합니다. 실제로 필요한 내용을 데이터베이스에 저장하나요? 다른 함수가 사용하는 출력을 생성하는 경우 연결해 테스트하세요.

- **종단 간 테스트**
  이 코드가 더 큰 워크플로의 일부라면 시나리오의 처음부터 끝까지 실행하세요. 예를 들어, AI 생성 코드가 웹 경로의 일부라면 테스트 환경에서 해당 경로에 테스트 요청을 수행하여 형식, 오류 처리 등이 제대로 유지되는지 확인합니다.

테스트 수준은 코드의 중요성과 복잡성에 따라 달라집니다. 그러나 빠른 수동 테스트 실행이나 스크립트 내의 간단한 assert 문 역시 검증을 위한 최소한의 방법으로는 유용합니다. 테스트는 단순히 버그를 찾는 것이 아니라 코드의 신뢰성을 보장하고 의도치 않은 변경을 방지합니다. 나중에 무언가를 변경하면(또는 AI가 변경하면), 테스트는 코드의 기능이 퇴보하지 않도록 보장하는 데 도움이 됩니다.

테스트는 소유권을 주장하는 좋은 방법이기도 합니다. 문제를 테스트하고 수정한 후, 코드에 대한 신뢰를 가질 수 있습니다. 이 시점에서 코드는 코드베이스의 다른 코드와 마찬가지로 '여러분의 것'이라고 말할 수 있습니다. 이해하고 신뢰하며 보호하기 위한 테스트가 있습니다.

> **NOTE** AI와 테스트
> 일부 AI 코딩 툴이 테스트 제안을 통합하기 시작하고 있습니다. 예를 들어 코드위스퍼러(CodeWhisperer)는 코드 한 조각 뒤에 assert를 제안하기도 합니다. 이러한 제안을 출발점으로 활용하되, 이들이 100% 포괄적이지 않다는 점은 염두에 두어야 합니다. 창의적인 경우의 수를 생각해 보세요. 여기에는 인간의 직관이 중요합니다.

요약

지금까지 AI를 사용한 코드 생성과 이해, 디버깅, 리팩터링 과정을 살펴봤습니다. 이 과정은 짧은 시간(작은 기능의 경우 몇 분 이내에) 안에 이뤄집니다. 복잡한 모듈이라면 더 오랜 시간이 걸릴 수 있습니다(시간이나 며칠이 걸리며, 간혹 AI 어시스턴트의 도움을 받기도 합니다).

개발자가 최종 코드에 대한 책임이 있다는 점을 인식하는 것이 중요합니다. AI는 창작을 가속화하는 툴이지만, 실패할 경우 책임을 지지 않습니다. 라이선스나 저작권 위험도 존재할 수 있습니다. 일부 AI 제공업체(https://oreil.ly/kYy0_)는 특정 길이를 넘는 출력물은 복사된 자료를 포함할 가능성이 높다고 말합니다. 드물긴 하지만, 제공업체들이 문제를 많이 해결했습니다. 스택 오버플로의 답변에서 명확하게 라이선스가 있는 텍스트나 출처를 확인하듯이, 결과물이 크거나 너무 깔끔할 경우에는 빠르게 점검해야 합니다. 예를 들어, '퀵소트를 구현하세요'라는 프롬프트를 입력했을 때 AI가 20줄의 완벽한 코드를 제공한다면, 아마도 일반적인 지식이라 괜찮을 겁니다. 하지만 모호한 정보를 요청해 긴 코드를 받았다면, 그 코드에서 독특한 문자열을 온라인에서 검색해 어디서 가져왔는지 확인하는 것이 좋습니다. 최근 이러한 문제가 더욱 두드러지게 나타나고 있습니다. AI 시스템이 학술지 기사 및 기타 저작권이 있는 출처의 텍스트를 재생산한 사례도 보도됐습니다(https://oreil.ly/h_BzA). 개발자는 결과물에 대한 책임을 질 수 있도록 일반적인 패턴을 넘어서는 경우나 특정 출처에 대해 비정상적으로 구체적인 경우에 AI 생성 콘텐츠의 출처를 확인해야 합니다.

마지막으로, 코드를 프로젝트에 통합할 때는 다른 코드와 똑같이 취급하세요. 버전 관리 시스템에 추가하고, 커밋 메시지에 AI가 도움을 주었다고 언급하는 것도 좋습니다. 굳이 할 필요는 없지만, 일부 팀은 이를 추적하는 것을 선호합니다.

시간이 지남에 따라 요구사항이 바뀌면 생성된 코드를 수정해야 합니다. 이 코드도 다른 코드처럼 다루어야 합니다. '이건 AI의 코드니까 AI에 변경을 요청해야겠다'라고 생각할 필요는 없습니다. 원하면 변경을 요청해도 좋습니다. 하지만 수동으로 자유롭게 수정할 수도 있습니다. 가장 효율적이고 유지보수가 용이한 방법을 선택하세요.

생성형 AI로 생성된 코드는 신중한 리뷰와 테스트를 통해 프로젝트에 자리 잡게 됩니다. 그렇게 되면 10번째 줄을 AI가 작성했는지, 아니면 본인이 작성했는지는 중요하지 않습니다. 중요한 것은 이 코드가 프로젝트의 요구사항과 기준을 충족하는지입니다.

이러한 방법을 따름으로써 AI 코딩의 속도를 활용하면서 품질을 보장할 수 있습니다. AI 출력에 무조건적으로 신뢰를 두는 함정을 피하고, 이를 전문적인 개발 워크플로에 통합합니다.

6장에서는 AI 툴이 소프트웨어 개발의 프로토타이핑 단계에 어떻게 변화를 줄 수 있는지를 살펴봅니다. 실용적인 기법을 탐구하여 AI 어시스턴트를 활용해 초기 개념에서 작동하는 프로토타입으로의 여정을 가속화하며, 개발 시간을 며칠에서 몇 시간으로 단축할 수 있습니다. 6장에서는 버셀Vercel v0과 스크린샷을 코드로 변환하는 유틸리티를 포함한 특정 AI 기반 프로토타입 툴에 대해 다룹니다. 또한 AI의 도움을 받아 반복적으로 개선하는 전략도 소개합니다.

또한 AI가 생성한 프로토타입을 서비스를 앞둔 프로덕션 코드로 전환하는 과정을 다루며, AI가 개발 워크플로의 중심이 될 때 발생할 수 있는 기회와 잠재적인 문제점을 살펴보겠습니다. 실제 사례를 통해 개발자가 아이디어를 신속하게 테스트하면서 코드 품질을 유지하는 방법과 개념에서 구현으로 이동할 때 발생할 수 있는 일반적인 함정을 피하는 방법도 설명합니다.

CHAPTER 6

AI 기반 프로토타입 제작: 툴 및 기법

이 장에서는 AI 보조 엔지니어링 기반의 바이브 코딩기 소프트웨어 개발의 프로토타이핑 단계를 어떻게 가속화하는지 살펴봅니다. 프로토타이핑의 핵심은 아이디어를 빠르게 실제 작동하는 모델로 만드는 것입니다. AI 툴을 활용하면 개발자들은 기존에 며칠씩 걸리던 작업을 몇 시간 만에 완성해 아이디어를 신속하게 다듬어 나갈 수 있습니다. 이번 장에서는 AI를 활용해 컨셉에서 프로토타입까지 구현하는 실용 기법을 살펴보고, 주요 AI 프로토타이핑 툴(버셀 v0, 스크린샷-투-코드 등)을 비교 분석하며, AI의 도움을 받아 프로토타입을 단계적으로 개선하는 방법을 알아보겠습니다. 아울러 AI가 만든 기초적인 프로토타입을 실제 서비스 가능한 수준의 코드로 발전시키는 핵심 과정도 다룰 예정입니다. 또한 AI 중심 프로토타이핑이 성공으로 이어진 실제 사례를 통해 이 방법론의 잠재력과 주의사항을 함께 살펴보겠습니다.

6.1 AI 어시스턴트와 함께하는 신속한 프로토타입 제작

AI의 빠른 코드 생성 속도는 프로토타이핑에 엄청난 도움이 됩니다. 프로토타이핑의 목표는 완벽하게 다듬어진 프로덕션 코드가 아니라 검증하고 발전시킬 수 있는 **개념 증명**Proof of Concept(PoC)입니다. AI 코딩 어시스턴트는 간단한 설명만으로도 실제 작동하는 코드를 신속하게 만들어냅니다. 개발자는 UI 목업을 일일이 손으로 코딩하는 대신 원하는 화면을 자연어로 묘사하면 AI가 HTML/CSS나 리액트 컴포넌트를 바로 생성합니다. 덕분에 아이디어 구상부터 실제 구현까지의 과정이 획기적으로 빨라집니다.

실제로 한 UX 개발자는 생성형 AI가 자신의 작업 방식을 혁신적으로 바꿨다고 말합니다 (*https://oreil.ly/dP5U3*). "생성형 AI로 실제 작동하는 프로토타입을 만드는 속도가 정말 놀라웠어요. 보통 며칠은 걸리던 작업을 단 몇 시간에 끝냈습니다." 이 개발자는 AI가 뻔한 기본 코드와 반복되는 패턴들을 알아서 처리하기 때문에, 디자인 관련 전략을 세우는 데 온전히 집중할 수 있었다고 말했습니다. 프로토타이핑 관점에서 보면, 동일한 시간 투자로 훨씬 다양한 아이디어를 실험해 볼 수 있다는 의미입니다. 게다가 AI는 프로토타입의 번거로운 요소들(기본 UI 요소, 폼 처리 로직, 테스트용 데이터 등)을 거의 즉석에서 완성해 개발자는 중요한 핵심 기능이나 차별화 요소 검증에만 집중할 수 있습니다.

다만 프로토타입 코드는 대부분 임시방편이라는 점을 명심해야 합니다. AI가 빠르게 돌아가는 프로그램을 만들어낼 수는 있지만, 그 코드가 장기적인 유지보수나 시스템 확장을 염두에 두고 설계되지 않았을 가능성이 높습니다. 프로토타입 단계에서는 이런 한계가 큰 문제가 되지 않습니다. 완성도보다는 빠른 구현과 다양한 시도가 우선이기 때문입니다. 나중에 실제 서비스로 발전시키려면, 핵심 부분들을 다시 설계하고 구현할 계획을 미리 세워두는 것이 중요합니다(이에 대해서는 이 장의 뒷부분에서 자세히 설명하겠습니다). 3장과 4장에서 확인했듯이, AI는 프로토타입 개발 작업의 70% 정도를 무난히 소화할 수 있고, 개발자는 전체적인 구조를 설계하고 치명적인 오류를 잡아내는 데 집중하면 됩니다.

1장에서 소개한 의도 중심 프로그래밍이 여기서 중요한 역할을 합니다. 개발자가 큰 그림의 방향성(프로토타입이 어떤 기능을 하고 어떤 모습이어야 하는지)을 제시하면, AI가 세부적인 구현을 알아서 완성합니다. AI 어시스턴트를 사용한 매우 간단한 프로토타입 예시를 살펴보겠습니다. 새로운 서비스의 가입 페이지를 만들어야 하는 상황을 생각해 봅니다. 프런트엔드 프로토타입을 신속하게 구축하도록 개발 요청을 하겠습니다.

 회원가입 양식을 위한 간단한 HTML 페이지를 생성하세요. 이 페이지에는 이름, 이메일, 비밀번호를 입력할 필드와 생성 버튼이 필요합니다. 기본적인 스타일을 적용해 보기 좋게 만드세요.

클라인 같은 현대적인 코딩 어시스턴트는 바로 완성된 HTML/CSS 코드를 제공합니다.

```html
<!DOCTYPE html>
<html lang="en">
<head>
  <meta charset="UTF-8" />
  <meta name="viewport" content="width=device-width, initial-scale=1.0" />
  <title>Sign Up</title>
  <style>
    body { font-family: Arial, sans-serif; max-width: 400px; margin: 2em auto; }
    form { display: flex; flex-direction: column; }
    label { margin-top: 1em; }
    input, button { padding: 0.5em; font-size: 1em; }
    button { margin-top: 1em; background: #4CAF50; color: #fff; border: none; }
  </style>
</head>
<body>
  <h2>Sign Up</h2>
  <form>
    <label>Name: <input type="text" name="name" required></label>
    <label>Email: <input type="email" name="email" required></label>
    <label>Password: <input type="password" name="password" required></label>
    <button type="submit">Create Account</button>
  </form>
</body>
</html>
```

AI가 생성한 코드는 회원가입 양식 프로토타입을 위한 좋은 시작점입니다. 기본적인 구조와 인라인 CSS로 간단한 스타일링까지 적용됐습니다. 개발자는 HTML/CSS를 한 줄도 직접 쓸 필요가 없었습니다. 그는 원하는 모습을 말로 설명했더니 AI가 알아서 코드로 만들었습니다. 이것이 의도 중심 프로그래밍입니다. 여러분은 UI에 **무엇**을 해야 하는지 생각하고, AI는 **어떻게** 만들지 알아냅니다.

물론, 이건 아주 기초적인 예시입니다. 실제 프로토타입은 훨씬 복잡하고 여러 파일이나 프레임워크, 데이터 연동 등이 필요할 수 있습니다. 하지만 기본적인 접근법은 동일합니다. AI를 활용해 첫 버전을 빠르게 만들어냅니다. 브라우저로 실제 결과물을 확인하고, 필요한 부분을 계속 다듬어 나갑니다. 이런 기본적인 방식에서 한 단계 더 나아가면, 단순한 텍스트 요청을 넘어서는 전문적인 AI 프로토타이핑 툴을 활용할 수 있습니다.

6.2 AI 프로토타이핑 툴

제미나이, 챗GPT, 클로드와 같은 일반 목적의 어시스턴트도 프롬프트를 통해 프로토타입 코드를 생성하지만, AI 프로토타이핑 툴의 세계는 더욱 빠르게 발전하고 있습니다. 이 툴은 다양한 니즈에 맞춰 세분화되어 세 종류로 분류할 수 있습니다.

첫 번째 종류의 툴은 시각적 디자인을 코드로 바꾸는 데 특화되어 있습니다. 이 툴은 디자이너가 스크린샷이나 스케치를 올리면 몇 초 만에 실제 작동하는 HTML, CSS, React 컴포넌트를 받을 수 있습니다. 이런 '스크린샷 투 코드' 기능은 디자인에서 코드까지의 과정을 획기적으로 단축해 주며, 특히 손그림 스케치나 피그마 디자인을 빠르게 구현해야 할 때 효과적입니다. 버셀 v0가 대표적인 예인데, 원본 디자인을 매우 정확하게 재현하는 대신 코드 구조에 대한 세밀한 조정 권한은 어느 정도 포기해야 합니다.

두 번째 종류의 툴은 대화를 통해 완전한 애플리케이션을 만들어내는 데 집중합니다. 사용자가 원하는 기능을 일상 언어로 설명하면 백엔드까지 포함한 전체 시스템을 구축해 줍니다. 코딩 경험이 없는 디자이너가 빠른 애플리케이션 제작을 원한다면 러버블Lovable이나 볼트(Bolt.new) 같은 툴을 쓸 수 있습니다. 이런 툴은 간단한 설명만으로도 애플리케이션 전체의 기본 틀을 세워주는 고차원 인터페이스를 제공합니다. 실제로 일부 디자이너들은 예전에 며칠씩 걸리던 프로토타입 작업을 단 몇 시간에 끝낼 수 있게 되었다고 하며, AI가 반복적이고 지루한 컴포넌트 작업을 알아서 처리해 준다고 말합니다.

세 번째 종류의 툴은 AI를 개발 환경에 직접 통합해 프로토타입 단계에서 지능형 페어 프로그래밍을 수행합니다. 커서, 윈드서프, 클라인과 같은 AI 증강 IDE는 개발자가 AI의 빠른 처리 능력을 활용하면서도 코드 생성 과정을 더 세밀하게 통제하게 해 줍니다. 작업 방향에서 차이가 나타납니다. 어떤 툴은 빠른 실험을 위해 변경 사항을 자동으로 적용하는 데 집중하고, 어떤 툴은 더 신중한 반복 작업을 위해 개발자의 명시적인 승인을 거치도록 합니다.

모든 툴은 아이디어를 실제 작동하는 프로토타입으로 만드는 과정을 대폭 단축합니다. 하지만 사용자와 사용 사례에 따라 어떤 툴이 유용한지는 다음 요소를 중심으로 결정합니다.

재현도fidelity는 출력이 입력이나 의도에 얼마나 밀접하게 일치하는지 나타내는 척도입니다. 스크린샷-투-코드 툴은 대개 시각적 디자인을 매우 정확하게 재현하지만, 개발자가 선호하는 코드 구조와는 맞지 않을 수 있습니다. 대화형 툴은 요구사항을 좀 더 느슨하게 해석해 작동은 하더라도 일반적인 구현을 만들어내 추가 손질이 필요할 수 있습니다.

제어권control은 생성 프로세스를 안내하고 수정하는 능력을 말합니다. 어떤 도구는 완성된 결과만 내놓는 블랙박스처럼 작동하고, 다른 도구는 계속되는 대화나 직접적인 코드 편집을 통해 점진적인 개선이 가능합니다. 특정한 아키텍처 패턴이나 성능 최적화, 기존 코드와의 통합이 필요한 경우에는 이런 제어 능력이 매우 중요합니다.

이런 트레이드오프를 이해하면 각자의 프로토타이핑 목적에 맞는 도구를 선택하는 데 좋습니다. 새로운 사용자 경험을 검증하려는 디자이너라면 구현 세부 사항에 대한 통제권을 일부 포기하더라도 정확성과 속도를 우선시할 수 있습니다. 기술적 실현 가능성을 탐구하는 개발자라면 생성 과정에서 더 많은 수동 작업이 필요하더라도 제어권과 투명성을 중요하게 여길 것입니다.

어떤 툴도 사람의 검토 없이는 실제 서비스 수준의 코드를 만들어내지 못합니다. 보통 저가 '80% 프로토타입'이라고 부르는 수준의 결과물이 나오죠. 개념 검증과 관련자들에게 보여주기에는 충분하지만, 실제 서비스로 만들려면 추가 작업이 필요한 정도입니다. 나머지 20%에는 보안 강화, 성능 튜닝, 오류 처리, 구조 개선 등이 포함됩니다.

빠른 프로토타이핑에도 간단한 코드 점검은 필요합니다. 프로토타입에서 모든 것을 완벽하게 다듬지는 않더라도, API 키가 노출되거나 데이터 처리가 안전하지 않은 등의 명백한 문제를 찾아내서 추후 번지지 않도록 해야 합니다. 요즘 대부분의 툴은 생성한 코드를 투명하게 보여주어서 무엇이 만들어지고 있는지 살펴보고 이해할 수 있게 해 줍니다.

AI 프로토타이핑 분야가 계속 발전하면서 구체적인 도구들은 분명 바뀔 것이지만, 재현도와 제어권 사이의 균형, 그리고 인간의 감독이 필요하다는 근본적인 고려사항들은 변하지 않을 것입니다. 핵심은 자신의 프로토타이핑 목표를 명확히 하고, 빠른 시각적 구현이든 기능 시연이든 기술적 탐구든, 각자의 구체적인 필요에 맞는 접근법을 선택하는 것입니다.

6.3 컨셉에서 프로토타입으로: 반복적인 정제

AI 기반 프로토타이핑의 강점 하나는 **반복**입니다. 초기 버전을 생성한 후 AI와 상호작용하며 결과물을 다듬을 수 있습니다. 코드를 수동으로 편집하는 대신, AI에 변경하고 싶은 내용을 말하면 됩니다(그림 6-1). 저는 순수한 '바이브 코딩'보다 더 책임감 있는 접근 방식을 지지하지만, 프로토타입에서는 빠른 피드백이 반드시 필요합니다.

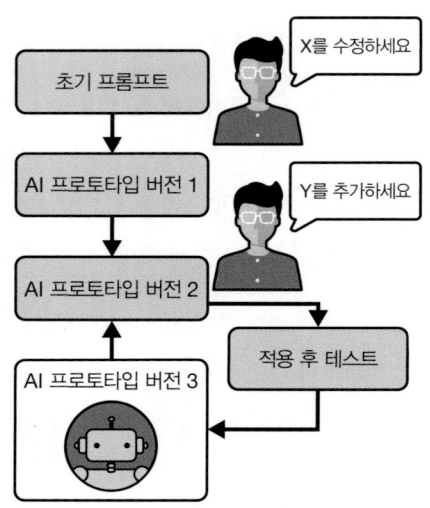

그림 6-1 반복적인 프로토타입 개선 과정: 초기 프롬프트가 기본 프로토타입을 생성하고 개발자의 피드백이 연속적인 개선을 이끌어 AI와의 협업이 점점 더 정교한 솔루션을 만들어냅니다.

대부분의 AI 프로토타이핑 툴은 요청 기록이나 컨텍스트를 유지합니다. 이는 매우 유용합니다. AI는 사용자가 만든 애플리케이션의 **목적**과 이전 지침을 기억하므로, 매번 모든 것을 다시 설명할 필요가 없습니다. 이 **컨텍스트 지속성**context persistence은 바이브 코딩 환경의 특징입니다. AI와의 대화가 개발 로그가 됩니다.

전형적인 과정은 다음과 같습니다.

- **1단계: 초기 생성**
  프롬프트 또는 입력을 제공하여 프로토타입을 생성합니다.

> 비용을 추가하는 양식과 비용 목록을 표시하는 기본 비용 관리기 애플리케이션을 생성하세요.

- **2단계: 코드 리뷰 및 실행**

  생성된 코드를 실행합니다. 작동하더라도 몇 가지 개선할 수 있는 사항을 발견합니다. 예를 들어 UI는 작동하더라도 평범할 수 있습니다. 또는 표가 정렬을 못할 수도 있습니다.

- **3단계: 프롬프트 구체화**

  AI에 추가로 지침을 제공해 코드를 수정할 수 있습니다. 다음과 같은 지시가 가능합니다.

  > 비용 목록을 금액이나 날짜 기준으로 정렬할 수 있도록 수정하세요.

  AI는 코드를 수정하여 정렬 로직을 추가하거나 테이블을 정렬 가능하게 만드는 라이브러리를 사용합니다.

  > 컬러 스타일을 추가하시고, 최신 CSS 프레임워크를 사용하는 것도 고려해 보기 바랍니다.

  AI는 CSS 라이브러리(부트스트래퍼 또는 테일윈드 등)를 통합하거나, 더 나아 보이도록 사용자 정의 스타일을 추가합니다.

  > 이름과 금액 없이 비용을 추가할 수 없도록 양식을 검증합니다.

  AI는 간단한 프런트엔드 유효성 검사를 추가합니다. 각 프롬프트는 프로토타입을 수정합니다. AI는 기존 컨텍스트를 파악하기 때문에(커서 같은 툴 및 연속 대화 틀이 코드 상태 유지), 종종 적절한 위치에 변화를 적용할 수 있습니다. 예를 들어 폼에 검증 코드를 삽입하거나 정렬 가능한 열이 포함된 테이블 렌더링을 다시 작성할 수 있습니다.

- **4단계: 위 과정의 반복**

  개선이 이루어질 때마다 결과를 점검합니다. AI 때문에 새로운 문제가 발생했거나 의도한 대로 정확히 작동하지 않았을 경우, 프롬프트를 통해 이를 명확히 하거나 수정합니다.

  > 정렬 순서가 반대로 되어 있네요. 기본값을 오름차순으로 설정해 주세요.

  > 컬러 구성은 마음에 드는데, 헤더만 검은색에서 진한 파란색으로 변경해 주세요.

각 반복 주기는 매우 빠릅니다. 종종 몇 초의 처리만 걸리며, 이는 한 시간 내에 수십 번의 반복을 수행할 수 있음을 의미합니다. 이런 모든 변경 사항을 손으로 직접 코딩하고 확인하는 것과 비교하면, AI를 활용한 방식이 훨씬 빠릅니다. 특히 디자인 변경이나 새 기능 추가 같은 큰 규모의 수정 작업에서는 더욱 그렇습니다.

중요하게도, AI와 반복적으로 작업할 때는 명확하게 소통해야 합니다. 여기서 여러분의 **프롬프**

트 엔지니어링** 기술이 발휘됩니다. 변화에 대해 더 명확하고 구체적으로 설명할수록 AI가 올바르게 작업을 수행할 가능성이 높아집니다. 예를 들어 '더 멋지게 보이게 수정하세요'라고 말하는 것은 모호합니다. 보다 구체적인 프롬프트는 어시스턴트를 정확한 방향을 이끕니다.

파란색 헤더가 있는 밝은 테마를 적용하고 가독성을 위해 글꼴 크기를 늘리세요.

버셀 v0 또는 러버블 같은 툴을 사용하고 있다면, UI의 일부를 가리키고 '이것을 X로 변경하세요'라고도 말할 수 있습니다.

개발자와 AI 코딩 툴 사이의 간단한 대화형 작업 과정을 보겠습니다.

할 일 목록을 위한 리액트 컴포넌트를 생성하세요. 작업 목록과 새 작업을 추가할 수 있는 텍스트 입력란이 표시되어야 합니다.

AI가 할 일 상태 관리가 포함된 리액트 컴포넌트를 만들어서 목록, 입력 필드, 할 일 추가 버튼을 렌더링합니다.

훌륭하군요. 이제 각 작업을 편집 가능하게 만들고 완료 표시를 위한 체크박스를 추가하세요.

AI가 코드를 업데이트하여 각 작업에 체크박스와 편집 기능을 추가하고, 상태를 적절히 수정합니다. 개발자는 애플리케이션을 실행하고 편집이 작동하는 것을 발견했지만, 삭제 버튼이 없음을 알게 되었습니다.

각 작업에 삭제 버튼을 추가하세요.

AI는 코드에 삭제 기능을 추가합니다.

레이아웃이 다소 비좁습니다. 목록 항목 간의 간격을 조정하고 글꼴 크기를 약간 키우기 위해 기본 CSS를 추가합시다.

AI는 컴포넌트 내에서 `<style>`과 같은 CSS 스타일링을 출력합니다.

좋아졌네요.

프로토타입이 원하는 모습이 될 때까지 이런 대화를 계속 이어갈 수 있습니다. 결국 개발자는 생성, 편집, 완료, 삭제 기능이 모두 포함된 완전히 작동하는 할 일 애플리케이션 프로토타입을 얻게 됩니다. 모든 것이 자연어 요청과 AI의 빠른 코드 생성을 통해 만들어졌죠.

이 전체 과정에서 주도권을 쥔 건 개발자라는 사실을 기억해 두세요. AI가 기능을 구현할 방법을 제안할 수 있지만, 그것이 필요에 맞는지 결정하는 건 **여러분**입니다. 때로는 AI의 구현이 기술적으로는 맞지만 예상했던 것과 다를 수 있습니다(생각했던 것과 다른 UI 방식을 사용할 수도 있고요). 그럴 때는 그대로 받아들이거나(프로토타입 목표에 지장이 없는 경우) 아니면 선호하는 방식으로 바꾸도록 AI에 다시 요청할 수 있습니다.

6.4 프로토타입에서 프로덕션으로

프로토타입은 개념 증명이자 어떤 방법이 효과적인지 확인하는 도구입니다. 사용자 디자인을 검증하거나 특정 기능이 실행 가능한지 확인했다면, 다음 단계는 이를 프로덕션 애플리케이션으로 발전시키는 것입니다. 프로토타입을 상용 프로덕트로 발전시키는 전환 과정은 매우 중요합니다. AI가 계속 도움을 줄 수는 있지만, 프로토타입의 미흡한 부분은 개발자가 직접 깨끗하게 다듬어야 합니다. 이 절에서는 프로토타입을 실제 프로덕션 코드로 발전시킬 때 고려해야 할 핵심 사항을 살펴보겠습니다.

우선 아키텍처와 코드 구조를 주의 깊게 살펴봐야 합니다. 프로토타입의 내부는 복잡할 수 있습니다. 아마도 파일 하나에 모든 코드가 모여있거나, 빠른 구현을 위해 모범 사례를 생략했을 가능성도 있습니다. 이제는 제대로 된 구조를 만들어야 합니다. 예를 들어 프로토타입이 단일 페이지 스크립트였다면 여러 모듈로 나눌 수 있습니다. 웹 UI의 경우 적절한 컴포넌트 구조를 도입할 수 있습니다. 백엔드에는 공식적인 모델-뷰-컨트롤러(MVC) 아키텍처 패턴을 적용할 수 있습니다.

AI가 프로토타입의 대부분을 작성했지만, 아키텍처적인 목표는 개발자가 가장 잘 이해하고 있습니다. 아예 새 프로젝트를 시작해서 프로토타입을 참고 자료나 기본 틀로만 활용할 수도 있습니다. 프로토타입 코드 일부는 재활용하되, 대부분은 임시 코드로 간주하는 방식이죠. 반대로 기존 프로토타입 코드를 단계적으로 리팩터링해서 정리하는 방법도 있습니다. 이때 AI가 리팩터링 방안을 제안하거나 정리 과정에서 기능이 깨지지 않도록 테스트 코드를 생성해 주는 식으로 도움을 줄 수 있습니다.

다음으로는 오류 처리와 예외 상황 대응을 추가해야 합니다. 프로토타입 코드는 종종 이상적인 상황에 초점을 맞춥니다. 그런데 API 호출이 실패하면 어떨까요? 입력이 비어 있다면 어떨까요? 각 기능을 하나씩 체계적으로 점검하면서 어떤 문제가 생길 수 있는지 생각해 보세요.

AI에 엣지 케이스를 찾는 프롬프트를 입력해도 좋습니다.

 이 기능에 잠재적인 오류는 어떤 게 있고, 해결법은 무엇일까요?

어시스턴트는 여러 상황(네트워크 오류, 잘못된 입력값, 동시 접근 문제 등)을 제시하고, 이에 대한 처리 방법을 알려줍니다. 이를 따라 직접 구현하세요(AI의 도움을 받아도 좋습니다). 견고한 코드를 만들어야 실제 프로덕션 단계로 나아갈 수 있습니다.

프로토타입 코드는 최적화가 안 되어 있을 가능성이 높으니, 비효율적이거나 보안상 위험할 수 있는 부분을 찾아야 합니다. AI가 구현한 프로토타입은 작은 테스트 데이터셋에서는 작동하지만 실제 데이터에서는 느리게 작동하는 단순한 알고리즘을 썼을 수도 있습니다. 그런 부분을 찾아 최적화하기 바랍니다. 8장에서 AI가 구현한 코드가 가진 흔한 문제점을 다루겠습니다.

프로토타입에서 성능 테스트를 돌리거나 프로파일링 도구로 느린 부분을 찾은 다음, AI에게 해당 함수 최적화를 도와달라고 하는 방법도 좋습니다. 사용자 인증이나 데이터 처리 같은 보안 기능도 꼼꼼히 살펴봐야 합니다. AI 프로토타입은 SQL 쿼리를 제대로 보호하지 않아 SQL 인젝션 공격에 취약하거나 민감한 정보(*https://oreil.ly/gzUjn*)를 그대로 노출하는 경우가 많습니다. 이런 문제는 **반드시** 수정해야 합니다. 2021년 연구(*https://oreil.ly/a72lb*)에 따르면 AI가 생성한 코드의 약 40%가 보안에 취약한 것으로 나타났습니다. 실제 프로덕션 서비스로 만들 때는 항상 주의 깊게 살펴봐야 합니다. 코드에서 정적 분석이나 보안 테스트를 직접 실행하거나 AI에 '이 코드에서 보안 문제점을 찾아 보세요'라고 요청하세요.

프로토타입은 대개 문서화를 하지 않습니다. 코드를 정식으로 사용한다면 꼭 문서화를 진행해야 합니다. 각 모듈에 대한 명확하고 사람이 검토한 기록이 있으면, 나중에 다른 팀원이나 몇 달 후의 자신이 볼 때도 큰 도움이 됩니다. 코드를 정리했다면 AI 툴에 코드를 바탕으로 마크다운 API 문서나 README를 생성하도록 요청할 수 있습니다. 1장에서 소개한 것처럼 AI는 코드를 설명할 수 있습니다. 이를 문서화에 사용하세요.

5장에서 설명했듯 프로토타입을 철저히 테스트하는 것도 중요합니다. 핵심 로직에 대해 유닛 테스트를 작성하고, 주요 흐름에 대한 통합 테스트를 작성할 수 있습니다. AI에 테스트 케이스를 요청해 이 과정을 빠르게 마칠 수 있습니다.

할 일 목록 컴포넌트에 대한 제스트(Jest) 테스트를 작성하세요. 작업 추가, 편집, 완료, 삭제 기능을 모두 테스트하세요.

AI가 생성한 테스트를 실행하고 조정하세요. 테스트 체계가 잘 구성되면 자신감을 갖고 프로토타입을 리팩터링할 수 있습니다.

때로는 코드의 특정 부분을 아예 갈아엎을 수도 있습니다. 프로토타입에서 급조한 라이브러리나 임시로 작성한 코드가 장기적으로는 적합하지 않은 경우가 대표적이죠. 이런 작업도 AI가 빠르게 할 수 있습니다. 프로토타입에서 데이터를 메모리 배열로 관리했는데 제대로 된 데이터베이스 연동이 필요하다고 가정해 봅시다. 이런 식으로 요청할 수 있습니다.

작업을 메모리 배열 대신 SQLite 데이터베이스에 저장하도록 바꿔주세요.

AI가 데이터베이스를 사용하는 코드의 초안을 제공하면 여러분은 이를 보완하면 됩니다.

이렇게 수정할 때는 사고방식을 '신속 프로토타입 모드'에서 더욱 체계적인 엔지니어링 접근 방식으로 전환하는 편이 좋습니다. 이제 AI는 단순히 기능을 빠르게 구현하는 수준을 넘어, 코드 품질 개선을 돕는 어시스턴트 역할을 합니다. AI와 개발자의 관계도 달라집니다. 안정성과 품질이 최우선 과제가 되었기 때문에 AI 제안을 하나씩 더 비판적으로 평가할 수 있습니다. 4장에서 언급했듯이, 경험 많은 시니어 개발자는 무엇을 받아들이고 무엇을 고쳐야 하는지 알고 있으므로 AI에서 엄청난 도움을 받을 수 있습니다. 이 단계에서는 시니어 개발자의 관점으로 접근해야 합니다. 최종 시스템에 대한 비전을 명확히 인식하고 있기에, AI에 특정한 개선이나 구현을 맡깁니다.

이해를 돕기 위해 간단한 예시를 살펴보겠습니다. 제인이라는 개발자가 혼자서 CSV 파일의 데이터를 차트로 변환하는 작은 웹 애플리케이션을 만든다고 가정해 봅시다. AI의 도움을 받아서 주말 동안 프로토타입을 완성했습니다. API가 포함된 기본적인 노드JS 스크립트와 CSV 파일을 업로드해서 자바스크립트 차트 라이브러리로 그래프를 그려주는 간단한 프런트엔드로 구성되어 있죠.

이 프로토타입을 몇몇 잠재 사용자에게 시연하니 반응이 좋았습니다. 그래서 제인은 실제 프로덕트(웹 서비스)로 발전시키기로 마음먹었습니다. 이제부터 제인이 실제 프로덕트를 만들어 나가는 과정을 살펴보겠습니다.

- **백엔드 강화**
  프로토타입의 노드JS API는 인증이 없어 누구나 데이터를 업로드할 수 있었습니다. 프로덕션에는 사용자 계정과 인증이 필요합니다. 제인은 AI로 인증 시스템을 추가합니다(아마도 JWT 기반일 것입니다). AI는 기본 구조를 제공하고, 제인은 비밀번호가 올바르게 해시되고 토큰이 안전한지 신중하게 확인합니다. 업로드 엔드포인트에 AI가 제안한 코드를 수정해 입력 유효성 검사를 추가합니다.

- **프런트엔드 리팩터링**
  프로토타입의 프런트엔드는 단일 HTML 파일이었고, CDN을 통해 외부 라이브러리를 사용했습니다. 제인은 유지보수성을 위해 구조화된 리액트 애플리케이션으로 리팩터링하기로 결정합니다. 먼저 AI에 스크립트 태그 대신 빌드 시스템과 npm을 사용해서 프로젝트를 더 프로덕션에 적합하게 리팩터링해달라고 요청합니다. 그다음 리팩터링한 결과를 리액트 컴포넌트로 통합하라고 AI에 요청합니다. 예를 들어 프로토타입의 차트 렌더링 코드를 <Chart> 컴포넌트로 변환하는 식입니다. 제인은 AI를 사용해 컴포넌트 작성 속도를 높이는 동시에, 프로토타입에서는 깊게 고려하지 않았던 상태 관리나 컴포넌트 계층 구조가 모범 사례를 따르도록 꼼꼼히 관리합니다.

- **성능 테스트 및 확인**
  제인은 중요한 기능(CSV 파싱, 데이터 변환)을 확인하는 유닛 테스트를 작성합니다. 엣지 케이스가 떠오르지 않으면 AI에 요청합니다.

 CSV 파싱에 어떤 엣지 케이스를 테스트해야 할까요?

  AI는 빈 필드와 불규칙한 열과 같은 상황을 제안하고, 제인은 해당 상황을 테스트에 추가합니다. 또한 제인은 프로토타입이 CSV 파일 전체를 메모리에 로드한다는 사실을 발견했습니다. 파일이 크면 문제가 발생할 수 있습니다. 제인은 처리 과정을 스트리밍하도록 코드를 수정하고, AI로 스트리밍 논리를 이중 검사합니다. 이제 애플리케이션은 더 큰 파일을 더 신뢰성 있게 처리할 수 있습니다.

- **UI 다듬기**
  프로토타입의 UI는 기능만 하는 수준이었습니다. 제인은 프로덕트를 만드는 과정에서 사용자 경험에 더 신경을 씁니다. AI에 반응형 레이아웃을 제안하고, CSS 프레임워크에 적용하라고 요청합니다. AI는 부트스트랩 래퍼를 추가하고, 제인은 이를 활용해 폼, 버튼, 레이아웃을 훨씬 보기 좋게 만들었습니다. 마지막에는 일부 CSS를 직접 손봐서 세밀하게 조정했습니다. 마무리 단계는 복잡한 코딩보다는 디자인 결정이 중심이었지만, AI가 내비게이션 바나 로딩 스피너 같은 일반적인 UI 패턴의 코드를 빠르게 제공해 여전히 큰 도움을 받았습니다.

이런 과정을 거쳐서 투박했던 프로토타입이 훨씬 깔끔하고 안전하며 확장 가능한, 실제 사용자가 쓸 수 있는 애플리케이션으로 탈바꿈했습니다. 제인은 테스트도 추가하고 AI가 만든 코드도 꼼꼼히 리뷰했기 때문에 자신 있게 서비스를 런칭할 수 있습니다. 프로토타입에서 프로덕션까지 만드는 이 모든 과정이 몇 주 정도 걸렸지만, 처음부터 모든 것을 직접 개발했다면 훨씬 더 오래 걸렸을 겁니다. AI가 초기 프로토타입 제작을 가속화하고 전환 과정에서도 지속적으로 도움을 줬지만, 제인의 감독과 체계적인 재구성이 프로덕션 품질에 도달하는 데 핵심적인 역할을 했습니다.

6.5 AI 프로토타이핑의 함정과 대응법

AI를 활용한 프로토타이핑은 매우 강력한 방법이지만, 나름의 함정도 있습니다. 개발자라면 이런 문제점들을 미리 파악하고 대처 방안을 알아두는 편이 좋습니다. 특히 주의해야 할 두 가지 영역은 기능 범위의 범위 확장과 시스템 통합입니다.

AI를 쓰면 기능 추가가 너무 쉬워서, 프로토타입에 '하나만 더' 추가하고 싶은 유혹에 빠지기 쉽습니다. 이런 현상을 **범위 확장**scope creep이라고 부릅니다. 계속 기능을 추가하다 보면 프로토타입이 끝없이 커져서 마치 최종 프로덕트를 만드는 상황처럼 될 수 있습니다. 프로토타입의 본래 목적을 잊지 마세요. 해결하려는 문제의 답을 찾거나 중요한 사용자 경험을 검증하는 것입니다. 로그인 시스템이나 결제 기능 같은 것들을 구현하고 있다면 프로토타입 단계에서 정말 필요한지 자문해 보세요. 차라리 가짜로 만드는 게 나을 수 있습니다(AI가 실제로는 작동하지 않지만 시연용으로는 충분한 가짜 로그인 과정을 만들 수 있습니다). 프로토타입을 핵심에만 집중하도록 유지하면 시간도 절약되고, 나중에 버리거나 다시 만들 때도 훨씬 수월합니다.

> **NOTE** 집중을 잃지 말 것
>
> '사용자가 CSV 파일을 업로드하고 차트를 생성하여 신뢰성을 테스트할 수 있음을 보여줍니다'처럼 프로토타입의 목표를 작성해 두고 이 목표를 핵심 목표로 삼으세요. AI를 사용하여 목표에 빠르게 도달하고, 프로토타입을 과하게 꾸미려는 유혹을 이겨내세요.

다음으로 실제 시스템과 연동하는 문제가 있습니다. 프로토타입은 대부분 가짜 데이터나 간소화된 시스템을 사용합니다. AI가 만든 프로토타입이 더미 데이터나 로컬 파일을 쓰고 있다면, 나중에 실제 데이터베이스나 서비스와 연결하는 작업이 만만치 않을 수 있습니다. 프로토타입을 만들 때는 어떤 부분을 생략했는지 기억해 두어야 합니다. 가령 프로토타입에서 이메일을 실제로 보내지 않고 콘솔 로그로만 처리했다면, 실제 프로덕션 서비스에서는 진짜 이메일 발송 시스템이 필요하겠죠. AI가 나중에 이런 연동 작업을 도와줄 수는 있지만, 미리 체크해 두는 게 좋습니다. 프로토타입 작업 중에 '실제 개발 시 처리해야 할 항목' 리스트를 만들어두세요. 이렇게 하면 임시로 구현한 부분을 잊지 않게 됩니다. 팀 작업이라면 명확히 공유해야 합니다. '`// TODO: 여기에 실제 이메일 서비스 연동`'처럼 코드에 주석을 남기는 것도 좋은 방법입니다. 실제로 많은 AI 툴이 간소화된 코드를 생성할 때 TODO 주석을 넣기도 합니다.

이런 문제를 미리 염두에 두면 AI 프로토타이핑의 함정에 걸리지 않고 제대로 활용할 수 있습니다. AI 툴은 제대로 사용만 하면 놀라울 정도로 빠른 시간에 탄탄한 프로토타입을 만들어낼 수 있고, 이를 바탕으로 실제 프로덕트를 개발하거나 아니면 얻을 수 있는 새로운 정보를 충분히 뽑아낸 후 과감히 버릴 수도 있습니다.

요약

이번 장에서는 AI 보조 엔지니어링이 바이브 코딩을 통해 프로토타입 제작 과정을 어떻게 가속화하는지 살펴봤습니다. AI가 코드 생성의 어려운 부분을 맡으면서 개발자들은 아이디어에서 실제 작동 모델까지 전례 없는 속도로 구현할 수 있게 되었습니다. UI 생성을 위한 버셀 v0와 전체 스택 프로토타입을 위한 러버블, 각자 다양한 방식으로 빠른 프로토타이핑을 가능하게 하는 AI 증강 IDE인 커서와 윈드서프도 소개했습니다. 또한 AI 프로토타이핑의 반복적 특성도 중요하게 다뤘습니다. 자연어로 된 지시 사항이 변경 과정을 안내하며 빠른 주기로 생성-테스트-개선을 반복할 수 있습니다.

AI 기반 프로토타이핑이 몇 시간 만에 작동하는 데모를 만들어내지만, 실제 서비스로 발전시키는 과정의 중요성도 논의했습니다. 명심하세요. 프로토타입은 완성품이 아니라, 그저 첫 번째 시안일 뿐입니다. 개발자가 코드를 리팩터링하고 다듬어야 하며, AI는 이 과정에서도 개선 방안 제안, 테스트 코드 생성 등 다양한 방식으로 계속 도움을 줄 수 있습니다. 이런 방법들을 실제로 사용한 개인과 팀들의 사례를 통해 진짜 생산성 향상을 확인할 수 있었습니다. 몇 주가 걸리던 프로토타입을 며칠 만에 완성해서 사용자 피드백과 비즈니스 의사결정을 훨씬 빠르게 진행할 수 있게 된 것이죠.

이제 바이브 코딩이 어떻게 프로토타이핑을 지루한 기본 코드 작성 작업에서 어시스턴트와 함께하는 아이디어 회의 같은 느낌으로 바꿔놓는지 이해했을 것입니다. 근본적으로 다른 경험입니다. 대화를 하는 것 같고, 더 고차원적이며, 훨씬 빠르죠. 동시에 빠른 프로토타입 제작 중에도 코드 품질을 놓치지 않는 것이 얼마나 중요한지, 특히 프로토타입을 넘어 발전시킬 때는 더욱 그렇다는 점도 확인했습니다.

7장에서는 빠른 프로토타이핑에서 AI의 도움을 받는 본격적인 웹 애플리케이션 개발도 주제를 바꿔보겠습니다. 프로토타이핑이 가능성을 탐구하는 작업이라면, 실제 서비스 개발은 아키텍처, 구현, 배포에 대한 체계적인 접근이 필요합니다.

CHAPTER 7
AI를 활용한 웹 애플리케이션 구축

이 장에서는 AI가 만든 프로토타입을 바탕으로 완전한 웹 애플리케이션을 만드는 방법을 살펴봅니다. 웹 애플리케이션을 개발할 때는 보통 세 가지 과정을 거칩니다. 프런트엔드(리액트React, 앵귤러Angular, 뷰Vue 같은 프레임워크로 만드는 경우가 많음) 개발, 백엔드(API, 데이터베이스, 서버) 개발, 프런트엔드와 백엔드의 연결이죠. 바이브 코딩은 이러한 세 과정을 빠르게 마칠 수 있습니다.

이제부터는 AI 페어 프로그래머와 함께 웹 애플리케이션을 처음부터 끝까지 완성하는 과정을 단계별로 설명하겠습니다. 먼저 프로젝트의 기본 구조를 구축한 뒤, 이를 바탕으로 프런트엔드 화면을 구현하고, 백엔드 로직과 데이터베이스를 연동합니다. 마지막으로 전체 스택을 테스트하고 검증하는 과정을 거칩니다.

이 과정에서 AI와 함께 프런트엔드와 백엔드를 개발할 때 알아 두면 좋은 핵심 패턴도 살펴보겠습니다. 프런트엔드에서는 AI가 리액트나 뷰 컴포넌트를 만들도록 지시하고, 백엔드에서는 AI가 라우팅, 비즈니스 로직, 데이터베이스 쿼리를 작성하도록 합니다. 아울러 풀스택 프로젝트에서 사람과 AI가 각자의 장점을 최대한 살려 협업하는 최적의 방법도 알아보겠습니다. 이 장을 다 읽고 나면 AI를 개별 코딩 작업에만 쓰는 것이 아니라, 웹 개발 전체 과정을 체계적이고 효과적으로 관리하는 데 활용하는 구체적인 가이드를 알게 될 것입니다.

7.1 프로젝트 설정: AI를 활용한 기본 구조 구축

모든 웹 애플리케이션은 일부 **기본 구조**(빌드 툴, 파일 구조, 종속성 등)를 설정하며 시작합니다. AI는 기본 구조 코드를 생성하는 작업을 자동화할 수 있습니다. 모던 웹 프레임워크는 종종 기본 프로젝트를 생성할 수 있는 명령줄 인터페이스(CLI) 툴을 제공합니다. 하지만 여전히 세부 설정을 조정하거나 추가 라이브러리를 연동해야 하는 경우가 많습니다. AI 어시스턴트는 CLI 도구의 사용법을 알려주거나 사용자가 원하는 대로 프로젝트 구조를 조정하도록 도와줍니다.

예를 들어 프런트엔드에 리액트를 사용하고 백엔드에 익스프레스Express를 사용하는 새로운 애플리케이션 만든다고 가정해 봅시다. AI가 없던 시절에는 보통 이런 순서로 진행했을 겁니다.

1. CLI 도구나 비트Vite로 리액트 프로젝트 설정
2. 익스프레스 애플리케이션 초기화 (npm init 후 익스프레스 설치)
3. 개발용 프록시 설정 혹은 리액트 프런트엔드가 익스프레스 백엔드와 통신하도록 CORS(https://oreil.ly/bgw1V)를 구성
4. 데이터베이스(예: 몽고DB)를 통합 혹은 간단한 SQLite 파일 설정

커서 또는 클라인 같은 AI 코딩 환경을 사용하면 원하는 설정을 한 번에 설명할 수 있습니다.

> 비트(Vite)를 사용하여 리액트(React) 프런트엔드와 익스프레스(Express) 백엔드를 갖춘 새로운 프로젝트를 설정하세요. 백엔드는 할 일 목록 전용 REST API를 제공하고, 일단은 메모리 배열을 사용하세요. 개발 환경에서 API 요청을 백엔드로 프록시하도록 프런트엔드를 설정하세요.

고급 AI IDE는 이런 지침을 따라 작업을 시작합니다.

- frontend와 backend라는 두 개의 디렉터리 생성
- 기본 리액트 애플리케이션 템플릿 생성 혹은 셸 접근이 가능할 경우 npm create vite@latest를 실행
- backend에 기본 익스프레스 서버 파일을 초기화하고 /api/to-dos 같은 엔드포인트 설정(샘플 데이터 반환)
- 각 폴더에 관련 스크립트(예: start both)를 포함한 package.json 생성
- 리액트 개발 서버에서 프록시를 구성하거나 CORS 헤더를 구현하기 위한 지침을 제공해 프런트엔드와 백엔드의 통신 설정

몇 분 안에 풀스택 웹 애플리케이션의 뼈대가 완성됩니다. AI가 모든 걸 완전히 자동화하지 못하더라도, 마무리에 필요한 코드와 지침을 제시할 것입니다(예: '이 프록시 설정을 리액트의 `package.json` 파일에 추가하세요'). 이런 식으로 하면 오래 걸리는 환경 설정 시간을 대폭 줄이고 바로 핵심 기능에 집중할 수 있습니다.

AI 통합 IDE를 쓰지 않는다면 챗GPT나 다른 AI 어시스턴트를 단계별로 활용해도 좋습니다.

 새로운 리액트 애플리케이션을 생성하려 합니다. 어떤 명령어를 실행해야 할까요?

AI는 리액트 애플리케이션을 생성하는 과정을 단계별로 안내하거나 비트, 넥스트JS^{Next.js}와 같은 최신 대안을 추천합니다.

 이제 /api/to-dos로 라우팅하는 익스프레스 서버를 설정하세요.

AI가 익스프레스 서버 코드를 생성하면, 이를 파일로 복사하세요.

 개발 과정 동안 리액트 애플리케이션을 이 API에 연결하는 방법은 무엇인가요?

AI는 프록시 구성이나 API 호출 방법(프록시가 아닌 경우 전체 URL 포함)을 제안할 겁니다.

이렇게 하면 기본적인 연결 작업 설정조차도 문서를 뒤지는 게 아니라 대화로 진행할 수 있습니다. 앞의 장에서 말했듯 **의도 중심 프로그래밍**은 AI에 원하는 결과를 말하면 AI가 방법을 찾아냅니다. 프로젝트의 초기 설정은 그에 적합한 시나리오입니다.

이 단계에서는 아키텍처적 결정을 명확히 해야 합니다. AI는 개발자의 지시를 따릅니다. 아키텍처 같은 결정은 반드시 인간이 해야 하므로 모노레포를 구성할까? 프런트와 백에 별도의 레포를 구성할까? REST와 그래프QL^{GraphQL} 중에서 무엇을 사용할까? 어떤 데이터베이스를 사용할까? 와 같이 기술 스택과 주요 패턴을 스스로 정해야 합니다.

이런 사항을 결정하면 AI에 적절한 지시를 내릴 수 있습니다.

> SQLite 데이터베이스를 위한 기본 프리즈마(Prisma) 스키마를 설정하세요.

> REST 대신 그래프QL(GraphQL) 서버를 적용하세요.

AI가 복잡한 설정을 완벽하게 처리하지 못할 수도 있지만, 대부분의 작업은 해낼 테니 거기서부터 다듬어 나가면 됩니다.

숙련된 개발자들은 보통 이런 과정을 프로젝트 템플릿으로 만들어두거나 보일러플레이트 생성기를 쓰지만, AI는 더 유연한 방법을 제공합니다. 대화하듯 요청하면 원하는 결과를 낼 수 있기 때문입니다. 프로젝트가 좀 특별한 경우(보통의 2층 구조 대신 3개 서비스가 필요하다거나 테일윈드Tailwind CSS 같은 특정 라이브러리를 미리 설정하고 싶다거나)에도 AI에 원하는 사항을 요청하기만 하면 됩니다.

7.1.1 AI를 활용한 프런트엔드 개발 패턴

기본 구조가 준비되면 이제 웹 애플리케이션의 프런트엔드 개발이 할 일의 대부분을 차지합니다. 이 절에서는 AI 페어 프로그래머를 프런트엔드 코드 작성에 활용하는 방법을 탐구합니다.

■— 설명으로 구성 요소 구현

기능과 외관을 설명하여 AI가 구성 요소를 생성하도록 요청할 수 있습니다.

> 할 일 항목 목록을 받아 표시하는 리액트 컴포넌트 TodoList를 생성하세요. 각 항목은 제목과 완료 표시를 위한 체크박스를 표시해야 합니다.

AI는 props와 state를 사용하는 함수형 컴포넌트를 생성합니다.

> 사용자 이름과 비밀번호 입력란이 있는 로그인 폼을 위한 뷰 컴포넌트를 생성하세요. 폼 제출 시 데이터를 포함해 이벤트를 실행합니다.

AI는 적절한 <template>, <script>, <style> 코드를 출력합니다. 여러분(개발자)은 기본 구조 코드를 직접 작성하지 않고 필요한 구조를 얻습니다. 필요에 따라 쉽게 조정할 수 있습니다. AI는 프롬프트에서 요구하는 대로 기본적인 검증이나 상태 처리를 추가합니다.

이 단계에서 일관성을 확보하는 것이 중요합니다. 여러 구성 요소를 개별적으로 생성하면 이들이 함께 작동하도록 조정해야 합니다. `TodoList`가 특정 `prop` 항목을 요구하면, `TodoList`를 사용하는 모든 컴포넌트가 해당 항목을 제공하는지 확인해야 합니다. 프롬프트에서 구성 요소를 생성할 수도 있고, 직접 작성한 `prop`을 전달하며 AI가 불일치 사항을 수정하도록 요청할 수도 있습니다.

스타일링 및 레이아웃

CSS 작업과 스타일링은 번거로울 수 있습니다. AI에 원하는 디자인을 설명하면 CSS 세부 작업을 대신 처리합니다.

할 일 목록을 세로 플렉스로 배치하고, 적당한 간격을 두세요. 완료된 항목은 회색 글자에 취소선 처리해 주세요.

로그인 페이지는 요소를 가운데 정렬하고, 입력창을 더 크게 만들고 모서리를 둥글게 만들어 주세요.

AI는 CSS-in-JS, 순수 CSS, 인라인 스타일 등 상황에 맞는 다양한 형식의 코드를 생성합니다. 테일윈드 같은 프레임워크를 쓴다면 해당하는 클래스를 출력하라고 요청할 수도 있습니다(모든 AI 모델이 테일윈드를 완벽하게 아는 건 아니니 참고하세요).

CSS에서 값이나 단위를 조금씩 만지작거리지 않고도 디자인을 계속 다듬어 나갈 수 있다는 겁니다. 덕분에 `margin`과 `color`을 하나씩 작성하는 대신 **어떻게 보이는 게 좋을지**를 생각할 수 있습니다.

API와 상태 관리 통합

프런트엔드는 백엔드에서 데이터를 가져오고 리덕스, context, 간단한 컴포넌트 state와 같은 방법으로 상태를 관리해야 합니다. AI는 이러한 통합 테스트 코드를 작성하는 데 도움을 줍니다.

> TodoList 컴포넌트가 마운트될 때 /api/to-dos에서 할 일 목록을 가져오고, 상태에 저장하는 코드를 추가하세요.

AI는 리액트라면 useEffect 훅을 생성하고, 뷰라면 mounted() 훅을 생성해 데이터를 가져오도록 구현합니다. fetch 또는 엑시오스Axios 같은 방법으로 HTTP 요청 코드의 기본 틀을 만들 수도 있습니다. 이미 백엔드를 만들었거나 명세가 정해져 있다면 API 주소와 데이터 형식이 제대로 됐는지 확인해야 합니다.

> TodoList에서 체크박스가 토글될 때 해당 함수가 POST 요청을 /api/to-dos/{id}/complete로 보내고 상태를 적절히 업데이트하도록 구현해야 합니다.

백엔드를 아직 안 만들었다면 AI로 동시에 백엔드도 개발할 수 있습니다. 이는 뒤에서 설명하겠습니다. AI의 도움을 받으면 프런트엔드와 백엔드를 동시에 작업할 수 있습니다. AI는 각 요소를 비교적 독립적으로 설계하고 만들 수 있으므로 프런트엔드와 백엔드 간의 연동 방식만 잘 정의하고 관리하면 됩니다.

복잡성 정리

프런트엔드에 동적 폼 검증, 조건부 화면 표시, 복잡한 사용자 인터랙션 같은 까다로운 로직이 필요하다면, AI와 함께 차근차근 구현할 수 있습니다. 문제를 작은 단위로 나누어 접근하는 게 핵심입니다.

> 사용자가 할 일 항목의 '완료' 체크박스를 클릭하면 해당 항목이 서서히 사라지는 효과(CSS 전환)를 주고, 1초 후에 목록에서 완전히 제거하는 기능을 추가하세요.

AI는 체크박스에 CSS 클래스를 추가하는 코드를 생성하고, 항목을 제거하는 데 필요한 CSS를 포함해 타임아웃을 사용하는 방식으로 기능을 구현할 겁니다.

 폼에는 '메모' 입력을 위한 선택 필드가 있습니다. '메모 추가' 체크박스를 선택했을 때만 메모 입력 영역이 나타나도록 만들어 주세요.

AI는 컴포넌트 상태와 JSX를 조정해서 메모 필드가 조건에 따라 보이도록 만듭니다.

이렇게 원하는 UX를 설명하면 AI가 그에 맞는 코드를 작성하는 식으로 기능을 하나씩 구현할 수 있습니다. 기능을 추가한 후에는 반드시 의도한 대로 실행되는지 테스트하세요.

프레임워크별 팁

프레임워크마다 고유한 작성 방식이 있습니다.

- 리액트: AI는 훅hook(예: useState, useEffect)을 사용할 수 있습니다. 모범 사례를 따르는지(예: useEffect의 종속성 배열이 올바른지) 다시 확인하세요.
- 뷰: AI는 코드 내용에 따라 옵션Options API 스타일이나 컴포지션Composition API 스타일을 사용합니다. 선호하는 방식이 있다면 명시하세요('뷰3의 컴포지션 API를 사용하세요').
- 앵귤러: AI는 구성 요소를 생성할 수 있지만 학습 난도가 높습니다. 템플릿, 타입스크립트 클래스, 기본 서비스 주입을 AI로 만들더라도, 구조적인 부분은 앵귤러의 CLI를 쓰거나 수동으로 작업한 다음 AI에 특정 기능(폼 검증 로직 등)만 구현해 달라고 요청하는 편이 더 효과적입니다.

7.1.2 AI를 활용한 백엔드/API 개발 패턴

이제 백엔드로 넘어가겠습니다. AI를 활용한 웹 애플리케이션 서버 개발도 비슷한 방식으로 진행됩니다. 원하는 API 엔드포인트, 데이터 모델, 비즈니스 로직을 설명하면 AI가 코드를 만들어줍니다. 백엔드의 주요 구성 요소는 라우트 핸들러, 비즈니스 로직, 데이터베이스 연동, 입력값 검증 등이 있습니다. AI는 이 모든 과정에 도움을 줄 수 있습니다.

API 엔드포인트 구현

할 일 관리 애플리케이션용 REST API를 만든다고 가정해 봅시다. GET /to-dos, POST /to-dos, PUT /to-dos/:id, DELETE /to-dos/:id 같은 엔드포인트들이 필요합니다. 하나씩 차례로 만들 수 있습니다.

> 익스프레스 애플리케이션에 할 일 목록을 반환하는 GET /api/to-dos 라우트를 만드세요. 할 일 목록은 우선 배열로 저장하세요.

> JSON 데이터를 받아서 새 할 일을 목록에 추가하는 POST /api/to-dos 라우트를 추가하세요. 생성된 할 일은 ID와 함께 반환하세요.

AI는 app.get('/api/to-dos', ...) 형태로 익스프레스 라우트 핸들러를 작성합니다. 익스프레스에서 JSON을 사용하겠다고 명시하면, AI는 설정하지 않은 미들웨어도 추가합니다.

```
app.use(express.json())
```

백엔드가 커지면 AI에 리팩터링을 요청할 수 있습니다.

> 익스프레스의 라우트를 별도의 라우터 모듈로 리팩터링하세요.

AI는 라우트를 별도 파일로 나눌 겁니다. 이렇게 하면 유지보수에 유리합니다.

데이터베이스 통합

프로토타입에는 인메모리 데이터를 사용할 수 있지만, 보다 완전한 애플리케이션을 위해서는 데이터베이스가 필요합니다. 몽고DB나 포스트그레스SQL을 선택했다고 가정하겠습니다. 다음과 같이 프롬프트를 입력하세요.

> 익스프레스(Express) 애플리케이션에 몽구스(Mongoose)를 사용하여 몽고DB(MongoDB)를 연결하세요. title(문자열), completed(불린) 필드가 있는 to-do 모델을 만들고, GET/POST 라우트가 메모리 배열 대신 데이터베이스를 사용하도록 수정해 주세요.

AI는 Mongoose 모델 정의를 만들고 데이터베이스 쿼리를 사용하도록 라우트 핸들러를 조정합니다. `Todo.find()`는 GET에 해당하고, `Todo.create()`는 POST에 해당합니다. SQL 데이터베이스라면 프리즈마^{Prisma}나 시퀄라이즈^{Sequelize} 같은 **ORM 설정**(https://oreil.ly/AoWDL)을 요청할 수도 있습니다. 다만 데이터베이스 연결 정보 같은 설정 세부 사항은 직접 제공해야 할 수 있습니다. AI가 구체적인 데이터베이스 URI는 모르더라도 일반적인 코드 구조는 다 처리합니다.

비즈니스 로직과 검증

백엔드에 특별한 규칙이 있다면(예: 중요 표시된 to-do는 삭제 불가, 목록 제목은 중복 불가 등) AI를 통해 구현할 수 있습니다.

> POST /api/to-dos 라우트에 입력값 검증을 추가해 주세요. 제목이 비어있거나 100자를 넘으면 거부하고 상태 코드 400을 반환해 주세요.

AI는 검사를 포함하고 적절한 응답을 전송합니다.

> 로직 추가: 할 일이 완료 처리될 때(PUT /api/to-dos/:id), 모든 할 일이 완료되면 로그에 'All done!'이란 메시지를 남겨주세요.

PUT 핸들러에 로직을 삽입할 수 있습니다.

여러분이 요구사항을 간단히 설명하면, AI가 그에 따라 코드를 수정합니다. 코드가 예상대로 작동하는지 테스트해야 합니다.

프레임워크나 보일러플레이트 활용

많은 백엔드 개발에서는 익스프레스를 넘어서 더 체계적인 프레임워크를 씁니다(노드의 네스트JS^{NestJS}, 파이썬의 장고^{Django} 등). AI는 이런 프레임워크와도 작업할 수 있지만, 복잡한 작업은 요청을 좀 더 세분화해야 합니다.

- 장고(파이썬)의 경우, 다음과 같이 요청할 수 있습니다.

 X 필드를 가진 to-do용 장고 모델과 목록 조회, 생성을 위한 뷰를 만들어 주세요.

AI는 모델 코드와 일반적인 뷰를 생성할 수 있으며, DRF$^{Django\ REST\ Framework}$ 컨텍스트를 이해한다면 시리얼라이저나 뷰셋도 함께 만들어냅니다. 루비 온 레일스$^{Ruby\ on\ Rails}$ 환경에서는 모델과 컨트롤러 생성을 지원하고, 기존의 스캐폴딩^{scaffolding}을 활용하는 대신 AI가 검증 로직 추가나 라우트 조정 등으로 그 과정을 보완합니다.

AI 모델들은 프로그래밍 언어와 기술 스택에 따라 성능 차이가 큽니다. 이는 주로 훈련 데이터에서 해당 기술이 얼마나 많이 등장했는지에 좌우됩니다. 훈련 과정에서 접한 모든 언어를 다룰 수는 있지만 효과는 천차만별입니다. 자바스크립트, 파이썬, 자바 같은 인기 언어는 오픈소스 리포지터리, 문서, 교육 자료에 자료가 풍부해 훈련 데이터를 많이 확보했기 때문에 더 좋은 결과를 얻을 수 있습니다.

사용하려는 기술 스택에서 모델의 실력을 파악하려면 직접 테스트해 보는 게 가장 확실합니다. 해당 언어로 간단한 작업부터 시작해서 점점 복잡한 작업을 시켜보며 능력을 측정해 보세요. 언어별 관례를 따르는 자연스러운 코드를 만드는지, 자세한 설명 없이도 일반적인 프레임워크와 라이브러리를 인식하는지, 해당 생태계에 맞는 디자인 패턴을 제안하는지 살펴보세요. 실력이 좋으면 상황에 맞는 적절한 제안을 하고, 약하면 일반적이거나 구식 코드 패턴을 내놓는 경우가 많습니다.

많은 AI 회사는 모델 능력에 대한 문서를 제공하지만, 언어별 상세 벤치마크까지는 제공하지 않습니다. 가장 신뢰할 수 있는 접근법은 실제 사용할 기술 스택으로 간단히 실험해 보는 것입니다. 예를 들어 루비 온 레일즈를 사용한다면, ActiveRecord 패턴 같은 레일즈 관례를 이해하는지, RSpec 테스트를 제대로 만드는지 확인해 보세요. 마찬가지로 최신 프레임워크나 비주류 언어의 경우에는 결과가 더 들쭉날쭉할 수 있으니, 모델이 부족한 부분을 보완하기 위해 프롬프트에 더 많은 배경 정보를 제공할 준비를 해두세요.

다단계 작업의 오케스트레이션

한 테이블에 데이터를 만들고 다른 테이블에도 만들거나 외부 API를 호출하는 경우처럼 여러 단계를 거쳐야 하는 엔드포인트가 있습니다. 작업 순서를 설명하면 AI가 초안을 만들어줍니다.

> 새로운 사용자가 가입하면(POST /api/users), 사용자 기록을 생성하고 센드그리드(SendGrid) API로 환영 이메일을 전송하세요.

AI는 사용자 저장 코드를 작성하고(ORM 사용) 적절한 페이로드를 포함해 센드그리드의 API에 HTTP 요청을 보냅니다. 실제 API 키나 이메일 내용은 직접 채워 넣어야 하지만, 기본 틀은 다 만들어줍니다.

> 트랜잭션 구현: 송금 처리 시(POST /api/transfer), A 계좌에서 차감하고 B 계좌에 추가하되, 원자적 처리(전부 성공 또는 전부 실패)를 보장하세요.

트랜잭션을 지원하는 ORM이나 데이터베이스를 쓴다면, AI가 해당 기능(SQL 트랜잭션 블럭이나 ORM의 트랜잭션 메서드 등)을 활용합니다. 트랜잭션 로직은 까다롭기 때문에 이런 코드는 정확성을 위해 신중하게 확인해야 합니다. 하지만 AI는 일반적인 함정을 알아 적절한 검사를 포함할 수 있습니다. 실제로 송금 엔드포인트 처리 요청에 AI가 다음과 같은 코드 구조를 생성합니다.

```javascript
async function transferMoney(fromAccountId, toAccountId, amount) {
  const session = await db.startSession();

  try {
    await session.startTransaction();

    // 출금 계좌에서 차감
    const sourceAccount = await Account.findByIdAndUpdate(
```

```
      fromAccountId,
      { $inc: { balance: -amount } },
      { session, new: true }
    );

    if (sourceAccount.balance < 0) {
      throw new Error('잔액이 부족합니다');
    }

    // 입금 계좌에 추가
    await Account.findByIdAndUpdate(
      toAccountId,
      { $inc: { balance: amount } },
      { session }
    );

    await session.commitTransaction();
    return { success: true };
  } catch (error) {
    await session.abortTransaction();
    throw error;
  } finally {
    session.endSession();
  }
}
```

AI가 두 데이터베이스 작업을 트랜잭션으로 올바르게 묶고, 잔액 부족 검증을 포함했습니다. 또한, 오류 발생 시 롤백을 적절히 처리했습니다. 엣지 케이스 검토나 로깅 추가는 필요하지만, 기본적인 트랜잭션 구조가 원자적 처리에 대한 이해를 잘 보여줍니다.

API 문서화와 테스트

API를 구축할 때 AI가 문서도 생성하도록 할 수 있습니다.

 /api/to-dos 엔드포인트용으로 간단한 문서를 작성하세요.

AI는 이런 문서를 작성합니다.

```
GET /api/to-dos - 할 일 목록을 반환합니다.
POST /api/to-dos - 새로운 할 일을 생성합니다. JSON 형식의 데이터를 입력해야 합니
다. {title: string}. 생성된 할 일을 반환합니다.
...
```

빠르게 참고하기에 편리하고 팀 작업 시 프런트엔드 개발자들과 공유하기에도 좋습니다. 또한 AI가 노드의 제스트^{Jest}나 모카^{Mocha}, 파이썬의 파이테스트^{Pytest} 같은 테스팅 프레임워크를 사용해 API 엔드포인트용 테스트를 작성하도록 지시할 수도 있습니다. 'to-dos API에 사용할 테스트를 만들어주세요(목록 조회용 하나, 생성용 하나, 검증 에러용 하나)'라고 입력하면, AI는 실행하고 검증이 가능한 테스트 코드를 출력합니다.

7.2 데이터베이스 설계 및 통합

데이터베이스 스키마를 설계할 때는 해당 비즈니스를 이해하는 사람의 지식이 가장 중요합니다. AI는 이러한 설계를 코드(예: 마이그레이션 스크립트 또는 ORM 모델)로 변환하는 데 도움을 줍니다. 스키마 설계에 확신이 없다면 AI와 함께 아이디어를 나눠볼 수도 있습니다.

예를 들어 여러분의 애플리케이션이 단순한 할 일 목록에서 본격적인 프로젝트 관리 도구로 확장된다고 가정해 봅시다. 프로젝트, 작업, 사용자 등 여러 개의 테이블을 설계해야 합니다.

사용자, 프로젝트, 작업 기능이 있는 간단한 프로젝트 관리 애플리케이션을 만들려면 어떤 데이터 모델이 필요할까요? 테이블 간 관계도 함께 알려주세요.

- User (id, name, email 등)
- Project (id, name, owner_id는 User 참조)
- Task (id, description, project_id, assigned_to(User), status 등)

정확히 원하던 건 아닐 수도 있지만 좋은 출발점이 됩니다. 아이디어를 검토하고 필요에 맞게 조정한 다음 실제로 구현하면 됩니다.

7.2.1 ORM 작업하기

프리즈마Prisma, 엔티티 프레임워크Entity Framework, SQL알케미SQLAlchemy 같은 ORM을 사용한다면, AI가 모델 클래스나 스키마 정의를 생성하도록 지시할 수 있습니다.

 시퀄라이즈(Sequelize)로 User, Project, Task 모델을 연관관계와 함께 만들어 주세요. 사용자는 여러 프로젝트를 가질 수 있으며, 프로젝트는 특정 사용자 소유입니다. 프로젝트에는 여러 작업이 있고, 작업은 특정 프로젝트에 속합니다. 작업은 사용자에게 할당될 수 있습니다(다대일 관계).

AI가 이런 요구사항에 맞는 시퀄라이즈 모델과 연관관계를 정의하는 JS/TS 코드를 작성합니다. 바로 여러분의 코드에 넣어서 쓸 수 있습니다. 외래 키나 캐스케이드 규칙도 알고 있다면 함께 제안합니다.

ORM 없이 직접 SQL 마이그레이션을 작성해야 한다면, AI에 마이그레이션 스크립트 초안을 요청할 수도 있습니다.

 사용자, 프로젝트, 작업 테이블을 만드는 SQL 스크립트를 작성하세요. 외래 키도 제대로 설정하세요.

AI는 SQL DDL 스크립트를 출력하고, 여러분은 정확성을 검토하고 실행하면 됩니다.

7.2.2 데이터베이스 쿼리

실제 애플리케이션에서는 단순한 CRUD 작업보다 복잡한 쿼리가 필요한 경우가 많습니다. 예를 들어 모든 프로젝트를 가져오는데, 각 프로젝트의 작업들과 작업에 할당된 사용자 정보까지 함께 가져와야 한다면 Project, Task, User 테이블을 조인해야 합니다. 다음과 같이 프롬프트를 입력하면 AI가 적절한 SQL 조인 쿼리를 작성합니다.

프로젝트별로 작업 목록과 각 작업 담당자 이름까지 함께 가져오는 SQL 쿼리 만들어 주세요.

ORM을 사용하는 경우 다음과 같이 입력해 보세요.

 시퀄라이즈(Sequelize)로 프로젝트들을 가져오는데, 연결된 작업들과 각 작업의 담당자 정보도 함께 포함해서 가져오세요.

관련 데이터를 함께 로드하는 코드를 만들어줄 겁니다.

```
include: [Task, { model: User, as: 'assignedUser' }]
```

7.2.3 AI가 생성한 쿼리 확인

데이터베이스 작업에서는 AI가 만든 코드가 실제 스키마와 맞는지, 데이터 무결성을 제대로 지키는지 반드시 확인해야 합니다. AI는 여러분이 프롬프트에서 직접 알려주지 않는 한 구체적인 테이블명이나 필드명, 관계를 알 수 없습니다. 대화 기록이 있더라도 복잡한 데이터베이스 작업을 요청할 때는 스키마 정보를 명확히 포함하는 게 좋습니다. 이렇게 해야 AI가 실제로는 `userId`나 `customer_ref`를 사용하는 스키마에서 `user_id`를 쓰는 실수를 피할 수 있습니다.

성능 고려사항은 종종 인간의 감독을 요구합니다. AI가 기본 키나 조인 같은 데이터베이스 기초 개념은 잘 알고 있지만, 자주 조회되는 필드에 인덱스를 추가하거나 쿼리 실행 계획을 고려하는 등의 최적화는 자동으로 제안하지 않을 수 있습니다. 특히 자주 실행되거나 큰 데이터를 다루는 쿼리라면 성능을 꼭 점검해 보세요.

데이터 일관성 규칙도 명확하게 지시해야 합니다. 삭제 작업을 구현할 때는 연쇄 삭제를 어떻게 구현할지 정해야 합니다. 예를 들어 프로젝트(`Project`)를 삭제할 때 관련된 작업(`Task`)도 자동으로 함께 삭제되어야 하는지, 아니면 애플리케이션에서 별도로 처리해야 하는지 말이죠. 이런 비즈니스 규칙을 AI에 명확히 전달하세요.

 프로젝트를 삭제하면 관련된 모든 작업도 자동으로 함께 삭제하세요.

프로젝트를 삭제하기 전에 진행 중인 작업이 있는지 확인하고, 있으면 삭제를 방지하세요.

명확한 지시만 있다면 AI는 어떤 방식이든 잘 구현합니다. 자동 삭제라면 ON DELETE CASCADE 옵션이 포함된 외래 키 제약조건을 만듭니다. 애플리케이션 레벨에서 처리한다면 삭제 전에 관련 레코드를 확인하는 코드를 작성해 줍니다. AI가 알아서 적절한 방식을 선택하길 기대하지 말고, 여러분의 데이터 무결성 요구사항을 분명하게 말해야 합니다.

7.3 풀스택 통합: 프런트엔드와 백엔드의 결합

AI의 도움으로 프런트엔드와 백엔드를 구축했다면, 하나의 애플리케이션으로 통합할 차례입니다. API 엔드포인트가 프런트엔드에서 제대로 호출되는지, 데이터가 올바르게 흘러가는지, 전체 시스템이 일관성 있게 작동하는지 확인해야 합니다.

7.3.1 API 규약 맞추기

프런트엔드는 특정 형태의 데이터를 받을 것으로 예상하므로, 백엔드가 보내는 데이터도 조건에 맞아야 합니다. AI가 프런트엔드와 백엔드를 따로 작업하면 작은 불일치가 발생할 수 있습니다. 백엔드는 `{ success: true, data: [...] }`를 반환하지만 프런트엔드는 배열을 그대로 수신하기를 기대하는 경우가 생길 수 있죠. 이런 문제를 피하려면 양쪽 코드를 작성할 때 AI에 응답 형식을 명확히 지시하면 됩니다. 아니면 둘 다 완성된 후 실제로 처음부터 끝까지 테스트하는 방법도 있습니다. 웹 애플리케이션을 열어서 목록이 제대로 로드되는지 확인해 보세요. 안 된다면 브라우저 콘솔과 서버 로그를 비교해 봅시다.

저는 보통 AI를 사용해서 한쪽을 다른 쪽에 맞춥니다. 백엔드가 프런트엔드가 예상하는 것과 살짝 다른 JSON 키 이름을 반환해서 버그가 발견되면, AI에 (어느 쪽이든) 이렇게 지시할 수 있습니다.

JSON에서 'taskList'(단수) 대신 'tasks'(복수)를 사용하도록 코드를 수정해 주세요.

프런트엔드에서 폼 데이터를 `form-encoded`로 보내는데 백엔드에서는 JSON을 입력받는다면, AI에 변환을 요청할 수 있습니다. 프런트엔드에서 `JSON.stringify`를 사용하거나 백엔드에 `body-parser`를 추가하는 식입니다.

7.3.2 AI와의 실시간 협업

프로젝트 전체의 컨텍스트를 이해하는 클라인이나 커서와 같은 AI 보강 IDE는 이 통합 단계에서 특히 유용합니다. 이런 IDE에서는 프런트엔드와 백엔드 파일을 나란히 열어서 비교하고 통일할 수 있습니다.

 프런트엔드의 `/api/to-dos` fetch 요청이 익스프레스 라우트의 요청/응답과 일치하는지 확인하세요. 불일치하는 부분이 있으면 모두 수정하세요.

그러면 AI가 프런트엔드에서 빠진 `await response.json()`을 추가하거나 JSON 구조를 조정하는 식으로 내용을 맞춰 줍니다.

▪ 상태 관리 및 동기화

풀스택 애플리케이션에서는 프로페셔널한 결과를 얻기 위해 API 호출 실패에 대한 로딩 상태와 오류 처리 같은 것들을 구현하는 걸 고려해야 합니다. 이런 프롬프트를 사용할 수 있습니다.

 리액트 컴포넌트가 작업을 가져오는 동안 데이터가 로드될 때까지 '로딩 중…' 텍스트를 보여 주세요.

 API 호출이 실패하면(200이 아닌 응답) UI에 오류 메시지를 표시해 주세요.

그러면 isLoading 상태와 조건부 렌더링을 추가하거나 fetch 주위에 try/catch를 구현해서 오류를 잡고 메시지를 표시해 줄 겁니다. 이런 세심한 조정이 애플리케이션의 안정성을 높여줍니다.

웹소켓 및 고급 통합

실시간 업데이트가 필요한 애플리케이션(예: 웹소켓 또는 SSE를 사용하는 경우)을 구현할 때 프롬프트를 작성할 수 있습니다.

> Socket.io를 사용하여 웹소켓을 설정하세요. 서버에서 새 작업이 생성되면 연결된 모든 클라이언트에 브로드캐스트하고 프런트엔드에서는 새 작업을 듣고 실시간으로 목록에 추가하세요.

복잡하긴 하지만, AI가 서버 측 Socket.io 설정(io.on('connection', ...) 추가와 새 작업 생성 시 이벤트 방출 등)과 클라이언트 측 연결 및 이벤트 리스닝 코드를 생성해 줄 수 있습니다. 신중하게 통합해야 하지만, 이런 설명만으로도 실제 작동하는 실시간 코드가 나온다는 게 정말 놀랍습니다. 처음에 완벽하게 작동하지 않더라도 반복적인 프롬프팅과 테스트로 목표에 도달할 수 있습니다.

예시: AI를 사용하는 풀스택 플로우

간단한 연락처 관리 웹 애플리케이션을 만든다고 가정하겠습니다.

- 앞의 예시처럼 리액트 프런트엔드의 기본 구조를 만들고 노드JS/익스프레스 백엔드의 기본 구조를 만듭니다.
- 먼저 프런트엔드에 ContactList와 ContactForm 컴포넌트 작성을 요청합니다. 그다음 API 호출을 추가하도록 요청합니다.

> ContactList에서 마운트 시 /api/contacts에서 연락처를 가져오세요.

> ContactForm에서 제출 시 폼 데이터를 가지고 /api/contacts에 POST를 보내고, 성공하면 연락처 목록을 업데이트해 주세요.

- 백엔드는 메모리 배열을 사용하거나 데이터베이스를 먼저 통합할 수 있습니다. 다음으로 익스프레스 라우트 GET /api/contacts (목록 반환)와 POST /api/contacts(데이터베이스나 메모리에 연락처 추가)를 요청합니다.
- UI로 연락처를 추가해 보세요. 추가한 연락처가 목록에 나타나면 좋습니다. 그렇지 않다면 디버깅이 필요합니다. POST 라우트가 새 연락처를 제대로 반환하지 않았거나 폼 코드가 목록을 새로고침하지 않았을 수 있습니다. 문제를 파악하고 AI에 수정을 요청하세요.

> 연락처를 추가한 후 백엔드는 응답에서 새 연락처 객체를 반환해야 합니다. 프런트엔드는 전체 리로드 없이 목록에 새 항목을 추가해야 합니다.

이렇게 하면 AI가 백엔드 응답과 프런트엔드 상태 로직을 조정해서 새 연락처를 추가하도록(리액트 상태 업데이트) 할 겁니다.

- 편집과 삭제 기능도 비슷하게 구현하세요. 항상 AI가 반복적인 부분을 처리하게 하고 여러분은 **기능이 무엇을 해야 하는지**만 집중하면 됩니다.

이 모든 걸 수동으로 하면 초급 개발자에게는 쉽게 1~2주 정도 걸릴 일이지만, 템플릿 코드와 연결 작업이 대부분 자동화되어 있으니 AI 동료와 함께 한다면 하루나 이틀만에 마칠 수 있습니다.

풀스택 개발에서 최적의 AI 협업

풀스택 개발을 할 때 AI 어시스턴트와 생산적인 리듬을 구축하는 편이 좋습니다. 협업을 최적화하는 몇 가지 전략을 소개합니다.

- **AI는 기본 구조를 짜고 개발자는 커스텀 로직 짜기**
  코드에서 어떤 부분이 반복적인지 어떤 부분이 핵심 로직인지 구분하세요. CRUD API나 표준 컴포넌트는 AI가 생성하게 하되, 특별히 까다로운 로직이나 독점적인 알고리즘, 직접 구현하기 쉬운 특정 비즈니스 규칙 같은 건 수동으로 처리하세요. 그 다음 AI에 검토나 테스트를 요청하면 됩니다. 반복적인 작업은 AI에 위임하고, 새로운 것들은 여러분이 직접 처리한다고 생각하세요.

- **AI로 할 일을 하나씩 처리하기**
  개발하면서 추가할 기능이나 수정할 버그 등으로 작업 목록을 기록하세요. 그리고 각 작업을 AI에 하나씩 설명하고 코드를 생성하게 하세요. '사용자 등록 시 패스워드 해싱 구현'이라는 메모가 있다면 이런 프롬프트를 입력해 보세요.

> 사용자를 저장하기 전에 POST /api/register 라우트에서 bcrypt를 사용한 패스워드 해싱을 추가해 주세요.

이렇게 목표가 명확하고 체계적인 접근법은 아무것도 놓치지 않도록 도와줍니다.

- **코드 품질을 개선하도록 AI 활용하기**
  기능을 구현한 후 '코드를 더 읽기 쉽도록 리팩터링해 주세요' 또는 '이 함수를 최적화해 주세요'라고 프롬프트를 입력하세요. AI는 종종 코드를 더 깔끔하게 만들거나 성능 개선을 제안할 수 있어서, 여러분의 감독하에 세련되게 다듬는 어시스턴트 역할을 합니다. 변경 사항이 여전히 테스트를 통과하는지 반드시 확인하세요.

- **AI로 교차 검증하기**
  설계 방식에 확신이 없다면 AI에 물어보세요.

연락처를 메모리 배열에 저장하는 게 괜찮을까요, 아니면 데이터베이스를 써야 할까요? 장점과 단점을 알려주세요.

답을 알고 있을 가능성이 높지만(지속성을 위해 데이터베이스 사용), 동료와 아이디어를 주고받듯 이야기해 보세요. 때로 AI가 여러분이 생각하지 못한 고려사항을 언급할 수도 있습니다.

서버 인스턴스가 여러 개면 메모리 저장소는 인스턴스 간에 동기화가 진행되지 않아요.

- **팀이 협력하는 데 AI 활용하기**
  모든 팀원이 직접 AI를 사용하지 않을 수 있습니다. 그렇다면 AI에 여러분이 한 일을 문서화하도록 요청하세요. 팀에 접근법을 공유하는 것도 좋습니다. 'AI를 사용해서 이 컨트롤러들을 빠르게 생성했어요. 한 번 확인은 했지만 비관례적인 패턴이 있는지 주의해서 봐주세요.' 같이 모든 사람이 다른 코드를 리뷰하는 것처럼 AI가 작성한 코드도 리뷰를 거쳐 이상한 점을 잡아내는 코드 리뷰 문화를 장려합니다.

스닉Snyk 같은 실제 팀이 AI를 도입했을 때 생산성이 높아진다고 보고하지만, 검증을 위해 사용자 개입도 중요합니다. 2024년 깃허브 설문조사(*https://oreil.ly/oivAx*)에 따르면, 97%의 개발자가 어떤 형태로든 업무에서 AI 코딩 툴을 사용한다고 보고하였습니다.

7.4 AI가 생성한 웹 애플리케이션의 테스트와 검증

AI로 웹 애플리케이션을 만든 다음에는 모든 기능이 의도한 대로 작동하는지, 개발자나 AI가 실수로 만든 문제는 없는지 꼼꼼히 테스트해야 합니다. AI가 개발한 애플리케이션을 어떻게 테스트할지 살펴보겠습니다.

- **유닛 테스트**

  백엔드 로직에서는 핵심 함수(계산 처리 함수, 입력값 검증 함수 등)에 단위 테스트를 작성합니다. AI가 작성한 함수라면 테스트로 숨어있는 버그를 찾아낼 수 있습니다. 앞서 말했듯 AI에 이런 테스트 작성을 맡겨도 됩니다. 다만 주의할 점이 있습니다. AI가 만든 테스트는 가끔 너무 단순하거나 특정 구현 방식을 전제로 하는 경우가 있으니, 극단적인 경우들도 테스트하도록 안내해야 할 수 있습니다.

 패스워드 강도 검사 함수 테스트를 만들어주세요. 빈 패스워드, 아주 긴 패스워드, 특수문자 포함 패스워드 등 예외 상황도 포함해서요.

- **통합 테스트**

  API 엔드포인트는 슈퍼테스트Supertest(노드용)나 HTTP 직접 호출 같은 도구로 테스트합니다. 각 엔드포인트가 예상한 결과를 제대로 반환하는지 확인하는 것입니다. AI가 이런 기본 구조를 만드는 데 도움을 줄 수 있습니다.

 제스트와 슈퍼테스트로 /api/to-dos 엔드포인트 통합 테스트를 만들어주세요.

  AI는 애플리케이션을 실행하고 엔드포인트를 호출해 응답을 검증하는 테스트를 만듭니다.

- **프런트엔드 테스트**

  웹 UI는 제스트(컴포넌트 로직용)나 사이프레스Cypress, 플레이라이트Playwright(전체 흐름 테스트용) 같은 도구로 테스트할 수 있습니다. AI에 사이프레스 테스트 시나리오를 요청할 수도 있습니다.

 애플리케이션을 열어서 폼으로 새 할 일을 추가하고, 목록에 제대로 나타나는지 확인하는 사이프레스 테스트를 만들어주세요.

  그러면 실행 가능한 테스트 스크립트를 만들어줍니다. 이건 정말 유용한 기능입니다. AI로 사용자의 조작을 스크립팅해서 빠르게 전체 테스트 범위를 확보할 수 있기 때문입니다.

- **수동 테스트**

  자동화된 테스트를 아무리 많이 돌려도 수동 테스트도 반드시 필요합니다. 웹 애플리케이션을 직접 사용해보거나(팀이라면 QA 담당자가 해도 좋습니다) 이곳저곳 클릭해 보세요. AI는 실제 사용 상황을 모두 예상하지 못할 수 있습니다. 브라우저 뒤로가기 버튼을 누르면 화면 상태가 깨지는 등 특정 순서로 조작할 경우 오류가 생길 수도 있습니다. 버그를 발견하면 직접 고치거나 AI에 수정을 부탁하면 됩니다. 수동 테스트는 사용자 경험 판단에도 중요합니다. 애플리케이션이 쓰기 편한가요? 어색한 흐름은 없나요? AI는 이런 주관적인 사용성 문제를 판단할 수 없으니 사람의 피드백이 핵심입니다.

- **코드 리뷰**

  다른 사람과 함께 작업한다면 AI가 만든 코드도 리뷰를 받아 보세요. 다른 시각에서 놓친 부분을 찾아낼 수 있습니다. 보안상 빠진 부분을 발견하거나 더 나은 코딩 방법을 제안할 수도 있습니다. AI를 쓰는 팀들은 보통 기존 코드 리뷰 과정을 그대로 유지하면서, AI가 실수로 넣을 수 있는 미묘한 버그나 보안 문제를 찾는 데 더 신경을 씁니다(https://oreil.ly/O5Dbj).

- **보안 점검**
  8장에서 보안을 자세히 다루겠지만, 개발 중에도 알려진 취약점 패턴이 있는지 코드를 살펴볼 필요가 있습니다. 린터나 정적 애플리케이션 보안 테스트Static Application Security Testing(SAST)(https://oreil.ly/T5E1z) 도구 같은 자동화를 쓰거나 AI에 직접 물어볼 수도 있습니다.

> 'Express 애플리케이션 코드가 보안 취약점이나 모범 사례를 어긴 부분이 있는지 코드 리뷰를 해 주세요.'

AI는 '여기서 사용자 입력을 제대로 검증하지 않고 있습니다' 또는 'CORS를 올바르게 설정해야 합니다'과 같은 의외의 지적을 할 수도 있습니다. 이런 내용을 애플리케이션 보안을 강화하는 체크리스트로 활용하는 것이 좋습니다.

AI를 쓰면서 나타나는 재미있는 현상 중 하나는 원래라면 만들지 않았을 테스트까지 작성하게 된다는 것입니다. AI가 테스트를 너무 쉽게 만들기 때문입니다. 결과적으로 **더 탄탄한** 코드를 만들 수 있습니다. 기능을 만든 직후 바로 테스트를 생성하는 습관을 들이면(AI가 도와주는 테스트 주도 개발이나 최소한 나중에라도 테스트 추가), 빠른 개발 속도가 품질을 해치지 않도록 막을 수 있습니다. 이렇게 생각해 보세요. AI가 코드 작성 시간을 아껴줬으니, 그 시간을 테스트 작성과 실행에 쓰는 것입니다.

사용자가 조심하지 않으면 AI가 안전하지 않은 코드를 제안할 수 있습니다. 초기 AI 모델들은 특별히 주의하라고 말하지 않으면 SQL 인젝션 공격에 취약한 쿼리를 만들기도 했습니다. 테스트와 리뷰가 이런 문제를 잡아낼 수 있습니다. 한 연구(https://oreil.ly/U3b8H)에 따르면 AI 도움을 받는 개발자들은 실제로는 수동 작성보다 보안이 약함에도 불구하고 자신의 코드 보안을 과신하는 경향이 있다고 합니다.

AI가 코드를 작성했다고 해서 검증을 건너뛰면 안 됩니다. 인간이 쓴 코드와 마찬가지로 버그가 있을 수 있다고 생각하고 접근해야 합니다.

7.5 성공적인 AI 구축 웹 프로젝트의 사례

실제 웹 애플리케이션 개발에서 AI가 중요한 역할을 한 몇 가지 사례(다양한 보고서에서 종합한 복합 사례)를 살펴보겠습니다.

- **개인 개발자의 이커머스 사이트**

  한 개발자가 커스텀 티셔츠를 판매하는 소규모 이커머스 웹 애플리케이션을 만들고 싶었지만 시간이 없었습니다. 그는 IDE 확장 기능을 통해 GPT를 사용하여 전체 스택을 구축했습니다. AI에 제품 목록과 장바구니, 결제 페이지가 포함된 리액트 프런트엔드와 제품 확인 및 주문용 엔드포인트를 갖춘 노드JS 백엔드를 생성하도록 요청했습니다. 결제는 스트라이프Stripe를 사용했으며, API 통합도 AI의 도움을 받았습니다. 2주간 저녁 시간을 활용해 실제 사이트를 완성했습니다.

  이 개발자에 따르면 AI가 코딩의 약 70%를 담당했습니다. 특히 반복적인 UI 부분과 폼 처리를 담당했고, 개발자는 스트라이프 설정과 브랜딩을 위한 UI 세부 조정에 집중했습니다. 결과적으로 고객들이 제품을 둘러보고 장바구니에 담아 구매할 수 있는 시스템을 대부분 바이브 코딩으로 구축했습니다. 이는 외부 서비스 통합(예: 스트라이프)도 모델이 참고할 수 있는 문서가 있거나 사용자가 제공한다면 AI 가이드를 통해 충분히 가능함을 보여줍니다.

- **회사 내부 대시보드**

  코딩 기술이 어느 정도 있는 프로덕트 매니저가 AI 페어 프로그래머를 사용하여 팀을 위한 내부 분석 대시보드를 만들었습니다. 일반적으로라면 엔지니어링 리소스를 기다려야 했겠지만, 리플릿Replit의 고스트라이터Ghostwriter나 깃허브 코파일럿 같은 도구를 웹 프로젝트에서 사용하여 기본적인 웹 애플리케이션을 직접 구축했습니다. AI는 데이터베이스 쿼리를 위한 간단한 플라스크Flask 백엔드 설정(안전한 읽기 전용 자격 증명 사용)과 그래프 표시를 위한 뷰 프런트엔드(차트 라이브러리 사용) 작성을 도왔습니다. 프로덕트 매니저는 각 차트에 표시할 내용('시간별 총 가입자 수', '지역별 활성 사용자' 등)을 설명하면 AI가 SQL 쿼리와 차트 코드를 작성했습니다.

  전체 과정은 시행착오와 테스트를 포함해 몇 주가 걸렸지만, 결국 완전한 대시보드를 완성했습니다. 코드 품질은 엔터프라이즈급은 아니었지만 내부용이므로 충분했습니다. 더 중요한 것은 훨씬 짧은 시간에 팀에 유용한 도구를 제공할 수 있었다는 점입니다. 이 사례는 비개발자도 AI 툴을 사용해 유용한 웹 애플리케이션을 만들 수 있게 하여, 백로그에 머물러 있을 수 있는 작업들을 해결할 수 있음을 보여줍니다. 10장에서 다룰 개발자의 역할 세분화의 예시로, 개인이나 팀별 소프트웨어를 더 쉽게 만들 수 있게 된 현상을 잘 보여줍니다.

- **스타트업의 최소 기능 프로덕트(MVP)**

  소규모 스타트업(공동창업자 2명: 비즈니스 담당 1명, 기술 담당 1명)에서 투자자에게 보여줄 MVP 웹 애플리케이션이 필요했습니다. 기술 담당 공동창업자는 바이브 코딩을 적극 활용하여 기록적인 시간에 MVP를 구축했습니다. AI 어시스턴트를 사용하여 SSR 리액트 프런트엔드용 넥스트JS와 간단한 노드 API를 활용한 현대적인 웹 애플리케이션의 토대를 기본 구조로 구성했습니다. AI를 활용해 소셜 로그인(AI가 OAuth 플로우 작성), 이미지 업로드(AI가 클라우드 스토리지 API와 통합), 프로덕트 자체의 AI 기반 기능을 구현했습니다. 심지어 API의 NLP 모델 통합도 AI의 도움을 받았습니다. 몇 달 만에 한 개발자가 일반적으로 소규모 팀이 4~6개월 걸릴 작업을 완성했습니다. 결과물은 다소 급조된 면이 있지만 기능은 멀쩡한 MVP로, 데모가 가능했고 베타 사용자도 플랫폼에 온보딩할 수 있었습니다.

공동창업자가 나중에 프로덕트를 다듬기 위해 개발자를 충원했을 때, 새로운 개발자들은 AI가 작성한 코드를 대체로 이해하기 쉽다고 평가했습니다. 다만 확장성을 위해 상당 부분을 리팩터링하기는 했습니다. AI는 첫 단계에는 빠르게 도달하도록 도와주지만, 다음 단계로 나아갈 때는 품질을 개선하는 데 시간과 노력을 쏟아야 합니다.

개별 사례에 불과하지만 업계의 새로운 패턴과 일치합니다. 특히 여러 컴포넌트를 연결하는 작업이 많은 웹 개발에서는 생산성이 확실하게 높아집니다. 마이크로소프트(https://oreil.ly/QLunu)를 비롯한 여러 기업(https://oreil.ly/BNVrB)에서 AI를 사용하는 개발자가 그렇지 않은 개발자보다 작업을 현저히 빠르게 완료한다는 연구 결과를 발표했습니다. 하지만 주의해야 할 사례도 있었습니다. 개발자가 코드를 완전히 이해하지 못한 채 보안 결함이 있는 AI 생성 웹 애플리케이션을 배포하는 경우가 있었습니다. 이러한 위험성은 테스트와 검토가 왜 중요한지를 다시 강조합니다.

결론적으로 AI 지원을 받는 웹 애플리케이션 구축은 주류 접근법이 되고 있습니다. AI는 숙련된 개발자를 대체하는 게 아니라, 오히려 개발자의 역량을 강화하는 역할을 합니다. 개발자는 여전히 아키텍처를 계획하고 정확성을 보장하며 복잡하거나 새로운 코드 부분을 처리하는 반면, AI는 모든 것을 연결하는 반복적인 기본 구조 코드를 처리합니다. 기본 구조부터 프런트엔드와 백엔드, 테스트까지 살펴본 전체 워크플로는 인간의 판단과 전문성을 함께 적용한다면 웹 개발의 거의 모든 단계를 AI로 가속화할 수 있음을 보여줍니다.

요약

이번 장에서는 바이브 코딩이 본격적인 웹 애플리케이션 개발까지 확장되는 과정을 살펴봤습니다. AI를 항상 사용 가능한 페어 프로그래머로 활용하면 프런트엔드와 백엔드 작업을 병렬로 처리하고, 자연어 설명으로부터 컴포넌트와 API를 생성하며, 프로토타입 애플리케이션을 프로덕션 품질로 반복적으로 개선할 수 있습니다. 성공의 핵심은 의도를 명확히 전달하고(각 단계에서 AI가 원하는 바를 알 수 있도록), 신중하게 검증하며(AI 출력의 문제를 포착하기 위해), AI를 코드 생성뿐만 아니라 스키마 설계 브레인스토밍이나 테스트 작성 같은 작업에도 활용하는 것입니다.

이번 장에서는 개발자가 AI의 도움으로 효과적으로 풀스택 개발자가 될 수 있는 방법도 살펴봤습니다. AI가 덜 익숙한 영역에서 코드를 제안함으로써 지식 격차를 메워주는 것입니다. 이는 일반적인 기능의 개발 시간을 크게 단축하고 개발의 진입장벽을 낮추며, 대규모 팀 없이도 커스텀 웹 솔루션을 만들 수 있게 합니다(10장에서 다시 다루겠습니다).

AI가 요구사항을 이해하거나 품질을 보장하는 역할을 대체하는 것은 아니며, 단지 실행 속도를 높여줄 뿐입니다.

웹 애플리케이션이 가동되고 있다면 다음 관심사는 보안과 신뢰성, 유지보수성을 확보하는 것입니다. 8장에서는 AI 생성 코드베이스의 보안과 신뢰성 문제를 깊이 다룹니다. 발생할 수 있는 일반적인 취약점을 식별하고, 이를 감사하고 수정하는 방법, 그리고 AI로 빠르게 움직이면서도 문제를 일으키지 않도록 하는 모범 사례들(여기서 시작한 테스트와 검토 같은)을 살펴봅니다. 구현 중심에서 안정성 및 보안 강화로 초점을 옮겨, 바이브 코딩으로 만든 소프트웨어가 실제 환경의 조건과 위협에 견딜 수 있도록 만들어야 합니다.

신뢰와 자율성

PART 3

AI가 만들어낸 결과에 우리는 어떤 책임을 져야 할까요? 3부는 신뢰와 자율성을 주제로 AI를 사용한 프로그래밍의 윤리, 보안, 미래를 다룹니다. 8장은 AI가 작성한 코드의 보안, 안정성, 유지보수성을 확보하는 방법을 설명하며 보안 취약점과 코드 감사, 성능 최적화, 배포 모범 사례를 제시합니다. 9장은 바이브 코딩을 적극적으로 활용할 때 고민해야 할 윤리적 쟁점을 다룹니다. 지적재산권과 라이선스 문제, 편향과 공정성, 투명성과 책임성을 짚으며, 책임 있는 AI 활용 원칙을 제안합니다. 10장은 백그라운드 코딩 에이전트를 소개합니다. 단순히 제안하는 수준을 벗어나 주니어 개발자처럼 백그라운드에서 계획, 코딩, 테스트, PR까지 처리하는 자율형 에이전트의 가능성과 한계를 탐구합니다. 11장은 코드 생성을 넘어 AI 보조 엔지니어링의 미래를 전망합니다. 테스트와 디버깅, 유지보수, 디자인과 사용자 경험, 프로젝트 관리, 프로그래밍 언어의 진화까지 AI가 소프트웨어 전 과정에 영향을 미칠 가능성을 탐색합니다.

CHAPTER 8

보안, 신뢰성, 유지보수성

이 장에서는 바이브 코딩과 AI 보조 엔지니어링의 핵심을 다룹니다. AI 지원으로 작성한 코드가 안전하고 신뢰할 수 있으며 유지보수 가능한지 확인하는 방법입니다. 결과적으로 생성된 소프트웨어가 취약점으로 가득하거나 쉽게 중단된다면 속도와 생산성은 의미가 없습니다.

먼저 AI 생성 코드에서 발생하는 일반적인 보안 함정을 살펴보겠습니다. 인젝션 취약점부터 기밀 정보 유출까지 다양한 문제가 있습니다. 이러한 문제에 대해 AI가 작성한 코드를 감사하고 검토하는 기법을 배웁니다. 사실상 AI 페어 프로그래머의 보안 안전망이 되어 줍니다.

다음으로 AI 생성 코드 주변에 효과적인 테스트와 QA 프레임워크를 구축하여 버그와 안정성 문제를 조기에 발견하는 방법을 논의하겠습니다. 성능 고려사항도 다룰 예정입니다. AI가 올바른 코드를 작성할 수는 있지만 항상 가장 효율적인 코드는 아니므로, 성능 병목을 식별하고 최적화하는 방법을 설명하겠습니다. 때로는 AI 제안이 일관성 없거나 지나치게 장황할 수 있어서 일관된 스타일 적용이나 AI 코드 리팩터링과 같은 유지보수성 확보 전략도 살펴봅니다.

부분적으로 또는 완전히 기계가 생성한 코드를 리뷰할 때 인간 개발자가 집중해야 할 부분을 강조하면서, AI 지원 워크플로에 맞게 코드 리뷰 관행을 조정하는 방법을 살펴보겠습니다. 마지막으로 지속적 통합 파이프라인부터 프로덕션 모니터링까지, AI 지원 프로젝트를 자신감 있게 배포하기 위한 모범 사례를 정리합니다. 이 장을 마칠 때쯤 AI로 가속화된 개발을 안전하고 견고하게 유지하는 다양한 접근법을 갖추게 될 것입니다.

8.1 AI 생성 코드의 일반적인 보안 취약점

AI 코딩 어시스턴트는 강력하지만, 적절한 지침 없이는 의도치 않게 보안 문제를 일으킬 수 있습니다. 좋은 관행과 나쁜 관행을 모두 포함하는 많은 공개 코드에서 학습하며, 프롬프트나 컨텍스트가 다른 방향으로 유도하지 않으면 안티패턴을 반복할 수 있습니다. 이러한 일반적인 함정을 알아두어 발견하고 수정할 수 있어야 합니다. 수동 또는 자동화 수단을 사용하여 잠재적인 보안 문제를 탐지하는 것도 포함됩니다(그림 8-1).

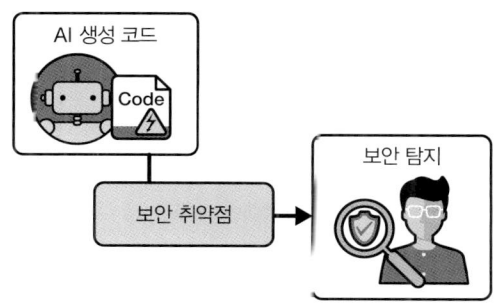

그림 8-1 AI가 일으킨 보안 취약점: AI 생성 코드에는 신중한 리뷰와 자동화된 보안 탐지를 통해 식별하고 해결해야 하는 미묘한 보안 결함이 포함될 수 있습니다.

AI 생성 코드에서 관찰되는 일반적인 보안 문제는 다음과 같습니다.

- **하드코딩된 기밀 정보 또는 자격 증명**
  때로는 AI가 코드에서 API 키와 비밀번호, 토큰을 출력하는데, 특히 훈련 데이터에 유사한 예제가 포함되어 있었다면 이런 일이 더 많이 발생합니다. 예를 들어 AWS와 통합하도록 요청하면 코드에 직접 더미 AWS 비밀 키를 넣을 수 있습니다. 그대로 두면 코드를 공개할 때 민감한 정보가 유출되므로 위험합니다. 기밀 정보는 환경 변수나 설정 파일을 통해 적절히 관리되어야 합니다. AI가 api_key = "ABC123SECRET"과 같은 코드를 제안하면 조심하세요. 실제 키는 소스 코드에 포함되어서는 안 됩니다.

- **SQL 인젝션 취약점**
  AI 모델이 SQL 쿼리나 ORM 사용법을 생성하도록 한다면, 사용자 입력을 직접 연결하여 쿼리를 구성하지 않는지 확인하기 바랍니다. 안전하지 않은 패턴은 다음과 같습니다.

  ```
  sql = "SELECT * FROM users WHERE name = '" + username + "'";
  ```

  이런 코드는 인젝션 공격에 취약합니다. 쿼리를 매개변수화하라고 구체적으로 지시하지 않으면 AI가 이런 코드를 생성할 수 있습니다. 항상 준비된 SQL 문(prepared statement)이나 매개변수 바인딩을 사용하세요. 많은 AI

어시스턴트가 모범 사례를 기억한다면(SQL에서 사용자 입력에 ? 또는 플레이스홀더 사용) 그렇게 하겠지만 보장할 수는 없습니다. 확인하고 필요하면 AI에 수정을 요청하는 것은 여러분의 몫입니다.

 SQL 인젝션을 방지하기 위해 매개변수를 사용하도록 쿼리를 수정해 주세요.

- **웹 애플리케이션에서의 크로스 사이트 스크립팅(XSS)**

  웹 코드를 생성할 때 AI 툴은 출력에서 사용자 입력을 자동으로 이스케이프하지 않을 수 있습니다. AI는 이스케이프 없이 {{comment.text}}를 HTML에 직접 삽입하는 템플릿을 생성할 수 있는데, 댓글에 배치된 악성 스크립트가 실행될 수 있습니다. 프레임워크를 사용한다면 AI가 기본적으로 이스케이프를 처리하는 경우가 많지만, 원시 HTML 구성을 처리한다면 주의하기 바랍니다. 출력 인코딩이나 새니타이제이션 루틴을 구현하세요. AI에 요청해도 좋습니다.

 XSS 공격을 방지하기 위해 사용자 입력값에 대한 새니타이제이션을 추가하세요.

많은 모던 프레임워크는 메커니즘을 내장하고 있습니다. DOM(https://oreil.ly/5o_2x) 조작에 있어 innerText 대신 innerHTML을 사용하듯 AI가 적절한 매커니즘을 사용하도록 지시하세요.

- **부적절한 인증 및 권한 부여**

  AI는 인증 흐름을 작성할 수 있지만, 미세한 실수가 발생할 수 있습니다. 예를 들어, 충분히 강력한 비밀 변수 없이 JWT(https://oreil.ly/rf7JL)를 생성하거나 비밀번호 해시를 올바르게 확인하지 않는 경우입니다. 권한 부여도 마찬가지입니다. AI는 (리소스 삭제와 같은) 작업을 해당 리소스를 소유한 사용자로만 제한하는 것을 자동으로 강제하지 않을 수 있습니다. 이러한 로직 문제는 자동으로 잡아내기 어렵고 보안 모델을 깊이 생각해봐야 합니다. 이런 코드를 작성할 때는 명확히 지정하세요.

 리소스의 삭제는 오직 소유자만 할 수 있어야 합니다. 사용자 ID에 대한 검사를 추가합니다.

그런 다음 조건을 테스트하세요. AI에 알려주지 않으면 컨텍스트를 진정으로 '이해'하지 못하기 때문에 확인을 생략하기 쉽습니다.

- **안전하지 않은 기본값 또는 설정**

  프롬프트에 별도로 조건이 없다면 AI는 보안보다 편의성을 중시해 다음과 같은 선택을 내릴 수 있습니다.
  - API 호출에 HTTPS 대신 HTTP 사용(TLS가 지정되지 않은 경우)
  - SSL 인증서 유효성 검사 안 함(인터넷의 일부 코드 예제에서 verify=false를 사용하는데, AI가 이를 복사할 수 있음)
  - 제한 없이 모든 오리진과 메서드에 대해 CORS를 광범위하게 활성화(잠재적으로 모든 크로스 오리진 요청에 애플리케이션을 노출)
  - 구식 암호화 사용(비밀번호용 SHA-256/Bcrypt/Argon2 대신 약한 MD5나 SHA1 해시 사용)

이러한 문제는 종종 미묘하므로 설정 파일과 초기화 코드를 감사해야 합니다. AI가 app.UseCors(allowAll)과 같은 설정을 하거나 오래된 암호를 선택한다면 발견하여 수정해야 합니다.

- **민감한 정보를 드러내는 오류 처리**
  AI가 생성한 오류 처리는 스택 트레이스를 출력하거나 반환할 수 있습니다. 예를 들어, Node.js API가 오류를 잡아서 res.send(err.toString())을 수행하면 내부 세부 사항이 유출될 수 있습니다. 사용자에게 전달되는 오류 메시지가 새니타이즈되고 로그가 적절히 처리되도록 하세요. 공격자에게 전체 오류 메시지나 파일 경로와 같은 단서를 제공하지 않도록 필요에 따라 조정하기 바랍니다.

- **의존성 관리와 업데이트**
  AI가 프로젝트에 의존성(라이브러리 등)을 추가한다면, 최신이고 신뢰할 수 있는 소스에서 가져온 것인지 확인하기 바랍니다. AI는 훈련 데이터에서 인기 있었지만 더 이상 유지보수되지 않거나 알려진 취약점이 있는 라이브러리를 선택할 수 있습니다. 패키지의 오래된 버전을 제안한다면 최신 LTS로 업데이트해야 합니다. 생성 후 npm audit 또는 동등한 도구를 실행하는 것도 현명합니다. AI에 물어보는 것도 방법입니다.

이 라이브러리의 유지보수 현황과 취약점을 알려주세요.

모두 답하지는 못하더라도 중단 deprecation 기록이 있다면 알려주기도 합니다.

2023년 실제 프로젝트에서 깃허브 코파일럿에 대한 대규모 분석에 따르면, 언어에 따라 생성된 코드의 25-33%가 명령 인젝션과 코드 인젝션, 크로스 사이트 스크립팅(https://arxiv.org/abs/2310.02059)과 같은 심각도가 높은 CWE Common Weakness Enumeration를 포함한 잠재적인 보안 약점을 포함하고 있었습니다. 이러한 결과는 코파일럿이 의도적으로 결함 있는 코드를 만들기보다는, 훈련 데이터에 포함된 안전하지 않은 패턴을 그대로 반영한다는 점을 보여줍니다. 그렇다면 어떻게 해야 할까요? 개발자는 항상 주의해야 합니다. AI 생성 코드를 수동으로 확인하고, 보안 인식 도구를 사용하며, 엄격한 코드 위생을 유지하세요. 특히 '바이브 코딩' 중에는 AI 생성 콘텐츠의 속도와 범위에 더욱 주의를 기울여야 합니다. 더 적은 시간에 더 많은 코드를 만든다는 것은 감사해야 할 범위가 더 넓어짐을 의미합니다. 간단한 예시를 살펴보겠습니다.

8.1.1 부적절한 인증과 권한 부여

익스프레스 애플리케이션에서 로그인 라우트를 만들어달라고 AI에 요청하는 상황을 가정하겠습니다. 다음과 같은 결과를 생성할 수 있습니다.

```
// 부적절한 인증 예시
app.post('/login', async (req, res) => {
```

```
    const { username, password } = req.body;
    const user = await Users.findOne({ username: username });
    if (!user) return res.status(401).send("해당 사용자가 존재하지 않습니다");
    if (user.password === password) { // 비밀번호를 평문으로 비교
      res.send("로그인 성공!");
    } else {
      res.status(401).send("비밀번호가 올바르지 않습니다");
    }
});
```

여기에 어떤 문제가 있을까요?

- 비밀번호를 직접 비교합니다. 이는 데이터베이스에 평문으로 저장되어 있음을 암시합니다. 비밀번호는 절대 평문으로 저장하면 안 됩니다.
- 너무나도 구체적인 응답을 보냅니다. 적절한 처리라고 볼 수 있지만 보안면에서 봤을 때 의도치 않게 민감한 정보를 노출할 수도 있습니다.

로그인 실패 메시지를 중요한 예시로 생각해 보세요. 안전한 시스템은 사용자명이나 비밀번호가 틀렸는지에 관계없이 로그인이 실패할 때 '유효하지 않은 인증 정보' 같은 애매한 메시지를 반환해야 합니다. 하지만 AI 생성 코드는 '사용자명을 찾을 수 없음'이나 '잘못된 비밀번호' 같은 더 구체적인 오류를 출력합니다.

너무나 구체적인 오류 메시지는 잠재적인 공격자에게 어떤 정보가 맞는지 확인해 줌으로써 보안 취약점을 만듭니다. '잘못된 비밀번호'라는 오류를 받으면 공격자는 시스템에 존재하는 사용자명을 발견했다는 뜻입니다. 그러면 공격자는 사용자명을 찾은 뒤, 해당 계정의 비밀번호만 알아내면 시스템에 접근할 수 있습니다. **사용자 열거**user enumeration라는 이 기법이 표적화된 공격으로 발전할 수 있습니다. 보안에 민감한 작업에서 적절히 모호한 응답을 유지하도록 지시하지 않으면, AI가 구체적인 오류 메시지를 만드는 성향이 의도치 않게 공격자를 돕게 됩니다.

코드에 표시되지는 않았지만, 여기에는 속도 제한이나 다른 보호 조치도 포함되어 있지 않습니다. 안전한 구현에는 몇 가지 중요한 보호 조치가 포함되어야 합니다.

- 무엇보다 비밀번호는 절대 평문으로 저장해서는 안 됩니다. 대신 시스템은 암호학적으로 해시된 비밀번호를 저장하고 안전한 비교 함수를 사용하여 로그인 시도를 확인해야 합니다.
- 이 비교 과정은 타이밍 공격을 방지하기 위해 상수 시간 알고리즘을 사용해야 합니다. 타이밍 공격에서는 공

격자가 응답 시간을 분석하여 비밀번호 정확성에 대한 정보를 추론합니다. 많은 보안 중심 라이브러리가 이 취약점을 해결하기 위해 특별히 상수 시간 비교 함수를 제공합니다.

- 또한 인증 시스템은 무차별 대입 공격을 방지하기 위해 속도 제한이나 스로틀링 메커니즘을 구현해야 합니다. 실패한 로그인 시도는 보안 모니터링을 위해 로그에 기록되어야 하며, 관리자가 의심스러운 패턴을 탐지하고 대응할 수 있게 해야 합니다.

이러한 조치를 모두 적용하면 보안 계층 하나가 손상되더라도 사용자의 정보를 보호하는 심층 방어 체계를 만들 수 있습니다. AI에 수정을 요청해도 좋습니다.

 bcrypt를 사용하여 비밀번호를 해시하고 비교하도록 로그인 라우트를 개선하고, 데이터베이스의 비밀번호가 해시되도록 수정하세요.

그러면 AI는 다음과 같은 수정을 진행합니다.

```
const bcrypt = require('bcrypt');

app.post('/login', async (req, res) => {
  const { username, password } = req.body;
  const user = await Users.findOne({ username });
  if (!user) {
    return res.status(401).send("Invalid credentials");
  }
  const match = await bcrypt.compare(password, user.passwordHash);
  if (!match) {
    return res.status(401).send("Invalid credentials");
  }
  res.send("Login successful!");
});
```

bcrypt를 사용하여 해시된 비밀번호와 비교합니다(변수 user.passwordHash가 이를 저장한다고 가정). 사용자를 생성할 때도 bcrypt.hash를 사용하여 비밀번호를 해시하도록 해야 합니다.

약간의 안내만 있으면 AI가 올바른 일을 할 수 있지만, 초기의 순진한 출력은 안전하지 않을 수 있습니다. 이는 **검토 및 수정** 패턴을 강조합니다.

8.1.2 패키지 관리 문제

또 다른 일반적인 취약점 범주는 패키지 관리입니다. AI는 때로는 라이브러리를 만들어내거나 이름을 잘못 기억하는데, 이는 **패키지 환각**package hallucination이라고 알려진 문제입니다. 그러한 패키지가 존재하지 않을 수 있지만, 공격자가 이론적으로 일반적으로 환각되는 이름으로 악성 코드를 포함한 패키지를 게시할 수 있습니다. 존재하고 올바른 패키지인지 확인하지 않고 그러한 패키지를 설치한다면 심각한 위험을 초래할 수 있습니다. 특정 패키지가 확실하지 않다면 빠른 웹 검색을 시도하거나 npm/PyPI를 직접 확인하세요.

또한 AI는 훈련 데이터에서 라이선스를 확인하지 않고 동일한 코드를 의도치 않게 생성할 수 있습니다. 이는 보안 문제보다는 지적재산 관련 문제이지만 주의 깊게 살펴봐야 합니다. 예를 들어 깃허브 코파일럿은 생성된 코드가 공개 리포지터리와 밀접하게 일치할 때 플래그를 표시하는 중복 탐지 기능이 있어 개발자가 잠재적인 라이선스 충돌을 피하도록 도와줍니다. AI 생성 코드 출처의 특정 문제를 해결하기 위해 유사한 도구들이 등장하고 있습니다. 9장에서는 라이선싱과 지적 재산 고려사항을 더 자세히 다루며, 이러한 복잡한 문제를 탐색하는 포괄적인 지침을 제공할 예정입니다.

요약하면, 주요 메시지는 그대로입니다. 이 책 전체에서 줄곧 강조해 왔다는 것을 알지만, AI 출력에는 주니어 개발자의 코드에 적용할 것과 같은 신중한 검토가 필요합니다. 반복하는 데는 이유가 있습니다. 이 원칙이 안전하고 효과적인 AI 보조 엔지니어링의 거의 모든 측면을 뒷받침하기 때문입니다. 프로토타이핑이든 백엔드 구축이든 보안 기능 구현이든, 이런 원칙을 중심으로 적절한 신뢰와 검증의 균형을 잡는다면 AI는 빠르지만 못 믿을 존재가 아닌 믿음직한 동료가 됩니다. 빠르게 많은 코드를 작성할 수 있지만, 보안 모범 사례를 주입하고 취약점을 이중 확인해야 합니다. 소설가 프랭크 허버트Frank Herbert는 『듄 4: 듄의 신황제』(황금가지, 2021)에 이런 말을 적었습니다. "그들(기계)은 우리가 생각하지 않고도 할 수 있는 일들을 늘려줘. 우리가 생각도 하지 않고 하는 일들, 거기에 진짜 위험이 있어."

AI를 사용하면 일상적인 코드에 대해 깊이 생각하지 않는 함정에 빠질 수 있으므로, 보안 중심의 사고방식을 유지해야 합니다. 이런 사고방식이 '생각도 하지 않고 하는 일'을 잡아낼 수 있습니다.

8.2 보안 감사

앞서 설명한 취약점 유형을 고려할 때, AI 생성 코드를 효과적으로 감사하고 보안을 확보하려면 어떻게 해야 할까요? 이번 절에서는 활용할 수 있는 여러 기법과 도구를 살펴보겠습니다.

8.2.1 자동화된 보안 스캐너 활용

정적 애플리케이션 보안 테스트 Static Application Security Testing (SAST)는 코드에서 알려진 취약점 패턴을 탐지할 수 있습니다.

- **ESLint + 보안 플러그인**(https://oreil.ly/55ppH): 자바스크립트와 노드 코드에서 안전하지 않은 함수나 새니타이즈되지 않은 입력을 탐지할 수 있습니다.
- **파이썬 밴딧**Bandit(https://bandit.readthedocs.io): 프로덕션에서 assert 사용과 약한 암호화, 하드코딩된 기밀 정보 등을 찾을 수 있습니다.
- **깃허브 코드QL**(https://github.com/github/codeql): 코드베이스 전체에서 쿼리를 실행하여 SQL 인젝션과 XSS, 기타 일반적인 패턴을 찾을 수 있습니다.
- **Semgrep**(https://semgrep.dev): 자바스크립트, 파이썬, 자바, Go 등 여러 언어별 규칙을 제공하며, 커뮤니티에서 유지보수하는 규칙도 포함합니다. 흔히 발생하는 보안 문제를 즉시 식별할 수 있습니다.

이러한 도구를 CI/CD 또는 개발 파이프라인에 통합할 수 있습니다. AI 생성 코드에 실행하세요. 모든 것을 잡아내지는 못하지만 명백한 실수(평문 비밀번호 확인, 새니타이즈되지 않은 SQL, 안전하지 않은 암호화 등)는 플래그할 것입니다. 견고한 안전망인 셈이죠.

8.2.2 별도의 AI를 검토자로 활용

생성된 코드의 보안 검토에 AI를 활용하는 두 가지 접근법이 있으며, 각각 고유한 장점이 있습니다. 첫 번째 접근법은 코드를 생성한 동일한 AI 모델을 사용하되, 관점을 바꿔 자신의 출력을 감사하도록 요청하는 것입니다. 코드를 생성한 후 다음과 같은 프롬프트로 모델에 요청할 수 있습니다.

이 코드에서 보안 취약점을 검토하고 발견한 문제를 설명해 주세요.

모델이 평문 비밀번호 저장과 입력 유효성 검사 누락, 잠재적인 SQL 인젝션 취약점과 같은 일반적인 보안 문제를 식별할 수 있어 놀랍도록 효과적인 결과를 얻는 경우가 많습니다.

두 번째 접근법은 다른 AI 모델을 독립적인 검토자로 사용하는 것입니다. 예를 들어 챗GPT를 사용하여 코드를 생성했다면, 해당 코드를 클로드나 제미나이에 붙여 넣어 보안 분석을 요청하는 식입니다. 크로스 모델 검토는 다양한 관점을 제공하고 원래 모델이 놓쳤을 수 있는 문제를 잡아낼 수 있습니다. 다양한 보안 도구나 인간 검토자가 각기 다른 전문성과 집중 영역을 가져오는 것과 매우 유사합니다. 다른 모델들은 서로 다른 강조점이나 데이터셋으로 훈련되었을 수 있어 서로 다른 범주의 취약점을 잡아낼 가능성이 있습니다.

두 기법 모두 적절한 보안 테스트와 인간의 전문성을 보완하지만 결코 대체하지는 않는 귀중한 추가 보안 검토 계층 역할을 합니다. AI 검토자가 때때로 거짓 양성을 플래그하거나 미묘한 취약점을 놓칠 수 있지만, 일반적인 보안 안티패턴을 빠르게 잡아내는 데는 뛰어납니다. 특별히 보안 고려사항에 집중한 자동화된 페어 프로그래밍 과정으로 생각하기 바랍니다. 핵심은 이렇게 AI가 생성한 보안 검토를 확정적인 보안 승인이 아닌 보안 평가 프로세스의 또 다른 입력으로 취급하는 것입니다.

8.2.3 보안 체크리스트를 활용한 개발자의 코드 리뷰

팀에 속해 있다면 보안에 중점을 둔 코드 리뷰 체크리스트를 준비하세요. AI는 종종 예상 케이스에서 '작동하는' 코드를 생성하지만 악의적인 케이스를 다루도록 강화되지 않았습니다. AI 생성 코드의 경우 다음 사항을 반드시 고려해야 합니다.

- 인증 흐름: 견고한가?
- 데이터가 시스템에 들어오는 모든 지점: 입력에 유효성 검사를 하는가?
- 데이터가 시스템에서 나가는 모든 지점: 출력을 새니타이제이션하나? 민감한 데이터를 보호하나?
- 외부 API 사용: 실패를 처리하나? 키를 노출하나?

- 데이터베이스 접근: ORM을 안전하게 사용하나? 매개변수화된 쿼리를 사용하나?
- 저수준 코드의 메모리 관리: AI가 C/C++이나 Rust 코드를 작성한다면 오버플로가 있나? 오용이 있나?

8.2.4 침투 테스트와 퍼즈 테스트

동적 접근 방식을 사용하세요. 퍼즈 테스트fuzz test의 경우 함수나 엔드포인트에 무작위 입력이나 특정한 입력을 전달할 때, 멈추거나 오작동하는지 확인합니다. AI가 퍼즈 케이스 생성하거나 구글의 OSS 퍼즈OSS Fuzz (https://oreil.ly/FvKSU) 같은 기존 퍼즈 도구(https://oreil.ly/OoFzT)를 사용할 수 있습니다.

AI로 만든 웹 애플리케이션에 대해 OWASP의 ZAP와 같은 침투 테스트 도구를 실행하면 XSS와 SQL 인젝션 취약점 같은 것들을 자동으로 탐지할 수 있습니다. 예를 들어 ZAP은 스크립트를 인젝션하여 반영시키려고 시도하고, 특정 입력이 새니타이즈되지 않았음을 탐지할 수 있습니다.

API를 구축하고 있다면 포스트맨Postman이나 커스텀 스크립트와 같은 도구로 잘못된 형식의 데이터를 보내 시스템이 어떻지 반응하는지 시도해 볼 수 있습니다. 500 오류를 던지는지 아니면 오류를 우아하게 처리하는지 확인합니다.

8.2.5 보안 중심 단위 테스트 추가

중요한 코드 부분에 대해서는 보안 속성을 검증하는 테스트를 작성해야 합니다. 예를 들어 로그인 속도 제한기가 X번의 실패한 시도 후에 작동하는지 테스트하거나 특정 입력(예: "<script>alert(1)</script>")이 응답에서 이스케이프되어 나오는지 테스트할 수 있습니다. 권한이 없는 사용자가 보호된 리소스에 접근할 수 없는지 테스트하려면 인증된 호출과 인증되지 않은 호출을 모두 시뮬레이션하고 애플리케이션이 올바르게 실행되는지 확인합니다.

AI에 이러한 테스트를 생성해 달라고 요청합니다.

권한이 없는 사용자가 /deleteUser 엔드포인트에서 403을 받도록 하는 테스트를 작성해 주세요.

AI가 테스트를 작성하면 실행해 코드를 확인하세요.

8.2.6 지식 컷오프 이후 정보 추가

AI 모델에는 보안에 직접적인 영향을 미치는 근본적인 한계가 있습니다. 바로 지식이 특정 시점에서 정지된다는 것입니다. 모델이 훈련을 완료하면 그 이후에 발견된 취약점이나 이후에 출시된 보안 패치, 새로 등장한 모범 사례에 대해 학습할 수 없습니다. 이러한 지식 컷오프는 AI가 아는 것과 현재 보안 표준 사이에 중요한 격차를 만듭니다.

2023년에 훈련된 모델이 2025년에 코드를 생성하는 경우를 생각해 보죠. 그 사이 수많은 보안 취약점이 발견되고 패치되고 문서화되었습니다. 새로운 공격 벡터가 등장했고 프레임워크에는 보안 기능이 추가되었으며 모범 사례가 발전했습니다. 하지만 프롬프트 내에서 업데이트된 정보를 명시적으로 제공하지 않는 한 AI는 이러한 발전을 알지 못합니다.

이러한 한계는 빠르게 발전하는 보안 표준과 취약점 데이터베이스에서 특히 심각해집니다. 예를 들어 OWASP Top 10(*https://oreil.ly/US-uh*)은 변화하는 위협 환경을 반영하기 위해 주기적으로 업데이트됩니다. AI에 '안전한 파일 업로드 함수를 작성해 달라'는 프롬프트를 입력하면 훈련 데이터를 기반으로 합리적인 보호 조치를 구현할 수 있습니다. 파일 타입 유효성 검사와 크기 제한, 웹 루트 외부 저장소 등을 포함할 수도 있습니다. 하지만 최근에 발견된 공격 벡터를 놓치거나 새로 권장되는 완화 조치를 구현하지 못할 수 있습니다.

해결책은 현재 보안 정보로 AI의 지식을 적극적으로 보완하는 것입니다. 보안에 민감한 코드를 요청할 때는 프롬프트에 현재 모범 사례에 대한 참조를 포함하기 바랍니다. 예를 들어 단순히 안전한 코드를 요청하는 대신 다음과 같이 프롬프트를 작성할 수 있습니다.

 2025년 OWASP Top 10의 보안 우려사항, 특히 인젝션 공격과 서버 측 요청 위조에 초점을 맞춘 파일 업로드 함수를 작성해 주세요.

이러한 접근법은 잠재적으로 구식인 훈련 데이터가 아닌 현재 보안 표준에 AI의 응답을 기반으로 둡니다.

마찬가지로 프레임워크별 코딩 기능은 종종 AI의 지식 컷오프 이후에 등장합니다. 예를 들어 익스프레스 애플리케이션은 보안 헤더 설정을 위한 헬맷Helmet 미들웨어(https://oreil.ly/WSPar)로부터 상당한 혜택을 받습니다. 헬맷이 표준 관행이 되기 전에 훈련된 AI는 이 중요한 보안 계층을 빼먹고 익스프레스 애플리케이션을 생성할 수 있습니다. 프롬프트에서 현재 보안 도구와 관행을 명시적으로 언급하면 AI가 과거의 것이 아닌 현대적인 보안 표준에 맞는 코드를 생성하도록 도울 수 있습니다.

8.2.7 로깅 관행 최적화

코드(AI와 인간 모두)가 특히 중요한 작업이나 잠재적인 실패 지점 주변에서 로깅이 자세히 되도록 설정하기 바랍니다. 프로덕션에서 문제를 디버깅하는 데 도움이 됩니다. AI가 최소한의 로그로 섹션을 작성했다면 더 추가하는 것을 고려하세요. 예를 들어 AI가 오류를 그냥 삼켜버리는 catch 블록을 생성했다면, 가시성을 위해 오류(일부 컨텍스트)를 로그에 기록하도록 변경합니다. 또한 민감한 정보가 포함되지 않도록 로그를 새니타이즈하는 편이 좋습니다.

8.2.8 보안 중심 모델이나 도구 사용

일부 AI 코딩 툴은 보안 탐지 기능을 내장해 코드 생성 단계에서 사용합니다. 스닉Snyk이 대표적인 예입니다. LLM이 생성한 제안과 규칙 기반 오염 분석을 결합한 하이브리드 접근법(https://oreil.ly/0ZCFv)을 사용합니다. 스닉에 따르면 (오픈AI와 앤트로픽, 허깅 페이스 같은 LLM 라이브러리에서도) SAST 툴인 스닉 코드Snyk Code는 잠재적으로 안전하지 않은 데이터 흐름을 추적하고 신뢰할 수 없는 입력이 위험 지점에 들어가기 전에 알립니다. 실지로 AI가 데이터베이스를 쿼리하는 코드를 생성하면, 스닉은 해당 쿼리가 매개변수를 사용하는지 확인해 SQL 인젝션을 방지합니다. 이런 도구는 AI가 생성한 불안전한 코드가 실제로 반영되기 전에 막는 데 유용합니다.

8.2.9 컨텍스트에 경고 전달

IDE를 사용하고 있다면 의심스러운 코드를 강조하는 경고나 물결선을 자주 보게 됩니다. 인텔리센스^{IntelliSense}가 있는 최신 IDE는 때로는 의심스러워 보이는 SQL의 문자열 연결을 잡아낼 수 있습니다. AI가 작성했다고 해서 그러한 경고와 플래그를 무시하지 말고 문제를 해결하기 바랍니다. AI는 코드를 생성할 때 그러한 실시간 경고의 혜택을 받지 못합니다.

8.2.10 속도 늦추기

AI를 사용하여 많은 코드를 빠르게 생성한 후 감사의 차례가 되면 기어를 바꿔 속도를 늦추세요. 기능을 빠르게 생성할 수 있을 때는 다음 기능을 쫓고 싶은 유혹이 있지만, 철저한 검토를 위한 시간을 계획하세요. 'AI로 가속화된 개발, 인간이 가속화하는 보안'으로 생각하기 바랍니다. 스닉의 모범 사례(*https://oreil.ly/uUExW*)는 IDE에서 바로 AI 코드를 확인하기를 권장하며, AI의 속도가 보안 검사를 앞지르지 않도록 주의할 것을 권고합니다. 다시 말해 개발 루프에 보안 탐지 단계를 통합하여 코드가 작성되는 즉시 취약점을 잡아내도록 합니다.

요약하면 AI 생성 코드를 감사할 때는 기존 개발과 동일한 도구들(정적 분석, 동적 테스트, 코드 리뷰)을 사용하지만, 코드가 더 빠르게 생성되기 때문에 더 자주 적용해야 합니다. AI의 모든 출력을 검사 대상으로 생각하세요.

8.3 AI 생성 시스템을 위한 효과적인 테스팅 프레임워크 구축

보안이 안정성의 한 축을 이룬다면, 더 넓은 의미의 안정성 개념은 소프트웨어 시스템의 근본적인 신뢰성을 포괄합니다. 소프트웨어 아키텍처 관점에서 **안정성**은 시스템 장애와 그 결과에 대한 중요한 질문들을 다룹니다. 시스템이 안전장치를 갖춰야 하는가? 인간의 생명이나 안전에 영향을 줄 수 있는 미션 크리티컬한 시스템인가? 시스템이 실패할 경우 조직에 상당한 재정적 손실을 초래할 것인가? 이러한 고려사항들이 개발과 테스팅 실무에서 요구되는 엄격함의 수준을 결정합니다.

AI 지원으로 시스템을 구축할 때도 이러한 안정성 기준은 변하지 않습니다. AI 지원으로 생성된 뱅킹 애플리케이션은 완전히 사람이 작성한 애플리케이션과 동일한 거래 정확성과 데이터 무결성 요구사항을 충족해야 합니다. 헬스케어 시스템이라면 개발자가 작성한 코드든 AI가 작성한 코드든 환자 안전에 대한 동일한 기준을 충족해야 합니다. 코드 생성에 AI가 관여했다고 해서 이러한 근본적인 안정성 요구사항이 줄어들지는 않습니다.

이러한 현실은 AI 지원 개발에서 포괄적인 테스팅이 왜 더욱 중요해지는지를 보여줍니다. 강력한 테스팅 프레임워크는 코드가 의도된 기능을 올바르게 수행하고 프로젝트가 발전함에 따라 그 정확성을 유지하도록 보장합니다. AI 생성 코드는 사람이 작성한 코드와 동일한 원칙으로 테스트하지만, AI 개발 과정에서 나타나는 특정한 뉘앙스와 기회가 있어 각별한 주의가 필요합니다.

지금부터 코드 생성뿐만 아니라 안정성을 검증하고 시스템 안정성을 유지하며 중요한 순간에 소프트웨어가 올바르게 작동할 것이라는 확신을 제공하는 견고한 테스트 스위트를 만드는 데 AI를 활용하는 방법을 탐구하겠습니다.

먼저 초기부터 자동화된 테스팅을 도입하는 습관을 들이세요. 개발이 느릴 때는 기능을 빨리 출시하고 싶어서 테스트 작성을 건너뛰기 쉽습니다. 아이러니하게도 개발이 빠를 때(AI 사용 시)도 새로운 기능이 계속 쏟아져 나오기 때문에 테스트를 건너뛰기도 하지만 코드가 빠르게 생산될 때야말로 회귀나 통합 문제를 잡아내기 위해 테스트가 가장 필요한 때입니다. 따라서 AI의 도움으로 기능을 구현한 후에는 해당 기능에 대한 테스트를 즉시 작성하는 습관을 기르세요(또는 AI를 사용해 그 테스트들을 작성할 수도 있습니다). 테스트는 기능을 검증할 뿐만 아니라 나중에 변경할 때도 일관성을 유지하는 데 도움을 줍니다.

2022년 연구(https://oreil.ly/Vc8Gd)에 따르면, AI 어시스턴트를 사용한 개발자는 AI 없이 코드를 작성한 개발자보다 실제로는 보안성이 낮은 코드를 작성했음에도 불구하고 자신이 작성한 코드가 보안면에서 우수할 것이라며 **더 큰 자신감**을 보였습니다. 실제 테스트를 통해 그러한 과신에 대응해야 합니다.

4장에서 언급했듯 AI를 코드 생성뿐만 아니라 테스트 스위트 생성에도 사용할 수 있습니다. 이렇게 하면 AI가 스스로를 이중 검증하게 됩니다. 구현과 초기 검증을 모두 수행하게 하는 것과 같습니다. 예를 들어, 새 모듈을 작성한 후 다음과 같이 요청할 수 있습니다.

 이 모듈에 대한 유닛 테스트를 작성해 주세요. 엣지 케이스도 포함하세요.

테스트가 통과하면 좋습니다. 테스트가 실패하면 버그가 있거나 다른 경우를 예상한 것입니다. 적절히 코드나 테스트를 조사하고 수정하세요.

AI가 일부 출력이나 작동 방식을 잘못 가정할 수 있으니 주의해야 합니다. AI의 테스트도 코드와 마찬가지로 제안으로 취급해야 합니다. 생성된 테스트의 결과도 정확하지 않을 수 있습니다. 이때는 코드의 결과에 맞게 테스트도 수정해야 합니다. 하지만 수정하는 이 과정 자체가 유익합니다. 의도한 동작을 명확히 정의하도록 만들어 주기 때문입니다.

모든 커밋에서 실행되는 CI 파이프라인에 테스트 스위트를 통합하세요. 이렇게 하면 AI 생성 코드가 추가되거나 변경될 때마다 모든 테스트가 자동으로 실행됩니다. 무언가 깨지면 일찍 발견할 수 있습니다. 때때로 AI가 미묘한 호환성 파괴 변경(함수 시그니처나 출력 형식을 약간 변경하는 것처럼)을 도입할 수 있는데, 견고한 테스트 스위트가 이를 감지할 것입니다. CI에는 보안 탐지 단계(`npm audit` 등 정적 분석)도 포함시켜 위험한 패턴이 새로 도입되면 플래그가 표시되도록 하세요. 시도해 볼 만한 테스트 유형은 다음과 같습니다.

- **속성 기반 테스팅과 퍼즈**

    파이썬의 하이포테시스^{Hypothesis}(https://oreil.ly/JcYBf)나 자바스크립트의 패스트체크(https://fast-check.dev) 같은 도구를 사용한 속성 기반 테스팅은 또 다른 유용한 기법입니다. 특정 입력과 예상 출력으로 개별 테스트 케이스를 작성하는 대신, 코드가 항상 만족해야 하는 고수준 속성을 정의합니다. 그러면 프레임워크가 해당 속성이 유지되는지 확인하기 위해 광범위한 입력을 생성합니다.

    정렬을 예로 들어보겠습니다. `sort([3, 1, 2]) === [1, 2, 3]`라고 단언하는 대신 다음과 같은 속성을 정의할 수 있습니다.
    - 출력은 순서대로 되어 있어야 한다.
    - 입력과 동일한 요소를 포함해야 한다.

    그러면 도구가 수십 또는 수백 개의 입력 배열을 생성해 이 조건들을 테스트하고, 수동으로는 생각하지 못할 엣지 케이스를 찾아냅니다. 이는 AI 생성 코드에 특히 유용할 수 있습니다. AI가 이메일 주소를 정규화하는 함수(도메인을 소문자로 만드는 것처럼)를 작성했다면, 속성 테스트에서 출력이 **멱등성**을 갖는지(함수를 여러 번 실행한 결과가 같은지) 확인할 수 있습니다. 엣지 케이스가 이 불변성을 위반한다면, 테스트 프레임워크가 버그를 진단하는 데 도움이 되는 테스트를 생성합니다.

- **부하 및 성능 테스팅**

    AI가 최적화되지 않은 코드를 작성할 수 있습니다. 시스템을 부하 상태에서 테스트하는 것이 좋습니다. 기는 성능 측면에서의 안정성입니다. 제이미터^{JMeter}, 로커스트^{Locust}, k6 같은 도구를 사용해 많은 요청이나 대용량 데이터를 시뮬레이션하고 시스템이 버텨내는지 확인하세요. 그렇지 않다면 병목 지점을 식별해야 합니다.

    예를 들어, AI가 100개 항목에서는 잘 작동하지만 10,000개에서는 성능이 급격히 떨어지는 $O(n^2)$ 알고리즘을 작성할 수도 있습니다. 성능 테스트 없이는 프로덕션에 들어가기 전까지 이를 알아차리지 못할 수도 있습니다. 따라서 해당하는 경우 일부 성능 시나리오를 포함시키기 바랍니다. 입력 크기를 늘려가며 중요한 작업의 시간을 측정하거나 프로파일링 도구를 사용해 대용량 작업에서 CPU 시간이나 메모리가 어디로 가는지 확인하기 바랍니다.

- **오류 처리**

    시스템이 우아하게 응답하는지 확인하기 위해 의도적으로 오류를 발생시켜 보세요.
    - API의 경우, 데이터베이스를 종료하고 API가 친화적인 오류를 반환하는지, 크래시가 발생하는지 확인하세요. 크래시가 발생한다면 DB 연결 오류를 처리하는 코드를 추가하거나(AI에 추가하도록 요청하거나) 하기 바랍니다.
    - 프런트엔드의 경우, 백엔드가 500 오류를 반환하는 것을 시뮬레이션하고 UI가 빈 페이지나 무한 스피너가 아닌 오류 메시지를 표시하는지 확인하기 바랍니다.

    AI는 코드를 작성할 때 이러한 실패 모드를 스스로 생각하지 못할 수 있으므로, 테스트하고 나서 개선해야 합니다. 이러한 시나리오를 테스트하면 적절한 폴백 로직, 재시도, 사용자 피드백을 추가하도록 유도해 안정성이 높아집니다.

- **모니터링과 로깅**

    로깅을 통합하고 검증을 위해 테스트에서 로그를 사용하는 방향도 고려하기 바랍니다. 특정 작업이 감사 로그 항목을 트리거해야 한다면 그것을 테스트해 보세요. AI가 로그 라인을 생성할 수 있습니다. 원하는 대로 출력되는지 검증해 보세요. 또한 모니터링 설정도 고려하세요(서비스가 프로덕션에서 모니터링되는 방식의 인메모리 시뮬레이션). 테스트 실행 중에 처리되지 않은 예외가 로깅되는지 추적할 수 있습니다. 그렇다면 테스트 실패로 취급하세요. 이는 적절히 처리되지 않은 케이스가 있다는 의미입니다.

- **유지보수성**

    코드 스타일과 표준 확보 같은 유지보수성 테스팅도 중요합니다. AI가 다른 프롬프트에서 약간 다른 스타일을 생성할 수 있으므로 린터와 포매터를 사용해 코드를 일관되게 유지하기 바랍니다. 프리티어^{Prettier}- 블랙^{Black} 같은 포매팅 도구가 스타일을 통일할 수 있습니다. 리팩터링이 필요할 복잡한 AI 생성 코드를 잡아내도록 함수 복잡도 등을 제한하는 린팅 규칙을 고려하세요. 자세한 내용은 8.5절을 확인하세요.

테스트가 준비되면 AI 코드를 훨씬 더 자신 있게 리팩터링할 수 있습니다. AI가 작동하긴 하지만 어색한 코드를 만들어낼 때도 있습니다. 개선하고 테스트에 의존해 실행 과정을 깨트리지 않았는지 확인할 수 있습니다. 심지어 AI에게 자신의 코드를 직접 리팩터링 해보라고 요청할 수도 있죠.

현재 테스트를 통과하도록 유지하면서 이 함수를 명확성을 위해 리팩터링하세요.

잘 작성한 테스트는 리팩터링이 아무것도 망가뜨리지 않았는지 확인할 수 있습니다.

AI 시스템의 비결정성을 이해하려면 두 가지 근본적으로 다른 시나리오를 구분해야 합니다. 고객 쿼리에 응답하는 챗봇이나 콘텐츠를 개인화하는 추천 엔진처럼 AI가 프로덕션 시스템에서 런타임에 작동할 때는 동일한 입력에도 출력이 달라질 수 있습니다. 이러한 변동성은 모델 온도 설정, 랜덤 시드, 진화하는 모델 상태 같은 요인에서 비롯됩니다. 이런 시스템을 테스트하려면 정확한 일치를 기대하기보다는 허용 가능한 변동 범위를 고려하는 특화된 접근법이 필요합니다.

하지만 AI 지원 코드 생성은 완전히 다른 패러다임을 제시합니다. AI가 코드를 생성하고 그 코드가 리포지터리에 커밋되면, 인간이 작성한 코드만큼 결정적이 됩니다. 세율을 계산하는 함수는 인간이 원래 작성했든 AI가 작성했든 관계없이 동일한 입력에 대해 매번 동일한 출력을 생성할 것입니다. 이러한 결정성은 시스템 안정성에 중요하며 전통적인 테스팅 접근법을 AI 생성 코드에 완전히 적용할 수 있게 합니다.

더 미묘한 어려움은 각각 다른 암묵적 가정으로 고립되어 생성된 여러 AI 생성 컴포넌트를 통합할 때 나타납니다. 이커머스 시스템의 구체적인 예를 생각해 보겠습니다. AI에 국제 주문을 처리하도록 지시하며 주문 처리 모듈을 생성하게 할 수 있습니다. 별도로, 동일한 시스템을 위한 배송 계산 서비스를 만들어달라고 AI에 요청합니다. 주문 처리 모듈은 미국 관례에 따라 12월 25일을 '12/25/2024'로 포맷합니다. 한편 배송 서비스는 생성 시 유럽 기준으로 날짜가 '25/12/2024' 형식으로 입력된다고 가정합니다. 두 컴포넌트 모두 각각의 유닛 테스트를 통과하며 독립적으로는 완벽하게 작동합니다.

불일치는 주문 처리기가 배송 계산기에 날짜를 전달하는 통합 테스트 중에만 드러납니다. 배송 서비스는 '12/01/2024'를 12월 1일이 아닌 1월 12일로 해석해, 완전히 잘못된 월을 기반으로 배송 시간을 계산할 가능성이 있습니다. 이런 유형의 가정 불일치는 AI가 각 부분을 독립적으로 생성할 때 다른 예시나 관례에서 영향을 받을 수 있기 때문에 AI 생성 컴포넌트에서 특히 흔합니다. 컴포넌트 간의 실제 데이터 흐름을 실행하는 포괄적인 통합 테스팅은 이러한 미묘한 비호환성을 프로덕션 실패 전에 잡아내는 데 필수적입니다.

AI 지원 프로젝트의 QA 프로세스는 AI가 특이한 엣지 케이스를 도입할 수 있으므로 약간 더 창의적일 필요가 있습니다. 예를 들어, AI가 명시적으로 고려하지 않은 기능을 출력할 수도 있습니다. 그렇다면 그것도 테스트하세요. AI가 아무런 언급 없이 요청하지 않은 기능을 추가했다면 제거하거나 적절히 테스트합니다.

마지막으로, 가능하다면 실제 데이터 로드와 함께 프로덕션과 유사한 환경에서 애플리케이션을 테스트하세요. 때때로 성능 문제는 더 큰 데이터 볼륨이나 높은 동시성에서만 나타납니다. 이러한 테스트 결과를 사용해 비효율성을 정확히 찾아내세요.

8.4 성능 최적화

AI는 종종 올바른 코드를 작성하지만, 항상 **최적화된** 코드를 작성하는 것은 아닙니다. LLM은 본질적으로 성능 분석을 수행하지 않으며, 일반적으로 훈련 데이터에서 흔히 볼 수 있는 패턴을 재현합니다. 따라서 특히 중요한 경로나 대규모 사용 환경에서는 잠재적인 성능 문제에 주의를 기울여야 합니다.

성능 최적화에 대한 힌트를 얻기 위해 AI와 대화할 수도 있습니다.

- 이 코드의 복잡도는 어떻게 되나요? 개선할 수 있을까요?
- 이 함수가 느린데, 더 빠르게 만들 방법이 있을까요?

항상 정확한 답변을 제공하지는 않지만 가끔 유용한 제안을 하거나 최소한 여러분의 생각을 확인해 줄 수 있습니다.

그렇다고 해서 과도하게 최적화하거나 조기에 또는 불필요한 곳에서 최적화하지는 마세요. 데이터 크기가 작거나 작업이 드물게 발생하는 경우에는 AI의 솔루션이 완벽하게 적합할 수 있습니다. 프로파일링 데이터를 사용하여 실제 병목 지점에 집중하고 정말 필요한 부분을 최적화하세요. 바이브 코딩의 장점은 처음부터 수작업으로 코드를 정교하게 만드는 데 많은 시간을 들이지 않았다는 것입니다. 따라서 사용자 경험이나 비용에 영향을 주지 않는 한, 일부 중요하지 않은 부분은 단순하고 완전히 최적화되지 않은 상태로 두어도 괜찮습니다. 이러한 접근법은 애자일 관행과 일치합니다. 먼저 작동하게 만든 다음, 필요하다면 빠르게 만드는 것입니다.

AI가 지원하는 프로젝트가 효율적으로 실행되도록 확인해야 할 몇 가지 영역을 소개합니다.

- **복잡도 분석**
  AI가 제안한 알고리즘의 복잡도를 한 번 확인해 보세요. 더 효율적인 방법이 있는데도 무차별 대입(brute-force)이나 불필요한 정렬을 쓸 수 있습니다. 예를 들어 상위 k개만 필요할 때 전체를 정렬하는($O(n \log n)$) 대신 크기 k의 힙을 쓰면 $O(n \log k)$로 줄일 수 있습니다. 또 중복 검사를 중첩 루프로 처리해 $O(n^2)$가 되는 경우, 해시셋을 쓰면 $O(n)$으로 개선할 수 있습니다. 이런 패턴을 발견하면, 더 나은 알고리즘으로 개선을 요청하세요.

> 중첩 루프를 피하도록 최적화할 수 있을까요? 조회에 set을 사용하면 어떨까요?

AI는 종종 접근법을 힌트로 제공하면 더 나은 솔루션을 제공합니다. 그렇지 않다면 해당 부분을 수동으로 구현해야 할 수도 있습니다.

느린 함수를 식별하려면 프로파일러를 실행하거나 가장 오래 걸리는 데이터로 주요 코드 경로의 실행 시간을 측정합니다. 무언가가 너무 느리다면 수동으로 또는 AI의 도움을 받아 최적화를 시도할 수 있습니다.

> 이 함수가 현재 병목입니다. 최적화하여 복잡도를 줄여보세요.

AI가 성능을 위해 코드를 재구성할 수 있습니다. 여전히 작동하는지 확인하기 위해 테스트를 사용해 보세요.

중요한 알고리즘은 작은 벤치마크 하네스를 작성하기 바랍니다. AI가 무언가를 계산하는 코드를 제공한다면 다른 접근법과 비교하여 테스트하거나 최소한 입력 크기에 따라 어떻게 확장되는지 측정하세요. 필요하다면 더 효율적인 방식으로 다시 작성하기로 결정할 수 있습니다.

- **메모리 사용량, 누수, 보존**
  AI가 생성한 솔루션은 필요 이상으로 많은 메모리를 사용할 수 있습니다. 예를 들어, 스트리밍 대신 전체 파일을 메모리로 읽어 들여 큰 데이터 구조를 보유하는 경우입니다. 사용 사례에 빅데이터가 포함된다면 시스템의 메모리 사용량을 확인하고 필요에 따라 스트리밍이나 청킹으로 최적화하기 바랍니다. 수백만 개의 레코드를 처리해야 한다면 AI가 생성한 `loadAllRecords()` 함수를 배치로 처리하거나 데이터베이스에서 스트리밍하도록 리팩터링해야 합니다.

  또한 AI가 생성한 코드가 리소스를 해제하는지 확인하세요. 자바나 C# 같은 언어에서는 파일이나 DB 연결을 열고 닫지 않을 수 있습니다. 프런트엔드 단일 페이지 애플리케이션에서는 이벤트 리스너가 제거되지 않아 누수가 발생할 수 있습니다. 도구가 도움이 될 수 있지만(프런트엔드용 크롬 개발자 도구의 메모리 조사나

C++ 누수용 발그린드(Valgrind) 등), 종종 코드를 읽는 것만으로도 충분합니다. 이런 것들을 식별하고 수정하세요. 닫히지 않은 파일 핸들을 발견하면 `finally` 블록에서 파일을 닫으세요.

- **동시성과 병렬성**

  스레드나 비동기를 지원하는 언어를 사용하는 경우, AI 코드가 병렬로 처리될 수 있음에도 단일 스레드로 작성된 부분을 찾아봅니다. AI는 async/await를 이상한 위치에 사용하거나 무거운 CPU 작업을 워커 스레드로 옮기지 않을 수 있습니다. 이런 부분을 찾아보세요. 노드나 파이썬에서 I/O 바운드 작업의 경우 시스템이 차단되지 않도록 비동기를 사용하세요. AI가 코드에서 많은 도움을 못 주더라도 CPU 바운드 작업은 성능이 더 좋은 언어로 구현하거나 백그라운드 작업으로 오프로드하기로 결정할 수 있습니다.

- **캐싱**

  캐싱은 일반적인 성능 최적화 기법이지만, AI가 자동으로 추가하지 않는 경우가 많습니다. 비용이 많이 드는 작업의 결과를 캐싱하면 성능을 크게 개선할 수 있습니다. 코드를 확인해 보세요. 반복적으로 무언가를 재계산하지 않나요? 그렇다면 캐싱을 구현하세요(메모리 내 캐싱 또는 레디스 같은 외부 캐시 사용). 다음과 같이 프롬프트를 입력하세요.

 이 함수에 캐싱을 추가하여 중복 계산을 피하세요.

간단한 메모이제이션을 구현하거나 캐싱 라이브러리 사용을 제안할 수 있습니다.

- **데이터베이스 쿼리 최적화**

  애플리케이션이 데이터베이스를 사용한다면 AI가 생성한 쿼리를 검토하세요. 인덱스를 제대로 사용하고 있습니까? 몇 개의 컬럼만 필요할 뿐인데 SELECT *를 사용했을 수도 있습니다. 또는 코드에서 필터링할 목적으로 대량의 데이터를 가져오면서, N+1 쿼리 문제 같은 성능 병목을 만들었을 수도 있습니다. 이런 비효율성은 더 많은 작업을 데이터베이스로 밀어 넣거나 적절한 인덱싱을 활용하여 최적화해야 합니다.

  예를 들어, 생성된 코드가 반복문에서 `findOne`을 여러 번 호출하여 데이터베이스를 여러 번 왕복한다면 `WHERE id IN (...)`를 사용하는 단일 배치 쿼리로 리팩터링할 수 있습니다. 마찬가지로, AI가 자주 쿼리되는 필드에 대한 마이그레이션에서 인덱스 생성을 생략했다면, 이런 인덱스를 추가하는 것이 허용 가능한 성능을 유지하는 데 필수적입니다. AI는 종종 기능적으로는 올바르지만 최적화되지 않은 데이터베이스 상호작용을 생성하며, 이를 식별하고 해결하려면 사람의 전문 지식이 필요합니다.

예시를 살펴보겠습니다. AI가 두 개의 정렬된 배열을 단순히 연결하고 결과를 정렬하여 병합하는 함수를 작성했다고 가정해 봅니다. $O(n \log n)$. 두 개의 정렬된 리스트를 병합하는 데 사용할 수 있는 알려진 선형 알고리즘(병합 단계 또는 병합 정렬의 $O(n)$)이 있음에도 말입니다. 코드 리뷰에서 이것이 큰 배열에 대해 병목이 될 수 있음을 깨닫고, AI에 병합 알고리즘을 선형으로 구현하도록 요청합니다.

내장된 정렬을 사용하지 않고 선형 시간으로 병합을 수행하도록 mergeSortedArrays 함수를 최적화해 주세요.

AI는 이것을 클래식한 병합 알고리즘으로 인식하고 작성합니다. 설루션이 테스트를 통과합니다. 정확성을 희생하지 않고 성능을 얻었습니다.

AI 지원 개발이 성능 튜닝의 필요성을 제거하지는 않습니다. 단지 튜닝을 언제 하는지가 바뀔 뿐입니다. 먼저 올바른 설루션을 얻은 다음(이는 매우 가치 있습니다), 타겟팅된 부분을 측정하고 최적화하는 데 주의를 돌립니다. 무언가를 최적화해야 할 때, 필요한 것을 안내해 준다면 AI가 도움을 줄 수 있습니다.

8.5 AI 가속화 코드베이스의 유지보수성 보장

코드베이스의 유지보수성은 시간이 지나면서 얼마나 쉽게 수정하고 확장하며 이해할 수 있는지를 나타냅니다. AI가 생성한 코드가 지저분하거나 일관성이 없을 수 있다는 우려가 있습니다. 특히 여러 제안이 서로 다른 스타일이나 패턴을 가지고 있을 때 더욱 그렇습니다. 이러한 우려를 해결하고 바이브 코딩 프로젝트를 깔끔하고 유지보수 가능한 상태로 유지하기 위해 사용할 수 있는 여러 가지 방법을 살펴보겠습니다.

8.5.1 프롬프트 작성

프롬프트를 준비할 때 염두에 둘 사항이 몇 가지 있습니다.

- **일관성 있는 코딩 표준 사용**
  린터와 포매터를 사용하여 일관된 스타일을 적용하기 바랍니다. 앞서 언급했듯이 AI는 때때로 다른 출력에서 서로 다른 명명 규칙이나 포매팅을 사용할 수 있습니다. 생성 후 모든 코드에 포매터(자바스크립트의 프리티어, 파이썬의 블랙, Go의 gofmt 등)를 실행하면 통일된 스타일을 준수할 수 있습니다. 이렇게 하면 코드 읽기가 훨씬 쉬워집니다(스타일을 바꿔가며 읽을 때의 인지적 부담이 없어짐). 또한 프로젝트의 명명 규칙을 정의하고 이를 일관되게 사용하세요. AI 출력이 한 곳에서는 get_user_data를, 다른 곳에서는 fetchUser

Data를 사용한다면, 선호하는 규칙(snake_case, camelCase 등)을 결정하고 하나의 스타일로 리팩터링해야 합니다.

- **모듈성 장려 및 확산 방지를 위한 아키텍처 패턴**
AI가 모듈화된 코드를 작성하도록 프롬프트를 작성하여 관심사를 분리하도록 유도하세요. 모든 것을 구현하는 하나의 거대한 파일을 작성하도록 요청하는 대신 작업을 다음과 같이 나누어 진행합니다.
  - 사용자 로직을 위한 UserService 클래스 생성
  - 이메일 전송을 위한 별도 모듈 생성

이렇게 하면 논리적으로 나뉜 코드베이스를 얻을 수 있습니다. 각 모듈이 명확한 책임을 가지고 있으면 유지보수가 더 쉬워집니다. 아키텍처를 안내할 수 있습니다.

 데이터베이스 액세스 코드는 API 라우팅 코드와 별도의 파일이나 클래스에 정리하세요.

AI를 사용하면 기능을 추가하기가 매우 쉽기 때문에 기능 증식과 코드 확산을 방지하는 것이 중요합니다. 규율 있는 아키텍처 사고 없이는 코드베이스가 소프트웨어 설계자들이 '**큰 진흙 덩어리**[1]'라고 부르는 안티패턴으로 퇴화될 위험이 있습니다. 이는 코드에 명확한 구조나 경계가 없는 패턴입니다. 기능을 추가할 때의 어려움이나 저항이 줄어들어 아키텍처 붕괴를 가속화할 가능성이 있어서 AI 지원 시 이러한 위험은 더욱 심화되기도 합니다. 이를 방지하려면 AI 지원 개발을 입증된 아키텍처 패턴과 원칙에 기반하여 진행하세요. AI에 지시할 때 프로젝트가 따르는 패턴을 명시적으로 참조하세요.

 프로젝트에서 사용하는 리포지터리 패턴/서비스 패턴을 따라 새로운 기능을 추가하세요.

 도메인 레이어에 구축된 헥사고날 아키텍처를 사용하여 이를 구현하세요.

이러한 구체성은 기능이 빠르게 축적되더라도 일관성을 유지하는 데 도움됩니다.

더 깊은 아키텍처 기반을 원하는 개발자를 위해 몇 가지 도서가 필수적인 지침을 제공합니다.

- 『GoF의 디자인 패턴』(프로텍 미디어, 2015)은 재사용 가능한 디자인의 결정적인 교재입니다.
- 『소프트웨어 아키텍처 The Basics』(한빛미디어, 2025)은 기술 스택 전반에 걸친 아키텍처 패턴과 원칙을 포괄적으로 다룹니다.
- 『도메인 주도 설계』(인사이트, 2011)는 소프트웨어 설계를 비즈니스 도메인과 일치시키는 중요한 기법을 제공합니다. 복잡한 비즈니스 로직을 반영해야 하는 AI 생성 코드에 특히 유용합니다.

---

1 옮긴이_ 큰 진흙 덩어리(Big Ball of Mud)는 명확한 구조나 경계 없이 임시방편으로 이어 붙인 소프트웨어 아키텍처를 가리키는 대표적 안티패턴입니다. 이런 시스템은 결합도가 높고 응집도가 낮아 유지보수·테스트·확장이 어렵고, 수정할수록 더 불안정해지는 경향이 있습니다.

이러한 자료는 AI 툴을 효과적으로 안내하여 생성된 코드가 기술적 부채를 늘리는 대신 건전한 아키텍처 원칙을 준수하도록 하는 데 필요한 도구를 제공합니다. 기억하세요. AI는 패턴 구현에 뛰어나지만 특정 컨텍스트에 어떤 패턴이 적절한지 결정할 수는 없습니다. 이러한 아키텍처 판단은 본질적으로 인간의 영역입니다.

8.5.2 코드 출력 작업

AI가 생성된 코드로 응답하면 사용할 수 있는 유지보수성 기법은 다음과 같습니다.

- **지속적인 리팩터링**
  필요할 때 AI가 생성한 코드를 리팩터링하는 것을 주저하지 마세요. 때로는 첫 번째 시도가 정확하지만 이상적으로 구조화되지 않은 경우가 있습니다. 예를 들어 AI가 매우 긴 함수를 작성하거나 로직을 두 곳에서 중복시킬 수 있습니다. 일반적인 문제는 의도하지 않은 코드 중복입니다. AI가 두 함수가 비슷한 일을 한다는 것을 인식하지 못하고 둘 다 생성할 수 있습니다. 유사한 블록을 발견하면 하나로 리팩터링하세요. 코드 린터와 같은 도구가 중복을 감지할 수 있습니다(너무 유사한 코드에 대한 린터가 있음). 이러한 도구를 실행하면 중복을 제거할 곳을 강조할 수 있습니다. AI에 리팩터링을 도와달라고 요청하려면 다음과 같이 프롬프트 할 수 있습니다.

 중복을 제거하고 명확성을 개선하도록 이 코드를 리팩터링하세요.

헬퍼 함수를 생성하거나 일부 로직을 단순화할 수 있습니다. 리팩터링 후에는 항상 테스트하세요.

- **테스트**
  테스트는 이번 장에서 이미 다뤘으므로 좋은 테스트 스위트가 유지보수를 더 쉽게 만든다는 점만 언급하겠습니다. 향후 본인이나 다른 사람이 코드를 수정할 때(AI를 다시 사용할 수도 있음) 테스트를 진행하면 변경 사항이 어디서 오류를 일으키는지 확인할 수 있어 안심하고 리팩터링하거나 구현을 변경할 수 있습니다. 테스트는 '무엇을 하는가'와 '어떻게 하는가'를 분리하여 '무엇'을 변경하지 않고 '어떻게'를 유지하거나 개선할 수 있는 유연성을 제공합니다.

- **과도한 복잡성이나 AI 전용 구조 의존 피하기**
  때때로 AI가 다른 개발자들이 잘 모를 만한 영리한 트릭이나 흔치 않은 함수를 사용할 수 있습니다. 이런 방식이 꼭 나쁜 것은 아니지만, 유지보수성을 고려해야 합니다. 평균적인 개발자가 코드를 보고 고개를 갸웃거릴 만하다면 단순화하는 편이 낫습니다. AI가 지나치게 간결한 정규식이나 리스트 컴프리헨션을 사용한다면, 명확성을 위해 반복문으로 바꾸거나 최소한 주석을 추가하는 것이 좋습니다.

  또한, AI는 도움을 주려는 의도로 불필요하게 솔루션을 복잡하게 만드는 경우가 있습니다. 예를 들어 단순한 접근만으로 충분했는데도, 설득력 없는 추상화를 도입해 레이어를 쌓아 올릴 수 있습니다. 이런 경우에는 과감히 제거해 단순하게 만드는 편이 바람직합니다. 코드는 단순할수록 유지보수가 쉽습니다.

- **복원력과 대체 방안 구축**
실패를 대비한 대체 전략을 생각해 보기 바랍니다. AI가 코딩한 구성 요소가 외부 API를 호출하는데 해당 API가 다운되거나 예상치 못한 데이터를 반환하는 경우, 대체 방안(캐시된 데이터나 기본 응답 사용 등)이 있는지 확인하세요. 이러한 복원력 패턴(서킷 브레이커, 백오프를 통한 재시도 등)을 구현하면 시스템을 더 견고하게 만들 수 있습니다. AI는 요청하지 않는 한 스스로 이를 수행하지 않을 가능성이 높습니다. 시스템이 부분적 실패를 우아하게 처리할 수 있도록 하기 바랍니다. 하나의 마이크로서비스가 다운되더라도 가능하다면 전체 애플리케이션이 다운되지 않도록 하고 타임아웃과 대체 로직을 사용하세요.

8.5.3 후속 작업

코드에 만족했다면 유지보수 가능한 상태를 유지하는 몇 가지 방법이 있습니다.

- **철저한 문서화 및 주석 제공**
코드가 적절히 문서화되어 있는지 확인해 보세요. AI는 프롬프트를 받지 않는 한 최소한의 주석만 작성하는 경우가 많습니다. 다음과 같은 프롬프트로 독스트링이나 주석을 요청할 수 있습니다.

 이 코드의 각 섹션의 목적을 설명하는 주석을 추가하기 바랍니다.

 이 함수에 대한 독스트링을 작성하기 바랍니다.

이런 문서화가 여러분의 시간을 아껴줄 겁니다. AI는 일반적으로 상당히 좋은 설명을 생성할 수 있지만 때때로 미묘한 점을 잘못 설명하므로 정확성을 검토하세요. 또한 프로젝트의 아키텍처와 주요 구성 요소 등을 설명하는 고수준 문서(README나 설계 문서 등)를 유지하는 편이 좋습니다. 이는 주로 직접 작성할 수 있지만, 필요한 경우 AI가 코드베이스를 요약하는 데 도움을 줄 수 있습니다.

'AI가 항상 이 매개변수를 이상하게 명명한다' 같은 특이점을 발견하면 다른 사람들을 위해 개발 노트에 언급하세요. 이는 새로운 협업의 일환입니다. AI가 생성한 코드를 본인만 사용하는 경우 몇 가지 특이점은 괜찮지만, 다른 사람들이 프로젝트에 참여하면 '왜 이렇게 명명되었을까?'하고 궁금해할 수 있습니다. 이런 이름도 표준화를 고려하세요.

어떤 코드 조각이 AI로 생성되었고 어떤 것이 인간이 작성했는지 아는 것과 관련된 유지보수성 측면도 있습니다. 라벨링이 반드시 필요한 것은 아니지만 일부 팀은 추적을 위해 '2025-05-01에 GPT-4의 도움으로 생성됨'과 같이 주석을 달 수 있습니다. 이상적으로는 확신하지 못하는 것들을 PR 설명에 표시하세요. '이 함수는 챗GPT로 구현했습니다. 작동하는 것 같지만 오류 처리 로직을 신중히 확인하세요.'

널리 사용하는 관행은 아닙니다. 코드 리뷰 중에 도움이 될 수 있지만 인간이 이미 코드를 확인했고 이제 그

CHAPTER 8 보안, 신뢰성, 유지보수성 **213**

낭 코드인 경우에는 필요하지 않을 수 있습니다. 트랜스크립트나 프롬프트를 보관한다면 복잡한 코드의 주석에서 이를 링크할 수 있습니다. '이 알고리즘은 프롬프트 X를 기반으로 GPT-4에서 만듦. 유도 과정은 문서 참조.' 검토자가 정밀도 측면에서 다르게 취급할 필요는 없지만(모든 코드를 꼼꼼히 살펴봐야 함) 컨텍스트를 이해하는 데 도움이 될 수 있습니다. 코드에 특정 스타일 불일치나 이상한 관용구가 있다면 AI에서 나온 것을 알면 이것이 의도적인 작성자의 선택이 아니라는 것을 검토자가 알 수 있습니다.

- **코드 리뷰 및 팀 규범**

  팀에서 작업하는 경우 한 사람과 AI가 공동으로 작성했더라도 모든 팀 구성원이 코드 리뷰를 진행하세요. 어색한 패턴이나 팀 규범을 위반하는 것들을 발견할 수 있습니다. 시간이 지나면서 팀의 스타일에 맞게 AI에 프롬프트하는 방법을 터득하게 될 것입니다(시스템 프롬프트나 초기 가이드라인에 구체적인 내용을 포함). 여러 개발자가 AI를 사용하는 경우 모든 사람이 선호하는 스타일 패턴을 파악해 그 스타일을 유지하도록 프롬프트를 작성하세요.('함수형 스타일로 작성' 또는 '콜백 대신 async/await 사용' 등). AI 코드에 대한 코드 리뷰는 다음 절을 참고하세요.

- **기술 부채 추적**

  개발 중에 이상적이지 않다는 것을 알면서도 AI의 솔루션을 수용하는 경우, 이를 주석이나 프로젝트 TODO에서 기술 부채로 추적합니다. 'TODO: 작동하지만 $O(n^2)$임. 데이터가 증가하면 최적화 필요' 또는 'TODO: 단순성을 위해 전역 변수를 사용함. 추후 개선 필요.' AI는 요청하면 TODO 주석을 직접 삽입할 수도 있습니다. 주석이 추가된 항목은 추후에 처리하세요.

 향후 개선이 필요한 영역에 TODO 주석을 추가하세요.

- **AI 패턴에서 학습**

  AI가 익숙하지 않은 설계 패턴이나 라이브러리를 도입하는 경우, 무시하기보다는 시간을 내어 더 학습하기 바랍니다. 특정 캐싱 접근 방식이나 AI가 사용하는 라이브러리를 이해하면 향후 해당 부분을 자신 있게 유지하거나 수정하는 데 도움이 됩니다. 너무 난해하다면 아는 것으로 대체하기로 결정할 수도 있지만, 때때로 AI가 여러분이 알지 못한 유용한 라이브러리나 패턴으로 즐거운 놀라움을 줄 수 있습니다. 본인과 팀이 배울 수 있는 잘 알려진 솔루션이라면 유지보수성을 개선할 수도 있습니다.

실제로 유지보수성은 항상 그랬던 것과 동일한 좋은 소프트웨어 엔지니어링 원칙을 적용하는 것으로 귀결됩니다. 단지 AI가 부분적으로 작성한 코드에 적용하는 것뿐입니다. 다행히 AI가 단순 작업을 줄여주기 때문에 코드를 정리하고 문서를 작성하는 데 더 많은 시간을 할애할 수 있어 유지보수성이 좋아집니다.

일부 회사들은 AI로 코드를 생성하는 초기 급증 후에 모든 것을 리팩터링하고 문서화하는 '강화 스프린트'에 시간을 투자한다고 보고합니다(*https://oreil.ly/2lrTW*). 잠재적 전략으로 생성 중심 스프린트와 정리 스프린트를 번갈아 가는 것을 고려해 보세요.

8.6 코드 리뷰 전략

4장에서 논의한 바와 같이 코드 리뷰는 기존 개발에서 중요한 프로세스이며 AI 지원 개발에서도 마찬가지입니다. 이번에는 코드 중 일부가 머신에서 제안된 경우 고려해야 할 몇 가지 미묘한 차이점을 다룹니다. AI는 매우 빠르게 코드를 생성할 수 있기 때문에 코드 리뷰가 병목이 될까 걱정하는 것은 당연합니다. 하지만 그런 걱정이 코드 리뷰 프로세스를 방해하지 않아야 합니다. 코드 리뷰에 적절한 시간을 할당하는 것이 중요합니다. '빠르게 작성했으니 빠르게 머지하자'는 식으로 생각하여 코드 리뷰를 소홀히 하지 마세요. 오히려 더 작은 변경 사항을 더 자주 커밋하여 코드 리뷰를 쉽게 만들어야 합니다. (일반적으로 좋은 관행입니다). 자주 수행하는 작은 풀 리퀘스트Pull Request(PR) 여러 개가 거대한 PR 하나보다 자세히 검토하기 쉽습니다. 적절히 계획한다면 AI가 작업을 더 작은 PR로 나누는 데도 도움을 줄 수 있습니다.

'AI가 작성했고 테스트가 통과했다'는 이유만으로 코드가 올바르다고 가정하지 마세요. 비판적으로 생각하고 로직을 추론해 보세요. 가능하다면 정신적으로 테스트하거나 제공된 테스트 외에 추가 케이스로 테스트하는 것도 좋습니다. 테스트가 모든 것을 다루지 못할 수 있습니다. 아무 입력값 없이 코드를 실행해 볼 수도 있고, 까다로운 입력값을 넣어 실행하여 제대로 작동하는지 확인해 볼 수도 있습니다.

코드 리뷰는 중요한 내용을 배울 기회입니다. AI가 실제로 좋은 새로운 솔루션을 제안하면 검토자는 정확성을 검증하면서 새로운 정보를 배울 수 있습니다. 마찬가지로 개발자가 AI를 사용해 만든 결과물이 좋지 않아도 검토자가 더 나은 접근법을 설명할 수 있습니다. 시간이 지나면서 이런 피드백 루프는 팀이 AI를 사용하는 방식을 개선하게 됩니다. 예를 들어 피해야 할 사용법이나 AI에 요청하는 방법을 모든 팀원에게 교육하는 식으로 말입니다. 어떤 의미에서 코드 리뷰는 개발자의 학습 루프를 완성합니다. 개발자는 AI가 작성한 코드에서 새로운 내용을 학습하고 이해해야 하기 때문입니다.

코드 리뷰에서는 코드가 요구사항과 의도된 설계를 충족하는지 먼저 확인하세요. 코드가 기능이나 버그 수정을 제대로 수행하고 있나요? 명세서에서 언급된 엣지 케이스를 다루나요? 프롬프트가 잘못되었다면 AI가 약간 다른 문제를 해결할 수 있습니다. 이 과정에서 필요하지 않은 케이스를 처리하거나 중요한 케이스를 놓칠 수 있습니다. 이는 정상적인 현상이지만, 개발자가 문제를 부분적으로만 해결하는 AI 출력을 그대로 받아들이지 않았는지 주의깊게 살펴봐야 합니다. 예를 들어, AI가 날짜를 포맷하는 코드를 생성했지만 특정 시간대를 가정했을 수 있으며, 이는 요구사항과 일치할 수도 있고 일치하지 않을 수도 있습니다.

코드에서 명확하지 않은 부분이 있다면 작성자에게 작동 방식이나 그렇게 구현한 이유를 설명해 달라고 요청하세요. 설명에 어려움을 겪거나 'AI가 작성했으니 맞다고 생각합니다'라고 답한다면 위험합니다. 팀은 코드베이스의 모든 내용을 이해해야 합니다. 작성자가 AI나 문서를 다시 확인하고 적절한 설명을 제공하도록 유도하는 편이 좋습니다. 필요하다면 코드에 주석으로 설명을 추가하는 것도 좋습니다.

또한 이 장의 앞부분에서 다룬 보안과 성능 취약점에도 주의를 기울여야 합니다. 알려진 모범 사례를 위반한 부분이 있다면 지적하세요. 예를 들어 웹 개발에서 출력이 이스케이프 처리되지 않았거나 코드에서 인증 정보를 발견한 경우가 그렇습니다.

코드가 작동하지만 더 간단하게 만들거나 팀 스타일에 맞게 개선할 수 있다면 변경이나 리팩터링을 요청하세요.

 AI가 서로 다른 사용자 역할을 위해 대부분 중복되는 3개의 별도 함수를 만들었습니다. 역할을 매개변수로 받는 하나의 함수로 병합할 수 있을까요?

그러면 코드 작성자가 (AI의 도움을 받아) 이를 수행할 수 있습니다. AI의 제안이 팀의 일관된 스타일이나 표준 라이브러리를 사용하지 않았다면 이 점도 언급하기 바랍니다.

 HTTP 호출에는 보통 리퀘스트(requests) 라이브러리를 사용하는데, 이 코드는 http.client를 사용합니다. 일관성을 위해 리퀘스트를 사용하게 수정하세요.

그러면 작성자가 AI에 선호하는 라이브러리를 사용하도록 프롬프트할 수 있습니다.

AI가 복잡한 알고리즘 같은 정말 복잡한 것을 작성했다면, 더 깊이 있는 코드 리뷰를 위해 다른 검토자나 팀과 논의하는 것을 고려하세요.

코드 리뷰를 지원하기 위해 AI를 사용하는 새로운 도구들을 시도해 볼 수도 있습니다. 깃허브의 풀 리퀘스트용 코파일럿Copilot for Pull Requests 같은 도구는 요약을 생성하고 잠재적인 버그와 기타 문제를 표시할 수 있습니다. 이런 도구는 '이 코드는 모듈 X의 코드와 유사하지만 약간의 차이가 있습니다(중복 가능성을 지적)' 같은 힌트를 제공할 수 있습니다. 이러한 힌트는 인간의 코드 리뷰를 보완할 수 있지만 대체해서는 안 됩니다.

마지막으로 AI로 인한 결함이 있는 코드라도 리뷰에서는 존중하고 건설적인 태도를 유지하세요. AI 아티팩트일 수 있는 것에 대해 개발자를 비난하지 마세요. 개발자가 여전히 자신의 코드에 대한 책임이 있지만 상황을 인식하세요. AI는 도구이며, 작성자와 검토자 모두 AI와 함께 작업하고 있습니다. 목표는 코드를 개선하고 지식을 공유하는 것이지 책임을 묻는 것이 아닙니다(예시: '이 부분에 보안 문제가 있는 것 같습니다. AI 제안에서 발생한 실수일 가능성이 높으니 수정해 보죠').

결국 바이브 코딩에서 코드 리뷰는 인간/AI 파트너십에서 **인간 지능**을 완전히 활용하는 방법입니다. AI가 놓칠 수 있는 부분을 잡아내고 높은 품질 기준을 유지하기 위한 감독과 전문성이 개입하는 지점입니다. 또한 코드 리뷰를 진행하면 도메인과 AI를 잘 사용하는 방법에 대한 이해가 팀 전체에 퍼지므로 지식 공유의 순간이기도 합니다.

코드 리뷰는 **CIO**의 그랜트 그로스Grant Gross가 소개한 '개발자 = 편집자'라는 공식(https://oreil.ly/INPFV)을 뒷받침합니다. 검토자는 편집자처럼 코드가 깔끔하고 프로덕션에 적합한지 확인합니다. 이는 바이브(AI의 제안)가 있어도 결과물은 인간이 다듬는다는 바이브 코딩 개념과 완벽하게 일치합니다.

8.7 안정적인 배포를 위한 모범 사례

코드가 안전하고 테스트되었으며 유지보수 가능하다는 확신이 들면, 이제 배포하고 프로덕션 환경에서 안정적으로 운영해야 합니다.

AI 기반 개발이 소프트웨어 배포의 핵심 원칙을 바꾸지는 않지만, 배포 속도와 운영 복잡성에 대한 고려사항을 추가로 제기합니다. 배포 기초에 대한 포괄적인 내용을 찾는다면, 『데브옵스 핸드북』(에이콘, 2024)이 결정적인 가이드를 제공합니다. 지속적 통합과 배포 파이프라인부터 모니터링, 보안, 조직 변화까지 모든 것을 다룹니다. AI가 배포 가능한 코드를 생성하는 능력을 가속화할 때, 이러한 기초 지식은 더욱 중요해집니다. 이 원칙들이 증가한 개발 속도에 맞춰 배포 관행을 확장할 수 있도록 보장하기 때문입니다.

8.7.1 배포 전과 배포 중

배포를 준비하면서 다음 모범 사례를 고려하세요.

- **CI/CD 파이프라인 자동화**

  AI 개발의 빠른 속도를 고려할 때, 견고한 지속적 통합/지속적 배포(CI/CD) 파이프라인이 매우 중요합니다. 모든 커밋(AI 생성 코드 포함 여부와 관계없이)은 자동화된 파이프라인을 통해 빌드, 테스트, 배포되어야 합니다. 이는 인적 오류를 줄이고 모든 배포 단계(테스트, 린트, 보안 탐지)가 일관되게 실행되도록 보장합니다. AI 코드가 빌드를 깨뜨리거나 테스트를 실패를 유발하는 요소를 도입하면, CI가 즉시 포착할 것입니다. 또한 자동화된 CI/CD 파이프라인은 빠른 반복을 가능하게 하므로, AI로 인한 문제를 패치하고 수정 사항을 신속하게 배포할 수 있습니다.

- **코드형 인프라**

  배포 환경을 정의하기 위해 코드형 인프라(테라폼^{Terraform}, 클라우드포메이션^{CloudFormation} 등)를 사용하세요. AI 코딩과 직접적인 관련은 없지만, 안정적인 배포의 일부입니다. AI를 사용하여 테라폼 스크립트를 작성할 수도 있지만, 다른 AI 코드와 동일한 주의와 테스트를 적용해야 합니다. 프로덕션에 적용하기 전에 샌드박스에서 테스트하는 것도 포함됩니다. 좋은 참고 도서로는 『테라폼 업앤러닝』(루비페이퍼, 2021)이 있습니다. 이 도서는 테라폼을 사용한 IaC의 원칙과 관행에 대한 포괄적인 소개를 제공합니다.

- **단계적 롤아웃 사용과 롤백 계획 수립**

  전체 프로덕션 롤아웃 전에 스테이징 환경이나 카나리 릴리스와 같은 단계적 롤아웃 전략을 사용하세요. 이렇게 하면 모든 사용자에게 영향을 주기 전에 놓친 부분을 포착할 수 있습니다. 새로운 AI 코딩 기능을 5%의 사용자에게 배포하고 오류나 성능 문제에 대해 메트릭과 로그로 모니터링할 수 있습니다. 모든 것이 정상이면 100% 사용자에게 롤아웃합니다.

  항상 롤백 계획을 준비해 두는 것이 좋습니다. 아무리 테스트와 코드 리뷰를 철저히 하더라도 예상치 못한 문제가 발생할 수 있습니다. 새 릴리스에서 문제가 생기면 즉시 마지막 안정 버전으로 되돌릴 수 있어야 합니다. 쿠버네티스 같은 컨테이너화 전략을 사용한다면 빠른 전환을 위해 이전 배포를 유지하는 편이 좋고, 서버리스 함수의 경우에도 새 버전에 확신이 서기 전까지는 이전 버전을 함께 보관하는 것이 안전합니다.

- **관찰 가능성 설정**
  프로덕션에서 시스템 메트릭과 애플리케이션 로그 모두에 대한 포괄적인 모니터링을 설정하기 바랍니다.
  - 센트리 같은 도구를 사용하여 오류를 추적하고 예외를 캡쳐하기 바랍니다. AI 코드가 프로덕션에서 예상치 못한 오류를 발생시키면(아마도 엣지 케이스가 다뤄지지 않았을 수 있음), 알림을 받아 수정할 수 있습니다.
  - 애플리케이션 성능 모니터링(APM)과 같은 성능 모니터링 도구를 사용하여 응답 시간과 처리량, 메모리 사용량을 추적하세요. 새 배포의 코드가 속도 저하나 메모리 누수를 발생시켰는지 확인할 수 있습니다.
  - 가용성을 모니터링하세요. 서비스 엔드포인트에 핑을 보내 정상 작동하는지 확인하는 것도 방법입니다. 오류가 발생하면(테스트되지 않은 시나리오로 인해), 알림이 발생하여 신속하게 대응할 수 있습니다.

- **보안에 대한 지속적인 경계**
  API 키와 같은 비밀 정보가 배포에서 적절히 처리되는지 확인하세요. AI가 환경 변수에서 비밀 정보를 기대하는 코드를 작성했다면 CI/CD나 클라우드 구성에서 해당 비밀 정보를 설정하여 실수로 로그되거나 노출되지 않도록 합니다. 하시코프 볼트^{HashiCorp Vault}(https://oreil.ly/NqQ-T)(비밀 변수 관리와 키 관리 등 다양한 통합 지원)나 AWS 시크릿 매니저^{AWS Secrets Manager}(https://oreil.ly/LlYX-)(데이터베이스 자격 증명과 API 키, 토큰과 같은 비밀 정보를 안전하게 저장하고 순환시키며, CI/CD 도구와 통합 가능)와 같은 비밀 관리 도구를 사용하기 바랍니다. 또한 컨테이너 이미지를 사용한다면 취약점을 탐지하세요.

- **블루-그린 배포나 섀도우 테스트 같은 기법을 사용한 테스트**
  주요 변경 사항의 경우 블루-그린 배포를 추천합니다. 블루-그린 배포란 두 개의 동일한 프로덕션 환경을 '블루'(현재 라이브 버전)와 '그린'(새 버전)으로 구성해 배포하는 방식입니다. 트래픽은 처음에 블루 환경으로 전달됩니다. 그린 환경이 준비되고 테스트되면 트래픽이 그린 환경으로 전환됩니다. 그린 환경에 문제가 발생하면 트래픽을 블루 환경으로 빠르게 다시 라우팅하여 다운타임과 위험을 최소화할 수 있습니다. 이 방법은 새 버전을 유일한 라이브 버전으로 만들기 전에 완전한 프로덕션 설정에서 테스트합니다.

  또는 특정 AI 코딩 알고리즘 변경이 위험하거나 사용자에게 영향을 주지 않고 실제 데이터로 검증하고 싶다면, 섀도우 테스트를 할 수 있습니다. 이는 현재 라이브 버전과 함께 새 버전을 배포하는 것입니다. 실제 프로덕션 입력이 두 버전 모두에 병렬로 제공됩니다. 하지만 현재 버전의 출력만 사용자에게 표시됩니다. 새(섀도우) 버전의 출력은 수집되어 현재 버전의 결과와 비교하여 성능과 정확성, 안정성을 평가합니다. 섀도우 버전의 결과가 만족스럽고 성능이 좋다면, 활성 버전으로 안심하고 전환할 수 있습니다.

8.7.2 지속적인 모범 사례

배포 후, 이러한 전략들이 모든 것을 안정적으로 운영하는 데 도움이 될 수 있습니다.

- **운영 런북 작성**
  운영 팀을 위해 AI가 생성한 코드의 특이한 부분을 설명하는 런북을 제공하는 것이 좋습니다. 예를 들어 "이 서비스는 X에 AI 모델을 사용합니다. 모델 출력이 잘못된 것 같다면 서비스를 재시작하거나 모델 버전을 확인하세요.", "기능 Y는 성능을 위해 캐싱을 많이 사용합니다. 성능 문제가 있다면 캐시 히트율을 확인하세요." 처럼 운영 과정에서 명확히 드러나지 않는 고려사항을 문서화해야 합니다. 또한 AI가 종속성을 도입한 경우 (예: 임시 파일 사용 등), 운영팀이 디스크 공간 등을 모니터링할 수 있도록 반드시 기록해 두어야 합니다.

- **프로덕션에서 테스트**

  개발 중과 롤아웃의 일부로 테스트하는 것 외에도, 일부 회사는 작은 실험을 지속적으로 실행하는 등 안전한 방식으로 프로덕션에서 테스트Test in Production (TiP)를 합니다. 기능 플래그를 사용하여 AI 생성 기능을 일부 사용자에게만 켜고 오류율이 변하는지 확인 가능합니다. 카나리 릴리스와 겹치지만, 기능 토글을 사용하여 더 세밀하게 만들 수 있습니다.

- **정기적인 감사**

  AI가 작성한 코드가 늘어나면 코드베이스의 정기적인 보안 및 성능 감사를 예약하기 바랍니다. 처음에는 괜찮았지만 규모나 컨텍스트의 변화에 따라 문제가 발생하는 '드리프트'를 포착하는 데 도움이 됩니다. 기술 부채 관리와 유사합니다. AI 코드가 SQL 쿼리를 생성한다면, 마이그레이션과 코드가 동기화 상태를 유지하고 배포가 새 코드가 트래픽을 받기 전에 마이그레이션을 적절히 실행하는지 확인하세요.

- **인간의 개입 유지**

  계속 이야기하지만 자동화는 꾸준히 모니터링해야 합니다. AI는 코드 작성을 도울 수 있지만, 새벽 2시쯤 프로덕션에 발생하는 장애를 해결하지 못합니다. 시스템을 이해하는 사람이 대기해야 합니다. 시간이 지나면서 로그 분석과 같은 문제 해결 도움을 위해 AI를 활용할 수 있지만(일부 새로운 도구의 기능), 결국 인간이 수정에 대한 결정을 내려야 합니다.

- **실패로부터 학습**

  어떤 프로세스도 100% 완벽하지는 않습니다. 오류가 방어막을 뚫고 장애가 발생했다면 사후 분석을 하기 바랍니다. 문제가 AI 사용과 관련이 있는지 확인하고('여기서 AI 코드를 신뢰했는데 시나리오 X에서 실패했습니다'), 해당 유형의 문제를 방지하기 위해 프로세스와 테스트를 업데이트하기 바랍니다. 매번 이런 종류의 분석을 하면 신뢰성이 지속적으로 높아집니다.

신뢰성은 물론 코드만의 문제가 아닙니다. 코드 주변의 인프라와 운영도 관련됩니다. AI는 주로 코드 측면에서 도움을 줍니다. 견고한 운영 관행(AI의 부분적 지원 가능)이 전체 시스템의 신뢰성을 유지합니다.

배포에 관해서는 AI 중심 프로젝트를 다른 고품질 소프트웨어 프로젝트와 동일하게 취급하세요. 철저한 테스트와 점진적 롤아웃, 집중적인 모니터링, 빠른 롤백 가능성을 확보하기 바랍니다. AI가 변경 사항을 더 빠르게 만들 수 있기 때문에 더 자주 배포하게 될 수 있습니다(CI/CD 파이프라인이 좋다면 괜찮습니다). 빈번한 소규모 배포(https://oreil.ly/ATjYo)는 실제로 드문 큰 배포에 비해 위험을 줄인다고 알려져 있습니다(https://oreil.ly/Y5uDn). 각각의 개별 변경 사항이 더 작아서 발생하는 문제를 식별하고 수정하기가 더 쉽기 때문입니다. 문제가 발생하면 작은 변경 사항을 롤백하는 것도 더 간단하고 빠릅니다. 이 접근법은 수많은 변경 사항이 함께 묶여 있어 문제의 원인을 찾아내기 어렵고 실패한 배포의 잠재적 영향이 증가하는 대규모 릴리스와 대조됩니다.

이러한 모범 사례를 따르면, 코드의 상당 부분이 기계 생성되었음에도 불구하고 시스템 전체가 사용자에게 안정적으로 작동할 것이라고 확신할 수 있습니다. 자동화된 테스트와 신중한 배포, 모니터링의 조합이 이전 단계에서 놓친 것을 포착하는 루프를 완성합니다. 결과적으로 프로덕션에서 소프트웨어를 신뢰하는 능력을 희생하지 않고도 AI 개발의 속도와 생산성 이점을 얻을 수 있습니다.

요약

바이브 코딩은 엔지니어링의 엄격함을 없애는 것이 아니라, 그 엄격함을 적용하는 개발자의 생산성을 증대시킵니다. 명심하세요. '신뢰하되 검증하라.' AI에 힘든 작업을 맡기되, 툴과 전문 지식으로 모든 결과를 검증하도록 하세요.

보안과 신뢰성은 책임감 있는 개발의 한 요소이며, 윤리는 또 다른 요소입니다. AI 보조 엔지니어링은 지적 재산권, 편향, 개발자 일자리의 영향 등 중요한 질문을 제기합니다. 9장에서는 이러한 더 넓은 의미를 다룰 예정입니다. AI 코딩 툴을 책임감을 갖고 공정하게 사용하려면 어떻게 해야 할까요? AI 생성 코드의 라이센싱 문제를 어떻게 처리하고, 모델과 프롬프트가 윤리적으로 사용되도록 어떻게 보장할 수 있을까요?

CHAPTER 9

바이브 코딩의 윤리적 쟁점

AI 보조 엔지니어링이 점점 더 일반화됨에 따라 이 새로운 패러다임의 윤리적, 사회적으로 고려해야 할 점도 함께 짚고 넘어가야 합니다. 이 장에서는 기술적인 세부 사항에서 한 발 물러나 윤리적 관점에서 바이브 코딩을 살펴봅니다. 이러한 새로운 방법론은 효과적일 수 있지만, 책임감 있게 사용해야 하며 개인과 사회 전체에 이익이 되는 방향으로 이끌어 가야 합니다.

먼저 지적 재산intellectual property (IP) 문제부터 살펴보겠습니다. AI가 생성하는 코드의 소유자는 누구이며, 오픈소스 코드에서 파생된 AI 결과물을 출처를 명시하지 않고 사용해도 될까요? 이어서 편향성과 공정성을 이야기해 보겠습니다. 투명성도 또 다른 문제입니다. 개발자는 코드베이스에서 AI가 생성한 부분을 공개해야 할까요? 팀은 코드 품질과 버그에 대한 책임을 어떻게 보장할 수 있을까요?

AI를 사용한 바람직한 개발 관행을 설명하겠습니다. 투명성 및 책임성 확립, 프롬프트에서 민감한 데이터 회피, 접근성과 포용성 보장 등을 다룹니다. 또한 AI 도구를 책임감 있게 사용하기 위한 원칙을 소개하며 이 장을 마무리하겠습니다.

> **NOTE** 법적 고지
> 이번 절에서는 저작권과 지적재산권법과 관련된 복잡한 법적 주제를 미국 관점에서 다룹니다. 특히 인공지능과 관련하여 전 세계적으로 법 체계와 해석이 발전하고 있습니다. 이 정보는 교육 목적으로만 작성되었을 뿐 법적 조언이 아닙니다. 특히 사용자나 AI 툴이 생성한 코드의 소유권이나 라이선스에 대해 우려가 있다면,

> 이 정보를 바탕으로 결정을 내리기 전에 자격을 갖춘 지적재산권 전문 변호사와 상담해야 합니다.[1]

9.1 지적재산권

AI가 생성한 코드의 소유권은 누구에게 있을까요? AI가 생성한 코드를 사용하는 것이 AI가 훈련한 코드의 라이선스와 저작권을 존중하는 것일까요? GPT와 같은 AI 모델은 다양한 라이선스(MIT, GPL, Apache 등)를 가진 오픈소스 리포지터리를 포함하여 인터넷의 방대한 코드를 학습했습니다. AI가 GPL 라이선스를 가진 프로젝트와 매우 유사하거나(https://oreil.ly/I3HxT) 동일한 코드를 생성한다면, 해당 코드를 그대로 독점 코드베이스에서 사용하는 것은 부주의하게 GPL을 위반할 수 있습니다. GPL은 일반적으로 파생 코드의 공유를 요구하기 때문입니다(https://oreil.ly/8inJc).

오픈소스 규범과 일반적인 저작권 원칙에 따르면, 몇 줄 안 되는 짧은 코드는 독립적인 창작물로 간주될 만큼 충분한 독창성이 없거나 사용 수준이 미미하여 법적 문제의 소지가 적은 경우 저작권 보호를 받지 못할 수 있습니다. 하지만 핵심 로직을 담고 있는 코드거나 독특한 창작성을 가진 코드라면 저작권으로 보호받을 가능성이 높습니다. '오픈소스'가 '퍼블릭 도메인'을 의미하지 않는다는 것을 이해하는 것이 중요합니다. 기본적으로 코드를 포함한 창작물은 작성자에게 독점적으로 있습니다. 오픈소스 라이선스는 저작권법에 의해 제한될 수 있는 권한을 명시적으로 부여합니다.

오픈소스 규범에 대해 더 알고 싶다면 우선 확인할 곳을 추천하겠습니다.

- **오픈소스 이니셔티브** The Open Source Initiative **(OSI)**
  OSI(https://oreil.ly/hmJVN)는 오픈소스 소프트웨어를 정의하고 홍보합니다. 또한 오픈소스의 정의를 관리하며 그 기준을 충족하는 라이선스를 승인합니다.

---

[1] 옮긴이_ 대한민국 또한 생성형 AI의 사용에 관한 법적인 논의는 아직 진행 중입니다(2025년 10월). 2025년 3월 한국저작권위원회에서 '생성형 인공지능 결과물에 관한 저작권 분쟁 예방 안내서'를 발표했으니 이를 참고하기 바랍니다(http://bit.ly/4mHyswp). 해당 자료도 어디까지나 참고용으로만 활용하길 추천합니다.

- **자유 소프트웨어 재단**The Free Software Foundation **(FSF)**
  FSF는 '자유 소프트웨어'(오픈소스 원칙과 강한 중복성을 가짐)를 옹호하며 GNU 일반 공중 사용 허가서GNU General Public License(GPL)와 같은 라이선스의 관리자입니다.

- **프로젝트별 문서**
  개별 오픈소스 프로젝트에는 일반적으로 LICENSE 파일, README 파일, CONTRIBUTING 가이드라인을 포함합니다. 이러한 파일과 가이드라인에는 해당 프로젝트의 사용 조건과 기여 방법을 자세히 설명합니다.

- **커뮤니티 및 법적 자료**
  깃허브 같은 웹사이트에서 오픈소스 관행에 대한 다양한 문서와 논의를 찾아볼 수 있습니다. 리눅스 재단 같은 조직과 법적 정보 사이트도 오픈소스 준수와 법적 측면에 대한 유용한 자료를 제공합니다.

짧은 코드가 공정 이용(https://oreil.ly/d0ZK8)(미국에서는 'fair use'로 부르며 그 외의 국가에서는 'fair dealing'이라고 부릅니다) 대상인지 판단하는 건 아주 복잡한 일입니다. 공정 이용은 비판과 논평, 뉴스 보도, 교육, 학술 연구와 같은 목적으로 허가 없이 저작권 자료를 제한적으로 사용하는 것을 허용합니다. 법원은 일반적으로 공정 사용을 판단하기 위해 네 가지 요소를 고려합니다.[2]

- 이용의 목적 및 성격(상업적 대 비영리, 변형적 대 복제적)
- 저작물의 종류 및 용도(창작적 대 사실적)
- 이용된 부분이 저작물 전체에서 차지하는 비중과 그 중요성
- 저작물의 이용이 그 저작물의 현재 시장 또는 가치나 잠재적인 시장 또는 가치에 미치는 영향

일부는 상호 운용성이나 저작권이 없는 아이디어에 접근하기 위해 매우 작고 기능적인 코드 스니펫을 복사하는 것이, 특히 사용이 변형적이라면 공정 이용에 해당한다고 주장합니다. 하지만 코드에 대해 법적으로 명확히 정착된 사항이 없고, '공정 이용'이나 경미한 수준이라고 보는 암묵적인 합의도 존재하지 않습니다. 가장 안전한 방법은 보통 허가를 받거나 코드의 작동 원리를 이해한 뒤 자신만의 방식으로 코드를 다시 작성하는 것입니다. 미국 대법원의 **구글 v. 오라클** 소송은 소프트웨어 API라는 기준으로 공정 이용의 개념을 다뤘으며, 구글의 자바 API 선언 코드 재구현이 공정 이용이라고 판결했으나, 이는 모든 코드가 아닌 API 선언에 초점을 맞춘 특정하고 복잡한 판결이었습니다. 일반적으로 저작권은 아이디어나 절차, 운영 방법 자체가 아닌 아이디어의 특정 표현을 보호한다는 것이 이해됩니다.

---

2 옮긴이_ 대한민국 저작권법 제35조의5(저작물의 공정한 이용). http://bit.ly/3WHf9Jz

일반적으로 AI를 '**사용하는**' 개발자는 AI가 컴파일러나 워드 프로세서와 같은 툴이라는 점에서 '저자'로 간주됩니다. 따라서 코드가 업무 과정에서 생성된다면 개발자가 툴을 사용해 생성한 코드는 AI 툴의 서비스 약관 및 기본 지적재산권 문제에 따라 개발자의 회사가 소유할 가능성이 높습니다. 하지만 AI 툴의 서비스 약관이 중요합니다. 대부분의 약관은 사용자가 생성한 결과물에 대한 권리를 사용자에게 부여합니다. 오픈AI의 경우, 'GPT로 생성한 결과(코드 포함)는 모두 사용자의 소유'라고 명시합니다.

하지만 이러한 '소유권'은 신중하게 고려해야 합니다. 일반적으로 AI 제공업체는 사용자가 만든 결과물에 대한 소유권을 주장하지 않는다는 의미입니다. 다만 이는 사용자가 제공하는 입력에 대한 권리를 가지고 있다고 가정할 뿐, 결과물 자체가 저작권 보호를 받을 자격이 있거나 제3자 지적재산권 주장으로부터 자유롭다는 의미는 아닙니다. 사용자가 수정이나 확장을 위해 자신의 독창적인 코드를 도구에 입력하면, AI가 어떻게 처리하고 훈련 데이터에서 무엇을 포함하는가에 따라 결과물은 대부분 사용자(또는 사용자의 회사)의 소유일 가능성이 높습니다. 하지만 다른 사람의 저작권이 있는 코드를 수정하거나 변형하기 위해 AI에 전달했다면 그 결과물은 다른 사람이 작성한 코드의 파생물로 간주될 수 있습니다(*https://oreil.ly/mBPyq*).

미국과 다른 많은 국가에서 훈련 데이터와 실질적으로 유사한 AI 생성 결과물이나 저작권이 있는 입력을 기반으로 한 결과물이 파생물의 조건을 충족하는지는 계속해서 법적 분쟁의 대상이며 정확한 결론이 나지 않았습니다. 자신의 것이 아니거나 적절히 라이선스되지 않은 저작권이 있는 코드의 큰 덩어리를 AI 도구에 입력하지 마시오. 결과물이 파생물(*https://oreil.ly/O4ktq*)로 간주되어 원래 저작권이 있는 코드의 라이선스하에 놓일 수 있기 때문입니다.

이러한 불확실성을 고려하면 AI 생성 코드를 모호한 라이선스하에 있는 것처럼 취급하고, 기존 저작권을 침해하지 않으며 잠재적인 오픈소스 라이선스 의무를 준수할 수 있다고 확신하는 경우에만 사용하기 바랍니다. AI 결과물 자체의 저작권 상태에 대해 미국 저작권청은 충분한 인간의 저작권 없이 AI에 의해서만 생성된 작품은 저작권 보호를 받을 수 없다고 명시했습니다(*https://oreil.ly/Y0PYG*). 인간이 AI 생성 자료를 창작적인 방식으로 크게 수정하거나 배열한다면, 그 인간의 기여는 저작권 보호를 받을 수 있지만(*https://oreil.ly/NV3Gl*) AI 생성 요소는 단독으로는 보호받지 못합니다. 따라서 순적히 AI로 생성된 결과물은 누구도 저작권을 가질 수 없거나 저작권이 인간의 창작적 기여에만 적용될 것이라고 가정하는 것이 어쩌면 현명한 생각일 것입니다.

괜한 걱정이 아닙니다. 실제로 진행 중인 법적 분쟁이 있습니다. 집단 소송인 **도 v. 깃허브**Doe v. GitHub, Inc.는 깃허브와 마이크로소프트, 오픈AI의 깃허브 코파일럿이 적절한 출처 표시나 라이선스 조건을 지키지 않고 오픈소스 코드와 너무 유사한 코드를 생성한다고 주장했습니다 (https://githubcopilotlitigation.com). 이 사건의 일부 주장이 기각되거나 항소 중이지만 (2025년 10월, 이 사건은 미국 제9연방순회항소법원에서 심리 중이며, DMCA의 '동일성 요건' 적용 여부가 쟁점입니다), 이 재판의 결과는 향후 AI 관련 저작권법에 중요한 영향을 미칠 겁니다. AI는 훈련 데이터에서 저작권이 있는 코드를 그대로 뱉어내거나 매우 유사하게 생성할 수 있고 그런 경우도 많기 때문입니다.[3]

깃허브의 연구(https://oreil.ly/fFUUd)에 따르면, 코파일럿이 가끔씩 훈련 데이터와 일치하는 제안을 하거나, 아주 적은 경우로는 긴 코드를 그대로 출력하기도 했습니다. 대부분의 AI 툴은 특별히 프롬프트되거나 매우 표준적인 알고리즘을 다루지 않는 한 식별 가능한 코드의 직접적이고 광범위한 복사를 피하도록 설계되어 있지만, 위험은 존재합니다. 게다가 오픈소스 코드만이 우려사항이 아닙니다. 작가와 예술가, 미디어 회사들이 자신들의 완전히 저작권이 있는 개인 소유 지적재산이 허가나 보상 없이 대규모 언어 모델과 다른 생성형 AI 시스템을 훈련하는 데 사용되었다고 주장하는 수많은 소송이 제기되었습니다. 독점 코드는 오픈소스와 달리 공개적으로 확인할 수 없는 경우가 많아 최종 사용자가 AI의 결과물이 그러한 개인 코드와 의도치 않게 유사한지 확인하기 어렵습니다.

그럼에도 불구하고 윤리적이고 신중한 관행은 AI 툴에서 받아들이는 모든 코드가 사용자의 책임인 것처럼 행동하는 것입니다. AI 생성 코드를 프로젝트에 통합하기 전에 철저히 검토하고 테스트하며 이해하고, 모든 해당 라이선스와 저작권법을 준수하는지 확인하세요.

---

3 사건 정보는 법원 기록(https://oreil.ly/BdDiV)에서 확인할 수 있습니다. 예를 들어 미국 캘리포니아 북부 연방지방법원과 제9순회 연방항소법원 기록이나 법률 뉴스 매체와 사건 추적 기록(https://oreil.ly/AZrc-)에서 확인할 수 있습니다.

9.1.1 결과물이 의심스러울 때 해야 할 일

AI 결과물이 알려진 코드를 그대로 따왔거나 복사한 것처럼 보인다면(특히 독특한 주석이나 작성자 이름을 포함하는 경우), 신중하게 처리해야 합니다. 표절 탐지 도구를 사용하여 유사성 검사를 실행하거나, 고유한 문자열을 웹 검색하여 복사를 나타낼 수 있는 일치하는 항목을 찾을 수 있는지 확인하세요.

의심스러울 때는 제외하는 방법도 있습니다. 결과물 사용을 피하거나, 호환 가능한 라이선스하에 있는지 확인하고 필요한 경우 출처를 표시하세요. 코파일럿이 스택 오버플로나 오픈소스 프로젝트에서 인식하는 잘 알려진 알고리즘 구현을 내놓는다면, 출처를 인용하거나 AI의 답변을 가이드로 사용하되 문자 그대로 인용하지 않고 자신만의 방식으로 다시 작성하기 바랍니다.

결과물이 기존 라이브러리 솔루션과 일치한다고 의심된다면, (적절한 라이선스와 함께) 라이브러리 자체를 포함하는 것을 고려하세요. AI에 다음과 같이 요청해도 좋습니다.

 라이브러리에서 복사한 코드가 아닌 독창적인 구현을 제공해 주세요.

그러면 더 독특한 솔루션을 만들 수 있습니다. 훈련 코드의 영향을 받지 않을 것이라는 보장은 없지만, 적어도 직접적으로 복사하지 않으려고 시도할 것입니다.

여기서 윤리적 문제는 AI를 악용해 의도적으로 출처 표시를 회피하는 것입니다. 스택 오버플로의 코드를 AI를 통해 복사하면서 출처 표시 정책을 우회하려는 것은 비윤리적입니다. 이런 행위는 열린 지식 생태계의 신뢰를 훼손합니다. 자료를 사용할 때는 반드시 적절한 출처를 표시해야 합니다. 출처 표시는 다음과 같은 의미를 갖습니다.

- AI가 작성자 이름이 포함된 코드 주석을 생성했다면(예: 주석에 'John Doe 2018'를 포함), 그를 삭제하지 말고 전체 인용 정보와 함께 적절한 출처 표시 섹션에 유지하거나 이동시켜야 합니다. 이는 원본 코드 작성자에 대한 존중입니다.
- AI가 유명한 알고리즘이나 공개 코드와 똑같은 솔루션을 제공했다면, 직접 찾아봤을 때와 마찬가지로 해당 출처를 인용하세요.
- AI 툴이 틀림없이 창작적인 것(독특한 접근법이나 문서용 텍스트 같은)을 만든다면, 그 결과물을 인정하세요. 권리가 없더라도 투명성(그리고 기술에 대한 인정)을 지키는 행동입니다.

MIT 같은 일부 오픈소스 라이선스는 허용적이어서 출처만 표시하면 복사된 코드를 포함할 수 있습니다. 반면 GPL이나 AGPL 같은 라이선스는 해당 코드를 포함하면 전체 코드베이스가 동일한 라이선스의 적용을 받게 되므로, 비공개 프로젝트에는 적합하지 않습니다.

정리하면, AI가 제공한 코드가 IP 문제를 일으킬 가능성이 있다면 사용을 피하거나 라이선스 준수가 가능하도록 충분히 수정해서 사용하는 것이 좋습니다.

9.1.2 그레이존

AI의 능력이 점점 좋아지면서 IP와 저작권, 윤리에 대한 새로운 질문들을 계속 제기하고 있습니다. 바이브 코딩에서 문서 텍스트나 설정 파일, 이미지 같은 비코드 자산을 AI로 생성한다면 유사한 IP 문제가 발생합니다. 저작권이 있는 이미지로 훈련된 AI로 아이콘을 생성했을 때, 그 새로운 이미지의 소유권은 누구에게 있을까요?

- 소프트웨어의 상당 부분을 AI가 작성했다면, AI 훈련에 사용된 원본 코드의 작성자들이 소유권을 받아야 할까요?
- 누군가 AI 생성 코드가 자신의 것과 유사하다며 저작권 침해를 주장할 수 있을까요? 상당한 길이의 코드가 동일할 가능성이 있다면 유사성 검사가 필요합니다.

AI 회사가 라이선스를 준수하는 필터를 구현하거나 개발자가 자신의 코드를 AI 훈련 데이터에서 제외하도록 요청할 수 있게 해야 한다고 논의하기도 합니다. 이 분야가 계속 발전하고 있지만, 현장 개발자들은 권리 침해를 피하기 위해 보수적으로 접근해야 합니다.

법원이 모든 법적 분쟁을 해결하는 데는 시간이 걸릴 것입니다. 그때까지는 지적 정직성과 존중의 원칙을 따라야 합니다. AI가 공개된 논문의 알고리즘을 사용했다면 주석에 해당 논문을 인용하는 편이 좋습니다. 일반적인 오픈소스 헬퍼 코드를 사용했다면 프로젝트에 크레딧을 표시하세요. 이는 저작권자에 대한 존중입니다. 출처를 알고 있다면 크레딧을 표시하는 것이 안전합니다. 이런 관행이 투명성을 높입니다.

AI의 지식은 근본적으로 자신의 코드를 공개적으로 공유한 수많은 개발자에게서 나온다는 점을 기억해야 합니다. 소프트웨어 업계는 윤리적으로 오픈소스 커뮤니티에 대한 존중과 라이선스 규범 준수의 의무가 있습니다. 적절한 곳에 크레딧을 표시하고, 'AI가 작성한 거니까 내 책임이 아니야'라는 핑계로 다른 사람의 작업을 남용해서는 안 됩니다.

9.2 투명성과 출처 표시

투명성transparency은 개발 과정과 결과물에서 AI 사용에 대해 개방적으로 공개하는 것을 의미하며, **출처 표시**는 AI가 생성한 코드에 확실한 출처가 있다면 적절한 크레딧을 제공하는 것입니다.

투명성은 책임감 측면에서 중요합니다. AI가 생성한 코드에서 버그나 보안 결함이 발생한 경우, '이 코드는 AI가 제안한 것'이라고 투명하게 밝히면 정확한 원인 파악에 도움이 될 수 있습니다. 모호한 프롬프트를 다시 작성해야 할 수도 있습니다. 코드 주석이나 프로젝트의 README 또는 문서에서 '이 프로젝트는 챗GPT와 같은 AI 툴의 도움을 받아 구축했습니다'라고 언급할 수 있습니다. 또는 더 구체적으로 'CSV 파싱 함수 추가(챗GPT의 도움을 받아 생성한 후 수정)'라고 명시할 수도 있습니다. 이는 프레임워크나 라이브러리 사용을 인정하는 것과 비슷합니다.

투명성은 신뢰의 핵심이기도 합니다. 이해관계자(팀, 클라이언트, 최종 사용자 또는 업계 규제 기관)는 소프트웨어가 어떻게 개발되고 검증되었는지 알고 싶어 할 수 있습니다. AI가 코드 생성에 관여했다는 사실만으로 일부 이해관계자는 이를 과신하거나 불신하는 등 오해할 수 있습니다. 투명성은 신뢰성에 대한 대화를 가능하게 합니다. '네, 저희는 AI를 사용했지만 철저히 테스트했습니다' 또는 '이 부분은 까다로웠습니다. AI가 초기 코드를 생성하게 했지만, 이후 검증했습니다'라고 말할 수 있습니다.

많은 학술 분야에서도 출처를 표시하도록 권장하거나 요구합니다. 일부 오픈소스 프로젝트는 지적재산권 우려로 인해 AI의 사용을 제한하거나 금지하기도 하므로, AI를 사용하기 전에 기여 가이드라인을 확인해야 합니다. AI로 패치를 생성했다면 관리자에게 사실대로 알리는 것도 좋은 방법입니다. 특히 라이선스 문제가 걱정된다면 관리자가 확인할 때 이 정도를 바탕으로 고려할 수 있습니다.

실제로 강한 규제를 적용하는 일부 산업에서는 소프트웨어 공급업체가 감사 목적으로 AI 사용을 공개하도록 요구합니다. EU의 AI법(`https://oreil.ly/wDNKs`)은 개인에게 영향을 미치는 자동화된 의사결정(신용평가 알고리즘 등)에 대한 투명성을 의무화합니다. 이러한 관행이 바이브 코딩까지 영향을 미친다면, '추천은 자동으로 생성되며 데이터의 패턴을 반영할 수 있습니다'라고 사용자에게 알리는 것이 법적/윤리적인 조건이 될 겁니다.

마찬가지로, 소프트웨어가 사용자 데이터나 사용자가 제공한 코드 예제와 같은 독점 데이터를 AI 모델에 공급하여 파인튜닝하고 분석 프로그래밍을 돕는다면, 개인정보 보호정책에서 사용자 데이터가 AI 모델 개선을 위해 허가를 받아 사용될 수 있다고 명시해야 할 수 있습니다(항상 법적 문제는 변호사와 상담하세요). 투명성은 여기서 개인정보 보호와 충돌합니다.

윤리적으로 볼 때 사용하는 도구와 출처를 명시하는 편이 좋습니다. 코드의 30%가 코파일럿으로 생성되었다면, 해당 사실을 문서나 내부 커뮤니케이션에 명시하길 추천합니다. 본인의 기여를 깎아내리기 위한 것이 아니라, 개발 과정을 솔직하게 공유하기 위함입니다.

일부 개발자는 AI의 도움을 받았다는 것을 인정하기가 부담스러울 수 있습니다. 자신의 기여도나 역량이 낮게 평가되거나 '속임수'로 오해받을까 걱정하기 때문입니다. 바이브 코딩이 더 보편화되면 이러한 낙인은 줄어들 것입니다. 결국 사용 가능한 AI를 사용하지 않으면 시대에 뒤떨어진 것으로 여겨질 수도 있습니다. AI를 도구로 정착시켜야 합니다. 스택 오버플로나 IDE를 사용하는 것보다 더 '속임수'가 아닙니다.

반면에 너무 많은 내용을 고지하면 불필요한 걱정을 야기할 수 있습니다. 클라이언트에게 '저희는 AI를 사용해서 이 소프트웨어를 코딩했습니다'라고 말하면, (오해 때문이더라도) 안전성에 의문을 제기할 수 있습니다. 표현 방식에 따라 의미가 달라질 수 있으므로 고지에 앞서 신중하게 결정하기 바랍니다. 같은 관점에서 품질도 신경써야 합니다. 개발 속도를 높이기 위해 고급 코딩 어시스턴트를 활용했으며, AI가 생성한 모든 코드는 품질 기준을 충족하도록 엄격하게 검토하고 테스트했습니다.

투명성과 출처 표시는 신뢰와 커뮤니티 가치를 촉진합니다. 이는 크레딧이 인간 창작자에게 흘

러가도록 보장하고, 소프트웨어가 어떻게 구축되는지에 대해 정직하게 유지하게 합니다. 예술가가 자신의 도구나 영감을 나열하는 것과 같습니다. 예술을 축소시키는 대신 해석의 단서를 제공하는 것입니다. 바이브 코딩이 널리 받아들여지기를 원한다면, AI 사용과 위험을 완화하는 방법에 대해 개방적이어야 합니다.

9.3 편향성과 공정성

지금쯤이면 잘 알고 있겠지만, AI 모델의 출력은 훈련된 데이터를 반영합니다. 데이터에 편향이나 배타적 패턴이 포함되어 있다면, 모델은 편향되거나 불공정한 출력을 생성할 수 있습니다.

'코드가 어떻게 편향될 수 있나요? LLM이 채용 결정을 내리는 것도 아닌데'라고 물어볼 수 있습니다. 하지만 편향은 미묘한 방식으로 코딩 과정에 반영될 수 있습니다.

- 코드는 보통 창작자의 가정을 바탕으로 만들어집니다. AI가 생성하는 사용자 대면 텍스트나 콘텐츠는 훈련 데이터에 있는 문화적 편향이나 무감각한 언어를 반영할 수 있습니다. 한 예로 마이크로소프트의 태이 (https://oreil.ly/d8wx0)는 2016년 초기 챗봇으로 출시 몇 시간 만에 트위터 상호작용을 통해 인종차별적이고 여성혐오적인 욕설을 배워 문제가 되기도 했습니다.
- 중산층 북미 생활방식과 같은 특정 문화적 규범에 대한 가정을 가질 수도 있습니다. 예를 들면 자동차 소유나 특정 기술에 대한 보급을 당연하게 여기는 것입니다. 가정을 충분히 검토하지 않아 배타적인 결과가 만들어진 사례가 있었습니다. 그중 하나가 애플의 건강 애플리케이션 2014년 초기 버전입니다(https://oreil.ly/67sZG). 이 애플리케이션에는 여성의 생리 주기 기능이 없었는데, 이는 디자인 팀의 다양성과 관점 부족에서 비롯된 실수였습니다. 예제 코드나 주석, 합성 데이터에서도 모델이 항상 he/him 같은 대명사를 사용한다면 성별 편향을 강화하게 됩니다.
- 코드 리포지토리와 소프트웨어 개발 환경이 주로 서구적 관점과 영어 사용자를 반영한다는 것은 잘 알려진 사실입니다. 결과적으로 이러한 리포지토리에서 훈련한 AI는 유니코드와 멀티바이트 문자(한국어, 중국어, 일본어, 아랍어, 힌디어, 비라틴 문자나 음절 문자를 사용하는 많은 다른 언어에 필수적)에 대한 적절한 지원과 같은 중요한 국제화 측면을 간과하거나, 타입 이름 등에 대해 영어 중심적인 예제를 기본값으로 사용할 수 있습니다. AI가 자발적으로 국제화를 반영하지 않더라도 개발자는 설계와 코딩 단계에서 국제화를 고려해야 합니다.
- 알고리즘을 작성할 때는 인종, 성별, 나이 등과 같은 특정 변수를 조심해야 합니다. AI는 요청하지 않으면 자발적으로 포함하지 않을 수 있지만, 일부 기준에서 환각을 일으키거나 데이터셋이 코드 어시스턴트 같은 AI를 사용하는 경우 공정성 제약을 적용해야 합니다. AI는 도덕적이나 법적 정보를 가지고 있지 않습니다.

코딩을 넘어서 모델은 콘텐츠 도메인의 **데이터 편향**도 반영할 수 있습니다. 훈련 데이터에 있는 역사적 편향입니다. 대출 승인을 위한 신용평가 알고리즘 코드를 작성하는 임무를 받은 AI를 생각해 봅시다. 미국의 신용평가 시스템은 인종적 편향을 반영하고 영속화한 문서화된 역사를 가지고 있습니다. 이러한 편향은 특히 흑인 공동체와 다른 소외된 집단에게 지속적인 재정적 영향을 미친 레드라이닝[4] 같은 시스템적 차별의 영향입니다.

훈련 데이터가 이러한 역사적 편향을 반영한다면, 우편번호(분리된 주거 패턴으로 인해 인종 인구 통계의 대리 변수가 될 수 있음)처럼 다른 중립적 데이터가 편향을 표현할 수 있습니다. 적절히 안내받지 못하면, AI는 은행이 불공정한 대출 결정을 내리게 하는 코드를 생성하여 역사적 불평등을 영속화하고 실제 사람들의 삶에 영향을 미칠 수 있습니다. 범죄 예측 알고리즘 같은 영역에서도 비슷한 문제가 발생합니다. 역사적 체포 데이터(자체적으로 편향되어 있을 가능성)가 특정 공동체를 불균형적으로 표적으로 삼는 AI 시스템(https://oreil.ly/H4rmr)으로 이어질 수 있습니다.

전문 모델(예: 의료 소프트웨어용으로 파인튜닝한 AI 코드 어시스턴트)을 사용하는 경우, 해당 도메인 데이터의 편향에 모델이 고착되지 않았는지 확인하세요. 역사적으로 일부 의료 가이드라인은 주로 남성 피험자를 사용한 연구에 편향되어 다른 성별에 대한 오진이나 덜 효과적인 치료로 이어졌습니다. AI가 의료 진단을 위한 코드나 솔루션을 추천하는 경우, 그러한 편향을 실수로 인코딩하지 않았는지 다시 확인해야 합니다.

AI 출력에서 편향을 감지하는 도구가 등장하고 있습니다. 이러한 도구는 주로 콘텐츠를 생성하는 GPT 모델에 더 흔하게 사용합니다. AI 제공업체 자체가 명백히 편향되거나 유해한 출력을 필터링하려고 시도합니다. 코드 지향 AI는 자발적으로 혐오 발언을 거의 생성하지 않지만, 콘텐츠 필터가 있는 것은 좋습니다. 윤리적 제약을 구축한다는 것은 많은 AI 툴에서 사용자가 AI로 하여금 멀웨어나 차별적 알고리즘을 만들려고 시도하면 거부한다는 것을 의미합니다. 비윤리적인 출력을 얻기 위해 이러한 필터를 깨뜨리려고 시도하지 마세요.

하지만 개발 과정의 다른 단계에서 편향을 인식하고 완화하는 다른 많은 방법들이 있습니다. AI가 잘 못하는 작업은 다음과 같습니다.

---

[4] 옮긴이_ 특정 인종, 소수 민족이 주로 거주하는 지역에 특정 금융 상품을 제공하지 않는 차별적 관행

- **다양한 예제로 테스트**

    AI가 사용자 대면 컴포넌트나 인간 관련 데이터를 다루는 로직을 생성하는 경우, 다양한 입력으로 테스트하세요. AI가 생성한 폼 검증이 '이름'과 '성'을 기대한다면 단일 이름을 허용하는지 확인해야 합니다. 일부 문화권은 단일 이름을 허용합니다. 그렇지 않다면 가정의 편향입니다. 생성한 사용자명 샘플이 모두 모두 'JohnDoe' 같은 형태인가요? 그렇다면 예제에 더 많은 다양성을 통합하는 것을 고려하세요.

- **포용성을 위한 프롬프트**

    AI에 중립적이거나 포용적이 되도록 명시적으로 지시할 수 있습니다. '다양한 문화의 이름을 사용하여 예제를 생성하십시오.' 항상 사용자를 'he'로 지칭한다면 다음과 같이 프롬프트할 수 있습니다.

     '이 코드 주석에서 성별화된 언어를 피하십시오. 중성적인 표현이나 they/them 대명사를 사용하십시오.'

    또한 AI가 생성할 수 있는 문화적으로 무감각할 수 있는 농담이나 예제에 주의하기 바랍니다. 전문적인 톤을 사용하도록 프롬프트를 작성하면 AI는 문제 없이 따를 것입니다. AI는 별도로 지시 받지 않으면 '정상'이라고 생각하는 결과를 출력합니다. 무엇이 '정상'인지는 우리가 정하기 나름입니다.

- **팀 다양성 확보**

    다양한 배경을 가진 팀이 출력을 검토하면 문제를 잡아낼 수 있습니다. 누군가가 '우리 AI는 항상 foo/bar 같은 변수명을 선택하는데, 그것은 괜찮지만 문서에서는 코드 페르소나가 남성형입니다'라고 의문을 제기할 수 있습니다. 그러면 이를 체계적으로 수정할 수 있습니다. 모든 개발자가 비슷한 배경을 가진다면 미묘한 편향을 잡아내지 못할 수 있습니다. 가능하다면 소수 집단의 사람을 팀에 포함시키거나, 적어도 AI 사용 가이드라인을 검토할 때 그들의 관점을 고려하기 바랍니다.

편향성과 공정성은 모든 배경의 사용자에게 공정하며 역사적 차별을 반영하거나 영속화하지 않는 코드를 생성하기 위해 바이브 코딩 툴을 올바르게 사용하는 것입니다. 팀에서 이러한 도구를 사용하는 방식도 다양한 수준과 배경의 개발자와 다른 동료들에게 공정해야 합니다. AI 툴이 직장, 특히 주니어 개발자에게 미치는 변화의 윤리적 함의에 대한 논의는 4장을 참조하세요.

9.4 책임감 있는 AI 사용을 위한 원칙

지금까지 다룬 내용을 종합하여, 바이브 코딩을 위한 책임감 있는 원칙을 정리해 보겠습니다.

1. **항상 인간이 감독한다.**

    다시 강조하지만, AI의 출력을 확인도 없이 바로 사용하지 마세요. 책임감 있는 AI 보조 개발이란 개발자인 여러분이 모든 코드 라인을 검토하고 결정을 내리는 것입니다. 인간의 검증 없이 AI의 출력을 그대로 배포하지 마세요.

2. **코드에 대한 책임을 진다.**

    문제가 발생하면 AI의 잘못이 아닙니다. 개발 팀의 책임입니다. 이런 마음가짐을 가진다면 안일함을 피할 수 있습니다. 처음부터 작성했든 AI 코드를 수락했든, 코드를 정당화할 준비를 해야 합니다. 누군가 '이 코드는 왜 이렇게 작동하나요?'라고 묻는다면 '모르겠네요, 코파일럿이 그렇게 했어요'라고 답하는 일은 없어야 합니다. 3장에서 '완전히 이해하지 못하는 코드는 절대 커밋하지 말 것'이 원칙에 포함된 이유입니다. 책임감 있는 엔지니어링을 잊지 마세요.

3. **사용자의 프라이버시를 보호하고 동의를 구한다.**

    우리는 윤리적으로 사용자와 회사의 비밀 데이터를 비밀로 유지할 의무가 있습니다. 특히 클라우드 기반 AI 툴을 사용할 때는 프롬프트나 대화에서 민감한 데이터를 노출하지 않도록 주의해야 합니다. 사용자 데이터베이스 문제를 디버깅할 때 실제 사용자 레코드를 챗GPT에 입력하지 마세요. 대신 새니타이제이션한 데이터나 합성 데이터를 사용하도록 합니다.

    많은 도구에서 이제 사용자(최소한 비즈니스 사용자)가 입력 데이터를 훈련에 사용하지 않도록 옵트아웃할 수 있습니다. 기업 사용자라면 해당 설정을 사용하거나 민감한 코드에 대해서는 온프레미스를 사용하세요. 사용자 데이터를 모델에 입력하거나 AI 기능이 사용자와 직접 상호작용하는 경우(애플리케이션에서 LLM을 사용하는 챗봇 등), 사용자의 동의를 구하고 적절한 경우 옵트아웃을 허용하세요. '이 기능은 AI 서비스를 사용합니다. 입력한 내용이 처리를 위해 서비스로 전송됩니다'와 같은 경고는 투명하며 프라이버시를 중시하는 사용자가 스스로 결정할 수 있게 합니다.

4. **법률과 규정을 준수한다.**

    끊임없이 변화하는 AI 관련 법적 요구사항을 주시해야 합니다. EU의 일반 데이터 보호 규정(GDPR)과 AI법과 같은 데이터 보호법은 개인 데이터가 포함된 경우 일부 AI 출력을 개인 데이터로 간주합니다. 사용자 데이터로 모델을 훈련하려면 해당 사용자의 동의가 필요할 수 있습니다. 규제 기관은 코드 생성을 '일반 AI'로 분류하고 투명성이나 위험 관리 의무를 부과할 수 있습니다. 정보를 지속적으로 수집하고 법무 및 컴플라이언스 전문가와 긴밀히 협력하여 규정 위반을 피하기 바랍니다.

    당연한 말이지만, AI를 사용하여 멀웨어나 윤리적 정당성 없는 익스플로잇 코드를 생성하거나 비윤리적이거나 불법적인 관행을 자동화하지 마세요.[5] AI가 매우 효과적인 피싱 이메일이나 코드 인젝션 공격을 작성할 수 있지만, 이러한 목적으로 사용하는 것은 윤리, 대부분 국가의 법률, AI의 서비스 약관을 위반합니다. 건설적인 용도에 집중하세요.

---

[5] 윤리적으로 정당화된 예외가 몇 가지 있습니다. 침투 테스트 전문가와 보안 연구원은 책임 있는 공개 프로토콜 아래에서 작업하는 한, 윤리적인 목적 아래 AI를 사용하여 취약점을 찾을 수 있습니다.

5. 조직에서 책임감 있는 AI 문화를 조성한다.

팀에서 바이브 코딩을 도입한다면 윤리에 대한 논의를 장려하고 관련 윤리 교육을 제공하세요. 개발자와 코드 검토자가 [그림 9-1]과 비슷한 간단한 체크리스트를 사용하는 것을 권장합니다.

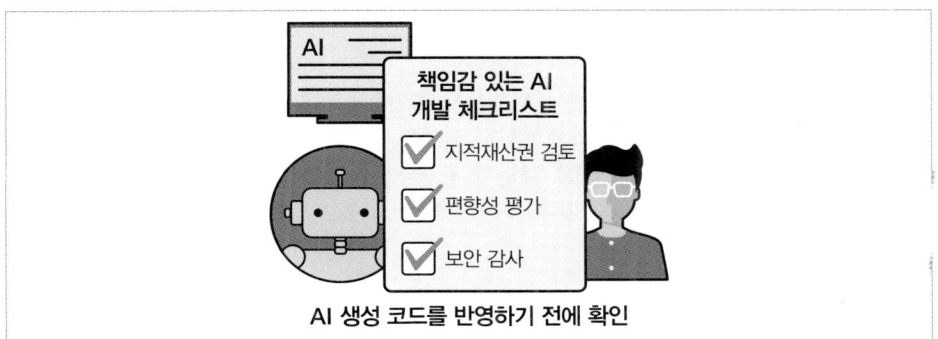

그림 9-1 책임감 있는 AI 개발 체크리스트: AI 생성 코드를 프로덕션 시스템에 통합하기 전 지적재산권 검토, 편향성 평가, 보안 감사를 포함한 필수 검증 단계

모든 사람이 윤리적 AI 사용에 대한 책임감을 느껴야 합니다. 이는 집단적 노력이며, 특정 순간에 도구를 사용하는 개인만의 부담이 아닙니다. 이를 공식화하기 위해 팀이나 조직 내에서 '윤리 챔피언'이나 소규모 윤리 위원회를 지정하는 것을 고려해 보세요. 이 개인이나 그룹이 윤리의 유일한 소유자는 아니지만(책은 여전히 공유됨), 다음과 같은 부분에서 주도적 역할을 담당할 것입니다.

- AI 윤리의 최신 동향과 새로운 모범 사례, 새로운 규제 환경 파악
- 특정 프로젝트의 윤리적 고려사항에 대한 논의 촉진
- 개발 생명주기에 윤리적 원칙 통합 옹호
- 더 넓은 팀에 관련 자료와 교육 자료를 선별하고 배포하는 데 도움
- 윤리적 질문이나 우려 사항이 있는 팀원들의 연락 창구 역할

이 분야는 매우 빠르게 발전하고 있기 때문에, 팀 차원에서 AI 툴의 최신 버전과 기능, 한계, 그리고 책임 있는 사용을 위한 모범 사례를 꾸준히 확인하고 공유하는 것이 중요합니다.

또한, 새로운 기능이나 모범 사례가 등장할 때마다 팀 구성원들이 이를 적절히 적용할 수 있도록 정기적으로 교육과 논의를 진행하는 것이 바람직합니다. 워크플로에 통합해야 할 중요한 개념 중 하나는 모델 카드 사용입니다. **모델 카드**는 본질적으로 기계학습 모델에 대한 투명성을 제공하는 표준화된 문서입니다. AI 모델의 영양 성분표와 같다고 할 수 있습니다. 모델 카드에는 다음과 같은 세부 사항을 포함합니다.

- 모델이 무엇인지, 버전, 개발 시기
- 모델이 설계되고 테스트된 특정 사용 사례
- 제한사항이나 잠재적 위험으로 인해 모델을 사용하지 말아야 하는 시나리오
- 다양한 인구통계학적 그룹에 걸친 공정성과 편향성 평가를 포함하여 다양한 벤치마크에서 모델이 얼마나 잘 수행되는지

- 데이터의 알려진 제한사항이나 편향성을 포함하여 모델 훈련에 사용된 데이터셋에 대한 정보
- 잠재적 위험과 사회적 영향, 그리고 채택된 완화 전략

사전 훈련된 모델을 사용하거나 사용할 모델을 평가할 때는 해당 모델이 사용하는 모델 카드를 찾아보세요. 파인튜닝하거나 모델을 개발하는 경우, 직접 모델 카드를 작성하길 추천합니다.

6. 보호 장치와 안전망을 만든다.

책임감 있는 설계를 실천한다는 것은 AI 생성 시스템에 안전망이 있어야 한다는 의미입니다. AI가 근본적인 문제를 가릴 수 있는 범위 밖 인덱스 수정을 제안한다면, 시스템이 조용한 오류를 일으키기보다는 안전하게 실패하는 것이 좋습니다. AI가 잘못된 추천을 할 수 있다면, 사용자의 인간적인 자율성을 존중해 추천을 수정하거나 무시할 방법도 제공해야 합니다. AI가 오작동해도 점진적으로 성능이 저하되는 시스템을 구축하기 위해 노력해야 합니다.

7. 팀 내에서 AI 사용 결정을 문서화한다.

특정 AI 제안을 사용한 이유(또는 사용하지 않은 이유)에 대한 내부 로그를 유지하세요. '모듈 X에 AI를 시도했지만 중복 코드를 너무 많이 생성하는 경향이 있어서 해당 부분은 수동으로 작성했습니다.' 이렇게 하면 프로세스를 개선하고, 코드베이스에 새로 합류한 팀원에게 AI의 역할을 알려주며, 팀의 집단 기억을 보강하는 데 도움이 됩니다. 또한 감사 과정에도 유용할 수 있습니다.

8. 편향성과 차별, 불공정성을 피하기 위해 적극적으로 노력하세요.

AI 사용이 차별로 이어질 수 있는 징후를 경계하고, 그런 상황이 발생하기 전에 피하기 위해 노력하기 바랍니다. 애플리케이션이 글로벌 서비스를 원한다면 AI가 다국어를 지원하는지 또는 영어를 사용하는 사람들을 선호하는지 확인하세요. 팀의 모든 구성원이 동등하게 AI를 사용할 수 있고, 같은 교육을 받을 수 있는지 확인하기 바랍니다.

책임감 있는 AI 체크리스트

1. **프롬프트 작성 및 코드 생성(개발자)**
   - ☐ 프롬프트에 클라이언트 정보, 개인식별정보, 비밀 정보와 같은 기밀이나 민감한 데이터가 포함되지 않았는지 확인한다.
   - ☐ 모든 출력에 대한 라이선스를 확인하고 허용되지 않는 한 독점 또는 GPL 코드가 포함되지 않았는지 확인한다. FOSSA와 같은 도구를 사용하여 스캐너 확인을 한다.
   - ☐ 코드와 주석이 고정관념이나 차별을 강화하지 않도록 출력에서 편향성을 테스트한다.
   - ☐ 안전한 기본값을 프롬프트하여 보안 위생을 확인한다. 코드가 불안전한 패턴(eval, 검증되지 않은 입력)을 피하는지 확인한다.
   - ☐ 스타일과 프레임워크, 성능 요구사항, 호환성 가이드라인을 포함하여 프롬프트에서 모든 제약사항을 지정한다.

2. **코드 리뷰 확인 사항(개발자 및 코드 검토자)**
   - ☐ 라이선스가 있지 않은 한 코드에서 저작권이 있는 임베디드 자료가 사용되지 않았는지 확인한다.

- ☐ 적절한 경우 귀속과 크레딧이 제공되는지 확인한다.
- ☐ 특히 사용자/UI 대면 레이어에서 편향성과 공정성에 대해 로직과 언어, 네이밍을 감사한다.
- ☐ 코드가 악용될 소지가 없는지 오용, 조작, 차별을 조장하지 않는지 확인한다.
- ☐ 입력 검증과 데이터 처리, 로깅을 검증하고 비밀 유출을 확인한다.
- ☐ 단위 테스트와 엣지 케이스, 오류 처리, 테스트 커버리지를 통해 코드의 기능과 정확성을 검증한다.
- ☐ 비효율적이거나 전력 소모가 많은 패턴을 확인한다.
- ☐ 종속성을 확인하여 검증되지 않은 라이브러리나 숨겨진 라이선스 위험이 포함되지 않았는지 확인한다.
- ☐ 가독성과 유지보수성을 확인한다. 코드는 스타일 가이드를 따르고 명확한 네이밍 규칙을 사용해야 한다.
- ☐ 사용되지 않는 코드가 제거되었는지 확인한다.
- ☐ 특히 AI 생성 로직에 대해 코드 주석이 코드의 의도를 설명하는지 확인한다.
- ☐ 코드 리뷰의 피드백이 정중하고 구체적이며 공감적인지 확인한다.

3. 거버넌스 및 프로세스(조직)
- ☐ 통합된 라이선스 스캐너와 감사 로그, 프로비넌스 트래커가 설정됐는지 확인한다.
- ☐ 윤리 및 AI 지원 코딩에 대한 교육을 제공하고 정기적으로 업데이트를 공유한다.
- ☐ 검증된 AI 툴 목록을 유지하고 승인되지 않은 고위험 도구를 금지한다.
- ☐ 비윤리적 코드를 발견한 사람을 위한 에스컬레이션 채널과 내부고발 옵션이 포함된 사고 프로세스를 마련한다.
- ☐ 편향성 사고와 보안 발견 사항, 라이선스 위반과 같은 책임감 있는 AI 지표를 모니터링한다. 이러한 지표의 체크리스트를 유지하고 주기적으로 수정한다.
- ☐ 커뮤니티 피드백을 요청하고 경청한다. 회고 미팅이나 외부 감사를 통해 다양한 관점을 포함한다.

체크리스트 사용법
- 조직과 비즈니스 도메인뿐만 아니라 팀의 기술과 위험 허용도, 가치에 특화된 질문을 포함하도록 이 목록을 맞춤화한다.
- 작게 시작한다. '민감한 데이터를 피했는가?' '라이선스를 스캔했는가?'와 같은 핵심 질문으로 시작한다.
- PR 템플릿과 CI 파이프라인, 코드 리뷰 도구를 통해 확인 사항과 체크리스트를 워크플로에 통합한다.
- 분기별로 또는 주요 사고 후에 이 체크리스트를 검토하는 일정을 잡는다. 이러한 검토를 사용하여 목록을 반복 개선하고 새로운 항목을 추가하거나 불필요한 항목을 삭제한다.
- 조종사와 의사가 체크리스트를 사용하는 것처럼, 이 체크리스트를 엄격한 규칙서가 아니라 대화의 출발점으로 다룬다.

AI 환경이 계속 변화하고 성장함에 따라 소프트웨어 업계는 AI 표준이나 인증을 도입할 가능성이 높습니다. 아직 초기 단계이지만, 기업이 IEEE나 ISO 워킹 그룹 같은 표준화 활동에 참여한다면 AI 소프트웨어 엔지니어링 가이드라인을 만드는 데 기여할 수 있습니다. 윤리적으로 개발 커뮤니티가 규칙을 설정하는 데 도움을 주는 것이 규제기관이나 법원에만 맡기는 것보다 낫습니다.

요약

책임감 있는 바이브 코딩은 모든 이해관계자를 존중하면서 소프트웨어 개발 생명주기에 AI를 통합하는 것입니다. 원작자의 지적재산권을 존중하고, 동료와는 투명하고 공정하게 협업하며, 사용자의 프라이버시와 보안을 지키고 공정한 결과를 제공하고, 사회에는 오남용으로 인한 피해를 방지하는 것입니다. AI의 강점을 활용하면서도 약점은 신중하게 방어해야 합니다.

바이브 코딩을 저품질 작업에 대한 변명으로 삼아서는 안 됩니다. 윤리적 절차를 생략하는 변명도 될 수 없습니다. 개발자는 주도적 역할을 담당하면서 속도 때문에 가치가 훼손되지 않도록 해야 합니다.

10장에서는 AI 모델과 함께 작업하는 방식을 바꾸고 있는 새로운 기술인 자율 코딩 에이전트를 살펴보겠습니다.

CHAPTER 10

백그라운드 코딩 에이전트

자율 백그라운드 코딩 에이전트 autonomous background coding agent가 차세대 AI 코딩 툴의 빠르게 떠오르고 있습니다. 일반적인 '코파일럿' 어시스턴트가 입력 중에 코드를 제안하는 방식과 달리, 이러한 에이전트는 주니어 개발자처럼 배경에서 전체 작업을 비동기적으로 처리합니다. 코드는 에이전트를 위해 생성된 격리된 환경에서 생성되고, 테스트를 실행할 수 있으며, 결과는 종종 검토할 수 있는 완전한 풀 리퀘스트로 반환됩니다.

이번 장에서는 백그라운드 코딩 에이전트가 무엇인지, 어떤 방식으로 작동하는지, 어떤 도구가 있는지(오픈AI 코덱스, 구글 줄스Jules, 커서, 데빈 등), 기존의 IDE 내 어시스턴트와 어떻게 다른지 살펴보겠습니다. 또한 어시스턴트의 능력과 한계, 소프트웨어 엔지니어링의 미래를 위해 시사하는 실용적인 변화들도 함께 알아봅니다.

10.1 코파일럿에서 자율 에이전트로: 백그라운드 코딩 에이전트

기존의 AI 코딩 어시스턴트(클라인 류의 VS코드 확장, 커서, 깃허브 코파일럿 등)를 분류하자면 **감독형 코딩 에이전트** supervised coding agent입니다. 즉, 개발자의 프롬프트나 인라인 컨텍스트에 응답하는 대화형 도우미입니다. 엄밀하게 따지면 아주 강력한 자동완성 기능이 채팅이나 코드 작성 중에 완성 코드를 제안합니다. 이때는 인간 개발자가 모든 단계를 주도합니다.

반면 자율 백그라운드 코딩 에이전트는 훨씬 큰 독립성을 가지고 작동합니다. 고수준의 작업이나 목표를 입력하면, 지속적인 감독 없이 스스로 문제를 해결하도록 '보낼' 수 있습니다. 이러한 에이전트들은 코드베이스를 읽고 수정하며, 계획을 수립하고, 코드를 실행하며(테스트나 명령어 실행 포함), 결과를 생성합니다(종종 커밋이나 풀 리퀘스트). 모든 과정이 비동기 워크플로로 진행됩니다.

코파일럿과 자동조종장치의 차이를 생각해 보세요. 코파일럿(깃허브 코파일럿)은 항상 조종석에서 여러분의 입력을 기다립니다. 자동조종장치(백그라운드 에이전트)는 잠시 동안 비행기를 혼자서 조종합니다. 이러한 자율성을 지닌 백그라운드 에이전트는 여러분이 다른 곳에 집중하는 동안 다단계 코딩 작업을 대신 처리합니다. 코덱스나 줄스 같은 비동기 에이전트를 사용하는 것은 인지적 부하를 줄이는 것과 같습니다. AI에 작업을 지시하고 완료될 때까지 잊고 있을 수 있습니다. AI와 순차적으로 상호작용하는 대신, 여러 작업을 동시에 처리하는 것이 가능해집니다. 에이전트는 여러분과 병렬로 작업하며, 마치 백그라운드에서 일하는 유능한 주니어 개발자와 같습니다.

중요한 점은 백그라운드 에이전트가 에디터에서 직접 작업하는 것이 아니라 격리된 개발 환경(종종 클라우드 VM이나 컨테이너)에서 작업한다는 것입니다. 개발 환경은 리포지토리를 샌드박스로 클론하고, 종속성을 설치하며, 프로젝트를 빌드하고 테스트하는 데 필요한 도구들을 갖추고 있습니다. 보안상 이유로 이러한 샌드박스는 제한적이며('명시적으로 허용되지 않는 한 인터넷 액세스 불가') 임시적입니다. 에이전트는 로컬 머신에 위험을 주지 않고 컴파일러와 테스트, 린터 등을 실행할 수 있습니다. 작업이 완료되면 에이전트는 코드 변경 사항(`diff`)과 수행한 작업의 요약을 출력합니다. 보통 풀 리퀘스트(코드 `diff`, 커밋 메시지, 때로는 설명 포함)로 제공되며, 이를 검토하고 머지할 수 있습니다.

정리하면 백그라운드 코딩 에이전트는 의도를 이해하고, 샌드박스 환경에서 코드를 읽고 작성하며 테스트해서 전체 작업을 처리하고, 검토할 수 있도록 결과를 전달하는 AI 기반의 자율적 코더입니다. 한두 줄을 제안하는 것이 아니라 더 광범위한 작업을 처리할 수 있습니다.

- 코드베이스에 새로운 기능 X 작성
- 효율성을 위한 모듈 Y 리팩터링

- 프로젝트의 종속성 업그레이드

AI를 개발 워크플로에 통합하는 방식에 중대한 변화가 일어났습니다. 제안만 하는 보조적인 역할에서 **실제 구현 작업**을 대신하는 역할로 이동한 것입니다.

10.2 자율 코딩 에이전트의 작동 방식

내부적으로 대부분의 백그라운드 에이전트는 **계획, 실행, 검증, 보고**라는 패턴을 갖고 움직입니다. 각 단계를 살펴보며 백그라운드 에이전트의 작동 방식을 살펴보겠습니다.

10.2.1 계획

에이전트에게 작업을 주면(일반적으로 원하는 것을 설명하는 프롬프트나 명령을 통해) 에이전트는 먼저 요청을 파싱하고 공격 계획을 수립합니다. 일부 에이전트는 진행하기 전에 이 계획을 명시적으로 보여줍니다. 구글의 줄스는 코딩을 시작하기 전에 검토하고 조정할 수 있는 실행 계획을 제시하여 **에이전트가 요청을 올바르게 이해했는지 알려줍니다**. 좋은 에이전트는 작업을 하위 단계로 나눕니다.

- 1단계: 관련 섹션을 찾기 위해 코드베이스 검색
- 2단계: 파일 A, B, C 변경
- 3단계: 테스트 실행
- 4단계: 변경 사항 커밋

이 계획 단계는 효과적인 자율성의 핵심입니다. AI가 목표 달성 방법에 대해 추론하는 방식이며, 바로 시작하기 전에 이루어집니다.

에이전트는 작업 전용 개발 환경을 시작합니다. 줄스는 '코드베이스를 안전한 구글 클라우드

VM에 클론하고' 비동기적으로 작업합니다. 오픈AI의 코덱스도 리포지터리가 미리 로드된 자체 클라우드 샌드박스에서 각 작업을 실행합니다. 커서의 백그라운드 에이전트와 같은 도구는 인터넷 액세스를 지원하는 우분투 기반 원격 머신(패키지 설치 목적)을 사용하며, 도커나 스냅샷을 통해 커스텀할 수 있습니다. 환경에 필요한 모든 종속성(올바른 언어 런타임과 빌드 도구 등)을 확보하는 것은 중요하면서도 간단하지 않습니다. 비르기타 뵈켈러Birgitta Böckeler의 분석(http://bit.ly/4mxr33J)에서 언급했듯이 '에이전트가 효과적으로 동작할 수 있는 환경을 설정하는 방법을 파악해야 하며... 사용자가 이를 구성하는 경험은 CI 파이프라인을 구성하는 과정보다 더 답답할 수 있습니다.' 그럼에도 불구하고 에이전트들은 설정 단계를 지정하는 구성 파일을 허용하여 이 문제를 해결합니다. 목표는 인간 개발자가 프로젝트 코드와 테스트를 성공적으로 실행하는 데 필요한 것을 미러링하는 **클라우드 개발 환경**을 만드는 것입니다.

주목할 점은 많은 에이전트가 초기 설정 이후 코드의 인터넷 접근을 차단한다는 것입니다. 인터넷 접속을 차단하면 무단 데이터 유출이나 인터넷 호출이 없는 샌드박스 환경에서 실행할 수 있습니다. 다만 필요에 따라 제한적으로 인터넷 사용을 허용하는 경우도 있습니다. 예를 들어, 오픈AI는 코덱스가 패키지 업데이트나 문서 조회 같은 작업을 할 때만 선택적으로 인터넷 접근을 활성화할 수 있게 허용했습니다.

10.2.2 실행

여기가 핵심입니다. 에이전트가 계획에 따라 코드를 작성하고 수정하기 시작합니다. 코딩 전용으로 파인튜닝한 대형 언어 모델(또는 다양한 모델의 조합)로 무장하여, 여러 파일을 읽고, 새 코드를 생성하며, 필요시 새 파일도 만듭니다. 에이전트가 사실상 개발자처럼 행동하는 단계입니다. 변경이 이루어져야 할 위치를 찾고, 코드를 편집하며, 새로운 로직을 삽입합니다.

초기 실행에서 흥미로운 점은 에이전트들이 종종 무차별 텍스트 검색(유닉스의 `grep` 명령)을 사용하여 코드베이스의 관련 부분을 찾는다는 것입니다. 예를 들어 에이전트는 함수 이름이나 키워드를 검색하여 리포지터리에서 변경해야 할 위치를 파악할 수 있습니다. 놀랍도록 단순해 보입니다. 시맨틱 코드 검색이나 AST 기반 분석같은 좀 더 고급 기법을 사용하는 편이 낫지 않을까요? 그러나 효과적이고 신뢰할 수 있습니다. 비르기타 뵈켈러가 언급했듯(https://oreil.ly/wDSkr) 많은 코딩 에이전트가 더 고급 기법이 존재함에도 불구하고 더 간단한 방법인 전문 검색을 기본으로 사용합니다. 아마도 가장 광범위하게 효과적인 방법이라고 판단하는 것 같습니다.

에이전트가 코드를 편집할 때, 일부 시스템은 원한다면 따라갈 수 있도록 실시간 로그나 상태 업데이트를 제공합니다. 오픈AI 코덱스는 작업을 진행하면서 에이전트의 '생각'과 명령(요약된 명령)에 대한 로그를 노출합니다. 커서는 '상태를 보고 에이전트가 실행 중인 머신에 진입'하여 관찰하거나 작업 중간에 개입할 수도 있게 해줍니다. 실제로는 에이전트를 돌보지 않아도 된다는 의미입니다. 자동조종장치에 맡기세요.

10.2.3 검증

이러한 에이전트의 결정적인 능력은 코드 작성에서 멈추지 않는다는 것입니다. 종종 코드를 컴파일하고 테스트를 실행하여 변경 사항을 검증합니다. 오픈AI의 코덱스는 통과 판정을 받을 때까지 반복적으로 테스트를 실행합니다. 에이전트가 프로젝트의 테스트 스위트(또는 관련 테스트의 하위 집합)를 실행하면, 실수를 파악하고 자동으로 수정합니다. 정말 굉장한 일입니다. **AI의 역할이 코드 생성에서 디버깅과 검증까지 확장**된 겁니다.

이론적으로 견고한 테스트 도구를 갖춘 에이전트는 수정을 시도하고, 테스트 실패를 확인하고, 코드를 조정하며, 테스트가 통과할 때까지 루프를 실행할 수 있습니다. 사람이 없어도 됩니다. 실제로는 환경이 문제가 될 때도 있습니다. 한 연구에서 코덱스는 환경 불일치(특정 도구 누락)로 인해 전체 테스트 스위트를 실행하지 못했고, 결과적으로 여전히 테스트 두 개를 실패하는 상태로 풀 리퀘스트가 만들어졌습니다. 환경이 완전히 정렬되었다면 에이전트가 PR을 만들기 전에 이러한 사소한 문제를 수정했을 것입니다.

이는 자율 에이전트에게 환경 설정이 왜 그렇게 중요한지를 보여줍니다. 개발자가 할 수 있는 모든 것(린터, 테스트, 빌드)을 실행할 수 있다면, 많은 오류를 자동으로 자체 수정할 수 있습니다. 데빈과 같은 에이전트는 이런 과정을 장점으로 홍보합니다. 데빈은 '코드를 조성하고, 코드에서 버그를 찾고, 코드를 수정하며, 작동하는지 확인하기 위해 자체적으로 종단 간 테스트를 실행합니다'를 기능으로 명시합니다. 실제로 데빈은 구축한 프런트엔드 애플리케이션의 라이브 프리뷰 배포까지 실행하여 브라우저에서 기능을 수동으로 확인할 수 있게 해 주는데 영리한 검증 방식입니다.

10.2.4 보고

에이전트가 후보 솔루션을 완성하면(모든 테스트가 통과했거나 코드가 준비되었다고 판단하면) 결과를 준비합니다. 플랫폼에 따라 깃허브의 풀 리퀘스트, 채팅의 `diff`와 설명, 머지를 앞둔 파일로 제공합니다.

이 시점에서 인간인 여러분이 코드 리뷰를 수행합니다. 여기서 '신뢰하되 검증하라'는 원칙으로 돌아옵니다. 에이전트가 유용한 것을 생성할 것이라고 신뢰하지만, 코드 리뷰와 추가 테스트를 통해 변경 사항을 검증합니다. 많은 에이전트 시스템은 개발자에게 친숙한 워크플로이기 때문에 PR 검토 프로세스와 명시적으로 통합됩니다. 줄스는 깃허브에 연결되어 변경 사항으로 브랜치와 PR을 엽니다. 오픈AI의 코덱스는 승인하거나 후속 질문을 할 수 있도록 챗GPT 내부에서 `diff`를 표시합니다. 문제를 발견하거나 변경할 사항이 있다면, 에이전트에 다시 작업하도록 피드백을 줄 수 있습니다.

일부 에이전트는 채팅을 통해 처리합니다(데빈은 연결된 슬랙 스레드에서 피드백을 받을 수 있습니다. 문제를 지적하거나 조정을 요청하면 이를 해결하기 위해 '답변 작업을 시작'합니다). 다른 에이전트들은 조정된 프롬프트로 새로운 실행이 필요하거나 댓글 인터페이스를 사용할 수도 있습니다. 데빈은 특정 변경 사항을 만든 이유를 묻는 깃허브 PR 댓글에 반응하기도 했습니다. 댓글을 확인했다는 의미로 '눈' 이모지로 반응한 다음, 추론에 대한 상세한 설명을 게시했습니다. 설명이 완전히 정확하지는 않았지만, PR을 논의할 수 있다는 사실은 이러한 에이전트가 얼마나 상호작용적이 될 수 있는지를 보여줍니다.

별다른 문제가 없어 보인다면 에이전트의 PR을 머지하거나 변경 사항을 통합하세요. 그렇지 않다면, 수정 내역을 삭제하거나 에이전트에게 작업을 다시 맡기세요. 많은 팀이 에이전트의 출력이 거의 좋지만 완전하지 않을 때 어떻게 해야할지를 고민합니다. 우선순위 낮아 AI에 위임했던 작업이어도, 에이전트가 생성한 패치의 마지막 10~20%를 수정하는 데 시간을 투자할 필요가 있을까요? 저는 이를 두고 AI 코드에 대한 '매몰비용의 딜레마'라고 부릅니다. 비르기타 뵈켈러는 에이전트의 PR이 부분적으로만 성공한다면 팀들이 '어떤 상황에서 풀 리퀘스트를 폐기하고, 어떤 상황에서 마지막 20%를 완성하는 데 시간을 투자할지' 결정해야 한다고 말합니다(https://oreil.ly/IdJ9d). 정답은 없습니다. 컨텍스트와 변경의 가치에 달려 있지만, 자율 에이전트가 도입하는 새로운 종류의 트레이드오프입니다.

요약하면, 백그라운드 코딩 에이전트는 **이해 → 계획 → 코딩 → 테스트 → 전달**이라는 코딩 작업의 종단 간 사이클을 처리합니다. 본질적으로 작업을 할당받은 부지런하고 체계적인 개발자가 할 수 있는 일을 시뮬레이션합니다. 물론 현재 AI의 한계 내에서 말입니다(그림 10-1).

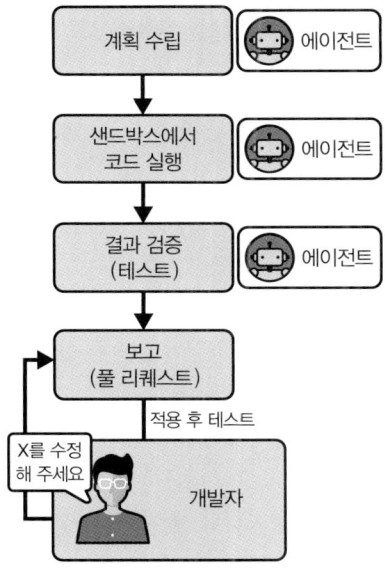

그림 10-1 자율 코딩 에이전트 워크플로: 자기 주도적 에이전트가 작업을 계획하고, 솔루션을 실행하며, 결과를 검증하고, 최소한의 인간 개입으로 결과를 보고합니다.

10.3 백그라운드 에이전트와 IDE의 AI 어시스턴트 비교

몇 년 전부터 사용해온 AI 어시스턴트(깃허브 코파일럿, 챗GPT 코딩 모드 등)와 이 새로운 세대의 자율 에이전트 사이에는 명확한 차이가 있습니다. 둘 다 유용하지만, 서로 다른 역할을 수행하며 각각의 장단점을 가지고 있습니다.

가장 명백한 차이점은 **자율성 수준**입니다. 코파일럿이나 VS코드의 AI 확장 기능과 같은 IDE 내 어시스턴트는 사용자와 **동기적**으로 작동합니다. 호출될 때 제안을 생성하거나 질문에 답하며, 범위는 일반적으로 즉각적인 컨텍스트(편집 중인 파일이나 함수 또는 제공한 특정 프롬프트)로 제한됩니다. 제안을 수락할지, 다른 제안을 요청할지, 변경 사항을 적용할지는 사용자가 결정합니다.

백그라운드 에이전트의 경우, 작업에 대해 '실행'을 누르면 에이전트가 추가 확인 없이 잠재적으로 수백 개의 작업(파일 편집, 실행, 검색)을 자율적으로 수행합니다. 이는 **비동기적**으로 작동하는 것입니다. 더 높은 수준의 신뢰가 필요하지만(자체적으로 변경을 허용하므로), 동시에 세세한 관리에서 벗어날 수 있습니다. 저는 종종 이를 **AI 페어 프로그래머**를 두는 것과 팀에 **AI 어시스턴트 개발자**를 두는 것의 차이로 설명합니다. 페어 프로그래머(코파일럿)는 키 입력 하나하나마다 함께하고, 어시스턴트 개발자(코덱스/줄스 등)는 다른 이슈에 대해 병렬로 작업합니다.

코파일럿 스타일의 AI 툴은 마이크로 작업에 뛰어납니다. 함수 작성, 라인 완성, 짧은 코드 생성, API 사용 방법에 대한 질문 답변 등이 여기에 해당합니다. 에디터의 열린 파일이나 컨텍스트 윈도를 넘어서는 긴 내러티브나 프로젝트 전체에 대한 이해를 유지하지 않습니다.

자율 에이전트는 **프로젝트 수준**에서 작동합니다. 전체 리포지터리를 로드하거나 최소한 인덱싱하여 여러 모듈에 걸쳐 조율된 변경을 수행할 수 있습니다. 다단계 계획을 추적합니다. 깃허브 코파일럿은 프롬프트를 제공하면 단위 테스트 작성을 도와줄 수 있지만, 백그라운드 에이전트는 하나의 통합된 작업의 일부로 한 파일에 구현을 추가하고, 다른 파일에 테스트를 추가하며, 세 번째 파일에서 설정을 수정하는 것을 스스로 결정할 수 있습니다. 이로 인해 에이전트는 교차 관심사 리팩터링(로깅, 오류 처리), 업그레이드 수행(종종 많은 파일을 포함), 백엔드와 프런트엔드를 모두 건드리는 기능 구현과 같은 작업에 훨씬 더 적합합니다. IDE 어시스턴트는 장기 작업 메모리와 전체 리포지터리 가시성이 부족하여 이러한 작업을 쉽게 처리할 수 없습니다.

코파일럿 스타일의 어시스턴트는 반응적입니다. 코드나 쿼리에 응답합니다. 자체적으로 작업을 시작하지 않습니다. 백그라운드 에이전트는 활성화되면 목표 달성을 위해 주도적으로 행동한다는 점에서 능동적입니다. 줄스나 데빈 에이전트는 각 단계에서 명시적으로 지시받지 않고도 '여기에 새 파일을 생성해야 합니다' 또는 '지금 테스트를 실행해 보겠습니다'라고 결정할 수 있습니다. 또한 다음과 같이 능동적으로 알려줄 수도 있습니다.

 이 변경 사항을 적용할 다른 위치를 찾았으므로 그것도 포함하겠습니다.

마치 '코드를 살펴보던 중 X를 발견했으므로 그것도 수정했습니다'라고 말하는 직원처럼 행동합니다. 다만 자율성이 있다는 건, 예상하지 못했거나 원치 않았던 일을 할 수도 있다는 뜻이기도 합니다. 이런 도구는 감독된 방식으로 동작하므로, (눈치채지 못한 미묘한 오제안을 빼면) 사용자가 수락한 것만 정확히 수행합니다. 자율성이 높은 만큼 철저한 감독이 필요합니다.

주요 차이점은 백그라운드 에이전트가 **코드와 명령을 실행할 수 있는 반면**, 기존 IDE 어시스턴트는 일반적으로 그렇지 못하다는 점입니다(챗GPT의 코드 인터프리터 모드 같은 것을 포함한다면 예외지만, 이는 프로젝트 빌드와 통합되지 않고 데이터 분석용입니다).

에이전트는 테스트 스위트를 실행하고, 개발 서버를 시작하며, 애플리케이션을 컴파일하고, 심지어 배포할 수도 있습니다. 샌드박스에서 작동하지만, 터미널을 사용할 수 있는 자동화된 개발자를 두는 것과 사실상 같습니다. 바이브 코딩의 판도가 바뀝니다. 검증/수정의 루프를 닫습니다. IDE 도우미는 그럴듯해 보이는 코드를 생성할 수 있지만, 실제로 실행하지 않았다면 런타임 문제나 실패하는 테스트가 있을 수 있습니다.

코드를 실행하는 에이전트를 사용하면 출력이 실제로 작동할 가능성이 더 높습니다. 디버깅 단계도 대신 처리합니다. 무언가 실패하면 에이전트가 즉시 수정을 시도할 수 있습니다. 반면에 에이전트의 환경이 올바르게 설정되어야 하며(앞서 논의한 대로), 잠재적인 부작용의 가능성을 열어둡니다. 에이전트가 데이터베이스 마이그레이션을 실행하거나 데이터를 수정하는 것을 상상해 보세요. 일반적으로 샌드박스 모드에 있으므로 프로덕션에 영향을 미치지 않지만, 주의가 필요합니다.

깃허브 코파일럿과 같은 도구는 에디터에 있어 워크플로 중 코딩에 적합합니다. 에이전트는 종종 프로젝트 관리 및 데브옵스 도구와도 통합됩니다. 깃허브 이슈를 생성하고 에이전트가 이를 선택하여 PR을 생성하도록 하거나, 특정 작업(PR의 린트 오류 자동 수정 등)을 위해 CI 파이프라인에서 에이전트 실행을 트리거할 수 있습니다. 실제로 코드젠^{CodeGen}은 이슈 트래커에 연결하는 에이전트의 기능을 광고하여 이슈가 '진행 중'으로 이동하면 AI 에이전트가 작업을 수행합니다. 이러한 종류의 통합은 IDE가 제공하는 기능을 넘어섭니다. AI 에이전트가 CI/CD 루프의 일부가 될 수 있음을 시사합니다. 예를 들어, 빌드 실패를 자동으로 수정하려고 시도하거나 사소한 문제에 대한 후속 PR을 자동으로 생성하는 것입니다. 이는 다른 협업 모드입니다. 개발자가 코드를 작성하는 것을 돕는 것이 아니라 팀의 도구 체인에서 봇 사용자로 활동하는 것입니다.

코파일럿 유형의 어시스턴트는 프로그래밍하는 기분이 느껴집니다. 더 빠를 뿐이죠. 타이핑하고, 제안받고, 수락하고, 테스트합니다. 백그라운드 에이전트를 사용하는 것은 위임 후 검토에 더 가깝게 느껴집니다. 인간의 역할은 코드 작성에서 좋은 작업 설명 작성과 생성된 코드 리뷰로 이동합니다. 저는 이를 **'생성 작업과 검토 작업의 비대칭성'**이라고 부릅니다. 처음부터 솔루션(또는 코드)을 생성하는 것은 어렵지만, 검토하고 다듬는 것은 더 쉽습니다. 비동기 에이전트는 이를 활용합니다. 대량 생성을 처리하고, 일반적으로 더 빠른 검증 및 조정 작업을 남겨둡니다. 생산성이 높아질 수 있지만, 개발자로서 코드 리뷰 및 검증 기술을 연마해야 한다는 의미이기도 합니다.

코드 리뷰는 항상 중요했지만, 이제는 다른 인간 동료의 코드뿐만 아니라 AI가 생성한 코드에도 필요합니다. AI 생성 코드는 다른 패턴의 실수를 가져올 수 있습니다. 저는 에이전트가 생성한 코드를 약간 열정이 과한 주니어 개발자가 작성한 것처럼 취급해야 한다고 생각합니다. 좋은 의도와 적절한 역량을 가정하되, 모든 것을 검증하고 표준에 맞지 않으면 변경을 요청하거나 거부하는 것을 주저하지 마세요.

실제로 저는 코파일럿 스타일 도구와 백그라운드 에이전트를 함께 사용합니다. 복잡한 로직을 적극적으로 코딩할 때는 코파일럿이나 커서의 인라인 제안을 사용할 수 있습니다. 로직을 엄격하게 제어하고 싶기 때문입니다. 한편, 중요하지는 않아도 시간이 많이 걸리는 주변 작업(새로운 엔드포인트를 위한 모든 API 클라이언트 라이브러리 업데이트 등)은 백그라운드 에이전트에 위임하여 병렬로 처리하도록 할 수 있습니다. 각 방법은 서로 다른 틈새를 채웁니다. 한 방법이 다른 방법을 대체하는 일은 없을 겁니다. 오히려 IDE가 두 방법을 통합한 경험을 제공하게 될 것이라 생각합니다. IDE가 '이 줄 완성'부터 '함수 생성', 'AI, 이 전체 티켓을 구현하세요' 같은 다양한 프롬프트에 반응해 작업 범위에 따라 구현 방법을 선택하게 될 것입니다.

10.4 여러 AI 모델을 결합하여 강점 극대화

지금까지 저는 종종 'AI'를 하나의 단일 어시스턴트인 것처럼 언급했습니다. 실제로는 각각 다른 강점을 가진 많은 AI 모델이 있습니다. 일부는 자연어 이해에 뛰어나고, 다른 것들은 코드 생성에 탁월하며, 일부는 특정 도메인(수학 문제 학습 도우미나 UI 생성기 등)에 특화되어 있을 수 있습니다. 바이브 코딩에 익숙한 실무자는 여러 AI를 함께 조율하여 각각이 가장 잘하는 것을 활용할 수 있습니다. 이는 만능 개발자 한 명보다 각 분야 전문가 여러 명으로 구성된 팀과 같습니다.

다양한 AI가 구성할 미래의 워크플로를 상상해 보세요.

- 프로그래밍에 고도로 훈련되어 코드를 효율적으로 생성하고 수정하는 코드 AI$^{CodeGen\ AI}$
- 테스트 케이스 생성과 엣지 케이스 찾기에 특화된 테스트 AI$^{TestGen\ AI}$
- 명확한 문서와 설명을 작성하는 문서 AI$^{Doc\ AI}$
- UI 레이아웃이나 그래픽 생성에 능숙한 디자인 AI$^{Design\ AI}$
- 성능 튜닝에 집중하고 저수준 세부 사항까지 인식하는 최적화 AI$^{Optimization\ AI}$

이 AI로 작업을 파이프라인화할 수 있습니다. 코드 AI에 원하는 코드를 구현하도록 요청합니다. 즉시 출력을 테스트 AI에 전달하여 테스트를 생성하거나 검토하도록 합니다. 그다음 코드와 테스트를 모두 문서 AI에 전달하여 문서나 사용 가이드를 생성합니다. 코드가 사용자 인터페이스를 포함한다면, 디자인 AI를 먼저 사용하여 레이아웃 구조를 제안하고 코드 AI가 이를 구현하도록 할 수 있습니다. 체이닝을 통해 각 모델의 도메인 전문성을 활용합니다. 소프트웨어 파이프라인이나 조립 라인과 유사하지만 사람을 배치할 자리에 AI를 배치하는 셈입니다.

유사한 모델끼리 결합해도 신뢰성이 높아집니다. 제공업체나 아키텍처가 다른 코드 생성 모델 두 개가 있다면, 둘 다 설루션을 생성하도록 지시한 다음 두 출력을 비교하거나 테스트할 수 있습니다. 한 모델의 출력이 모든 테스트를 통과하고 다른 하나가 통과하지 못한다면, 통과한 모델을 선택합니다. 둘 다 통과하지만 접근 방식이 다르다면, 결과물을 더 읽기 쉬운 모델로 선택합니다. 두 개의 모델이 대화를 하도록 구성해 서로를 보완하는 방법도 있습니다. 예를 들어 성공한 모델이 실패한 모델에 힌트를 제공해 오류를 줄이거나, 한 AI가 생성한 코드를 다른 AI가 다양한 도구와 연구 결과를 바탕으로 평가하도록 구성할 수도 있습니다.

10.4.1 작업 유형별로 모델 구분

작업에 맞는 도구를 사용하기 바랍니다. LLM은 만능 도구로서는 훌륭하지만, 때로는 더 작고 특화된 모델이나 도구가 더 나은 성능을 보입니다. 때로는 산술이나 특정 알고리즘의 경우 결정론적 도구(또는 더 제한된 AI)가 더 나을 수 있습니다. 일부 고급 개발 설정은 특정 하위 작업에 대해 심볼릭 솔버나 오래된 규칙 기반 AI를 사용하고 다른 작업에는 LLM을 사용합니다. 뛰어난 바이브 코더로서 툴 리스트를 정리해도 좋습니다. 정규 표현식이 필요할 때는 정규식 전용 생성기를 호출하고, 커밋 메시지가 필요할 때는 요약 전용으로 파인튜닝한 모델을 사용할 수 있습니다. 이때 간단한 스크립트나 프롬프트 래퍼를 사용할 수도 있습니다. 예를 들어 `ai_regex_generator` 같은 로컬 스크립트를 만들 수 있습니다. AI에 프롬프트를 제공하지만 출력이 유효한 정규식인지 내부적으로 확인하고 제공된 예제에서 테스트하는 전처리 및 후처리를 수행합니다.

10.4.2 오케스트레이션 시스템

모델을 자주 결합한다면, 오케스트레이션 시스템을 사용하거나 구축할 수 있습니다. 이는 종종

'AI' 또는 '에이전트'라고 불리는 새로운 프레임워크 카테고리입니다. 이러한 시스템을 통해 흐름을 구성할 수 있습니다.

- 1단계: 모델 A를 사용하여 사용자 요청을 해석한다
- 2단계: 데이터 분석에 관한 요청이라면 모델 B를 사용하여 SQL을 생성하고, 텍스트에 관한 것이라면 모델 C를 사용한다
- 3단계: 결과를 모델 D에 전달해 설명을 생성한다

이는 여러 AI 단계로 구동되는 애플리케이션이나 서비스를 구축하는 경우 더 관련이 있습니다. 그러나 개인 개발에서도 다단계 접근 방식을 스크립팅할 수 있습니다. 사용자 정의 CLI 툴인 `ai_dev_assist`는 프롬프트를 받아 백그라운드에서 AI를 사용하여 `code`와 `design`, `test`, `optimize`와 같은 카테고리로 분류합니다. 카테고리에 따라 프롬프트를 적절한 전문 AI로 전달합니다. 결과를 받으면 다른 AI로 전달하여 검토하거나 개선할 수 있습니다.

다른 AI를 조율하는 이런 메타 AI는 복잡하게 들릴 수 있지만, 숙련된 사용자라면 현재 기술만으로도 구성할 수 있습니다. 또한 IDE나 클라우드 플랫폼이 메타 AI 전용 지원을 제공하기 시작하면 더욱 쉽게 구성할 수 있게 될 겁니다.

10.4.3 인간-AI 하이브리드 팀

지금까지 AI 이야기를 많이 했지만 사람도 해결책을 생각해낼 수 있다는 사실을 잊지 마세요. 뛰어난 바이브 코더라면 언제 동료 사람 개발자가 활약해야 할지도 알고 있습니다. 예를 들어, AI를 사용하여 기능에 대한 두세 가지 다른 디자인 프로토타입을 생성한 다음, 팀의 UX 디자이너에게 피드백을 요청할 수 있습니다. 어느 디자인이 우리 브랜드에 적합할까요? 어떤 디자인이 직관적으로 느껴지나요? AI가 복잡한 코드를 작성한다면, 동료와 함께 해당 부분에 집중하여 코드 리뷰를 진행할 수 있습니다. '이 코드를 작성하는 데 AI를 사용했으므로 다른 사람의 의견도 궁금합니다'라고 물어보세요. 어떻게 보면 '다중 모델' 접근 방식에서 사람을 초고급 모델로 생각할 수 있습니다. 모든 주체(인간 또는 AI)는 각자 고유한 강점을 가지고 있습니다. 개발의 미래는 종종 인간 + AI 페어 프로그래밍이거나 일부 '팀 구성원'이 AI인 팀 프로그래밍일 수 있습니다.

바이브 코딩을 통해 작은 웹 애플리케이션을 구축한다고 가정해 보겠습니다. 다음과 같이 워크플로를 구성할 수 있습니다.

1. UI 레이아웃 AI를 사용하여 설명에 따라 페이지의 HTML/CSS를 생성합니다(프런트엔드 전문).
2. 콘텐츠 AI를 사용하여 필요한 플레이스홀더 텍스트나 이미지를 생성합니다(마케팅 텍스트 등, 카피라이팅에 적합한 모델 사용).
3. 그런 다음 주요 코드 AI를 사용하여 자바스크립트로 대화형 기능을 생성하고, HTML을 제공하여 어떤 요소 ID에 연결할지 알 수 있도록 합니다.
4. 그런 다음 테스트 AI에 인터페이스 상호작용을 위한 셀레니움Selenium이나 플레이라이트Playwright 테스트를 생성하도록 요청합니다.
5. 마지막으로 보안 AI를 사용하여 일반적인 취약점을 스캔합니다. 여기서 보안 AI는 모델이나 AI를 사용하는 정적 분석 도구를 말합니다.

이런 다중 모델 접근 방식은 프런트엔드, 백엔드(있다면), 콘텐츠, 테스트 및 보안을 하나의 통합 프로세스로 다룹니다. 각 AI는 자신의 역할을 마쳤고 여러분은 오케스트레이터로서 모두 정리했습니다.

오늘날에는 한 도구에서 다른 도구로 출력을 수동으로 복사하거나 일부 접착 스크립트를 사용해야 할 수 있지만, 내일의 IDE는 이 파이프라인을 구성하여 원활하게 느껴지도록 할 수 있습니다. 여러 개에 액세스할 수 있다면 하나의 AI 모델에만 의존해서는 안됩니다. 각 작업에 가장 적합한 것을 사용하고 함께 작동하도록 만드세요. 더 나은 결과를 가져오고 단일 실패 지점도 줄입니다. 한 모델이 무언가에 능숙하지 않다면 다른 모델이 그 약점을 보완할 수 있습니다.

AI 모델을 결합하는 것은 고급 기법처럼 보이지만, 소프트웨어 엔지니어링에서는 이미 많이 사용하는 전문성의 원칙을 논리적으로 확장한 것입니다. 마이크로서비스의 각 서비스는 한 가지 기능을 잘 수행하듯, AI 모델 결합에서 각 AI 서비스는 한 가지 작업을 잘 수행합니다. 바이브 코더의 역할은 단순한 프롬프트 작성자가 아닌 AI의 지휘자입니다. 더 많은 설정과 생각이 필요하지만, 보상은 각자가 고품질 최종 제품에 기여하는 AI들의 협주곡입니다.

지금까지 작동 방식을 살펴봤으니 주요 예시를 살펴보고 비교해 보겠습니다.

10.5 주요 자율 코딩 에이전트

2025년 현재, 자율 코딩 에이전트 환경은 지난 1년 동안 빠르게 진화했으며, 플랫폼마다 독특한 접근 방식을 보이고 있습니다. 이러한 도구들은 단순히 코드를 완성하는 수동적인 역할에서 벗어나, 복잡한 작업을 독립적으로 수행할 수 있는 능동적인 개발 파트너로 변화하고 있습니다.

- **클로드 코드: 터미널 · IDE 하이브리드 에이전트**

  앤트로픽의 클로드 코드(http://bit.ly/46PhmIA)는 터미널에 상주하는 '에이전틱Agentic 코딩' 도구로, 리포지터리 내의 코드를 이해해 자연어 지시에 따라 이슈 해결 · 리팩터링 · 테스트 · 깃 워크플로(브랜치/커밋/PR)까지 처리할 수 있습니다. 별도 UI를 늘리기보다 기존 개발 스택(버전 관리, 배포, 모니터링 등)에 직접 연결해 실제 코드 변경을 생성 · 적용하는 점이 특징입니다. 클로드 코드는 VS 코드나 커서 같은 IDE와 통합되며, 통합 확장/CLI를 통해 에디터에서 바로 변경 사항(diff)을 적용하고 터미널 세션을 IDE에 연결할 수 있습니다. 최근에는 VS 코드 확장과 향상된 터미널 UX가 추가되어 더 긴 작업을 자율적으로 처리할 수 있습니다.

  에이전트 생태계도 확장 중입니다. 깃허브에서 공식 오픈소스 CLI를 제공하고, 백그라운드 작업 연동 및 PR 생성 지원이 공개되었으며, 플러그인 시스템(슬래시 커맨드, 에이전트, MCP 서버 등)과 Agent SDK로 팀/조직에 맞춘 워크플로를 구성할 수 있습니다. '계획–실행–검증' 루프를 반복하는 현대적 페어 프로그래밍 도구로 자리매김하고 있습니다.

- **오픈AI 코덱스: 클라우드 기반 커맨드라인 에이전트**

  오픈AI의 코덱스(https://oreil.ly/Ml-NU)는 클라우드 기반 에이전트 접근 방식을 대표하며, 챗GPT 인터페이스나 오픈소스 CLI를 통해 작동합니다. 격리된 샌드박스를 생성하여 리액트 업그레이드부터 유닛 테스트 생성까지 모든 작업을 병렬로 처리합니다. 코덱스의 특징은 실제 코딩 작업에 대한 강화 학습으로 훈련되어, 테스트가 통과할 때까지 반복 실행하는 것과 같은 모범 사례를 따른다는 점입니다. 실행 결과는 매번 다르더라도 코덱스는 잘 정의된 작업에는 작동하는 솔루션을 찾아냅니다. CI와 유사한 환경에서 실제 코드를 실행한다는 점이 강점이며, 개발 파이프라인과 실제로 '페어 프로그래밍'을 수행하는 첫 세대 에이전트를 대표합니다.

- **구글 줄스: 워크플로 통합 에이전트**

  구글 줄스(https://jules.google)는 깃허브 워크플로와 깊이 통합되는 다른 접근 방식을 취합니다. 구글 클라우드 VM에서 리포지토리를 복제해 실행되는 줄스는 명확하고 체계적인 계획 수립을 강조합니다. 추론 과정을 제시하고 실행 전에 계획을 수정할 수 있도록 합니다. '계획 후 실행' 철학과 실시간 피드백 기능을 결합하여, 줄스는 블랙박스 자동화보다는 감독된 어시스턴트로 자리매김합니다. 깃허브의 네이티브 설계 덕분에 팀이 작업하는 곳에서 직접 작동하며, 컨텍스트 전환 없이 브랜치와 PR을 생성합니다. 오디오 변경 로그와 같은 새로운 기능도 실험하고 있어, 더 접근하기 쉬운 코드 리뷰 프로세스를 향한 방향을 제시합니다.

- **커서: IDE 통합 에이전트**

  커서의 백그라운드 에이전트(https://oreil.ly/V-Pci)는 IDE 중심 접근 방식을 대표합니다. 에디터에서 직접 실행되지만 원격 머신에서 작동합니다. 하이브리드 모델은 개발자가 로컬 제어를 유지하면서 커맨드 센터에서 여러 AI 작업자를 조율할 수 있게 합니다. 커서는 사용자 정의 가능한 환경(`environment.json` 또는 `Dockerfile` 사용)을 갖춘 우분투 인스턴스를 프로비저닝하여 에이전트에게 완전한 인터넷 액세스와 패키지 설치 기능을 제공합니다. 핵심 혁신은 원활한 IDE 통합입니다. 개발자는 에이전트 진행 상황을 모니터링하고, 필요시 개입하며, 완료되면 즉시 로컬에서 변경 사항에 액세스할 수 있습니다. 접근 방식은 로컬 AI 지원과 클라우드 실행 능력 사이의 경계를 모호하게 만듭니다.

- **데빈: 팀 통합 에이전트**

  데빈(`https://devin.ai`)은 단순한 도구가 아닌 'AI 팀원'으로 자리매김하며, 슬랙과 깃허브, 지라와 같은 이슈 트래커와 통합됩니다. 코그니션 랩스$^{\text{Cognition Labs}}$에서 제작한 데빈은 장기적인 추론과 다단계 실행을 위해 조정된 맞춤형 AI 모델을 사용합니다. 버그 수정과 테스트 추가, 린터 정리와 같이 종종 우선순위가 밀리는 작은 유지보수 작업을 병렬로 실행하는 데 뛰어납니다. 협업 설계에는 상태 업데이트와 명확화 요청, 자동 프리뷰 배포까지 진행합니다. 간단한 작업은 잘 처리하지만, 복잡한 문제는 여전히 상당한 인간의 개입이 필요하여 현재 자율 코딩의 한계를 보여줍니다.

이 분야는 빠르게 확장되고 있으며, 기존 플레이어와 스타트업 모두 카테고리를 정의하기 위해 경쟁하고 있습니다. 마이크로소프트는 인라인 제안을 넘어 에이전트 기능으로 이동하는 '코파일럿++'를 예고했습니다. 코드젠(앤트로픽의 클로드 사용)과 같은 스타트업들은 '잠들지 않는 소프트웨어 개발자'를 약속하며 기업들을 유치하고 있습니다. 한편, 오픈소스 프로젝트와 학술 연구는 코드 생성을 더 신뢰할 수 있고 맥락적으로 만드는 방법을 탐구하며 계속해서 한계를 넓혀가고 있습니다.

이런 성능의 확산은 개별 개발자가 소프트웨어 생명주기의 다양한 측면에 특화된 여러 AI 에이전트를 조율하는 새로운 개발 패러다임의 탄생을 목격하고 있음을 시사합니다. 주요 차별화 요소는 다음과 같습니다.

- 실행 환경(로컬 대 클라우드)
- 통합 깊이(IDE 대 워크플로 도구)
- 자율성 수준(감독 대 독립)
- 대상 사용 사례(유지보수 대 기능 개발)

10.6 도전과 한계

자율 코딩 에이전트를 사용할 때도 이 책 전반에서 논의한 AI 보조 엔지니어링의 기본적인 어려움들, 특히 3장에서 다룬 '70% 문제'가 그대로 나타납니다. 자율적 특성으로 인해 독특하게도 별도로 검토가 필요합니다.

- **여러 결정이 복합적으로 미치는 영향**

  사람이 각 단계에서 개입하는 대화형 AI 지원과 달리, 자율 에이전트는 독특한 방식으로 오류를 복합시킬 수 있는 일련의 결정을 내립니다. 에이전트가 초기 요구사항을 잘못 해석하면, 단순히 하나의 결함 있는 함수를 생성하는 것이 아닙니다. 오해를 바탕으로 **전체 구현 아키텍처**를 구축합니다. 각 후속 결정은 원래의 오류를 강화하여, 제가 '일관성 있게 잘못된 코드'라고 부르는 것을 만들어냅니다. 내부적으로는 일관성이 있지만 실제 필요와는 근본적으로 어긋난 코드입니다.

  순차적 의사결정은 특히 여러 파일 변경을 다루는 에이전트에게 도전 과제가 됩니다. 새로운 기능을 구현하는 에이전트는 백엔드 API를 올바르게 수정할 수 있지만, 잘못된 가정을 프런트엔드와 데이터베이스 스키마, 테스트 스위트를 통해 전파할 수 있습니다. 완전한 풀 리퀘스트를 검토할 때쯤이면, 상호 연결된 실수를 풀어내는 것이 기존 AI 지원에서 가능한 대화형 점진적 수정보다 더 많은 노력을 필요로 하는 경향이 있습니다.

- **대규모 환경 취약성**

  8장에서 일반적인 환경 구성 문제를 논의하지만, 자율 에이전트는 샌드박스 실행 모델로 인한 독특한 복잡성에 직면합니다. 에이전트를 한 번 실행할 때마다 개발 환경과 똑같이 맞춘, 완전히 분리된 환경을 새로 띄워야 하는데, 이 방식은 규모가 커질수록 관리가 어려워집니다. 여러 에이전트를 동시에 돌리면 환경이 아주 조금만 달라도 결과가 크게 달라질 수 있습니다.

  다섯 개의 에이전트가 서로 다른 기능을 동시에 작업하는 시나리오를 생각해 보세요. 에이전트 A는 컨테이너에 노드 버전이 오래됐을 수 있고, 에이전트 B는 특정 시스템 라이브러리가 부족할 수 있으며, 에이전트 C는 다른 시간대 설정을 가질 수 있습니다. 실행 중에는 보이지 않는 변화들이 작업을 통합하기 시작할 때만 나타나는 미묘한 버그로 드러납니다. 에이전트 샌드박스 간의 '환경 드리프트'는 단일 개발자 워크플로에는 없는 새로운 종류의 통합 과제를 나타냅니다.

- **비동기 작업의 역설**

  자율 에이전트는 병렬 개발을 약속하지만, 인간 팀 역학과는 상당히 다른 조정 과제를 도입합니다. 여러 에이전트가 겹치는 코드 섹션을 수정할 때, 인간이 사용하는 암묵적인 소통 채널이 부족합니다. 메시지로 '인증 모듈을 건드리고 있나요?'라고 물을 수도 없고 어떤 파일을 건드리는지 알 방법이 없습니다.

  결국 **비동기 작업의 역설**이 부르는 현상이 벌어집니다. 생산성을 높이기 위해 병렬로 실행하는 에이전트가 많을수록 통합이 더 복잡해집니다. 스탠드업 회의와 비공식 커뮤니케이션을 통해 자연스럽게 조정하는 인간 개발자와 달리, 에이전트는 고립되어 작동합니다. 에이전트 A가 유틸리티 함수를 리팩터링한 반면, 에이전트 B는 이전 버전에 새로운 호출을 추가하느라 바빴다는 것을 발견할 수 있습니다. 에이전트가 인간 개발자의 자연스러운 인식을 가졌다면 발생하지 않았을 충돌을 만들어냅니다.

- **리뷰 병목의 심화**

  모든 AI 생성 코드에 대해 코드 리뷰가 필수적이지만(이전 장에서 논의한 대로), 자율 에이전트는 작업하는 양이 많고 속도도 빨라 검토할 코드의 양을 많이 만듭니다. 작업하면서 검토할 코드가 점진적으로 늘어나는 대화형 AI 지원과 달리, 에이전트가 생성한 PR은 구현이 끝난 코드로 나타납니다. 만약 밤새 실행하면 여러 개의 PR을 동시에 확인해야 합니다.

  개발자의 PR을 검토할 때와는 다른 종류의 인지적 과부하를 만듭니다. 사람의 코드는 커밋 메시지나 PR 설명을 통해 실제 사고 과정을 어느 정도 짐작할 수 있습니다. 그러나 에이전트의 PR은 코드 자체에서 에이전트의 '추론'을 역설계해야 합니다. 다섯 개의 에이전트가 월요일 아침에 각각 500줄 이상의 PR을 제공할 때, 리뷰 작업은 협업적인 품질 검사가 아니라 고고학 발굴이 되어버립니다.

- **에이전트에 대한 신뢰**

  가장 중요한 점은 자율 에이전트가 대화형 AI 툴과는 다른 방식으로 신뢰 모델에 도전한다는 것입니다. 에이전트에게 작업을 위임하고 자리를 떠날 때, 수용 가능한 위험에 대한 암묵적인 베팅을 하는 것입니다. 순간순간 제어를 유지하는 감독된 AI 지원과는 근본적으로 다릅니다.

  에이전트 기술의 보안을 고려하세요. 리포지터리에 대한 쓰기와 실행 권한을 가진 자율 에인전트는 독특한 공격에 노출될 수 있습니다. 손상되거나 잘못 지시된 에이전트는 단순히 나쁜 코드를 제안하는 것이 아니라 적극적으로 커밋하고 잠재적으로 배포까지 합니다. 에이전트를 위한 샌드박싱과 액세스 제어는 제안 기반 도구보다 더 정교해야 합니다(8장 참고).

- **새로운 조직적 과제**

  팀이 에이전트 사용을 확대함에 따라, 기존 AI 지원에는 존재하지 않는 새로운 조직 패턴이 나타나고 있습니다. 요청한 개발자가 병가 중일 때 에이전트가 생성한 코드는 누가 '소유'합니까? 팀 전체에 걸쳐 에이전트 리소스 사용을 어떻게 추적합니까? 에이전트가 한 달 동안 진행한 리팩터링 프로젝트가 긴급한 기능 개발과 충돌할 때 어떻게 됩니까?

  이 모든 일은 기술이 아닌 조직의 결정이 필요한 문제입니다. 에이전트 시스템에서만 발생하는 문제입니다. 9장에서 다루었던 개발자의 고려사항을 넘어서는 새로운 역할(에이전트 코디네이터agent coordinator), 새로운 프로세스(에이전트 영향 평가agent impact assessment), 새로운 도구(에이전트 배치 관리 툴agent fleet management)가 필요합니다.[1]

에이전트의 자율적 특성, 즉 독립적으로 작업하고 순차적 결정을 내리며 대규모로 작동하는 능력은 생산성 도구에서 팀 구성원에 가까운 무언가로 변화시킵니다. 변화는 이 책 전반에 걸쳐 논의된 기술적 관행뿐만 아니라 우리가 이제 막 이해하기 시작한 조정과 신뢰, 통합을 위한 완전히 새로운 프레임워크를 요구합니다.

---

[1] 옮긴이_ 괄호 속 용어는 실제 존재하는 공식 명칭이 아니며, 저자가 나중에 생길 것으로 추측한 가칭입니다.

10.7 AI 코딩 에이전트를 효과적으로 사용하기 위한 모범 사례

많은 일반적인 AI 개발 관행이 자율 코딩 에이전트에도 적용되지만, 에이전트 기반 개발의 특정 측면은 별도의 고려가 필요합니다. 코덱스와 줄스, 데빈, 커서의 백그라운드 에이전트와 같은 도구를 사용한 집단적 경험을 바탕으로, 이러한 관행들은 독립적으로 작동하는 AI 시스템에 전체 개발 작업을 위임할 때의 고유한 과제를 다룹니다.

10.7.1 자율 에이전트가 구현할 작업을 전략적으로 선택

AI 어시스턴트와 자율 에이전트의 근본적인 차이는 범위와 독립성에 있습니다. 에이전트는 명확한 성공 기준을 가진 잘 정의되고 캡슐화된 작업, 특히 많은 소규모 작업의 병렬 실행을 포함하는 작업에 뛰어납니다. 이상적인 에이전트 할당에는 포괄적인 테스트 커버리지 개선과 체계적인 종속성 업데이트, 대량 리팩터링 작업, 여러 컴포넌트에 걸친 표준화된 기능 구현이 포함됩니다.

AI 어시스턴트에게 단일 테스트 작성을 도와달라고 요청하는 것과 에이전트에게 전체 모듈에서 80% 테스트 커버리지를 달성하도록 작업을 할당하는 것의 차이를 생각해 보세요. 에이전트는 테스트되지 않은 각 함수를 체계적으로 작업하고, 적절한 테스트 케이스를 생성하며, 정확성을 검증하기 위해 실행하고, 커버리지 목표를 달성할 때까지 반복할 수 있습니다. 체계적이고 측정 가능한 유형의 작업이 자율 에이전트의 최적 지점입니다.

반대로, 중요한 아키텍처 결정을 내리거나 복잡한 이해관계자 요구사항을 해석하거나 새로운 알고리즘을 설계해야 하는 작업은 AI 지원을 받는 인간 주도 개발에 더 적합합니다. 핵심은 더 큰 작업의 어떤 측면을 에이전트에게 효과적으로 위임할 수 있고 어떤 부분이 인간의 판단과 창의성을 필요로 하는지 인식하는 데 있습니다.

10.7.2 에이전트별 계획 및 감독 기능 활용

현대의 자율 에이전트는 적극적인 참여를 요구하는 정교한 계획 및 실행 투명성 기능을 통해 차별화됩니다. 줄스가 작업을 시작하기 전에 실행 계획을 제시하거나 커서가 에이전트 활동의 실시간 로그를 표시할 때, 에이전트 기반 개발에 고유한 중요한 개입 지점을 나타냅니다.

계획 단계는 주요 품질 게이트 역할을 합니다. 제안된 계획을 정확성뿐만 아니라 효율성과 코드 베이스 규칙을 맞추기 위해 검토하는 편이 좋습니다. 줄스가 넥스트JS 애플리케이션을 업데이트하는데 웹팩webpack 구성 변경을 건너뛰었다면, 계획 중에 발견해 나중에 광범위한 재작업을 방지할 수 있습니다. 사전 검토는 반응적 코드 리뷰와 근본적으로 다르며 개발자 툴킷의 새로운 기술을 나타냅니다.

런타임 모니터링은 에이전트별 감독의 또 다른 계층을 제공합니다. 모든 작업을 볼 필요는 없지만, 주기적인 확인은 에이전트가 비효율적인 설루션을 추구하거나 불필요하게 광범위한 변경을 하는 것을 방지할 수 있습니다. 작업 중간에 에이전트의 환경에 '진입'할 수 있는 커서의 기능은 자율 워크플로를 완전히 포기하지 않고도 개입을 지원하는 현대 도구의 예시입니다. 효율성을 극대화하려면 언제 개입하고 언제 에이전트가 자체 수정하도록 놔둘지 학습해야 합니다.

10.7.3 동시 에이전트 작업 관리

단일 개발자가 한 번에 하나의 작업을 수행하는 기존 개발 방식과 달리, 에이전트는 진정한 병렬 개발을 가능하게 합니다. 이때 새로운 조정 전략이 필요합니다. 여러 에이전트를 동시에 실행할 때(예를 들어 하나는 종속성을 업데이트하고 다른 하나는 로깅 인프라를 추가하는 경우) 작업 간의 잠재적 충돌과 종속성을 고려해야 합니다.

머지 단계에서 충돌을 최소화하기 위해 각 에이전트의 범위에 대한 명확한 경계를 설정하세요. 가능한 경우 에이전트를 애플리케이션의 다른 모듈이나 계층에 할당하는 편이 좋습니다. 또한 통합 순서까지 고려해야 합니다. 새로운 기능을 추가하는 에이전트는 다른 에이전트의 인프라 개선이 완료되기를 기다려야 할 수 있습니다. 오케스트레이션은 지금까지의 단독 개발보다 분산 팀을 관리하는 것과 더 유사합니다. 실행 시간 모니터링은 에이전트별 감독의 또 다른 계층을 제공합니다.

10.7.4 에이전트를 통합하기 위한 팀 관행

자율 에이전트의 도입은 팀 역학과 리뷰 프로세스를 근본적으로 변화시킵니다. 동료가 신중하게 작성한 PR을 검토하는 것과 달리, 에이전트가 생성한 PR은 기술적으로는 정확하지만 스타일적으로 일관성이 없는 코드를 포함할 수 있습니다. 팀은 차이를 고려한 새로운 리뷰 관행을 개발해야 합니다.

정확성뿐만 아니라 팀 규칙 및 아키텍처 패턴과의 정렬도 강조하는 에이전트별 리뷰 체크리스트를 설정하는 것을 고려하세요. 에이전트와 작업하면서 발견한 일반적인 특이사항을 문서화하기 바랍니다. 선택한 에이전트가 일관되게 특정 안티패턴을 사용하거나 특정 최적화 기회를 놓칠 수 있습니다. 축적된 팀 지식은 검토자가 반복되는 문제를 빠르게 식별하고 해결하는 데 도움이 됩니다.

10.7.5 자율 시스템과의 피드백 루프 구축

가장 중요한 점은 자율 에이전트의 피드백 루프가 단순한 코드 리뷰를 넘어, 새로운 형태의 반복 개발을 가능하게 한다는 것입니다. 에이전트의 풀 리퀘스트가 개선이 필요할 때, 특정 지침과 함께 다시 보내고 다른 반복을 요청할 수 있습니다. 이는 인간 동료에게 작업을 다시 보내는 것이 사회적 비용과 시간 비용이 발생하는 기존 개발 방식과는 다릅니다.

선택한 에이전트와 잘 작동하는 프롬프트 패턴을 개발하기 위해 노력해야 합니다. 일관되게 고품질 결과를 산출하는 성공적인 프롬프트 패턴을 찾으면 문서화하세요. 또한 필요한 모든 컨텍스트와 제약 조건을 포함하는 일반적인 작업 유형에 대한 템플릿을 만들어 두면 좋습니다. 계획과 실행, 수정 주기를 고려하는 에이전트 전용 프롬프트 엔지니어링이며, 일반적인 AI 상호 작용과는 다른 기술을 나타냅니다.

목표는 변하지 않습니다. 바로 고품질 소프트웨어를 효율적으로 제공하는 것입니다. 자율 에이전트는 단순히 목표를 달성하기 위한 새로운 도구를 제공하며, 기존 방법을 전면적으로 대체하기보다는 기존 관행에 신중하게 통합해야 합니다. 에이전트를 이해하고 엄격한 품질 기준을 유지하면서 고유한 기능을 활용함으로써, 팀은 코드 품질이나 아키텍처 무결성을 희생하지 않고도 생산성을 상당히 높일 수 있습니다.

요약

4장에서 했던 이야기를 다시 하겠습니다. AI는 개발자를 대체하지 못해도, AI를 효과적으로 사용할 수 있는 개발자가 그렇지 않은 개발자를 대체할 수 있습니다. 자율 코딩 에이전트의 출현은 그 변화를 가속합니다. '머리 없는 동료'를 활용하는 방법을 배운 인간은 더 적은 시간동안 더 많은 일을 할 수 있습니다. 이 변화에 적응하고 작업물에 높은 기준을 유지한다면 소프트웨어 개발자가 되기에 흥미로운 시기임은 틀림없습니다. 도구는 변해도 목표는 바뀌지 않습니다. 신뢰할 수 있고 효율적이며 혁신적인 소프트웨어를 구축하는 것입니다. 우리 곁에(또는 백그라운드에) AI 에이전트가 있다면 목표에 도달할 새로운 방법이 생깁니다. 아마도 우리가 숙면을 취하는 사이 봇들은 밤을 새우는 일도 생길 겁니다.

다음으로 이 책의 마지막 장에서는 에이전트 AI의 미래를 포함하여 코딩에서 AI의 미래에 대해 더 넓은 시각으로 살펴보겠습니다.

CHAPTER 11

코드 생성을 넘어서: AI 보조 엔지니어링이 나아갈 미래

바이브 코딩의 시작은 프롬프트를 읽은 AI가 코드를 생성하는 것이었지만, 이제는 단순히 코드를 작성하는 수준을 넘어섰습니다. AI 기술이 발전함에 따라 소프트웨어 개발 생명주기는 **모든** 측면에서 변화를 앞두고 있습니다. 이 장에서는 소프트웨어에서 AI의 역할이 미래에 어떻게 확장될지 전망해 보겠습니다. AI 기반의 테스트, 디버깅 및 유지보수를 탐구하고, AI가 소프트웨어 디자인과 사용자 경험 개인화에 미치는 영향, AI 지원으로 진화하는 프로젝트 관리 그리고 프로그래밍 언어의 미래까지 함께 생각해 보겠습니다. AI가 단순한 코드 생성기가 아니라 소프트웨어 엔지니어링 전 과정에 관여하는 존재가 되는 미래를 상상하며, 특정 기술은 나타나고 사라지더라도 여전히 유효한 기본 원칙을 찾아보겠습니다.

11.1 테스트, 디버깅, 유지보수에서의 AI

함수를 작성하면(수동으로든 바이브 코딩을 통해서든) AI 툴이 몇 초 안에 함수에 대한 유닛 테스트 모음을 작성하고, 잠재적인 버그를 찾아내 수정까지 완료하는 미래를 생각해 봅시다. 이러한 미래는 곧 현실이 될 것입니다. 품질 보증 및 유지보수에서 AI의 잠재력과 이미 수행하는 역할을 분석해 보겠습니다.

11.1.1 자동화된 테스트 생성

철저한 테스트 작성에는 많은 시간이 필요하고 시간이 부족하면 건너뛰는 경우도 생깁니다. 앞서 7장에서 살펴봤듯이 현재의 AI 어시스턴트는 테스트를 자동으로 생성하여 이 문제를 해결할 수 있습니다. AI에 특정 코드를 입력하면 일반적인 경우 엣지 케이스, 오류 조건을 포함하는 유닛 테스트셋을 얻을 수 있습니다.

미래에는 AI가 더욱 발전해 전체 코드베이스를 검사하고, 테스트 커버리지가 부족한 함수나 모듈을 식별한 다음, 추가적인 테스트를 생성할 수 있을 겁니다. 인간 테스터가 생각하지 못할 입력을 시뮬레이션할 수도 있습니다(예: 퍼즈 테스트). 이를 통해 엣지 케이스 버그를 발견할 수도 있습니다. 개발자는 최소한의 수동 테스트 작성으로 더 강력한 코드베이스를 구축할 수 있을 겁니다.

테스트는 AI의 사양 이해도에 따라 달라집니다. 따라서 인간이 AI가 생성한 테스트를 검토해 소프트웨어의 의도한 방식대로 작동하는지 확인해야 합니다. AI는 요구사항을 만족하지 않는 비슷한 코드를 생성할 수 있습니다. 사용자가 개입하면 AI가 코드나 테스트를 오해하는 문제를 해결하는 데 도움이 될 것입니다.

11.1.2 지능형 디버깅

디버깅은 종종 로그를 뒤져서 찾거나 코드를 단계별로 실행하며 오류의 원인을 찾는 지루한 작업입니다. 5장에서 AI가 어떻게 디버깅을 돕는지 확인했습니다. 현재 일부 AI 툴은 오류 메시지와 문제가 있는 코드를 입력받아 설명과 수정을 위한 코드 변경 사항을 반환할 수 있습니다.

AI 보조 디버깅 워크플로가 발전할 방향을 상상해 봅시다. AI 시스템이 프로그램 실행을 모니터링하다가 충돌이나 예외가 발생하면 스택 추적과 변수 상태를 분석합니다. 그리고 그 결과 가장 가능성 높은 원인을 찾아냅니다. 단순히 오류 메시지를 제공하는 대신, 다음과 같이 말할 수 있습니다.

getEmail()을 호출할 때 userProfiles가 null이라서 애플리케이션이 충돌했습니다. 사용자 프로필을 로드할 때 null 검사가 누락된 것으로 보입니다.

더 나아가 AI가 수정안을 제안할 수도 있습니다.

 가능한 해결책은 userProfiles가 null인 경우 초기화하거나 getEmail()을 호출하기 전에 조건을 추가하는 것입니다. 이 수정 사항을 적용할까요?

미래의 디버깅 AI는 런타임 환경과 직접 통합되어 실시간으로 문제를 포착할 수 있습니다. 코드 경로를 분석하여 문제가 발생하기 전에 예측할 수도 있습니다.

> y = 0으로 호출하면 C 함수는 DivisionByZero 예외가 발생합니다. 해당 케이스 처리를 고려하세요.

정적 분석과 유사하지만 AI가 수많은 코드베이스와 오류 패턴에서 학습한 지식을 활용하므로 잠재적으로 더욱 통찰력 있고 유연할 수 있습니다.

11.1.3 예측적 유지보수와 리팩터링

시간이 지나면서 요구사항이 변하면, 코드는 구식이 되거나 성능이 저하되거나 비효율적으로 변합니다. 유지보수에는 리팩터링(실행 과정을 바꾸지 않고 코드 구조를 개선), 종속성 업데이트, 성능 최적화 같은 활동이 포함됩니다. AI는 이 각각의 영역에서 도움을 줄 수 있습니다.

- **리팩터링**
  미래의 AI는 코드 냄새(중복 코드나 긴 함수 같은)를 식별하고 자동으로 리팩터링할 수 있습니다. 여러 곳에서 유사한 코드 청크가 있다는 것을 감지하고 이들을 단일 헬퍼 함수로 추상화하도록 권장할 수 있습니다. 또는 깊게 중첩된 루프 세트를 더 읽기 쉬운 형태로 변환할 수도 있습니다. AI가 '좋은' 코드의 많은 예시를 학습했기 때문에, 코드베이스를 깔끔하고 유지보수하기 쉽게 유지하는 스타일 개선 사항(https://oreil.ly/XWXC_)을 제안할 수 있습니다. 언젠가는 에디터에서 AI가 백그라운드에서 지속적으로 코드를 리팩터링하고, 개발자가 변경 사항을 검토하고 승인하는 모드를 가질 수도 있습니다.

- **종속성 업데이트**

  미래의 AI 서비스는 프로젝트의 종속성(라이브러리와 프레임워크 같은)을 모니터링하고 자동으로 새 버전으로 업데이트하는 풀 리퀘스트를 생성할 수 있습니다. 여기에는 호환성 문제를 해결하는 데 필요한 코드 변경 사항도 포함됩니다. 웹 프레임워크의 새 버전이 API를 변경하면, AI가 새 API에 맞춰 코드를 적응시킬 수 있습니다. 이는 개발자가 마이그레이션 가이드를 읽고 버전 문제를 수정하는 반복적인 작업을 줄여줄 것입니다.

- **성능 튜닝**

  데이터가 확장되거나 사용 패턴이 바뀔 때 성능을 높이는 것도 유지보수의 일환입니다. AI는 성능 프로필을 분석해 비효율적인 부분을 지적할 수 있습니다. 예를 들어, 코드의 특정 데이터베이스 쿼리가 오래 걸린다는 것을 알아차리고 인덱스 추가나 쿼리 재작성을 제안할 수 있습니다. 코드의 루프가 중복 계산을 하고 있다는 것을 식별하고 캐시를 제안할 수도 있습니다. 이는 성능 전문가가 항상 애플리케이션을 지켜보는 것과 같습니다. 중복 루프나 차선의 데이터 구조 같은 비효율성을 적극적으로 탐지합니다.

  AI가 스테이징 환경에서 실행되어 높은 부하를 시뮬레이션한 다음, 설명을 제공할 수 있습니다. '높은 부하에서 Y로 인해 모듈 X가 병목이 됩니다. Z 접근법을 사용한 리팩터링을 고려해 보세요.' 본질적으로, AI는 문제를 찾을 뿐만 아니라 팀이 더 나은 패턴을 사용하도록 돕습니다.

11.2 AI 기반 디자인과 사용자 경험 개인화

AI는 코드와 로직을 넘어서 소프트웨어를 디자인하는 방법과 사용자 경험에 영향을 미치고 있습니다. 좋은 소프트웨어는 내부적으로 올바를 뿐만 아니라 사용자에게 직관적이고 접근하기 쉬우며 만족스러워야 합니다. AI는 더 나은 사용자 인터페이스를 만들고 개별 사용자 요구에 맞춰 경험을 맞춤화하는 새로운 방법을 계속 개발할 것입니다.

11.2.1 생성형 디자인 도구

오늘날의 AI 디자인 도구는 생성형 적대 신경망$^{\text{generative adversarial network}}$(GAN)이나 트랜스포머의 기법을 사용하여 UI 목업을 생성합니다. 프로덕트 매니저가 자연어로 기능을 설명할 수 있습니다.

> 환영 메시지와 장난스러운 일러스트, 이름과 이메일, 비밀번호를 위한 폼이 있는 모바일 가입 화면이 필요합니다. 브랜드 색상을 사용하고 친근한 느낌이어야 합니다.

AI 디자인 어시스턴트는 이 설명을 받아 레이아웃과 플레이스홀더 텍스트, 스타일링된 컴포넌트까지 완성된 여러 후보 UI 디자인을 몇 초 만에 생성할 수 있습니다. 그러면 디자이너나 개발자가 가장 괜찮은 디자인을 선택해 다듬습니다.

미래에는 이런 도구들이 디자인 소프트웨어나 심지어 코딩 환경에 직접 통합되어, '디자인'과 'UI 코딩' 사이의 경계가 흐려질 수 있습니다. AI가 생성하는 디자인을 HTML/CSS나 플러터 코드로 직접 출력하여 즉시 테스트할 수 있게 만들 수도 있습니다. 이는 디자인 반복 주기를 엄청나게 가속화할 것입니다. 손으로 스케치하거나 소프트웨어에서 스케치하는 대신, 모범 사례나 사용자가 선호하는 형태를 모은 방대한 데이터를 바탕으로 훈련한 AI가 디자인을 제안할 겁니다.

디자인의 창의적인 과정에서 AI는 영감을 주는 역할을 할 수도 있습니다. 디자이너가 애플리케이션의 색상 구성이나 일러스트 스타일을 브레인스토밍할 때, AI 툴이 색상의 분위기를 생성하거나 심지어 즉석에서 맞춤형 아이콘을 만들 수도 있습니다. AI에 다음과 같이 요청할 수 있습니다.

 코드와 음악의 아이디어를 결합한 로고가 필요합니다.

그러면 코딩 기호(중괄호 같은)와 음표를 섞은 몇 가지 샘플 로고를 만들어낼 것입니다. 전문 디자이너가 궁극적으로 최종 결과물을 손으로 만들 수 있지만, AI의 제안이 아이디어를 자극하고 탐색 단계를 가속화할 수 있습니다. AI는 디자이너의 옵션 팔레트를 넓히는 빠른 프로토타이퍼이자 창조적 파트너의 역할을 할 수 있습니다.

디자인과 UX에서는 인간의 판단이 가장 중요하다는 점을 주목해야 합니다. 미적 취향, 인간 감정에 대한 이해, 브랜드 정체성은 AI가 비슷하게 따라할 수는 있지만 갖출 수 없습니다. 따라서 디자인에서 AI는 인간의 창의성을 대체하는 것이 아니라 향상시키는 도구입니다. 변형을 생성하고 사용자 데이터 처리처럼 까다로운 작업을 대신해 줌으로써 디자이너가 공감과 창의적 결정에 집중할 수 있게 해줍니다.

개발자에게 AI 기반 디자인은 디자이너가 개발자에게 디자인을 넘겨주는 과정이 더욱 유동적으로 변할 수 있음을 의미합니다. 개발자는 디자이너와 협력하여 AI로 UI 코드를 생성하거나 그 반대도 가능합니다. 또한 프런트엔드 개발자가 픽셀 단위로 레이아웃을 조정하는 시간을 줄이고 디자인이 기능과 일치하고 접근성 있게 구현되는지 확인하는 데 더 많은 시간을 할애할 수 있습니다. 또한 개인화를 위한 훅을 만드는 작업도 할 수 있습니다. 사용자 데이터를 기반으로 AI가 레이아웃 A 또는 B를 선택할 수 있도록 하는 코드를 작성하고, 두 레이아웃의 성능과 안정성을 확인하는 것입니다.

AI가 충분히 발전한다면 '바이브 디자인'도 가능할 겁니다. 애플리케이션의 룩앤필에 원하는 분위기를 설명하기만 하면, AI가 이를 구현하는 데 도움을 줄 것입니다. 결과적으로 백엔드 로직이나 데이터베이스 쿼리를 AI 지원으로 작성하는 것뿐만 아니라 AI와 파트너십으로 전체적인 경험을 만들어내는 총체적 AI 개발 프로세스가 됩니다.

11.2.2 UX 리서치를 위한 AI

사용자 행동을 이해하는 것도 디자인입니다. AI는 애플리케이션의 사용 데이터를 분석하여(프라이버시 고려 사항을 염두에 두고) 사용자가 어디서 어려움을 겪는지 강조할 수 있습니다. AI가 많은 사용자가 특정 아이콘 위에 마우스를 올리며 클릭할 수 있을 것으로 기대하지만 실제로는 클릭할 수 없다는 것을 감지할 수 있습니다. UX를 개선할 기회입니다. 또는 특정 인구통계의 사용자가 워크플로의 특정 단계에서 지속적으로 이탈한다는 것을 알아차릴 수 있는데, 이는 그 단계가 그들에게 직관적이지 않을 수 있음을 시사합니다.

미래에는 AI가 사용자 상호작용을 시뮬레이션하여(사용자 행동 모델 사용) 실제 사용자가 문제를 겪기 전에 UX 문제를 예측할 수도 있습니다. 이런 '가상 UX 테스팅'은 수정하기 쉬운 개발 단계에서 과도하게 복잡한 내비게이션이나 불분명한 라벨 같은 것들을 잡아낼 수 있습니다.

11.2.3 개인화된 사용자 경험

개인화는 선호도나 기록을 바탕으로 다른 사용자에게 다른 콘텐츠를 제공한다는 의미하며, 한 동안 화두가 되어 왔습니다. AI는 실시간으로 각 사용자를 위해 소프트웨어 실행 방식과 인터페이스를 파인튜닝해 개인화를 다음 단계로 끌어올릴 수 있습니다. 애플리케이션의 AI가 특정 사용자가 메뉴보다는 검색을 통해 애플리케이션을 탐색하는 경향이 있다는 것을 학습할 수 있습니다. 그러면 AI가 해당 사용자를 위해 검색창을 더 눈에 띄게 만들거나 심지어 컨텍스트에 따라 사용자가 원할 것으로 예상되는 검색 결과를 미리 로드할 수도 있습니다(인간 비서가 상사의 요청을 예상하는 것처럼).

접근성을 높일 수도 있습니다. AI가 사용자가 스크린 리더 기술을 사용하고 있다는 것을 감지하면(따라서 시각 장애가 있을 것으로 추정), 정적 접근성 설정이 할 수 있는 것 이상으로 최적화된 스크린 리더 라벨과 함께 고대비, 큰 폰트 모드로 애플리케이션을 자동 전환할 수 있습니다. 소프트웨어 자체가 **적응적**이 될 수 있습니다.

AI가 실험하고 학습하면서 즉석에서 레이아웃을 재배치하는 이커머스 사이트를 상상해 보세요. 어떤 사용자는 제품 그리드를 보고 어떤 사용자는 더 많은 세부 사항이 있는 목록을 보게 됩니다. 이후 사용자의 참여도가 높은 레이아웃이 모든 사용자에게 적용됩니다. 이런 변화는 AI가 실험하고 학습하면서 미묘하고 지속적일 수 있습니다. 이는 A/B 테스팅이 작동하는 방식과 어느 정도 비슷하지만 개별 수준에서 자율적으로 이뤄집니다.

11.3 AI를 활용한 프로젝트 관리의 미래

소프트웨어 개발은 단순히 코드를 작성하고 디자인을 만드는 일이 아닙니다. 이는 계획, 조율, 의사결정이 필요한 프로젝트 관리와 팀 리더십의 영역이기도 합니다. AI의 분석과 예측 역량은 작업 배분부터 위험 관리, 의사결정 지원까지 프로젝트 관리에 큰 도움이 됩니다. AI가 소프트웨어 프로젝트를 계획하고 실행하는 방식을 어떻게 바꿀 수 있는지 살펴보겠습니다.

- **작업 할당**
  팀을 관리하려면 개발자의 강점과 약점, 현재 업무량을 파악한 다음 그에 따라 작업을 배정해야 합니다. AI 프로젝트 관리 어시스턴트는 다양한 데이터 포인트를 분석할 수 있습니다. 코드 커밋 기록, 전문 분야(개발자가 작업한 코드베이스 부분을 통해 파악), 개인 생산성 패턴(어떤 사람은 아침에, 어떤 사람은 밤에 더 효과적으로 코딩) 등을 분석하여 새로운 작업을 누가 담당해야 할지 추천할 수 있습니다.

예를 들어, 새로운 기능에 데이터베이스 작업이 포함되고 앨리스가 데이터베이스 관련 작업을 성공적으로 많이 수행했으며 업무 과부하 상태가 아니라는 것을 AI가 알고 있다면, 앨리스에게 작업을 할당하도록 제안할 수 있습니다. 또한 AI는 과거의 유사한 작업과 비교하고 개인의 작업 속도를 고려하여 작업에 걸릴 시간을 예측할 수 있습니다. 이를 통해 프로젝트 관리자는 더 현실적인 일정을 설정하고 특정 팀원에게 과부하가 걸리지 않도록 할 수 있습니다. 시간이 지나면서 이러한 AI는 숙련된 관리자처럼 업무량의 균형을 맞추는 방법을 학습하여 아무도 유휴 상태에 있지 않고 아무도 압도당하지 않도록 보장할 수 있습니다.

- **일정 관리와 스프린트 계획**

AI는 고수준 목표를 실행 가능한 항목으로 분해하는 데 도움이 됩니다. AI에 기능 요청이나 사용자 스토리를 제공하면, 구현에 필요한 하위 작업 목록을 제안할 수 있습니다. 초안을 계획하거나 작업을 분할할 수 있습니다. 스프린트 계획 수립 시(애자일 방법론에서) AI는 백로그를 분석하고 팀의 과거 작업 속도를 고려하여 다음 스프린트에 맞는 작업 세트를 제안할 수 있습니다.

심지어 작업 간의 의존성을 강조하여 계획이 논리적으로 순서대로 구성되도록 할 수 있습니다.

> 작업 B는 해당 기능을 기반으로 하므로 작업 A 이후에 수행해야 합니다.

장기 로드맵 수립을 위해 AI 툴은 다양한 시나리오를 시뮬레이션할 수 있습니다.

> 기능 X를 지금 우선순위로 둔다면, 리소스 요구사항이 겹치면서 기능 Y가 2주 지연될 위험이 있다고 모델이 예측합니다.

이러한 시뮬레이션과 데이터 기반 통찰력은 인간 관리자가 우선순위에 대해 더 합리적인 결정을 내릴 수 있도록 돕습니다.

- **위험 분석 및 관리**

위험 관리는 종종 잘못될 수 있는 것들(지연, 기술적 장애물, 통합 문제)을 예상하고 완화 노력을 계획하는 것을 포함합니다. AI는 패턴 인식에 적합하므로 위험 요소를 식별하기 위해 과거 프로젝트 데이터(회사 내부 또는 사용 가능한 경우 업계 전반)를 분석할 수 있습니다. 예를 들어, AI는 다음과 같은 사항을 표시할 수 있습니다.

- 과거 데이터에 따르면 기술 스택 전환을 포함하는 프로젝트는 일정 초과 확률이 30% 더 높습니다.
- 지난 3개 프로젝트에서 통합 테스트 단계가 지연되었습니다. 이번 프로젝트에서도 위험 요소일 가능성이 높습니다.

이를 통해 관리자는 해당 단계에 더 많은 시간이나 리소스를 미리 할당할 수 있습니다. 현재 진행 상황을 모니터링할 수도 있습니다. AI 시스템은 작업 완료율과 버그 발견율 등을 관찰하고 문제를 감지하면 알림을 보낼 수 있습니다.

> 팀이 이번 스프린트에서 예상 속도의 절반으로 작업을 완료하고 있습니다. 차단 요소가 있는지 확인이 필요합니다.

AI는 문제가 확대되기 전에 발견하는, 항상 경계하는 프로젝트 감사자 역할을 할 수 있습니다.

- **의사결정 지원**
  프로젝트 관리에는 많은 결정이 포함됩니다. 마감일을 맞추기 위해 기능을 제거할지, 새로운 기능을 추가하는 대신 리팩터링에 투자할지 등의 결정 말입니다. 이런 결정은 비즈니스와 인적 요소의 영향을 받으므로, AI가 결정을 내리기 어렵지만 결정을 지원하는 데이터를 제공할 수 있습니다. 리팩터링을 논의할 때 AI는 다음과 같이 보고할 수 있습니다.

> 복잡성 지표와 팀 의견을 바탕으로 모듈 Z를 리팩터링하면 관련 기능의 향후 개발 시간을 20% 단축할 수 있습니다. 당장은 2주 지연이 발생하겠지만 6개월 후에는 성과를 거둘 겁니다.

이러한 수치는 추정치이지만, 객관적인 분석을 통해 이해관계자들은 더 구체적으로 장단점을 비교할 수 있습니다. 또 다른 예는 새로운 라이브러리를 채택할지 자체 개발할지 결정하는 것입니다. AI는 해당 라이브러리의 문서와 커뮤니티 지원, 알려진 문제를 스캔하고 장단점을 요약하여 팀의 연구 시간을 절약할 수 있습니다.

- **자연어 상태 질의**
  이해관계자나 관리자는 언젠가 프로젝트 상태에 대해 AI에 자연어로 질의할 수 있을 것입니다.

> 결제 통합 기능은 어떻게 진행되고 있나요? 방해 요소는 무엇인가요?

티켓 업데이트와 커밋 더 시지, 테스트 결과를 분석한 AI는 다음과 같이 답할 수 있습니다.

> 결제 통합이 70% 완료되었습니다. 통화 변환 관련 테스트 실패가 한 가지 차단 요소인데, 현재 두 명의 개발자가 디버깅하고 있습니다. 내일까지 해결되면 금요일까지 기능 완성이 예정대로 진행됩니다.

이러한 접근 가능한 상태 보고는 특히 대규모 팀이나 비기술 이해관계자가 있는 팀에서 의사소통을 개선할 수 있습니다. AI는 기본적으로 세부 사항을 알고 필요에 따라 요약할 수 있는 전지전능한 프로젝트 어시스턴트가 됩니다.

- **감정 및 팀 사기 분석**
  다소 추측에 가깝지만 AI는 의사소통 패턴을 분석하여 팀 사기나 스트레스를 측정할 수도 있습니다(물론 개인정보와 경계를 존중합니다). AI는 코드 리뷰 코멘트가 간결해지거나 JIRA 티켓에서 '재오픈'이 많이 발생하는 것을 감지할 수 있습니다. 이는 구성원의 혼란이나 좌절로 이어질 수 있고, 프로젝트 리더에게 팀 분위기를 확인하도록 부드럽게 알릴 수 있습니다. 원격이나 분산 팀에서는 이러한 신호를 읽기가 더 어려운데, '디지털 분위기'를 모니터링하는 AI가 도움이 될 겁니다. 물론 침해 받는다 느껴지지 않도록 섬세하고 투명하게 처리되어야 합니다.

이러한 모든 방식으로 AI는 프로젝트 관리자의 업무 효율을 높입니다. 무거운 분석과 일상적인 제안을 처리하여 인간 관리자가 가장 잘하는 일에 집중할 수 있도록 합니다. 중요한 판단을 내리고, 팀에게 동기를 부여하며, 협업의 인간적 측면을 다루는 것입니다. 좋은 프로젝트 관리는 과학만큼이나 예술이기도 합니다. AI는 과학적 부분(데이터, 예측, 분석)을 강화하여 예술적 부분(리더십, 비전, 적응성)이 빛날 수 있도록 합니다. 개발자들도 이러한 변화를 환영해야 합니다. 잘 계획되고 잘 모니터링된 프로젝트는 목표는 명확해지고 불쾌함은 줄어듭니다. 또한 AI가 세부 사항을 처리하므로 상태 회의나 스프레드시트 업데이트에 소요되는 시간이 줄어들고 창의적인 개발 작업에 더 많은 시간을 할애할 수 있습니다.

11.4 자율 에이전트가 소프트웨어 엔지니어링에 미칠 영향

자율 에이전트 기술은 아직 초기 단계에 있지만 빠르게 발전하고 있습니다. 장기적인 영향과 향후 몇 년 동안 상황이 어떻게 발전할지 고민해 볼 가치가 있습니다. 현재 트렌드와 정보에 근거한 추측을 바탕으로 자율 코딩 에이전트 시대의 소프트웨어 엔지니어링의 미래에 대한 비전을 제시합니다.

- **개발 팀의 표준이 될 AI 에이전트**
  오늘날 소스 제어나 CI/CD 사용이 표준인 것처럼, AI 에이전트가 개발에 참여하는 것이 일상이 될 겁니다. 매일 아침 'AI 어시스턴트 보드'를 확인하는 일이 늘 있는 일이 될 수도 있습니다. 로그인할 때 에이전트가 밤사이 완료한 작업과 코드 리뷰가 대기하고 있을 것입니다. 이미 '잠자는 동안' 실행되고 힌트를 정리하는 에이전트가 있습니다. 엔지니어는 일과 끝에 AI가 다음 날 아침까지 시도할 작업 배치를 위임하는 것이 일반적일 수 있습니다. '개발자의 업무'가 무엇인지에 대한 사고방식이 바뀔 것입니다. 상용구를 타이핑하거나 일상적인 업데이트를 하는 것보다는 문제를 정의하고, 솔루션을 통합하며, AI를 안내하는 데 중점을 둡니다. 좀 더 기발하게 말하자면, 개발자는 개발자인 AI의 프로덕트 매니저가 될 것입니다. 무엇을 해야 하는지 명시하고 요구사항을 충족하는지 확인합니다.

- **더욱 표준이 될 멀티 에이전트 협업**
  현재 각 에이전트는 주로 제공한 작업에서 독립적으로 작업합니다. 하지만 미래에는 서로 다른 전문 분야를 가진 여러 에이전트가 협업하는 시나리오를 볼 수 있습니다. 한 에이전트는 프론트엔드 작업에 뛰어나고 다른 에이전트는 백엔드 작업에 뛰어날 수 있으며, 조율된 작업을 제공하거나(또는 분할하는 방법을 스스로 알아낼 수도 있습니다) 에이전트가 병렬로 여러 솔루션 경로를 탐색할 수 있습니다. 코조 Kojo는 이 방법을 **멀티 브랜치 탐색** multi-branch exploration이라고 부릅니다.
  복잡한 문제를 AI에 주면 서로 다른 접근법이나 아키텍처로 세 개의 하위 작업을 생성한 다음 최선을 선택하거나 어떤 방향을 선호하는지 묻는 상황을 상상해 보세요. 이를 통해 다른 구현을 평가하는 데 걸리는 시간을 대폭 줄일 수 있습니다(현재 여러 엔지니어가 며칠에 걸쳐 프로토타이핑하는 작업). 물론 이를 조율하는 것은 간단하지 않은 작업이지만, 에이전트 프레임워크가 더 발전하면서 불가능한 것은 아닙니다.

- **AI가 인간에게 도움을 요청하는 지능형 체크포인트**
  미래의 에이전트는 결정 시점에서 능동적으로 지침을 요청할 만큼 충분히 똑똑해질 수 있습니다. 단순한 추측이 아닙니다. LLM의 불확실성 추정과 자기 성찰에 대한 적극적인 연구가 진행되고 있으며, 모델이 불확실할 때를 인식하고 앞으로 나아가기보다는 도움을 요청하도록 훈련시키거나 프롬프트할 수 있다는 초기 징후가 있습니다. 에이전트는 두 개의 라이브러리를 사용하여 무언가를 구현할 수 있는 지점에 도달했을 때 추측하는 대신 (주니어 개발자가 그럴 수 있는 것처럼) 일시 정지하고 질문할 수 있습니다.

> 라이브러리 A나 B를 사용할 수 있는데, 어떤 걸 선호하나요?

업계에서는 이런 종류의 '지능형 체크포인트'를 추가하면 에이전트가 블랙박스가 아닌 공동작업자처럼 더 신뢰도가 높아진다는 인식이 퍼지고 있습니다. 또한 팀에서 연간이 일하는 방식과 잘 맞습니다. 허세를 부리는 대신 언제 질문해야 하는지 아는 것입니다. 아직 초기 단계이지만, 도구 사용 성찰, 불확실성 임계값을 가진 계획 수립, 사용자 피드백을 위한 명시적 여유 공간 제공 등의 기술을 통해 이런 종류의 행동을 지원하는 더 많은 모델을 보기 시작했습니다. 지능형 체크포인트는 에이전트가 자신의 불확실성을 알아야 하는데, 이는 도전적이지만 연구자들은 신뢰도를 포함한 AI 자기 인식에 대해 연구하고 있습니다.

- **UX 개선을 앞둔 에이전트**
  더 많은 작업을 에이전트에 위임함에 따라 에이전트가 무엇을 하고 있는지 추적하는 더 나은 방법이 필요할 겁니다. 코조는 '**에이전트 수신함**'을 제안합니다. 에이전트가 작업하는 작업과 완료된 작업, 주의가 필요한 작업을 통합적으로 볼 수 있습니다. 모든 실행 중인 에이전트 작업과 진행 상황('5단계 중 3단계 완료' 또는 '검토 대기 중'), 결과를 보여주는 대시보드가 될 수 있습니다

  현재 로그와 PR의 혼합 대신 에이전트를 관리하는 명확한 인터페이스가 나타날 겁니다. 아마도 IDE에는 활성 작업을 나열하는 '에이전트' 사이드바와 업데이트 피드가 있을 것입니다. 알림도 받을 수 있습니다.
  - 에이전트 X가 작업 Y를 완료하고 PR #123을 열었습니다.
  - 에이전트 Z가 계속 진행하기 위해 입력이 필요합니다.

  이러한 인프라를 통해 전체적인 상황을 놓치지 않으면서 에이전트 사용을 확대할 수 있을 것입니다. 결국, 아무도 중앙 제어 없이 10개의 조용한 봇이 무엇을 하는지 모르는 상황을 원하지 않습니다.

- **이슈 트래커와 CI 시스템의 에이전트 통합**
  이슈 트래커(지라, 깃허브 이슈, 리니어)에서 이슈를 에이전트가 처음부터 끝까지 해결할 루프가 만들어질 겁니다. 실제로 코드젠의 리니어 통합이 이를 예고했습니다. 다음과 같은 워크플로를 상상해 보세요.
  1. PM이 사양이 포함된 티켓을 제출합니다.
  2. 개발자(또는 기술 리더)가 AI를 위해 승인합니다.
  3. AI 에이전트가 이를 처리하고 실행한 후 티켓에 PR을 첨부합니다.
  4. 수정 사항을 인간이 코드 리뷰하고 테스트한 후 티켓을 닫습니다.

  이를 통해 개발 프로세스가 더 연속적이 될 수 있습니다. 마찬가지로 CI 시스템이 특정 검사가 실패할 때 에

이전트를 자동으로 호출할 수 있습니다. 보안 스캔에서 취약점을 발견하면 에이전트가 취약한 라이브러리를 업그레이드하거나 위험한 코드를 리팩터링한 다음 수정 사항이 포함된 PR을 열 수 있습니다. PR 후 코드 커버리지가 임계값 아래로 떨어지면 에이전트가 추가 테스트를 생성하여 증가시킬 수도 있습니다. 이를 **자동화된 유지보수**로 생각하세요.

디펜더봇Dependabot은 현재 의존성을 업데이트하기 위해 PR을 엽니다. AI 에이전트는 PR을 열 수 있을 뿐만 아니라 업데이트로 인해 깨진 코드를 조정하고, 테스트를 실행하며, 모든 것이 정상인지 확인할 수 있습니다. 기능이 대폭 확장된 디펜더봇이라 생각할 수 있습니다.

- **30% 문제를 해결할 미래의 모델**

주요 AI 모델(GPT, 제미나이, 클로드 등)은 코드 이해와 생성을 계속 개선할 것입니다. AI의 역량이 높아질수록 '마지막 30%' 격차가 줄어들 겁니다. 모델이 더 많은 시나리오에 대해 훈련되거나 더 나은 추론 능력을 갖추면서 명백한 재사용이나 엣지 케이스를 거의 놓치지 않는 에이전트를 볼 수 있을 것입니다.

더 나은 모델로 에이전트는 실수를 덜 하고, 감독을 덜 필요로 하며, 더 복잡한 작업을 처리할 수 있을 것입니다. 하지만 소프트웨어는 본질적으로 복잡하므로 인간의 판단에는 항상 어느 정도의 격차가 있을 것으로 생각합니다. 30%에서 5~10%로 줄어들 수도 있습니다.

모델이 더 효율적이 되어 데이터 개인정보 보호(또는 비용)를 걱정하는 사람들이 로컬이나 자체 호스팅 에이전트를 실행하는 것도 가능해질 겁니다. 오픈소스 모델이 따라잡아서 많은 작업에 대해 대형 클라우드 에이전트만큼 우수한 온프레미스 에이전트를 보유할 수 있을 것입니다.

- **더욱 전문화될 에이전트와 도구**

서로 다른 도메인이나 역할을 위한 전문 코딩 에이전트를 볼 수 있습니다. 실패한 테스트나 오류 로그를 지시하면 버그를 찾아내는 '버그 해결사BugFixer' 에이전트, 핫스팟을 프로파일링하고 최적화하는 데 중점을 둔 '성능 전문가PerformanceGuru' 에이전트, 기존 코드베이스에서 문서와 코드 주석을 작성하는 전문 에이전트를 상상해 보세요.

전문화를 통해 에이전트는 더 많은 도메인별 지식이나 도구를 통합할 수 있습니다. 게임 엔진과 통합하여 게임 개발 작업을 돕는 에이전트나 데이터 엔지니어링 파이프라인에 뛰어난 에이전트를 볼 수 있습니다. 이렇게 범위가 좁은 전문가 AI로 이루어진 팀이 있다면, 인간 개발자 팀이 프런트엔드·인프라 등으로 전문 분야를 나누는 것처럼 각자의 분야를 나눌 수 있습니다. 문서봇DocsBot, 테스트봇TestBot, 리팩터링봇RefactorBot, 보안봇SecurityBot 같은 AI 팀원을 둘 수 있으며, 각각 해당 목적에 맞게 특화될 겁니다. 실제로 커서는 이미 자동화된 PR 검토를 위한 버그봇BugBot을 가지고 있습니다. 버그봇은 코드를 작성하지 않습니다. 카페인을 과도하게 들이켠 정적 분석처럼 버그 위험에 초점을 맞춰 PR에 댓글을 답니다.

- **문화적, 기술적 변화를 겪을 개발자**

에이전트가 더 많은 일상적인 코딩을 처리하면 개발자의 기술은 설계, 아키텍처, 감독 쪽으로 더 많이 치우칠 겁니다. 요구사항을 명확하게 전달하는 능력처럼(인간과 AI 모두에게) 소프트 스킬이 훨씬 더 중요해집니다. 코드 리뷰 기술은 코드 작성 기술만큼 필수적이 될 수 있습니다. 또한 테스트에 더 많은 중점을 둘 수도 있습니다. 테스트는 AI 출력을 확인하는 중요한 방법이므로 테스트 케이스를 잘 작성하거나(또는 AI가 작성하도록 안내하는) 것은 여전히 가치 있습니다.

'인간의 30%'는 소프트웨어 개발의 고차원적 비판적 사고와 품질 제어 측면에 집중될 것입니다. 주니어 개발자가 성장하는 방식에도 변화가 있을 겁니다. 직접 많은 코드를 작성하기 전에 간단한 작업에서 AI 에이전트를 관리하는 것부터 시작할 수도 있습니다. 이는 좋을 수도 있고(빠르게 가치를 전달할 수 있음) 도전조일 수도 있습니다(기본기를 배우고 AI를 목발로 취급하지 않아야 함). 적응하려는 사람들에게는 흥미로운 시대이지만 기존 방식을 선호하는 사람들에게는 불편할 수 있습니다. 4장에서 언급했듯 AI 시대에 경력을 '미래지향적으로 만드는' 자세는 이러한 도구를 받아들이고 인간만의 강점을 키우는 것입니다.

- **새로운 역할과 프로세스**

  엔지니어링 팀에서 'AI 관리자'나 '자동화 리더' 같은 역할이 부상할 수 있습니다. AI 에이전트를 활용하고, 에이전트 중심의 워크플로를 설계하며, 구성을 유지하는 데 특히 능숙한 사람들입니다. 빌드 시스템이 복잡해지면서 '빌드/릴리스 엔지니어'가 나타나거나 인프라 자동화가 성장하면서 'DevOps 엔지니어'가 나타난 것과 유사합니다. 마찬가지로 AI가 안전하지 않은 패턴을 도입하지 않았는지 확인하는 감사가 코드 리뷰에서 표준이 될 수 있습니다.

  추가 신뢰도를 제공하기 위해 테스트 문화에 더 많은 중점을 둘 수 있습니다. 모든 에이전트 PR에 머지를 고려하기 위해 테스트(에이전트나 인간이 작성한)가 포함되어야 할 수도 있습니다. AI 에이전트가 많은 코드를 작성한다면 인간 엔지니어가 더 많은 테스트를 작성해야 할 수도 있습니다(또는 그 반대). 독립적인 검증을 보장하기 위해서입니다.

백그라운드 코딩 에이전트가 그리는 미래는 개발자가 방향을 조율하고 결과물을 검증하면, AI 에이전트가 실행하고 구현하는 것처럼 보입니다(그림 11-1). 소프트웨어 엔지니어들은 모든 단계를 수동으로 수행하는 것보다 자동화된 코더 군단을 감독하는 것에 더 가까워질 수 있습니다. 이를 통해 엄청난 생산성을 발휘하고, 지루한 기초 작업을 줄이며, 심지어 팀이 이전에는 시간이 없었던 기술 부채와 유지보수 작업을 처리할 수 있게 할 수도 있습니다. (AI에 모든 사소한 버그와 일관성 문제를 해결하도록 지시하는 경우를 상상해 보세요!) 새로운 아이디어를 프로토타이핑하는 장벽도 낮출 수도 있습니다. AI가 전체 프로토타입 애플리케이션을 초안으로 작성하게 한 다음 직접 미세 조정할 수 있습니다. AI가 대안을 빠르게 생성할 수 있으므로 결정을 내리기 전에 더 많은 해결법을 탐색할 수 있습니다.

하지만 우리 업계는 이러한 변화를 신중하게 받아들여야 합니다. 창의성과 직관, 윤리적 판단을 가진 인간적 요소는 여전히 대체 불가능합니다. AI는 우리의 능력을 증폭하지만, 통제하지 않으면 실수도 증폭할 수 있습니다.

제가 그리는 미래는 낙관적입니다. 자율 코딩 에이전트는 현명하게 사용하면 개발자의 생산성을 높이고 소프트웨어 구축에서 정말로 도전적이고 흥미로운 부분에 집중할 수 있게 해 줄 것입니다. 궁극적으로 더 나은 소프트웨어를 더 빠르게 구축하는 결과로 이어질 것입니다. 이를 달성하려면 좋은 관행을 기르고, 개발자이자 엔지니어로서의 우리 역할이 진화하고 있음을 인식해야 합니다.

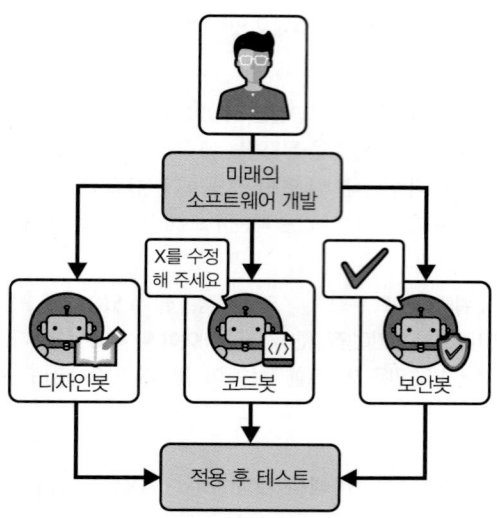

그림 11-1 멀티 에이전트 AI 협업 아키텍처: 개발자가 테스팅과 설계, 코딩, 보안 분야의 전문 AI 에이전트를 조율하여 포괄적인 소프트웨어 솔루션을 협력적으로 개발합니다.

11.5 프로그래밍 언어의 미래: 자연어 중심 개발?

바이브 코딩이 보편화되는 흐름에서 흥미로운 질문 중 하나는 프로그래밍 언어는 어떻게 될지 물어보는 것입니다. AI에 '원하는 것을 말하기만 하면' 된다면, 전통적인 구문과 언어가 정말 필요할까요? 영어(또는 자연어)가 새로운 프로그래밍 언어가 될까요? 그 가능성을 탐구해 봅시다.

현재 우리는 평범한 언어로 작업을 설명하면 AI가 코드를 작성하는 도구를 경험하고 있습니다. 자연어가 코드로 기능하는 조짐도 이미 봤습니다. 이러한 추세가 계속된다면, 구현보다는 **의도**와 **요구사항** 명시에 더 많은 프로그래밍 노력을 기울이는 방향으로 이동할 수 있습니다. 미래의 개발 환경에서는 개발자(심지어 비개발자도)가 다음과 같이 작성할 수 있을 것입니다.

매시간 데이터베이스에서 비활성 사용자를 확인하고, 90일 동안 로그인하지 않은 사용자에게 템플릿 X를 사용하여 이메일 리마인더를 보내세요. 이메일이 반송되면 데이터베이스에서 해당 사용자를 '유효하지 않은 이메일'로 표시하세요.

AI는 이 명세를 받아서 적절한 코드로 변환할 수 있습니다(크론이나 함수 예약, SQL 쿼리 작성 또는 ORM 사용, 이메일 API 호출 등). 개발자의 역할은 정책과 실행 방식 설명에 더 중점을 두게 됩니다.

프로그래밍 언어가 하루아침에 사라진다는 의미는 아닙니다. 대신 **계층화**는 일어날 것입니다. 고수준 조율을 위한 자연어와 세밀한 제어를 위한 기존 프로그래밍 언어가 내부에서 작동하는 방식입니다.

프로그래밍 언어가 존재하는 한 가지 이유는 자연어가 모호할 수 있기 때문입니다. 형식 언어를 완전히 제거한다면 기계와의 소통에서 오해가 생길 위험이 있습니다. AI는 맥락을 기반으로 확인 질문을 하거나 내용을 명확히 함으로써 이러한 격차를 메울 수 있지만, 한계가 있을 것입니다. 특정 복잡한 알고리즘이나 최적화는 여전히 산문보다 코드로 전달하기 더 쉬운 매우 구체적인 지시 사항이 필요할 수 있습니다. 따라서 미래의 개발자들은 어떤 의미에서 이중언어를 구사해야 할지도 모릅니다. AI와 대화하기 위한 인간 언어에 능통하고, AI가 생성하는 것을 검증하고 조정하기 위한 기본적인 기술 개념에 능통해야 합니다.

또한 AI가 안정적으로 이해할 수 있는 제약된 형태의 영어(또는 다른 언어)인 **도메인 특화 자연어**의 등장을 볼 수도 있습니다. 소프트웨어 도메인에 맞춰진 것입니다. 예를 들어, AI가 테스트나 코드로 변환할 수 있는 사용 사례 작성을 위한 '요구사항 언어'가 있을 수 있습니다.

완전한 자연어까지 가지 않더라도, AI의 영향으로 프로그래밍 언어는 더 높은 수준의 추상화로 이동할 수도 있습니다. 과거에 어셈블리에서 고수준 언어로, 수동 메모리 관리에서 가비지 컬렉션 환경으로 이동했으며 매번 추상화 수준을 높였습니다. AI는 즉석에서 추상화를 정의할 수 있게 해 줄 수 있습니다. 이제까지 앞에서 논의한 '의도 중심 프로그래밍'의 관점에서 생각해 보세요. 목표를 명시하면 AI가 이를 달성하는 방법을 알아내고, 필요에 따라 저수준 코드를 작성할 수도 있습니다.

또 다른 가능성은 자연어와 코드를 혼합한 **하이브리드** 언어입니다. 예를 들어, 미래의 언어는 다음과 같은 코드를 허용할 수 있습니다.

```
// 주문에서 고객 이름 목록을 생성하되, 중복을 제거하고
// 알파벳순으로 정렬한 다음 출력합니다.

list<Customer> customers = orders -> map(order -> order.customerName)
                                  -> unique()
                                  -> sort()
                                  -> print();
```

이 가상의 예시에서 AI는 주석을 읽고 작업을 수행할 수 있습니다. 실제 환경에서는 람다 구문이 필요하지 않을 수도 있습니다. AI가 주석에서 의도를 추론하여 채워 넣을 수 있기 때문입니다. 영어처럼 보이지만 AI가 파싱하기에 충분히 형식적인 구조를 가진 언어 생길 수 있습니다. 주석과 의사 코드가 실제 코드로 진화하는 것을 상상해 보세요. AI가 그 뒤에 담긴 의도를 해석하여 구현합니다.

코딩은 이미 더 대화처럼 변해가고 있습니다. 완전한 프로그램을 작성하는 대신 AI와 대화를 시작합니다.

> 구매 기록을 기반으로 고객의 로열티 포인트를 계산하는 함수가 필요합니다.

> 물론입니다. 모든 제품이 동일하게 계산되나요, 아니면 일부 제품이 더 많은 포인트를 제공하나요? 시간은 어떻게 고려해야 하나요(예: 최근 구매 대 과거 구매)?

> 전자제품은 다른 카테고리에 비해 2배의 포인트를 제공합니다. 그리고 지난 달 구매는 10% 보너스를 받습니다.

> 이해했습니다. 이를 구현하는 함수는 다음과 같습니다.
>
> [AI가 코드 제시]
>
> 다양한 시나리오에 대한 테스트도 생성할까요?

네, 그리고 구매 기록이 없는 경우도 우아하게 처리하는지 확인하세요(0포인트를 반환해야 합니다).

여기서 AI와의 자연어 대화가 프로그래밍 과정입니다. AI는 코드를 작성하며 더 명확하게 만들기 위한 질문을 합니다. 페어 프로그래밍과 비슷하지만, 파트너가 AI인 셈입니다. 미래에는 이 방식이 소프트웨어 생성의 주요 방식이 될 수 있습니다. 처음부터 엄격한 정적 텍스트 파일을 작성하는 것보다 AI와 대화하며 훨씬 유연하게 소프트웨어를 점진적으로 다듬어가는 방식입니다.

코딩의 대부분이 자연어 중심이 되더라도 여전히 코드와 컴퓨터의 작동 원리는 중요합니다. 계산기와 스프레드시트가 생겼다고 수학자나 회계사가 계산을 버리지는 못합니다. AI의 출력이 잘못되었다면 그 이유를 알아야 합니다. AI가 말로 내린 지시를 잘못 이해한다면, 숙련된 개발자는 의사 코드나 실제 코드로 전환하여 정확히 짚어내야 합니다. 따라서 세세한 코드 작성은 덜 중요해지더라도(AI가 일부 API의 매개변수 순서를 정확히 기억할 필요가 없는 경우), 알고리즘적 사고와 디버깅은 여전히 중요합니다. 프로그래밍 언어가 바뀌었을 뿐, 프로그램을 구현하는 기본적인 논리와 문제 해결 능력은 그대로입니다.

하지만 프로그래밍에 입문하기가 이미 쉬워지고 있습니다. 이제 비개발자와 도메인 전문가들이 바이브 코딩을 통해 AI와 대화하여 간단한 애플리케이션을 직접 생성할 수 있습니다. 흥미로운 변화입니다. 더 많은 사람들이 깊은 프로그래밍 지식 없이도 소프트웨어 솔루션을 만들 수 있습니다. 그러면 전문 개발자들은 더 어려운 문제를 다루고, 아마추어 개발자들이 작성한 스크립트를 안전하게 통합하거나, 그러한 상호작용을 가능하게 하는 플랫폼을 구축하게 될 것입니다.

AI가 자연어로 코딩하는 것을 도와주더라도, AI 자체는 그 중간 어딘가에 있는 새로운 '언어'를 진화시킬 수 있습니다. AI에 최적화된 새로운 프로그래밍 패러다임이 등장할 수도 있습니다. 빈 칸을 AI가 채울 수 있도록 부분적으로 작성된 프로그램에 플레이스홀더를 허용하는 언어를 생각해 볼 수 있습니다. '[여기서 속도 최적화]'와 같은 지시문을 AI가 해석하도록 하거나, 퍼지 로직을 사용해 AI가 이를 결정적 로직으로 구체화할 수 있는 방식이 있습니다. 결국 프로그래밍 언어를 영어로 완전히 대체하는 것이 아니라 둘이 융합할 가능성이 높습니다. 개발자에게는 더 표현력 있는 능력과 컴퓨터에게 원하는 것을 더 직관적으로 말할 수 있는 방법입니다. 안드레 카파시의 표현(https://www.youtube.com/watch?v=LCEmiRjPEtQ)처럼 "아마도 프로그래밍의 미래는 더 이상 완벽한 코드를 작성하는 것이 아니라 원하는 바를 완벽하게 설명하는 데 있을지도 모릅니다." 프로그래밍의 본질인 문제에 대해 명확히 생각하고 해결책을 명시하는 역할은 그대로 필요합니다. 하지만 명세의 형태는 더 자연스럽게 진화할 것이며 AI는 개발자의 고수준 의도를 저수준의 코드로 변환하는 역할을 맡을 것입니다.

미래는 큰 가능성을 품고 있습니다. 더 빠른 개발과 더 나은 접근성, 어떻게 타이핑할지의 세부 사항보다는 달성하려는 **목표**에 집중함으로써 점점 복잡한 시스템을 만들 수 있는 능력이 중요합니다. 항상 그렇듯이 추상화의 발전은 창의성의 폭발로 이어졌습니다(고수준 언어는 어셈블리로는 결코 확장할 수 없었던 소프트웨어를 가능하게 했습니다). 자연어 중심 개발은 또 다른 혁신의 물결을 불러일으킬 겁니다. 바이브 코더는 그 변화의 최전선에서 말 그대로 소프트웨어를 불러와 새로운 세상을 만들게 될 겁니다.

11.6 업계를 변화시키는 바이브 코딩

이 책 전반에 걸쳐 몇 가지 기본 원칙과 아이디어를 소개했습니다.

- **구현보다 의도**
  바이브 코딩은 단계적인 코드 작성에서 의도나 원하는 결과를 표현하고 AI가 구현 세부 사항을 처리하도록 하는 방향으로 중점을 둡니다. 이는 문제에 접근하는 방식을 바꿉니다. 달성하려는 **목표**를 더 많이 생각하고 **어떻게 타이핑할지**에 대해서는 덜 생각합니다. 소프트웨어 개발에 대한 더 높은 수준의 사고방식입니다.

- **협업 파트너로서의 AI**
  고립된 상태에서 사용하는 도구가 아니라 바이브 코딩에서 AI는 페어 프로그래머나 어시스턴트와 같습니다. 상호작용적이고 반복적입니다. AI를 가이드하고(프롬프트 엔지니어링), 출력을 검토하고, 우리의 강점을 AI의 강점과 결합하는 것이 얼마나 중요한지 봤습니다. 미래는 'AI가 개발자를 대체'하는 것이 아니라 '개발자가 AI와 협력하여 더 큰 생산성을 발휘하는 시대'가 될 것입니다(https://oreil.ly/0uP00).

- **윤리와 책임**
  AI의 막대한 힘에는 막대한 책임이 따른다고 강조했습니다. 편향 완화와 공정성 보장, 프로세스 투명성 유지, 책임감 유지가 모두 중요합니다. 업계는 가드레일 없이 AI에 의존하는 것이 문제를 일으킬 수 있음을 인식하고 있으므로, AI 출력 테스트와 AI 개입 문서화, 법적 문제(AI 생성 코드의 지적재산권 등) 해결에 대한 모범 사례가 표준 절차의 일부가 되고 있습니다.

- **코드 생성을 넘어서는 AI**

    AI의 역할은 테스트와 디버깅, 설계, 프로젝트 관리 등으로 확장됩니다. 전체적 통합은 전체 소프트웨어 생명 주기가 AI에 의해 가속화되고 고도화될 겁니다. 많은 도구가 점점 더 이러한 통합을 지원할 것입니다. 이미 IDE의 AI 테스트 생성이나 AI 기반 프로젝트 일정 관리를 지원하는 도구도 있습니다.

- **기술은 진화하지만 기본은 영원하다.**

    앞서 언급한 관행들을 받아들이는 개발자는 자신의 기술이 진화하고 있음을 발견할 것입니다. 전통적인 코딩과 알고리즘 기술과 함께 프롬프트 엔지니어링과 AI 감독, 데이터 분석, 고수준 설계를 포함하도록 조환됩니다. 핵심적인 문제 해결 마인드셋은 여전히 중요하지만, 일상적인 작업들은 다르게 보입니다.

    하지만 특정 기초는 그대로 유지됩니다. 문제 도메인을 깊이 이해하고, 명확한 명세를 작성하고(프롬프트는 기본적으로 명세입니다), 엄격한 테스트와 검증을 유지하며 사용자 요구에 집중하는 것입니다. AI는 이것들을 바꾸지 않습니다. 오히려 모호함이나 명확성 부족이 AI의 초고속 실행에 의해 증폭될 수 있기 때문에 중요성을 더욱 증폭시킵니다.

바이브 코딩이란 새로운 패러다임은 업계를 실질적인 방식으로 변화시키고 있습니다. 프로세스에 AI 툴을 도입한 많은 팀은 생산성이 많이 높아졌다고 보고했습니다. 개발자들이 더 짧은 시간에 기능을 완성하거나 같은 자원으로 더 복잡한 프로젝트를 처리할 수 있습니다. 또한 진입 장벽을 낮추고 있습니다. 경험이 적은 개발자들이 AI 가이드와 함께 더 많은 것을 달성할 수 있어 잠재적으로 더 빨리 레벨업할 수 있습니다. 반면에 경험 있는 개발자들에게는 시야를 넓히고 오래된 워크플로에 안주하지 않도록 밀어붙이고 있습니다.

기업들은 프로그래밍 지식뿐만 아니라 'AI 리터러시'(AI 툴을 효과적으로 활용하는 능력)을 위해 채용하기 시작했습니다. 채용공고는 곧 오늘날 버전 관리나 클라우드 플랫폼에 대한 친숙함을 포함하는 것처럼 AI 코딩 어시스턴트에 대한 친숙함을 포함할 수 있습니다. 따라서 바이브 코딩의 개척자가 되면 앞으로의 경력에 도움이 될 겁니다.

무엇보다 바이브 코딩은 프로그래밍의 진입 장벽을 낮춥니다. 전통적인 소프트웨어 엔지니어가 아닌 더 많은 사람들이 원하는 것을 설명함으로써 소프트웨어 생성에 참여할 수 있습니다. 이는 도메인 전문가들이 AI의 도움으로 틈새 요구에 맞춘 소프트웨어의 번영으로 이어질 수 있습니다(전문 개발자들은 가드레일과 플랫폼, 그들이 사용할 세련된 핵심 컴포넌트를 제공하는 데 집중하게 됩니다).

지금은 영감을 주는 시대입니다. 개발자로서 우리가 형성하게 될 변화의 문턱에 서 있습니다. 컴퓨팅 초기 시대를 되돌아보세요. 개인용 컴퓨터 혁명을 받아들인 사람들이 결국 지금 우리가 가진 세상을 만들어냈습니다. 오늘날 프로그래밍에서의 AI는 비슷한 변곡점입니다. 이를 받아들이면 지금부터 수십 년간 소프트웨어가 구축되는 방식을 정의하게 될 것입니다.

요약

프로그래밍의 미래는 다가올 일이 아닙니다. 우리가 만들어가야 합니다. 개발자 커뮤니티의 모든 구성원은 바이브 코딩과 AI 툴이 어떻게 채택되고, 규제되고, 발전할지에 대해 역할을 가지고 있습니다. 이제 독자이자 실무자인 여러분이 행동에 나설 차례입니다.

- **실험**
  모든 답이 주어질 때까지 기다리지 마세요. 다양한 바이브 코딩을 시도해 보세요. AI를 사용해서 기발하고 새로운 것을 만들어 보세요. 이 도구들이 어디까지 할 수 있는지 한계를 밀어붙여 보세요. 아직 아무도 문서화하지 않은 새로운 사용 사례나 한계를 발견할 수도 있습니다. 성공하든 실패하든 모든 실험은 커뮤니티에 지식을 줍니다.

- **공유**
  경험에 대해 글을 쓰거나 동료들과 논의하세요. 훌륭하게 작동하는 기법을 발견했다면 발표하세요. 문제가 생겼다면 다른 사람들에게 경고하세요. 이렇게 급속한 변화 속에서 지식 공유는 모두가 변화를 따라잡을 수 있는 방법입니다. AI의 특이한 동작에 대해 찾은 해결책을 게시하면 누군가는 디버깅에 들일 시간을 절약할 수 있고, 멋진 AI 보조 프로젝트를 공유하면 누군가는 창의성을 자극받을 수 있습니다.

- **AI 툴 개발 참여**
  원한다면 AI 툴 자체의 개발에 참여하세요. 이는 오픈소스 AI 프레임워크에 코드를 작성하거나 단순히 도구 제작자들에게 상세한 피드백을 제공해도 좋습니다(그들 중 많은 사람이 사용자로부터 개선할 점에 대한 의견을 듣기를 매우 기대하고 있습니다). 툴을 형성하는 데 도움을 줌으로써 미래가 어떻게 보일지에 직접적으로 영향을 미칩니다. 오늘날의 많은 AI 코딩 어시스턴트가 여러분과 같은 개발자들이 베타 버전을 테스트하고 통찰을 제공했기 때문에 먼 길을 왔습니다.

- **긍정적인 변화를 위한 옹호**
  조직이나 커뮤니티 내에서 생산성을 높이기 위해 AI를 사용하는 것과 사람들이 이를 올바르게 사용하도록 훈련시키는 것을 옹호하세요. 관리자들이 AI 툴을 배우는 시간을 권장하거나 AI 사용을 금지하는 조항이 있다면 이를 수정하도록 격려하세요. 안전하고 유익하게 수행할 수 있는 방법을 보여주세요. AI가 팀의 업무 효율을 높이는 성공 사례가 더 많아질수록, 업계에서는 AI 사용에 더 긍정적인 반응을 보이게 될 겁니다.

- **평생 학습자의 사고방식 유지**

  우리 모두가 이 새로운 시대의 학습자라는 사고방식을 채택하세요. 겸손하고 열린 마음을 가지세요. 내일의 주니어들은 AI 툴 사용법을 네이티브처럼 알 겁니다(요즘 신입사원이 기존 세대보다 코딩에 더 많이 노출되어 자란 것처럼). 경험 수준에 관계없이 누구에게서든 배울 준비를 하세요. 이는 어떤 식으로든 모든 사람에게 새로운 영역이기 때문입니다. 학습자의 사고방식을 유지한다면, 항상 성장할 기회를 찾을 수 있고 모든 것을 알아냈다고 생각하는 함정을 피할 수 있습니다.

- **열정과 신중함의 균형 유지**

  가능한 일에 대해 열정을 가지세요. 여러분의 흥분이 다른 사람들에게 영감을 줄 것입니다. 하지만 필요할 때는 신중함의 목소리가 되어 흥분이 부주의한 사용으로 이어지지 않도록 하세요. AI 중심 개발을 옹호하되 AI 출력에 대한 단위 테스트와 코드 리뷰도 추진하세요. 이러한 균형 잡힌 접근법은 바이브 코딩을 지속 가능하고 존중받도록 만들 것입니다.

- **다음 세대 멘토링**

  숙련도를 갖추면서 새로운 사람을 도와주세요. 바이브 코딩은 진입 장벽을 낮추므로 더 많은 초보자가 프로그래밍에 뛰어들 수 있습니다. 그들은 AI가 추상화할 수 있는 견고한 기초를 배울 방향이 필요할 겁니다. 그들을 멘토링함으로써 다음 세대 개발자들이 이해 없이 AI에 지나치게 의존하지 않도록 하세요. AI로 발전한 좋은 소프트웨어 엔지니어링 관행을 퍼뜨릴 기회입니다.

이렇게 기하급수적인 변화는 드문 기회입니다. 산업혁명부터 인터넷 붐까지 이전의 기술적 도약을 생각해 보세요. 그 변화에 참여한 사람들이 산업을 형성했습니다. 우리는 소프트웨어 개발에서 AI와 함께 그러한 변곡점에 있습니다. 단순히 일자리를 유지하거나 업무를 더 쉽게 만드는 수준이 아닙니다. 기술이 어떻게 진화하고 사회에 어떻게 영향을 미치는지에 대해 발언권을 갖는 것입니다.

이 책을 읽었다면 미래 지향적인 분일 겁니다. 이제 그 미래 지향적 사고를 실행에 옮기길 바랍니다. AI와 함께 작성하는 모든 코드와 모든 프롬프트, 팀원들과의 지식 공유, 팀에서 정한 모든 규칙이 프로그래밍의 미래를 대비할 겁니다.

마지막으로 하나만 기억해 주세요. 코딩의 목표는 언제나 창조와 문제 해결이었습니다. AI가 가속하는 바이브 코딩은 창조를 위한 놀랍도록 강력한 새로운 매체입니다. 낙관적인 시선과 호기심으로 받아들이고 중요한 것들을 만드세요. 그리고 그렇게 할 때 인간적 요소인 우리의 창의성과 판단력, 가치관을 중심에 두세요.

프로그래밍의 미래는 바로 지금 새롭게 쓰이고 있습니다. 코드로만이 아니라 이러한 AI 파트너를 업무에 어떻게 통합할지 선택하는 것으로 미래가 결정됩니다. 누구나 이 흥미로운 미지의 길을 개척할 수 있습니다. 과감하게 실험하고 자유롭게 공유하며, 인간의 지혜와 창의성을 바탕으로 앞장서 주세요. 단순히 미래에 적응하는 것이 아니라 주도적으로 만들어 나가세요.

즐거운 바이브 코딩하시고, 여러분과 함께 만들어갈 미래에서 뵙겠습니다!

INDEX

ㄱ
가독성 141
감독형 코딩 에이전트 239
감사 220
개념 증명(PoC) 31, 64, 149
개발 워크플로 39
개인화 266
검색 증강 생성(RAG) 52
검증 113, 124, 131
결정자 35
경계 관리 122
계층화 275
고무 오리 디버깅 58, 77
공정 이용 224
과부하 프롬프트 96
관찰 가능성 219
관행 115
구체성 73, 81
그랜트 그로스 217
기술 부채 214
깃허브 코파일럿 33, 44

ㄴ
노션 128

ㄷ
단계적 롤아웃 218
단위 테스트 123
대규모 언어 모델(LLM) 26, 41
데모 품질 108
데브옵스 123
데빈 239, 254
데이터 편향 232
도메인 전문성 120, 122
도메인 특화 자연어 275

ㄷ
동시성 209
디버깅 130
디자인 원칙 132
디펜더봇 272
딥시크 54
딥코드 113

ㄹ
랭체인 92
러버블 152
롤백 115, 218
루비 온 레일스 173
리더십 120, 133
리액트 33, 164, 170
리팩터링 144, 212, 263
리플릿 30, 186
린터 185, 210

ㅁ
멀티 브랜치 탐색 270
멀티모달 54
멀티에이전트 274
메타프롬프트 89
멘토링 119, 126, 133
명확성 73
모니터링 205
모델 컨텍스트 프로토콜(MCP) 47
모델-뷰-컨트롤러 패턴 157
모듈성 211
모래성 코드 106
몽고 171
무차별 대입 208
문서화 126, 159, 175, 213
미션 크리티컬 시스템 63

ㅂ
바이브 코딩 26, 28, 35, 36, 42, 50, 190
배포 109
백그라운드 에이전트 240
백그라운드 코딩 에이전트 46
밴딧 197
버전 관리 봇 39
범위 확장 162
병렬성 209
보안 체크리스트 198
보편적 해결책 140
복원력 213
복잡성 169
본질적 복잡성 103
부트스트래퍼 104, 105, 107
브라우저 자동화 48
블루-그린 배포 219
비르기타 뵈켈러 242
비주얼 스튜디오 코드 46, 48, 56
비즈니스 요구사항 120, 126

ㅅ
사고의 연쇄 85
사내 정치 133
사양 118
사용자 개입 48
사용자 열거 194
사용자 피드백 120
사이먼 윌리슨 31, 104, 136
사이프레스 184
상태 94
새니타이즈 201
샌더 슐호프 90
생산성 45

INDEX

생성형 적대 신경망 264
섀도우 테스트 219
성능 최적화 123
성능 테스트 158, 205
세부사항 95
센드그리드 174
소프트 스킬 120, 133
소프트웨어 개발 생명주기 32
소프트웨어 엔지니어링 관행 104
속도 최적화 54
스닉 113, 183
스크린샷 투 코드 105
스타일 가이드라인 144
스택 오버플로 51
스트라이프 186
스티브 예그 103
스펙트럼 27, 37
스프린트 계획 268
시각적 프로그래밍 40
시스템 사고 125
시퀄라이즈 172
신뢰 45
심층 추론 54

아키텍처 126
아키텍처 결정 기록 115
아티팩트 57
안드레 카파시 26, 28
앙상블 프롬프트 90
앵귤러 164, 170
에이전트 49
에이전트 모드 47
에이전트 SDK 92
엔티티 프레임워크 177

엣지 케이스 108
역할 프롬프트 86, 93
예측적 유지보수 263
오류 감소 36
오케스트레이션 121, 174
오케스트레이션 시스템 250
오픈소스 이니셔티브 223
올라마 49
우발적 복잡성 103
운영 런북 219
워크플로 38
원샷 프롬프트 83, 94
웹소켓 181
윈드서프 46, 52, 56, 105, 152
유닛 테스트 145, 184
유지보수성 210
의도 중심 프로그래밍 27, 40, 42, 59, 150, 166
의사소통 133
의존성 관리 193
이터레이터 104, 105
익스프레스 165
인라인 어시스턴트 76
인텔리센스 202
일관성 67, 98, 210
일관성 부족 98
일정 관리 268

자격 증명 191
자기 일관성 89
자유 소프트웨어 재단 224
자율 백그라운드 코딩 에이전트 239
자율 에이전트 246

자율성 246
작업 114
작업 할당 267
장인 정신 108
재현도 152
저수준 최적화 65
적응력 125
정규 표현식 58
정량화 97
정성화 97
정확성 45, 114
제로 투 원 60
제로샷 프롬프트 83
제미나이 56, 59
제스트 176
제안자 35
제약 사항 88
제이미터 205
제자리걸음 안티패턴 106
젠슨 황 28
존 후스트예 29
종단 간 테스트 146
주석 115
줄스 239, 253
지식 컷오프 200
지식의 역설 107
지적재산권 223

창의성 45
채팅 인터페이스 47
채팅 지향 프로그래밍 119
챗GPT 59
초기 설정 작업 31
초기 요구사항 36

초기 코드 43
초안 작성 110
최소 기능 프로덕트 34, 60
추론 91
침투 테스트 199

ㅋ

커서 46, 49, 56, 105, 152, 165, 239, 253
컨텍스트 94
컨텍스트 윈도 45, 85
컨텍스트 지속성 154
컨텍스트 프롬프트 87
컨텍스트 활용 42
코덱스 29, 239, 253
코드 리뷰 35, 43, 123, 198, 214, 215
코드 리뷰 체크리스트 198
코드 어시스트 56
코드 통합 61
코드베이스 34, 51, 54
코드위스퍼러 146
코드젠 248
코드형 인프라 218
코파일럿 47, 105, 240
쿠도 113
크로스 사이트 스크립팅 192
클라우드포메이션 218
클라인 48, 56, 105, 152, 165
클로드 29, 57, 59
클로드 코드 253

ㅌ

테라폼 218
테스트 43, 109, 131, 145, 159, 212
테스트 주도 디버깅 143
테스트GPT 113
테일윈드 167
통합 테스트 123, 145, 184
투명성 229
트랜스포머 264
팀 오라일리 117, 121, 136

ㅍ

파이테스트 176
패키지 환각 196
패턴 141
패턴 인식 63
퍼즈 테스트 199
페어 프로그래밍 43, 112, 118, 133, 137
페어링 134
편향성 231
포매터 210
포스트그레스 171
포스트맨 199
표준 통합 패턴 62
표준화 67
풀 리퀘스트 215
품질 114, 118
퓨샷 프롬프트 84, 93
프라이버시 68
프랑소와 숄레 127
프런트엔드 테스트 184
프레드 브룩스 103
프로덕션 시스템 64
프로덕트 요구사항 문서 33
프로덕트 헌트 30
프로젝트 컨텍스트 51

프로토타입 34, 157
프롬프트 37, 40, 70, 72, 118
프롬프트 안티패턴 95
프롬프트 엔지니어링 70, 71, 75, 132, 155
피그마 128
피드백 루프 113, 124, 215
피터 양 102

ㅎ

하시코프 볼트 219
해결책 탐색 36
해시셋 208
해커뉴스 103
헬멧 201
협업 109
환각 94, 103

INDEX

Agents SDK 92
AI 검증 워크플로 109
AI 린터 39
AI 모델 54
AI 보조 엔지니어링 26, 27, 32, 35, 36, 59, 63, 67, 190
AI 보조 워크플로 102, 106
AI 생성 코드 디버깅 사이클 143
AI 어시스턴트 38, 119, 136
AI 자동완성 툴 33
AI 코드 에디터 49
AI 코딩 가이드라인 121
AI 코딩 어시스턴트 29, 33, 53, 59, 191
AI 통합 IDE 33, 46, 50, 166
AI 페어 프로그래머 51, 60, 164, 167, 186, 190, 246
Andrej Karpathy 26, 28
Angular 164, 170
Apache 223
artifact 57
assertion 33
augmented coding 26
autonomous AI coding agent 107
AWS 시크릿 매니저 219

Bandit 197
boilerplate 36, 60, 62, 66, 102
Bolt 105, 152
bootstrapper 104, 105, 107
brute-force 208

Chain-of-thought 85
Chat Oriented Programming 119

ChatGPT 29, 58
CI/CD 파이프라인 218
Claude 29, 57, 59
Cline 48, 56, 105, 152, 165
CloudFormation 218
Codacy 110
CodeGen 248
CodeWhisperer 146
Codex 29, 239, 253
Common Weakness Enumeration(CWE) 193
context persistence 154
context window 45, 85
Contextual prompt 87
copilot 32
CRUD 61
Cursor 46, 49, 56, 105, 152, 165, 239, 253
Cypress 184

DB 171
diff 50
Django REST Framework 173
ensemble prompt 90
Entity Framework 177
Express 165

fidelity 152
François Chollet 127
Fred Brooks 103
Gemini 56, 59
generative adversarial network(GAN) 264
GNU 일반 공중 사용 허가서 224
GPL 223
Grant Gross 217

H I

human-in-the-loop 48
Hypothesis 204
integrated development environment(IDE) 39
intellectual property(IP) 222
IntelliSense 202
iterator 104, 105

J K

Jest 176
JMeter 205
Jules 239, 253
Kojo 270

L M

LangChain 92
large language model(LLM) 26, 41
majority solution 140
Metaprompt 89
minimum viable product 34
MIT 223
Mocha 176
Model Context Protocol(MCP) 47
multi-branch exploration 270
MVP 60

N O

Notion 128
Ollama 49
One-shot prompt 83, 94
ORM 172
OSS 퍼즈 199

P

package hallucination 196
pair programming 43, 112, 118, 133, 137
Peter Yang 102
Playwright 184
Postman 199
PRD 34
Prettier 205
Prisma 172, 177
Product Hunt 30
product requirements document(PRD) 33
programming with intent 27, 40, 42, 59, 150, 166
prompt 37, 40, 70, 72, 118
prompt engineering 70, 71, 75, 132, 155
Proof of Concept 31, 64, 149
prototype 34, 157
Pull Request(PR) 215
Pytest 176

Q R

QA 프로세스 113
React 33, 164, 170
ReAct 프롬프트 91
Replit 30, 186
retrieval-augmented generation(RAG) 52
Role prompt 86, 93

S

Sander Schulhoff 90
Semgrep 197
SendGrid 174
Sequelize 172
Simon Willison 31, 104, 136
Snyk 113, 183
SQL 171

INDEX

SQL 인젝션 **191**

SQLAlchemy **177**

SSE **181**

Stack Overflow **51**

state **94**

Static Application Security Testing **185, 197**

Steve Yegge **103**

Stripe **186**

Supertest **184**

supervised coding agent **239**

SuperWhisper **50**

Tailwind **167**

Terraform **218**

TestGPT **113**

The Free Software Foundation **224**

The Open Source Initiative **223**

transparency **229**

Two steps back **106**

UI/UX 디자인 **66**

v0 **105**

Visual Studio Code **46, 48, 56**

Vue **164, 170**

windsurf **46, 52, 56, 105, 152**

XSS **192**

zero to one **60**

Zero-shot prompt **83**

기호 및 숫자

10배 뛰어난 엔지니어 **29**

70% 문제 **65, 102, 255**

80% 프로토타입 **153**